진로상담 이론과 사례

CAREER COUNSELING

진로상담
이론과 사례

김순자·모종수·방명숙·김선주·김은주·백은미
유진수·이소영·정양이·한귀순·한미라 공저

동문사

본 내용은 내담자와 상담자의 동의를 받은 사례입니다.

최근 몇 년 동안 학교현장에서는 많은 변화가 있었다. 중학교에서는 2016년도부터 자유학기제가 본격 시행되었고, 고등학교에서는 진로에 따라 다양한 과목을 선택, 이수하고 누적학점이 기준에 도달할 경우 졸업을 인정받는 고교학점제(강의선택제)가 시범적으로 운영되다가 2025년에는 전면적으로 시행될 예정이다.

직업 세계 또한 우리가 예상하지 못한 형태로 급속히 바뀌고 있다. 청년 실업의 장기화, 베이비붐 세대의 재취업, 잦은 직업이동 등으로 인해 처음 들어간 직장에서 정년을 맞이하는 것은 드문 일이 되었다. 생애 전반에 걸쳐 여러 번의 직업 전환과 그에 따른 역할변화가 요구되고 있으며, 전 생애에 걸쳐 진로발달을 해나가고 생애를 설계하고 구성해 나가야 한다.

때문에 진로상담의 필요성이 어느 때보다 중요하게 되었다. 진로상담자들은 이러한 시대적 요구에 잘 대처하면서 내담자들의 진로설계를 효과적으로 도와줄 수 있는 상담자가 되어야 한다. 하지만 상담현장에서 이론과 실천적 전문성을 갖추기가 쉽지 않다. 상담자인 우리 자신을 위해서, 우리의 도움을 기다리는 내담자를 위해서도 부족한 부분을 채우는 노력이 필요하다.

이 책은 모두 3장으로 구성되어 있다. 제1장과 제2장에서는 진로상담이론을 기술하였고, 제3장에서는 진로상담자들이 상담과정에서 겪었던 사례를 제시하였으며, 개인정보 방지, 윤리적인 문제 등을 예방하고자 어느 정도 다듬어 소개하였다.

제1장 진로상담 일반이론에서는 진로상담을 할 때 도움이 되도록 내담자에 대한 미래설계를 돕기 위한 정신역동적 진로이론, 행동주의 진로이론, 인간중심 진로이론, 포괄적 진로이론을 차례대로 담았다

제2장에서는 진로상담 현장에서 길잡이 역할을 하도록 선택이론과 발달이론을 제시하였다.

제3장에서는 지금까지 제시된 대다수 진로상담의 사례들이 중·고등학생 중심이었기에 상담현장에서 참고하는 데 다소제약이 있었다. 따라서 이

머리말

책에서는 초등학생, 중학생, 고등학생, 대학생 외 군인, 경력단절 여성, 성인, 은퇴자를 대상으로 한 사례를 제시하여 진로상담 사례보고서를 작성하는 데 도움을 주고자 하였다. 이번 2021년도 사례는 특성요인이론에 의하여 사례보고서를 작성한 것을 수록하였다.

비록 이 책의 내용에 대해 아쉬운 점이 있으나 독자 여러분이 비판과 조언을 주신다면 다음 집필에서는 이러한 부분들이 보완되도록 노력할 것이다. 부족한 부분에 대해서는 많은 이해를 바란다.

끝으로, 이 책이 나올 수 있도록 필요한 지원을 아끼지 않은 사)진로상담협회와 원고작성에 집필진으로 참여하신 백은미, 모종수, 방명숙, 한귀순, 정양이, 김선주, 김은주, 한미라, 유진수, 이소영 선생님께 깊은 감사를 드린다. 그리고 이 책이 출판되도록 애를 써주신 동문사 이중수 사장님, 유재영 상무님, 편집과정에서 수고해 주신 편집부 관계자 여러분께도 감사의 마음을 전한다.

2021년 8월

사) 진로상담협회 소속 공저자 대표 김순자

CONTENTS

차 례

01
CHAPTER

진로상담 일반이론

1. 정신역동적 진로상담
2. 행동주의 진로상담
3. 인간중심 진로상담
4. 포괄적 진로상담

1 CHAPTER 진로상담 일반이론

1 정신역동적 진로상담

1) 개요

정신역동적 진로상담은 정신분석이론에 그 뿌리를 두고 있으며, 그 전통에서 더 나아가 내담자 중심 진로상담과 특성요인 진로상담의 핵심적인 부분들을 포괄하였다(김충기, 2001). 정신역동적 이론과 치료의 원리에 근거를 두고서 정신역동적 측면과 더불어 내담자의 욕구와 발달과정을 강조한다. 즉 정신역동적 진로상담은 특성요인이론과 내담자 중심 진로상담의 개념과 기법을 통합한 것이다.

정신역동적 진로상담의 정의를 내린 보딘(Bordin)과 그의 동료들은 진로선택에서 내담자의 욕구와 발달과정을 강조하였고, 진로결정 과정에 정신역동적 과정을 적용하여 정신역동적 진로상담을 개념화하였다. 정신역동적 진로상담의 목적은 내담자의 진로선택을 도와서 개인의 욕구에 적합한 직업 만족을 얻을 수 있도록 성격을 변화시키는 데 있다. 즉 정신역동적 진로상담은 특성요인 진로상담의 핵심개념인 사람과 직업의 조화에 토대를 두고 있지만 선택이 이루어지는 방식 과정에 대해 동기가 유발된 상태와 외부 세계에 대처하는 방어기제에 대해 복합적으로 설명하고 있다.

2) 모형

(1) 진단

정신역동적 진로상담은 한 개인이 자신의 직업활동에서 만족을 얻을 수 있도록 최선의 방법을 추구하고 불안으로부터 자신을 보호하기 위한 직업을 선호하는 경향이 있다고 가정한다. 보딘은 내담자의 문제영역을 다섯 가지로 구분하였다.

① **의존성**: 자신의 진로문제를 해결하는 것이 어렵다고 느껴 과도하게 다른 사람들에게 의존하는 것이다. 기본적으로 개인이 겪고 있는 문제를 책임지고 해결하지 못해 생애발달 과업을 완성하는 데 어려움을 겪는 경우이다.

② **정보의 부족**: 진로결정을 할 때 진로의사결정과 관련된 적절한 정보를 얻지 못함으로써 어려움을 겪는 것이다.

③ **자아갈등**: 자아개념과 다른 심리적 기능의 갈등으로 인해 진로결정을 할 때 어려움을 겪는 것이다.

④ **선택불안**: 진로를 선택할 때 불안을 경험하는 경우이다. 예를 들어 자신이 바라는 선택이 중요한 타인(예: 부모)이 기대하는 선택과 다를 때 불안을 경험하게 되는 것이다.

⑤ **문제 없음**: 자신이 선택한 진로에 대해 확신이 부족한 경우로 현실적으로 적합한 진로를 선택했지만 선택에 대한 확신이 부족하여 상담을 통해 확인받고자 하는 것이다.

(2) 진로상담의 과정(보딘의 진로상담 과정)

① 탐색과 계약체결의 단계이다. 예를 들어, 무리한 요구를 하는 부모를 둔 고등학생이 전공 선택을 주저할 때 자신의 욕구와 정신역동적 상태를 탐색하도록 도와준다. 내담자에게 충고하기보다는 허용적이고 온정적 관심을 보이며 앞으로의 상담전략을 합의한다.

② 비판적 결정의 단계이다. 자신의 성격적 한계를 받아들이고 그 성격에 맞게 직업을 선택할지 아니면 직업에 맞는 성격으로 바꾸어서 직업을 선택하느냐를 결정하는 것이다.

③ 변화를 위한 노력의 단계이다. 자신의 성격을 자신이 선택하고자 하는 직업과 관련하여 더 많은 변화가 필요한 부분인 욕구와 흥미 등에서 변화를 모색하고자 노력해야 한다.

3) 방법

(1) 상담기법

보딘은 정신분석적 기법에 특성요인 상담과 인간중심 진로상담 기법을 혼합하여 사용하고 있다.

명료화	① 내용이나 형식 때문에 상담의 시작단계에서 많이 사용되는 기법이다. ② 내담자의 현재의 문제점들과 관련된 생각과 요소에 관한 언어 표현에 초점을 맞추고 있어서 수동적인 내담자에게 효과적인 방법이다. ③ 개방적 질문과 제안 및 약간의 설명이 포함된다.
비교	내담자의 문제와 역동적 현상들 사이의 유사점이나 차이점들을 구별하도록 두 가지 이상의 주제들을 부각시키기 위해 나란히 놓아 개인과 진로발달의 관계를 설명하고 있다.
소망-방이체계에 관한 해석	상담자는 내담자가 자신의 내적 동기 상태와 진로 의사결정 사이의 연관성을 내담자가 자각하도록 시도해 주고 상담자가 내담자의 욕구나 소망과 방어체계를 상담자가 해석해 주는 방법이다(김충기, 2001).

(2) 검사의 해석

① 상담자를 위한 진단적인 정보를 제공한다.
② 내담자가 검사라는 실증적인 근거를 토대로 상담을 받게 됨으로써 상담에 대해 더욱 현실적인 기대를 갖도록 돕는다.
③ 내담자가 사용할 수 있는 평가 자료를 제공하는 데 도움을 준다.
④ 내담자가 검사를 통해 보다 많은 자기탐색의 기회를 제공받을 수 있도록 한다.

4) 평가

정신역동적 진로상담은 특성요인 진로상담과 인간중심 진로상담의 중요 부분들을 포함하고 있기에 내담자의 내적인 동기부여 상태와 외적인 대응기제에 대해서도 설명하고 있다. 그러나 진로선택의 가장 중요한 요인으로 내적인 부분을 지나치게 강조함으로써 외적인 요인들에 대해 과소평가하고 있다. 정신분석적 진로상담자가 관찰 불가능한 동기부여적 구성개념에 대해 지나친 관심을 보이는 것은 진로결정이라는 개념을 과도하게 불필요하고 복잡하게 만들 수 있다.

2 행동주의 진로상담

1) 개요

정신역동적 진로상담이론은 내적 동기변인을 중시하지만, 행동주의 진로상담이론은 진로의사결정에 영향을 미치는 학습과정을 중시한다. 행동주의 진로상담이론의 목적은 내담자의 진로행동을 변화시키는 것이다. 행동주의 진로상담이론은 진로행동을 변화시키기 위한 상담 방법을 추론하기 위하여 학습 이론에서 개념과 원리를 끌어내고 있다(김충기, 2001).

구스타인(Goodstein)은 학습이론의 개념과 원리에서 진로행동을 설명하고 상담방법을 추론하는 행동주의의 접근을 선호하며, '우유부단'과 '무결단성'의 분석이나 진단에 커다란 공헌을 했다. 크룸볼츠(Krumvoltz)는 행동변화를 이끄는 기법들을 검증하기 위해 귀납적이고 연역적인 방법을 적용한 행동주의의 실용적 접근을 선호하였다. 학습의 연상적이고 도구적인 개념으로 학습이론의 원리를 직업선택의 문제에 적용하였고, 진로의사결정에 영향을 미치는 요인들에 대한 상호작용을 밝히고자 했다.

2) 모형

(1) 진단

구스타인의 관점에서 진단이란 불안이 선택되기 전에 나타난 것인지 또는 선택한 후에 나타난 것인지를 분명하게 하는 것이다. 진로선택 문제들이 불안이 원인으로 작용하여 중심적 역할을 한다고 보았다. 의사결정을 내리지 못하는 데에는 우유부단과 무결단성에서 비롯되며, 우유부단은 정보의 결핍에서 비롯되어 그들이 결정하지 못한 데서 오지만, 그러나 만약 선택하지 않은 상태로 온 내담자가 자신과 직업에 대한 정보가 주어지고 진로상담이 끝난 후에도 아직 결정하지 못했다면, 그는 '무결단성'이라 할 수 있다(김충기, 2001).

크룸볼츠는 진로선택의 문제의 원인을 결단력 부족으로 보았다. 내담자 문제의 특징을 내담자가 자신의 행동이 부적절하다는 점을 알지 못하고 선택의 갈등을 겪으며 알지 못하는 어떤 것에 관심이 주어지는 것으로 보았다.

(2) 진로상담의 과정

의사결정에 관련된 불안을 반조건형성에 의해 제거시키며, 내담자의 불안이 제거되면, 조작적 학습에 의해 현명한 진로선택 행동을 학습시킨다.

① 내담자의 문제와 상담의 목적을 정의한다.
② 상담자와 내담자가 상담목적을 달성하기 위해 의견을 일치시킨다.
③ 문제해결을 위해서 여러 가지의 대안을 이끌어낸다.
④ 각각의 대안에 대한 자료를 수집한다.
⑤ 각각의 대안에 대한 자료를 탐색한다.
⑥ 상담의 목적, 대안, 대안의 예상결과를 탐색하고 재평가한다.
⑦ 대안을 잠정적으로 선택하거나 결정한다.
⑧ 새로운 문제에 대해 의사결정과정을 적용한다.

3) 방법

(1) 상담기법

둔감화	최소한의 불안을 조성하여 적응시킨다.
역조건 형성	과도한 행동과 불안을 소거하거나 약하게 해주어야 한다. 증상행동에 대해 상반되는 바람직한 행동을 강화함으로써 증상행동이 소거되거나 약화시키는 방법을 쓴다.
금지적 조건형성	내담자의 불안을 감소하기 위해 추가적인 강화를 제공하지 않고 불안을 일으킬 만한 단서를 반복적으로 제시함으로써 결국 불안반응을 제거하는 기법이다.
강화	내담자의 진로선택과 결정에 대해 긍정적인 또는 부정적인 반응을 보임으로써 내담자의 진로결정을 촉진시킨다.
대리학습	다른 사람들의 진로결정행동과 결과를 관찰함으로써 의사결정의 학습을 촉진시킨다.
변별학습	내담자의 진로선택과 결정능력을 검사도구나 기타 다른 것을 사용하여 변별하고 비교하도록 한다.

(2) 검사의 해석

행동주의 진로상담이론은 검사해석의 문제를 크게 논의하지 않고 있으며, 대부분의 검사는 개인의 특성과 무관하게 표준화되어 있다. 개인과 환경의 상호작용을 나타내는 경우가 흔하지 않으며, 고전적 조건반응 이론과 조작적 조건반응이론을 적용하고 있다.

4) 평가

내담자들의 불안을 감소시키고 바람직한 새로운 행동의 학습을 촉진하는 데 있다. 정보 획득의 부족으로 인한 진로결정 문제를 가진 내담자를 치료하는 데는 효과적이나 무결단성 내담자들은 상담이 끝난 후에도 자신들이 진정으로 원하는 직업이 무엇인지를 모르고 있기 때문에 진로상담을 끝내기 위해 진로선택을 하는 경우가 있다. 행동주의 진로상담자는 이때 비로소 내담자가 무결단성의 문제를 가지고 있다는 것을 확인할 수 있게 된다.

3 인간중심 진로상담

1) 개요

인간중심 진로상담은 비지시적 상담 또는 내담자 중심의 진로상담으로 로저스(Carl Rogers)에 의해 시작된 상담으로 1974년 이후 인간 중심 진로상담으로 불리고 있다. 내담자 중심 이론은 자아(self)를 각 개인이 자신에게 부여하는 인성적 특성에 의해 규정되는 조직화된 개념으로 가정할 뿐 아니라, 자신의 잠재 가능성의 실현을 위한 중심이 되는 동기력으로 가정한다(Rogers, 1951).

인간중심 상담에서는 각 개인이 자아실현의 경향을 지닌 존재로 보았으며, 각 개인이 가지고 있는 구체적이고 현상적인 경험의 세계를 중시하고 있다. 개인이 현실을 지각하고 구성하는 방법에 있어서 현상학적인 방법에 의존하고 있기에 내담자가 심리적으로 잘 적응하고 있다면 그 내담자는 진로상담 과정에서 특별한 지도가 없어도 직면하고 있는 진로문제를 해결할 수 있다고 보았다.

인간중심 진로상담의 목적은 직업 역할에 있어서 자아 개념을 직업적 자아 개념으로 바꾸어 이행하는 데 있으며, 또 내담자의 경험을 풍부하게 하는 데 있다(김충기, 2001). 따라서 직접적인 목적은 상담과정에서의 내담자의 성장이지만 궁극적인 목적은 자아실현에 있다.

2) 모형

인간중심 상담에서는 상담문제와 진로문제를 다르다고 보지 않았으며, 상담과 진로상담과의 차이를 인정하지 않았다.

(1) 진단

로저스는 모든 내담자는 자아와 경험의 일치가 부족해 고통을 받는 것으로 보았기 때문에 진로문제라고 하여 달리 진단하려고 하지 않았다. 내담자의 자아와 관련된 정보 및 일의 세계에 대한 정보의 부족과 거부 및 왜곡과 연관 지어 내담자 문제를 진단하고자 하였다.

(2) 진로상담의 과정(Patterson)

① 내담자가 자신에 대해 이야기를 하기보다는 외부적인 것에 대한 피상적인 대화에 머물고 있다.

② 대화가 시작되나 자아와 관계되지 않는 주제에 머물고 있으며 과거의 경험에서 벗어나지 못한다.

③ 내용에 관심을 적게 가지면서 감정이 느슨해지나, 깊이 있는 감정은 개방되지 않는다.

④ 깊이 있고 강렬한 감정이 다루어지고 있으나 상담자의 도움 없이 자신을 표현하는 데 아직은 어려움이 있다.

⑤ 현재의 감정이 자유롭게 표현되고 직면하고 있는 문제에 대해 책임지려고 한다.

⑥ 내담자는 객관적 대상으로 자기를 보던 시각이 없어지고 경험과 자

각 사이의 모순이 사라진다. 또한 감정이 민감해지며 자신의 문제를 주관적으로 대처한다.

⑦ 내담자는 자기 경험을 주관적으로 인식하고 있다. 잘 조화된 감정과 더불어 내면적인 의사소통을 할 수 있게 되며, 새롭고 효율적인 존재 방식을 자발적으로 선택한다.

3) 방법

(1) 상담기법

① 기법보다는 상담자의 태도로 일치성과 공감적 이해, 무조건적 긍정적 존중을 강조한다.

일치성	상담자는 내담자에 대한 자신의 경험에 대해 표현이 일치해야 하고 자신의 감정을 자유롭게 표현할 수 있어야 한다. 상담자의 개인적인 욕구에 의해서가 아니라 내담자와의 전인적인 만남을 유지해야 한다. 또한 그 만남을 더욱 깊이 발전시키려는 목적에서 표현되어야 한다.
공감적 이해	상담자가 자기 자신을 잃지 않으면서 내담자의 감정을 자기 것으로 느끼는 것을 의미한다. 상담자가 공감적 이해를 촉진하기 위해서는 주목하기와 공감적 과정 중에 침묵을 사용할 수 있으며, 공감적 이해를 언어나 비언어로 표현한다.
무조건적 긍정적 존중	상담자는 내담자를 갈등과 부조화, 그리고 좋은 점과 나쁜 점을 모두 갖추고 있는 그대로의 개인으로서 수용하며, 이러한 태도는 내담자를 가치 있는 인간으로 받아들이고 호감을 가지거나 온정으로 대하며, 그를 칭찬해주는 것까지 포함한다(김충기, 2001). 내담자를 있는 그대로 수용한다는 것은 내담자의 모든 감정과 생각·욕구 자체를 수용하는 것이지 내담자의 모든 행동을 인정하고 받아들인다는 의미는 아니다.

② 내담자가 자신을 더 많이 노출할 수 있도록 유도하는 반응들을 보여준다.

③ 이러한 반응들은 상담자의 세 가지 태도와 함께 진로선택과 관련된 내담자의 불안을 줄이고 문제의 책임이 자신에게 있음을 수용할 수 있도록 돕는다.

(2) 검사의 활용

① 인간중심 진로상담에서는 내담자에 대한 상담자의 객관적 이해를 위해서라기보다 내담자가 자신의 자아를 명료화할 수 있도록 검사를 사용한다.

② 검사가 유용하게 사용되기 위한 유의점

㉠ 검사는 내담자의 필요와 요청에 의해 실시된다.

㉡ 내담자는 검사선택에 참여하고 상담자는 내담자가 알고 싶어 하는 내용에 대해 내담자와의 협의를 통해 결정한다. 이러한 여러 가지 내용과 관련된 검사에 대해 내담자가 도움을 받을 수 있는 정보에 대해 설명한다.

㉢ 가능한 한 객관적 관점에서 내담자에게 검사결과를 알려주ㄲ 인간중심적 상담의 기본 취지에 맞게 지시적이지 않고 강제성이 없이 내담자의 물음에 답하도록 한다.

(3) 직업정보의 활용

① 직업정보는 내담자가 필요로 할 때 상담과정에서 제공되어야 하며, 상담자는 내담자가 그 정보를 받을 준비가 될 때까지 기다려야 한다. 상담자가 자발적으로 내담자에게 직업 정보를 제공하지 않는다.

② 내담자에게 영향을 주기 위해서 직업정보를 사용해서는 안 된다.

③ 내담자가 필요로 하는 정보는 내담자가 직접 출판물을 찾아보도록 하고 고용주와 관계가 있는 사람과 직접적인 접촉을 하면서 얻을 수 있도록 격려하며, 내담자가 진로상담을 주도하고 스스로 그 책임을 지도록 돕는 것이다.

4) 평가

인간중심 진로상담은 내담자에게 부드럽고 안전한 방법으로 사용될 수 있으나 내담자의 지각과 행동에 미치는 영향에 대해서는 명확한 해답을 제시하지 못하고 있다. 더욱이 지적 및 인지적 요인들의 영향력을 무시하는 경향이 있으며, 자아와 일의 세계에 대한 정보의 획득 및 처리과정에 영향을 미치는 변인들에 대해서는 배타적이다. 자칫 내담자에게 영향력을 줄 수 없는 상담 방법이 될 우려가 있다. 따라서 상담자가 내담자의 자아를 명료화하고 자아실현을 증진시키기 위해서 적극적 태도를 취하지 않는다면 내담자에게 진로에 대한 정보를 효과적으로 알려주기가 어렵다.

인간중심 진로상담은 내담자와 상담자 사이에 인격적인 관계를 강조하고 있으며 상담자의 무비판적·수용적 태도를 중시하고 있다. 이것을 통하여 내담자가 자신의 삶 속에서 부인하거나 왜곡시켰던 자신의 삶의 요소들을 받아들이고 통합시킬 때 상담의 성과가 있다.

4 포괄적 진로상담

1) 개요

일반상담이론들과 진로상담 이론들이 갖는 장점들을 서로 절충하고 단점들을 보완하여 일관성 있는 체제로 통합시키기 위하여 크릿츠(Crites)에 의해 제시된 상담이론으로 많은 진로상담자들의 상담사례에서 얻어진 경험들을 반영한다.

2) 모형

포괄적인 진로상담의 유형을 설정하는 데에는 이미 검토된 주요 접근법에서 나온 개념이나 원리뿐만 아니라 더 일반적인 상담 및 심리치료 체계에서 나온 원리나 개념이 사용된다(김충기, 2001).

(1) 진단

여러 접근들에서 제시하고 있는 진단체계들을 모두 고려한다.

① 변별진단을 통해 내담자의 문제에 대한 문제분류학적인 분류를 실시한다.

② 내담자가 진로문제를 일으킨 원인과 그 행동으로 인해 발생된 결과들을 확인하기 위해 정신역동적 진단을 실시한다.

③ 이러한 진단을 통해 내담자의 문제가 무엇인지 그 원인이 무엇인지에 대한 배경지식을 얻을 수 있다. 이후에 진로의식 성숙검사와 같은 도구를 이용하여 내담자가 진로선택을 할 때에 태도와 능력이 얼마나 성숙되어 있으며 이러한 태도와 능력이 내담자의 진로문제와 어떻게 관련되어 있는지를 결정한다.

(2) 진로상담의 과정

내담자와 진로상담자 간의 상호작용 과정으로 내담자가 진로선택에서 가졌던 문제를 진로상담자에게 솔직하게 이야기하고 진로상담을 통해 자신의 문제들을 내면화함으로써 문제해결에 이를 수 있다.

① 1단계는 진단의 단계로 내담자의 진로문제를 진단하기 위해 내담자의 태도와 능력(적성), 의사결정유형과 흥미, 가치관 등 내담자에 대한 다양한 검사자료와 상담을 통한 자료를 수집한다.

② 2단계는 명료화 및 해석의 단계로 내담자와 상담자는 협력적인 상호작용을 통해 의사결정 과정을 방해하는 태도와 행동을 명확히 밝히고, 함께 대안을 모색한다.

③ 3단계는 문제해결의 단계로 내담자의 적극적인 참여 속에서 문제해결을 위해 앞으로 어떤 행동을 취해야 할지를 결정하는 단계이다.

3) 방법

(1) 상담기법

특성요인 진로상담의 지시적인 방법과 로저스의 인간중심적 방법, 행동주의의 학습이론적 방법을 절충한다.

초기 단계	진단과 탐색	상담자는 발달적 접근법과 인간중심 접근법을 활용하여, 재진술, 상담내용과 감정에 대한 반영을 자주 사용함으로써 문제의 본질과 원인에 대한 토론을 촉진시킨다.

중기 단계	정신분석적 접근법을 활용	내담자 문제의 원인이 되는 요인을 명확히 밝혀서 제거하고, 반면 촉진되는 요인은 찾아 격려한다.
종결 단계	특성요인 및 행동주의 접근법을 적용	문제를 검토하고 강화기법을 활용한다. 상담자는 더욱 능동적이고 지시적인 태도로 내담자의 문제해결에 개입하게 된다.

(2) 검사의 해석

① 포괄적 진로상담은 검사의 역할을 중요하게 여기고 있다. 검사는 직업에서의 성공을 예측하기 위한 수단이기보다는 진로상담에서의 진단과 상담의 과정에 따른 결과를 통합하여 내담자의 잠재력을 활성화시키기 위한 방법으로 이용되어야 한다.

② 진로의식성숙도검사, 진로적성검사, 진로흥미검사 등 변별진단을 실시하여 내담자가 지닌 진로문제를 가려낸다.

③ 검사를 통해 얻은 자료들은 포괄적이고 역동적으로 해석되어야 하며 반드시 내담자와의 상호작용을 통해 보완되어야 한다.

④ 진로선택과 의사결정에서 나타나는 내담자의 문제가 결정적 진단을 통해 체계적으로 분석된다.

예) 내담자가 변별진단을 통해 자신의 적성수준보다 더 높은 수준의 진로를 선택하는 것이 문제임이 밝혀졌고, 상담과정에서 역동적 진단을 통해 내담자가 의사결정을 할 때 충동적이라는 것을 알게 되었다면, 상담자는 결정적 진단에서 내담자가 선택 과정에서 어떤 단계를 회피하고 있는가에 초점을 두게 된다.

⑤ 상담자는 내담자와 함께 검사결과를 검토할 때 내담자에게 신뢰감을 심어준다. 그리고 내담자의 진로문제에 장애가 되는 요인들을 해석해 주며 내담자와의 의사소통을 극대화함으로써 문제 해결을 위한 공동작업을 진행한다. 단 검사를 해석할 때는 전문용어의 사용을 지양하고 내담자의 지식수준에 맞는 언어의 형태로 진술하여야 한다.

4) 평가

특성요인 진로상담은 진단검사, 인간중심 진로상담은 자아실현과 적응, 행동주의 진로상담은 학습 원리에 초점을 가진 것과 다르게 포괄적 접근법은 진로상담의 여러 측면들을 포괄적으로 다룸으로써 내담자들의 다양한 문제들에 대한 적용가능성을 확대하였다.

포괄적 진로상담은 진학상담을 하거나 취업상담 분야에서는 적합하지만, 취업 후 겪게 되는 진로적응문제들을 깊이 있게 다루지 못하고 있기에 향후에는 전반적인 진로상담문제들을 포함하는 좀 더 포괄적인 이론이 제안되어야 하고, 좀 더 타당성과 효과성 입증을 위한 연구가 필요하다.

02
CHAPTER

진로상담 선택 · 발달이론

2 CHAPTER 진로상담 선택 · 발달이론

1 파슨스(Parsons)의 특성요인이론(1909)

1) 이론의 핵심

프랭크 파슨스
(Frank Parsons, 1854~1908)

- 직업은 성공을 위한 특정한 특성을 소유한 자를 원하며, 직업선택은 직선적 과정으로 매칭이 가능하다.
  - 특성: 검사를 통해 측정할 수 있는 개인의 특성(적성 · 흥미 · 성격 · 가치)
  - 요인: 성공적인 직업수행을 위해 필요한 특징(책임 · 성실성 · 직업성취도)
- 개인의 특성과 직업에서 찾는 요인이 서로 매칭이 잘 될수록 직업적 성공 가능성이 크다.
- 개인의 특성과 직업 정보의 적절한 조화가 이루어질 때 합리적인 직업선택을 할 수 있다.

파슨스는 진로상담 · 직업상담의 주창자이며 직업운동의 선구자이다. 교육과 사회제도를 개혁하여 노동자들이 능력과 흥미에 맞는 직업을 선택할 수 있도록 제안하였다. 또한 개인분석(자기분석), 직업분석, 과학적 조언을 통한 매칭을 주장하였다. 이는 자신의 강점과 약점을 포함한 개인적 성향을 충분히 이해하고, 주어진 직업에서의 성공조건 및 보상과 승진에 관한 정보를 알아야 하며, 입수한 정보를 바탕으로 선택과정에서 '진실한 추론'을 해나가야 한다는 것이다(김봉환, 2006).

파슨스(Parsons, 1909)부터 라프퀴스트와 도이스(Lofquist & Dawis, 1969)의

직업적응이론에 이르기까지 특성 지향적 이론은 개인의 특성과 직업의 요구사항(job requirements) 간의 보다 좋은 매칭에 대해 언급하고 있다.

2) 특성-요인적 상담의 인간관(인간 본성에 대한 5가지 기본가정)

① 인간은 선과 악의 잠재력을 모두 지니고 있다.
② 인간은 선을 실현하는 과정에서 타인의 도움을 필요로 한다.
③ 인간의 선한 생활을 결정하는 것은 바로 자기 자신이다.
④ 선의 본질은 자아를 완전히 실현하는 것이다.
⑤ 우주와 인간의 관계, 즉 세계관은 개인적인 것으로 인간은 누구나 그 자신만의 독특한 세계관을 지닌다.

3) 파슨스(Parsons)가 제안한 특성-요인이론의 3가지 요소

① **자신에 대한 이해**: 면담, 심리검사를 통해 내담자 자신의 특성(적성, 흥미, 능력 등)을 파악한다.
② **직업에 대한 이해**: 직업정보를 통해 직업의 특성(승진제도, 보수 등)을 이해한다.
③ **자신과 직업의 합리적 매칭**: 합리적 추론을 통해서 내담자의 특성과 직업의 특성을 연결

출처: Parsons(1909). 직업의 선택.

4) 이론평가

- **장점**: 최초로 직업선택을 돕는 개념적인 틀을 제공했다.
- **단점**: 직업선택을 평생에 걸쳐 한 번 선택하는 것으로 해석했다.

※ 특성: 심리검사로 측정되는 개인특성(성격, 흥미, 적성, 가치관)
※ 요인: 직업에서 요구하는 특성(책임감, 인화, 리더십, 전문성)

2 윌리엄슨의 특성요인이론(1937)

1) 이론의 핵심

- 파슨스의 특성요인이론을 확장했다.
- 인간의 행동이나 성격은 흥미, 능력, 기질, 태도 등의 복잡한 요인들이 상호작용하여 나타난 결과라고 보고 있다.
- 인간의 성격이나 행동특성은 여러 가지 차원의 요인으로 분류될 수 있으며, 특히 심리검사 등의 방법을 통해서 측정되고 평가될 수 있다.

이 이론은 지시적 상담이론에 근거하여 윌리엄슨(1910~1982)이 직업상담의 토대 위에서 발달시킨 상담방법이다. 특성요인 진로상담(Trait-Factor Career Counseling)은 개인차 심리학에 그 배경을 두고 있다(Anastasi, 1958). 여기서 특성요인이란 용어는 주로 일반지능, 특수적성, 학업성취도, 작업능력 등을 포함하는 여러 능력과 직업적 관심, 성격, 포부 등의 요인이 포함되는 개념이다(Super & Crites, 1962).

※ 4가지 기본가정

① 인간은 타당하고 신뢰롭게 측정할 수 있는 독특한 특성을 가지고 있다.
② 직업은 성공적으로 일을 수행하기 위해 특정한 특성을 소유하기를 요구한다.
③ 직업선택은 직선적 과정이며 매칭이 가능하다.
④ 개인의 특성과 직업의 요구사항이 서로 매칭이 잘 이루어질수록 직업적 성공의 가능성은 커진다.

출처: Klein & Wiener(1977).

2) 효과적인 상담관계에 대한 가정

① 상담의 목적은 모든 인격적인 면에서 내담자가 최적의 방향으로 성장하도록 돕는 데 있다.
② 상담자는 각 내담자의 독특성을 가정해야 한다.
③ 내담자가 자발적으로 상담을 요청하는 것이 보다 더 바람직하다.
④ 내담자 스스로 해결할 수 없는 문제에 당면했을 때에만 필요하다.

⑤ 상담관계에서 상담자가 완전히 가치중립적인 입장을 취할 수는 없다.
⑥ 무조건적인 수용이 내담자의 잠재력을 완전히 발휘하게 한다는 심리치료의 가정에 동의하지 않는다(이성적 상담).
⑦ 인간발달의 전체성을 다루어야 한다.
⑧ 상담의 목적은 보다 합리적인 문제해결력을 증진시키는 것이다.
⑨ 상담과정에서 내담자의 통찰은 매우 중요하다.
⑩ 상담의 대상은 누구나 될 수 있다.
⑪ 각 개인은 자신의 잠재력을 충분히 발휘할 도덕적 의무가 있다.
⑫ 내담자의 이성적 문제해결력을 기르는 것 못지않게 중요한 문제는, 궁극적으로 탁월성을 추구하는 목적적 노력을 하는 인간을 만드는 것이다.

3) 특성-요인 상담의 특징

① 개인특성을 측정하기 위하여 각종 진로 관련 심리검사활용을 중시한다.
② 상담자 중심(지시적) 상담방법으로, 내담자에 대한 정서적 이해보다 문제의 객관적 이해를 중요시한다. (칼 로저스는 특성요인의 지시적 상담에 반대하고 비지시적 상담 제시)
③ 내담자 진로유형분류 등 변별진단을 중시한다.
④ 내담자에게 적기에 적절한 정보를 제공하고, 사회적 적응기술 및 학습기술을 알려주는 것을 중시한다.
⑤ 내담자를 객관적으로 이해하고 올바른 예측을 하기 위해, 각 사례나 사례 연구를 상담의 중요자료로 활용한다.

4) 상담 목표

① 내담자가 이성적으로 생활하도록 돕는다.
② 내담자가 자신의 가능성을 확인하고, 그 가능성을 실제로 활용할 수 있게 돕는다.
③ 자기 통제가 가능하도록 돕는다.
④ 내담자 자신의 능력, 동기, 적성, 흥미, 성격 등의 특성과 요인을 이해하고 수용하도록 한다.
⑤ 내담자 자신이 필요로 하는 정보를 수집-분석-종합할 수 있도록 한다.
⑥ 내담자 자신의 특성 및 요인과 직업 또는 외부조건을 검토하여 만족스러운 결정을 내릴 수 있도록 한다.

5) 진로상담 모형

(1) 진단

특성요인 진로상담에서 가장 기본이 되는 것은 변별진단(differential diagnosis)이다. 윌리엄슨(Williamson, 1939)은 진단의 개념을 다음과 같이 정의한다. "진단이란 일련의 관련이 있는, 또는 관련이 없는 사실들로부터 일관된 형식이 갖는 의미를 논리적으로 사고하는 과정이다. 그리고 내담자의 장래의 방향 설정과 적응을 위해 이런 일관된 형식이 갖는 의미를 판단하고 예측해 주며, 내담자의 장점과 경향성을 이해하는 것이다."

진로의사 결정 시에 나타나는 여러 가지 문제를 진단하는 데 도움을 주기 위해서 윌리엄슨(1939)은 변별진단을 전혀 선택하지 못함, 불확실한 선택, 현명하지 못한 선택, 흥미와 적성이 모순이 되는 선택으로 분류하였다. 특성요인 상담에서는 변별진단이 가장 기본이 되는 요인이다.

윌리엄슨의 변별진단(문제유형)

구부	내용
전혀 선택하지 않음 (진로무선택)	① 공식적 교육과 훈련을 마친 후에도 자신의 선택의사를 표현할 수 없고 무엇을 원하는지조차 모른다고 한다. ② 학교교육과 직업훈련을 마친 후에 "그들이 갖고자 하는 직업이 어떤 것이냐"는 질문에 내담자들은 선택의사를 표현하지 못하고 대개 자신이 무엇을 원하는지 잘 모르겠다고 대답한다.
불확실한 선택	① 직업을 선택하고 직업 명칭으로 말할 수 있지만 자신의 결정에 대해 의문을 나타낸다. ② 확신 정도에 따라 높은 확신, 보통 확신, 낮은 확신으로 구분된다. 높은 확신은 내가 선택한 직업에 대해 어떤 의심도 없으며, 이 직업을 바꾸기를 기대하지 않는다. 이 직업을 택하고 종사할 계획이다. 보통 확신은 선택한 직업에 대해 조금 의심을 품고 있으며, 때때로 올바른 선택을 했는지 궁금하다. 낮은 확신은 선택한 직업에 상당한 의심을 품고 있으며, 내가 선택했지만 그것이 훌륭한 선택인지 종종 의심한다.
현명하지 못한 선택 (어리석은 선택)	① 내담자의 능력과 흥미 간의 불일치, 내담자의 능력과 직업요구들 간의 불일치이다. ② 현명하지 못한 선택은 일반적으로 내담자의 불충분한 능력에 의한 진로결정이다.
흥미와 적성 간의 모순	① 내담자의 적성이 그 직업에서 요구하는 수준보다 낮다. ② 내담자가 능력 이하의 직업에 대해 관심을 가진다. ③ 흥미와 능력은 같은 수준, 직업분야가 전혀 다르다.

포괄적 진로상담이론의 주창자인 크릿츠(Crites, 1981)는 직업선택에서 내담자의 문제를 아래 표에 제시하였다. 이 체계의 기본 원리는 내담자의 흥미·적성·선택 사이의 일치 원리이다.

크릿츠의 직업선택문제 분류(변별진단)

문제	구분	내용
적응문제	적응된 (adjusted)	① 흥미분야와 적절한 적성수준에서 직업을 선택한다. ② 다양한 흥미유형을 갖고 있을 수 있지만 직업선택에서는 흥미와 일치한다.
	부적응된 (maladjusted)	① 직업선택이 흥미분야와 적성수준과 일치하지 않는다. ② 의사결정과정에 관여한 변인들 간 완전한 불일치가 문제이다.
우유부단의 문제	가능성이 많은 (multi-potential)	① 두 번 이상 선택을 하지만 선택은 흥미, 적성 수준과 일치한다. ② 여러 가지 대안 중 하나를 선택할 수 없다는 것이 고민이다.
	우유부단한 (undecided)	① 흥미유형이 여러 가지일 수 있고, 적성수준이 다양할 수 있다. ②직업에 대한 확신을 갖지 못한다.
비현실성의 문제	비현실적인 (unrealistic)	① 흥미분야와 일치하거나 일치하지 않는 분야를 선택한다. ② 측정된 적성수준보다 높은 적성을 요구하는 직업을 선택한다.
	수행 불가능한 (unfulfilled)	① 흥미분야와 일치하지만 측정된 적성수준보다 낮은 적성을 요구하는 직업을 선택한다.
	강요된 (coerced)	① 적절한 적성수준에서 선택하지만 흥미분야와는 일치하지 않는 직업을 선택한다. ② 내담자의 비현실적 선택은 적절치 못한 흥미영역 때문이다.

※ 포괄적 진로상담이론의 상담단계

① 진단 및 탐색: 내담자의 흥미와 적성을 포함하여 보다 폭넓은 자료를 수집한다.
② 명료화 또는 해석: 상호 협의하여 문제에 대한 진단결과를 해석하고, 대안을 결정한다.
③ 문제해결: 문제해결을 위해 실제적인 행동을 추진한다.

(2) 상담과정(6단계)

과정	내용
분석	① 여러 가지 검사나 면접상담을 통해 내담자의 태도, 흥미, 가족배경, 지식, 학교 성적 등에 대한 세부적인 분석 자료들을 객관적·주관적 방법(태도·관념)으로 수집
종합	① 내담자의 개별성이나 특성을 탐색하기 위해 사례연구나 검사결과에 의하여 자료를 수집, 종합, 요약 ② 개인의 장·단점, 욕구, 문제 등을 분석하기 위해 정보들을 조정

진단	① 내담자의 진로문제들과 뚜렷한 특성들을 기술하고, 교육적, 직업적 능력과 특성을 비교하여 진로문제를 진단 ② 내담자의 특성과 문제를 분류하고, 문제의 특성과 원인을 객관적으로 파악
예측 (예언)	① 선택 가능한 직업에 대한 성공 여부를 예측 ② 조정 가능성과 문제들의 가능한 결과들을 판단하고 내담자가 고려할 대안적 조치들과 조정사항을 찾기
상담	① 이해, 수용, 공감의 분위기에서 내담자의 의사결정과 문제해결 조력 ② 현재 또는 미래의 바람직한 적응을 위해 무엇을 해야 할지 내담자와 함께 논의
추수지도	① 의사결정과정의 적합성에 대한 검토와 사후점검, 재배치 등의 활동 ② 새로운 문제가 야기되었을 때 내담자가 바람직한 행동계획을 수행할 수 있도록 계속적으로 조력하고 지도

(3) 문제유형별 개입방법

문제유형	내용
전혀 선택하지 않음	• 직접적인 충고 • 질문에 의한 자유연상기법 사용 - 객관적 자료에 의해 "기술자가 되는 것은 어떨까요?" 질문 등으로 직업역할에 관하여 반응유도
불확실한 선택 현명하지 못한 선택	• 이미 선택한 것을 취소하고 다른 대안 제시 • 의사결정 능력 배양 코칭 • 흥미검사, 직업정보 제공
흥미와 적성의 불일치	• 흥미는 낮으나 적성이 높은 경우 - 적성이 높은 직업군을 탐색하여 선택 - 흥미 있는 분야는 취미생활을 통해 능력 있는 수준에 도달할 때 직업전환 유도 • 흥미는 높으나 적성이 낮은 경우 - 직업적응 노력 더 하도록 권유 - 적성이 높은 직업군으로 직업전환 검토 • 흥미와 적성은 같은 수준이지만 직업분야가 전혀 다른 경우 - 흥미, 적성이 일치하는 직업분야 선택 조력

(4) 상담자의 역할

① 내담자에 대한 자료를 수집하고 분석, 판단한다.

② 교육자의 역할로 내담자를 가르치고 설득하며 수집된 자료로부터 상담자의 추론이 합리적임을 내담자에게 확신시킨다.

③ 내담자가 스스로 문제를 해결하고 결정하도록 조력하며, 문제해결과

결정과정을 학습할 수 있도록 돕는다.

④ 상담자와 내담자의 관계는 전문가와 비전문가, 학생과 교사로 비유된다.

(5) 결과

특성요인 진로상담의 목표는 개인의 특성을 여러 가지 검사를 통해 상세히 밝혀내고 그것을 각 직업의 특성과 연결시키는 것이다. 과학적이고 객관적인 방법을 통해 내담자는 자기에 대한 이해를 명확하게 할 수 있기 때문에 현실적이고 합리적인 의사결정을 할 수 있으며, 문제의 해결 방법도 배울 수 있다.

특성요인 진로상담은 개인의 특성과 각 직업에서 요구하는 조건이나 직업특성들을 과학적, 합리적으로 분석하여, 이 두 가지를 현명하게 연결시켜 현명하고 합리적인 직업선택을 하도록 조력하는 모형이다.

6) 진로상담 기법

윌리엄슨의 특성요인 진로상담의 기법

촉진적 관계형성	상담자는 내담자에게 신뢰감을 주는 분위기를 형성하고 문제해결을 촉진할 수 있는 관계를 만들어간다.
자아이해의 신장	상담자는 내담자가 자신의 특성이나 장점에 대해 개방된 평가를 하도록 도우며, 그러한 특성이나 장점이 내담자의 진로문제를 해결하는 데 어떻게 관련되는지 알도록 통찰력을 갖게 격려한다. 유능한 상담자는 '내담자로 하여금 그의 장점을 최대한으로 이용하여 진로 면에서 성공과 만족을 얻도록 조력하는 사람'(Williamson, 1939 : 134)이다.
실제적인 행동의 계획이나 설계	상담자는 내담자가 이해하는 관점에서 조언을 하고, 상담을 진행해야 한다. 또 내담자가 말한 학문, 직업적인 선택이나 내담자의 감정, 태도 등에 대해 언어로 명료화시켜 준다. 그리고 실제적인 행동을 설계하고 계획하도록 조력한다.
계획의 수행	일단 계획이 세워지면, 내담자가 계획을 실행에 옮겨서 직접 직업선택을 해 보도록 돕는다.
위임	한 상담자가 모든 다양한 종류의 내담자를 전부 다 상담할 수는 없다. 윌리엄슨은 이때, 상담자는 다른 적절한 상담자를 내담자에게 소개하거나, 내담자가 직접 다른 상담자를 찾아보도록 권고한다.

7) 검사의 해석(상담기법)

특성요인 진로상담에서는 내담자의 특성에 대한 자료를 과학적으로 수집하고 종합 · 분석하여 객관적이고 합리적인 의사결정을 하도록 도와주는 면을 강조하기 때문에, 검사의 결과를 해석하고 그것에 따라 설득, 충고, 조언, 설명을 하는 과정이 매우 중요하다. 검사결과를 해석하여 제시하는 방법에 대해 윌리엄슨(1939)은 다음과 같은 세 가지 방법을 제시한다.

직접 충고 (direct advising)	가장 만족할 만한 선택이나 행동 또는 실행계획에 대해 상담자가 자신의 견해를 솔직하게 표명하는 것을 말한다. Williamson은 상담자가 이 방법을 쓸 때는 내담자의 문제와 성격특성을 충분히 고려한 후에 사용해야 한다고 말한다. 즉, 내담자가 집요하게 상담자의 솔직한 의견을 요구하거나, 내담자가 심각한 좌절이나 실패를 가져올 행동이나 진로선택을 하려 하는 때에만 이 방법을 사용한다.
설득 (persuasion)	상담자는 내담자가 다양한 대안을 생각할 수 있도록 해야 한다. 논리적이고 합리적인 방법으로 자료를 정리한 후에 내담자가 이해 가능한 방법으로 설득을 한다. 상담자가 내담자가 선택하는 데 직접 관여하지는 않지만 내담자가 비합리적인 선택을 하려 할 때 그러지 않도록 설득한다. (비합리적 선택 예방)
설명 (explanation)	상남사는 검사자료뿐 아니라 내담자에 관련한 여러 가지 자료들을 해석해준다. 내담자가 검사 결과가 주는 의미를 이해한 후 현명한 선택을 하도록 하기 위해 검사결과를 설명해 준다. 직접충고, 설명, 설득의 방법에 의해 내담자가 진로결정에 있어서 검사결과를 유용하게 사용할 수 있게 된 후에는 상담자는 초점을 의사결정과정에 맞추게 된다. 직업 선택과 결정은 특성요인 상담의 핵심, 그리고 절정이 되는 과정이다. (이미 선택한 대안을 설명)

8) 이론평가

(1) 공헌점

① 정서를 강조하는 상담이론과 달리 이성을 강조하여 상담의 균형발전에 기여했다.

② 스트롱 직업흥미검사, 쿠더 직업흥미검사를 개발하는 등 객관적 자료를 중시했다.

(2) 단점

① 검사결과에 지나치게 의존, 측정도구에서 얻어진 정보의 예언타당도가 낮다. 특성 중 어느 것을 우선적으로 고려하느냐에 따라 직업선택이 달라지기 때문이다.

② 직업선택이 평생에 걸쳐 일회적이고, 비역동적 개념을 가진다.

3 슈퍼(Super)의 진로발달이론(1953)

1) 이론의 핵심

슈퍼(Super, D., 1910~1994)
진로발달이론의 거두

- 진로발달이론은 욕구, 지능, 적성, 가치 등과 같이 진로선택과 관련성이 높은 요소만을 발달적 관점에 사용한다. 이 요소는 진로아치문의 좌측 기둥을 형성한다.
- 가장 종합적인 전생애발달이론으로 특성요인과 인간중심 상담방법을 통합했다.
- 직업선택을 타협의 과정으로 본 긴즈버그(Ginzberg)의 이론을 비판・보완하였다. 타협에 선택을 더하여, 직업선택을 타협, 선택이 상호작용하는 일련의 적응과정으로 보았다. 또한 개인의 진로발달을 개인과 환경과의 상호작용에 의한 적응과정으로 보았다.
- 직업발달 5단계 과업을 제시하였다.
- 진로발달은 자아개념의 실현과정에서 이루어진다.

슈퍼(Donald E. Super)는 진로발달을 아동기부터 성인 초기까지, 국한된 과정이라고 본 긴즈버그(Ginzberg)의 초기 이론에 이의를 제기하였다. Super는 진로발달이 인간의 전 생애에 걸쳐서 변화되고 이루어지는 것이라고 하였다. (긴즈버그 발달이론 이의제기)

발달이론 중 가장 종합적인 전 생애발달 이론이다. 전 생애・생애역할・자아개념을 통해 진로발달을 이론화했다. 그리고 이 이론에서 제시하고 있는 생애진로 무지개라는 개념은 생애역할을 수행하면서 하는 모든 활동을 포함한다.

개인의 진로의 폭과 깊이는 계속해서 변화되는 자기개념에 통합된다. 그리고 진로선택은 자기개념, 내적변인(가치, 흥미, 능력), 외적변인(취업, 노동시장, 경제상황) 등에 의해서 이루어진다.

2) 자아(자기)개념 : 자신이 누구인가에 대한 개인의 믿음

슈퍼 이론의 바탕을 이루고 있는 것은 자아개념이다. Super에 따르면 인간은 대체로 자아 이미지와 일치하는 직업을 선택한다고 한다(예: 적극적이고 활달하며, 능력이 있어 지도자의 역할을 할 수 있다고 스스로 생각하는 사람은 그러한 자신의 이미지에 일치하는 직업을 찾게 됨). 직업발달에서 본질적인 역할을 하는 자아개념은 유아기에서부터 형성(formation), 전환(translation), 실천(implementation)의 과정을 거쳐서 사망에 이르기까지 계속 발달 되고 보완된다. 그러나 청년기 이후에는 대부분의 경우 자아개념에 큰 변화가 오지 않는다.

※ 자아개념: 능력, 태도, 느낌을 포함한 자신에 대한 주관적인 인식개념, 슈퍼는 자기개념을 '특정 역할, 상황, 지위 내에서 또는 관계망 속에서의 자기에 대한 그림'이라 표현(환경과의 상호작용으로 형성)

3) 진로발달 요인 10가지

개인차(능력, 흥미, 성격) / 다양한 가능성 / 직무능력의 유형 / 동일시와 모델의 역할 / 적응의 계속성 / 생애단계 / 진로유형 / 발달의 지도가능성 / 상호작용의 결과로서의 발달 / 직무만족 / 진로유형의 역동성

4) 진로발달 요인을 기초로 하는 14가지 명제(김병숙, 2011)

① 인간은 개인마다 능력, 흥미, 가치, 인성, 자아개념에 차이가 있다.

② 인간은 서로 다른 직업적 특성을 갖는다.

③ 인간의 직업적 능력, 선호성 및 자아개념은 계속적인 선택과 적응의 과정을 통해 발달한다.

④ 각 직업은 서로 다른 특성들을 가지고 있다.

⑤ 진로발달 과정은 일련의 생애단계로, 성장기, 탐색기, 확립기, 유지기, 쇠퇴기의 과정을 겪는다.

⑥ 개인의 진로유형의 본질(직업수준, 빈도, 시행과 안정된 직업의 기간, 순서 등)은 인성적 특성, 지적능력, 주어진 기회, 사회경제적 수준에 따라 결정된다.

⑦ 조직과 환경의 요구에 상응하는 성공은 진로단계가 내담자에게 요구하는 정도의 진로의식 성숙 즉, 환경의 요구에 상응하는 개인의 준비

도에 의존한다.

⑧ 진로의식 성숙은 하나의 가설이며, 그 조작적 정의는 지능을 정의하는 것만큼 다양하고 어려울 것이다. 그러나 진로의식성숙의 역사는 더 명확하며 그 업적은 한 층 더 명백하다.

⑨ 개인의 진로발달은 자아개념, 흥미, 현실을 평가하는 능력 등을 발달시킴으로써 이루어질 수 있다.

⑩ 진로발달의 과정은 근본적으로 자아개념을 발달시키고 보완해나가는 과정이다. 이 과정은 타고난 적성, 다양한 역할을 수행할 기회, 역할 수행의 결과가 선배나 동료의 승인을 얻는 정도에 따라 발달한다. 다양한 요소들의 상호작용 결과에 따라 나타난 자아개념 속에서 이루어지는 타협의 과정이다.

⑪ 개인과 사회적 요인, 자아개념과 현실성 사이의 타협은 역할담당의 하나다. 이러한 역할담당은 환상 속이나 실생활 속(상담, 클럽활동, 학급활동, 시간제 일자리 등)의 역할 수행을 통해 이루어진다.

⑫ 진로, 직업 및 생애만족은 자신의 흥미, 능력, 가치가 실현되는 정도 또는 성격특성에 달려있고, 이는 자신의 성숙과 탐색의 경험에 따라 일관된다. 또한 적합한 역할을 할 수 있는 생활양식, 일의 형태를 수행할 수 있는가, 작업조건에 의해서도 좌우될 수 있다.

⑬ 사람들이 일로부터 얻을 수 있는 만족의 정도는 자아개념에 도움이 될 수 있느냐에 비례한다.

⑭ 일과 직업은 성격형성을 위한 방법을 제공한다. 이러한 방법은 다분히 부수적이며 비현실적일지도 모른다. 그럴 경우, 가정관리와 여가활동 같은 또 다른 방법이 중요하다.

※ 슈퍼는 초기에 10가지 명제를 제시했으나 이후 네 가지(⑦, ⑧, ⑬, ⑭)를 추가하여 14가지가 되었다.

※ 자아개념은 청소년 후반기부터 성인기까지 발달하며, 시간이 지나면서 점차 안정된다.

※ 청소년기의 자아개념 : 다양하게 분화되고 있어 영역 간 모순과 불일치

5) 진로발달 단계(1951년 진로유형 연구)

발달단계		내용
성장기 (growth stage) 0–14세		• 가정과 학교에서의 주요 인물과 동일시함으로써 자아개념을 발달시킨다. • 초기에는 욕구와 환상이 지배적이나 사회참여와 현실검증이 증가함에 따라 흥미와 능력을 중요시하게 한다.
성장기	환상기 4~10세	• 환상적인 역할수행이 중시되며, 욕구가 지배적이다.
	흥미기 11~12세	• 개인의 흥미가 진로목표, 활동목표, 내용을 결정하는 요인이 된다.
	능력기 13~14세	• 진로선택에 자신의 능력을 중요시하며 직업에서의 훈련요구조건을 고려한다.
탐색기 (exploration stage) 15~24세		• 학교생활, 여가활동, 시간제 일 등 여러 가지 활동을 통한 자아검증이 이루어지며, 역할을 수행하고, 직업탐색을 시도한다. • 진로발달에서 현실감을 좀 더 고려한다. • 직업선택이 구체적이지만 잠정적이고, 확정적이지 않다.
탐색기	잠정기 15~17세	• 흥미, 욕구, 가치, 능력, 직업적 기회 등을 고려하기 시작한다. • 잠정적인 진로를 선택하고 토의, 일, 환상, 기타 경험을 통해 시행해 본다.
	전환기 18~21세	• 취업에 필요한 훈련이나 교육 등을 받거나 취업을 한다. • 현실적 요인을 중요시하고, 자신의 자아개념을 확립하려 노력한다.
	시행기 22~24세	• 자신에게 적합해 보이는 직업을 선택, 최초로 직업을 가지고 종사하기 시작한다.
확립기 (establishment stage) 25~44세		• 자신에게 적합한 분야를 발견하고 그 분야에서 영구적인 위치를 확보하기 위해 노력한다. • 자신의 삶의 생활터전을 안정시키기 위해 노력한다. • 일에 대한 경험을 통해 안정화되는 단계이다.
확립기	시행기 25~30세	• 자신이 선택한 일의 분야가 잘 맞지 않을 경우, 적합한 일을 찾을 때까지 몇 차례 변화를 시도한다.
	안정기 31~44세	• 개인의 진로유형이 안정되는 시기이다. • 개인은 그의 직업 세계에서 만족감, 안정, 지위, 소속감 등을 갖게 되며, 안정된 위치를 확립하기 위해 노력한다.
유지기 (maintenance stage) 45~65세		• 이미 정해진 직업에 정착하여, 직업 세계에서 자신의 위치와 지위가 상승하는 계속적인 적응단계이다. • 자신의 위치와 지위를 확고히 하고, 유지하려 하며, 가장 안정된 생활 속에서 시낼 수 있는 시기이다.
쇠퇴기 (decline stage) 65세 이후		• 신체적 · 정신적 힘이 약해짐에 따라 직업전선에서 은퇴하여 다른 새로운 역할과 활동을 찾게 된다.

쇠퇴기	감속기 65~70세	• 일의 수행속도가 느려지고, 직무에 변화가 온다.
	71세 이후	• 시간제, 자원봉사, 여가활동 등으로 이직한다.

출처: 김봉환(2006).

슈퍼는 진로발달에서 탐색기와 확립기를 중시하였는데, 이유는 이 시기에 구체적인 선택, 안정적 발달을 이루면서 자아개념을 완성하는 시기이기 때문이다.

6) C-DAC 모형(경력발달 평가모델)

슈퍼는 자신의 이론을 진로 및 직업상담과 접목하기 위한 접근법 C-DAC (Career Development Assessment and Counseling) 모형을 제시하였다.

(1) 4단계 평가

① 내담자의 생애구조에 직업적 역할의 중요성 평가
② 진로발달의 수준과 자원의 평가
- 내담자의 발달과업을 확인한 후 자원평가
- 자원은 발달과업에 대한 태도, 역량과 진로계획에 대한 긍정적인 태도

③ 직업의 정체성에 대한 평가
- 심리검사 등을 통해 가치, 능력, 흥미측면에서 정체성 파악

④ 직업적 자아개념과 생애주제에 대한 평가
→ 4단계의 평가 내용을 근거로 상담자는 내담자의 생애사에 대한 통합적인 해석, 평가한 후 상담

※ 심리검사활용: 진로발달검사, 진로성숙도검사, 가치관검사, 직업흥미검사

(2) C-DAC 모형의 특징

① 진로문제를 생애종단적으로 탐색(발달과업측정검사 ACCI 활용)
② 생애역할에 부여한 우선순위를 결정
③ 생애진로무지개 사용(활동지 별첨)
④ 생애파이(Pie of Life) 활동으로 가치탐색(활동지 별첨)

※ ACCI 검사 : Adult career concern Inventory)

7) 생애진로무지개(1974): 생애역할이론

(1) 생애 공간적 입장에서 개인의 생활역할을 통하여 진로발달과정을 자기실현 및 생애발달과정으로 보았다.

(2) 사람은 일생동안 6가지의 역할을 수행한다.

① 자녀, ② 학생, ③ 여가인, ④ 일반 시민, ⑤ 직업인, ⑥ 가정관리인

즉, 가장/주부/부모/연금생활자 → 역할의 현저성은 삶의 공간, 수행역할과 직위의 배열

(3) 진로발달과정은 전 생애에 걸쳐 지속되며 성장, 탐색, 확립, 유지, 쇠퇴 등의 대주기를 거친다(6가지 역할 +대주기). → 생애진로무지개의 외부의 띠

(4) 대주기가 있고 각 단계마다 성장, 탐색, 확립, 유지, 쇠퇴로 구성된 소주기가 있다.

(5) 첫 번째 차원 : 진로성숙

- 생애와 삶의 대순환(대주기)을 나타낸다.

두 번째 차원 : 역할 현저성(두드러진 특성)

- 삶의 공간으로 생애역할과 직위의 배열이다.

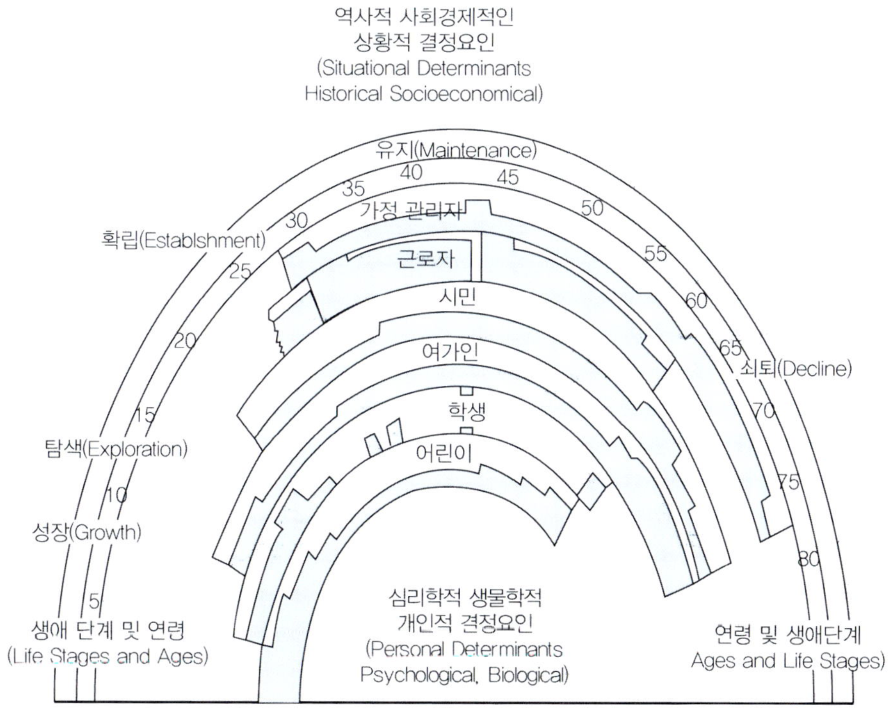

생애진로무지개

8) 진로아치문 모형(진로발달의 분절모형) → 자기개념형성의 주요영향요인 (김병숙, 2011)

슈퍼는 '생애무지개'라는 생애 시간적 개념인 수직적 차원에 두 번째 차원, 즉 공간적 차원(생애공간)을 추가하여 진로아치형 통로모델을 그림과 같이 제시하였다. 생물학적 근거로부터 확장된 왼쪽 기둥은 개인의 지능, 태도, 욕구, 가치, 관심을 의미한다. 이 요인들은 개인의 심리적 특징을 구성하고, 성취를 가져오는 것으로 보았다. → 아치모형 자체는 생애를 의미

아울러 지리적 근거로부터 확장된 오른쪽 기둥은 가정, 학교, 환경, 노동시장, 동료와 같은 사회 환경적 영향을 포함, 사회정책과 실제 고용에 영향을 주는 요인으로 설명하고 있다. 지붕은 자아개념을, 바닥은 생물학적 · 지리학적인 기초측면을 의미한다(진로의식의 발달과정).

좌측의 개인적 발달은 '성취'의 형태로, 우측의 사회적 · 지리적 특성 등은 '고용관행'의 형태로 나타난다. 이 두 가지 요소를 기반으로 발달이 이루어지고 자기개념이 형성되며, 자기개념에 따른 직업을 선택하게 되어 자기를 표현하게 된다. 즉, 자기개념은 자신과 환경의 상호작용으로 형성된다.

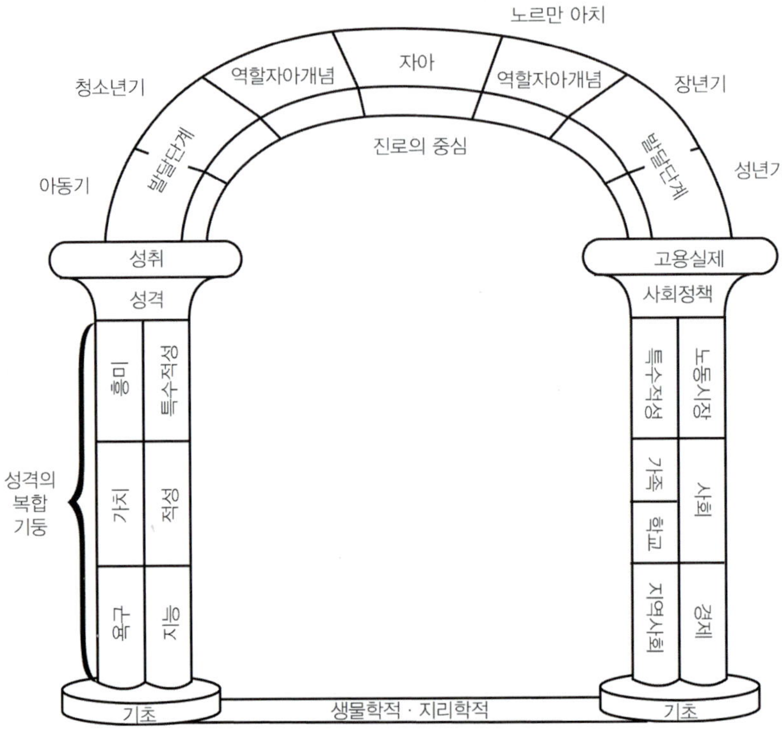

진로아치문모델

9) 직업발달 과업

구분	직업발달 과업	내용
탐색기	구체화 14~18세	• 자신의 흥미, 자원, 가능성, 가치관, 선호하는 직업을 위한 계획을 인식하여 일반적인 진로목표를 형성하는 인지적 과정단계의 과업이다. • 이 과업은 선호하는 진로에 대한 계획을 하고, 그 계획을 어떻게 실행할지 고려한다.
	특수화(명료화) 19~21세	• 잠재적인 직업에 대한 선호와 특정한 직업으로의 선호와 선택으로 옮기는 단계의 과업이다. • 이 과업은 객관적으로 직업선택을 명백히하고, 선택된 직업을 더욱 구체적으로 이해하여 진로계획을 특수화한다.
	실행화 22~24세	• 직업선택과 구직을 위한 교육훈련을 끝내고 취업하는 단계의 과업이다.
확립기 유지기	안정화 25~35세	• 직업에서 실제 일을 수행하고 자신의 재능을 활용함으로써, 진로선택이 적절한 것임을 증명하고, 위치를 확립하는 단계의 과업이다. • 적절한 진로선택을 위해 실제적인 직업경험과 재능을 이용하여 선택된 진로를 확고히 하는 시기이다.
	공고화 35세 이후	• 승진, 지위획득, 경력개발, 선임자 특권 등을 통해 자신의 진로를 안정되게 하는 단계의 과업이며, 진로를 확립하는 시기이다.

※ 발달이론가인 하비거스트(Havighurst, 1953)의 발달과업 개념 차용

10) 슈퍼의 진로상담과정(특성요인과 인간중심상담방법 통합)

상담과정	내용	상담방법
문제탐색	비지시적인 방법으로 직업문제를 탐색하고 자아개념을 표출한다.	비지시적
심층적 탐색	심층적인 탐색을 위해 지시적인 방법으로 직업문제를 설정한다.	지시적
자아수용	통찰과 자아수용을 얻기 위해 감정과 사고를 명료화한다.	비지시적
현실검증	현실검증을 위해 심리검사와 직업정보 분석을 실시한다.	지시적
태도와 감정의 탐색과 처리	현실검증을 통해 얻은 태도, 감정으로 자신과 일의 세계를 탐색한다.	비지시적
의사결정	가능한 대안과 행동에 대하여 검토하고, 의사결정을 한다.	비지시적

11) 이론 평가

(1) 장점

- 진로상담 분야에서 가장 영향력 있는 이론으로 평가된다.
- 진로발달 단계별로 완수해야 할 진로성숙을 위한 과제를 구체적으로 제시하였다.

(2) 단점

이론 자체의 포괄성 때문에 홀랜드 이론과 같이 경험연구를 통해 쉽게 검증하기 어렵다.

12) 생애파이(Pie of Life) 활동지

(1) 진행순서(슈퍼의 전생애 발달이론)

① 적당한 크기(A4 용지 등) 백지 위에 커다란 원을 그린다.

② 원 안에 다양한 일상생활에서 사용하는 시간을 반영하는 조각으로 선을 그린다.

③ 상담자와 내담자 또는 또래들끼리 파이 조각에서 드러난 역할, 가치에 대한 우선순위별(동그라미 안 조각에 우선순위 번호 적기)로 어떻게 느끼는지 의견을 나눈다.

(2) 예시

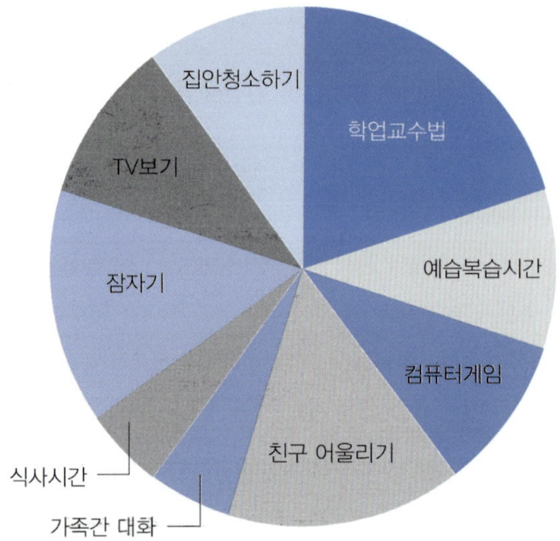

※ 활동지 : 한국진로상담연구원 다음카페

13) 생애진로무지개(Life-Career rainbow)

(1) 진행순서

① 내담자의 생애단계와 생애구조마다 구성하는 생애역할을 역할마다 다른 색연필로 그린다.

② 6가지 역할마다 중요성, 성취감, 행복감, 희망 정도에 따라 높게 또는 낮게 표시하여 색칠한다.

③ 특정 역할에서 높게 또는 낮게 그린 부분에 대하여 그 이유를 서로 의견 나누고, 생애역할에 부여하는 개인적 의미를 탐색하게 한다.

(2) 35세, 여성(본인진술)

① 자녀의 역할 부분에서 18세까지는 부모 형제로부터 사랑받고 경제적으로 윤택하여 행복했다.

② 이후, 가정형편도 어려워지고 부모에게 제대로 효도하지 못했다.

③ 부모님이 현재 70대 중반으로 건강이 양호하지 못해 앞으로 열심히 찾아뵙고 간호 등 효도를 하는 등 최선을 다해 모시려고 한다.

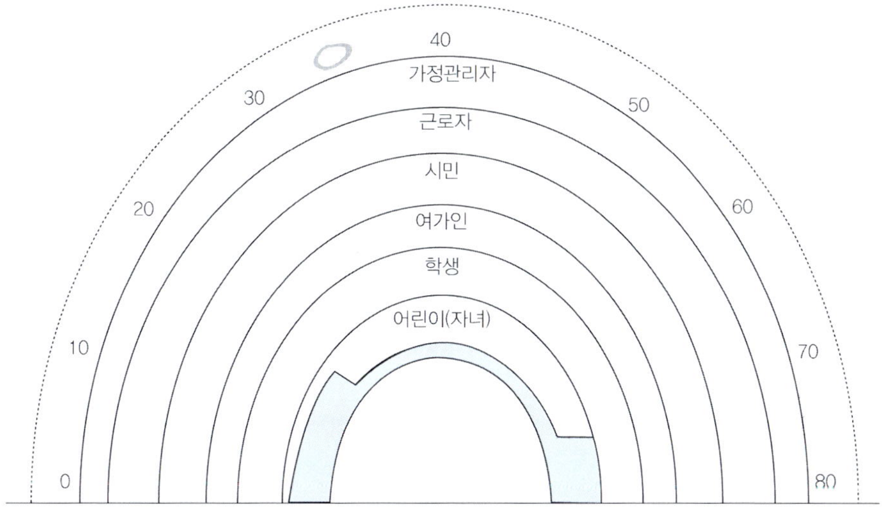

※ 현재 나이를 기점으로 과거 · 현재 · 미래를 탐색(현재 자기 나이를 외부선상 대주기선상에 표시) 색연필로 동그라미를 그려 넣는다.

※ 활동지 : 한국진로상담연구원 다음카페 게시

4 갓프레드슨(Linda. Gottfredson)의 직업포부발달이론(1981)

1) 이론의 핵심

- 사람들은 자신의 자아 이미지에 알맞은 직업을 원하기 때문에 직업발달에서 자아개념은 진로선택의 중요한 요인이다.
- 자아개념 발달의 중요한 결정요인은 지능 수준, 사회계층 및 다양한 경험 등이다.

갓프레드슨
(L. Gottfredson, 1947~현재)
심리학자이자 직업연구자

직업적 포부의 발달은 여성 진로학자인 갓프레드슨(1981)이 제시한 이론이다. 갓프레드슨은 슈퍼와 마찬가지로 발달적 단계를 다루면서, 사람이 특정 직업에 어떻게 매력을 느끼게 되는가를 설명한다. 즉 이모형은 피아제의 인지발달단계와 슈퍼의 진로발달단계를 기초로 하였다.

사회적 계급이나 인종에 관계없이 남녀 간에 직업적인 포부 수준이 다르게 나타나는 현상을 이론으로 정립하고자 했다. 또한 진로선택은 성역할과 포부가 중요한 역할을 한다고 주장한다.

2) 제한과 타협(김봉환, 2006)

① 갓프레드슨의 직업포부 발달이론은 직업포부의 형성 및 변화의 과정을 설명하기 위해 제한 및 타협의 원리를 제시하여 '제한-타협이론'으로도 불린다.

② '제한(또는 한계)'은 자기개념과 일치하지 않는 직업들을 배제하는 과정이다. 이는 자기개념의 발달단계에 따라 이루어지는 것이다. (사회적 가치지향성 이전 단계)

③ '타협(또는 절충)'은 제한을 통해 선택된 선호하는 직업들 중 자신이 극복할 수 없는 문제를 가진 직업을 포기하는 것이다. (내적 고유한 자아지

향성 단계)

④ 갓프레드슨은 개인이 진로장벽에 부딪혔을 때 자신의 포부를 제한하고, 타협을 통한 의사결정을 한다고 주장했다.

⑤ 직업선택할 때, 개인적 타협 과정에서 성 유형, 지위(사회적 명성), 흥미의 순서로 그 중요도를 매기고 있으며, 첫 번째로 직업에 대한 흥미가 가장 먼저 희생되고, 그다음 두 번째는 직업의 지위수준, 마지막으로 성 유형이 희생된다고 보았다. 즉, 성 유형을 타협하여 개인이 자신의 성 유형과 배치되는 직업을 선택하는 경우 적응을 하는 데 있어서 가장 큰 어려움을 겪게 된다. → 타협은 14세부터 시작된다.

⑥ 자신의 직업대안들의 집합인 사회적 공간 안에서 이루어진 선택에 대해 만족을 하지 못한다면, 그 직업에 관여하는 것 자체를 회피한다.

3) 직업적 선호의 인지 발달단계(직업포부 발달)

단계	구분	내용
1	힘과 크기 지향성 (3~5세)	① 사고과정이 구체화되고, 어른이 되는 것의 의미를 안다. ② 서열획득단계로 자기중심적 사고, 직관적 사고, 신체적 크기에 의해 자신과 성인을 구별한다. ③ 과거, 현재, 미래를 구별하지 못하고 속도, 운동, 권력을 가진 대상을 선호한다. ④ 성인을 '자원의 통제자'로 인식하여 주변 세계를 '크다-작다, 좋다-나쁘다'로 인식한다.
2	성역할 지향성 (6~8세)	① 사물이나 사태를 이분법적으로 지각하는 인지적 특성으로 모든 것을 좋은 것과 나쁜 것으로 분류한다. ② 자아개념은 성의 발달에 의해서 영향을 받는다. ③ 외형적 활동과 의복 같은 시각적인 단서를 통해서 성역할을 인식해 가면서 직업을 여성적 · 남성적 직업으로 이분화하여 인식한다. ④ 6세 이후부터 직업에 대한 성 유형화가 일어나고, 자기의 성이 가장 좋다고 생각하여 자기의 성에 알맞은 직업을 선호한다. ⑤ 성 구분이 모호한 선택은 피하고 성 편견을 조장하는 경향이 나타날 수 있나.

3	사회적 가치 지향성 (9~13세) (사회적 지위, 능력 수준)	① 일의 수준에 대한 이해를 확장시키고, 사회계층에 대한 개념이 생기면서 상황 속에서의 자아를 인식하게 된다. ② 자기중심성에서 벗어나 동료의 평가나 일반적 사회기대, 가치에 민감하다. ③ 사회계층, 개인의 능력, 직업에 대한 사회적 명성의 차이에 대해 무의식적으로 인식한다. ④ 자신의 사회 경제적 수준에 맞는 직업을 선호한다. ⑤ 직업에는 권위, 명성, 임금 등과 같은 보상적 측면과 필요한 교육 수준의 정도가 다름을 인지하는 등, 진로의식 성숙이 이루어진다. ⑥ 사회적 가치에 대해서 성인과 비슷한 관점을 갖는다.
4	내적, 고유한 자아 지향성 (14세 이후) (자기개념과 맞는 직업선택)	① 자아인식이 발달되며, 타인에 대한 개념이 생겨나고, 자아성찰과 사회계층의 맥락에서 직업적 포부가 발달한다. ② 흥미, 성격, 가치, 적성 등 자신에 대한 폭넓은 정체감을 형성하고 타인에 대한 지각도 증대된다. ③ 사고능력·내적인 반성능력이 향상되고 내적으로 형성된 삶의 목표, 자기개념을 구체화한다. ④ 가상적 추론능력의 발달, 그리고 자신의 직업포부에 대해 현실적으로 구체화시켜 나간다.

※ 직업포부 : 자신이 희망하고 기대하는 직업에 대한 수준, 즉 자아개념과 직업 이미지, 직업에 대한 접근성, 선호도 등 여러 요소에 의해 형성

※ 제한단계(1~3단계) : 수용 불가능한 직업대안 제거

※ 타협단계(4단계) : 수용 가능한 직업선택

4) 상담목표

① 제한했던 직업 및 제한했던 이유가 타당한 선택인지 확인하고, 제한한 직업 중 가능성 있는지 재탐색할 수 있도록 돕는다.

② 타협을 시도할 경우 먼저 내담자가 타협을 수용할 자세가 준비되어 있는지 확인한 후, 합리적 의사결정과정으로 타협과정을 촉진하거나 타협의 불가피성에 대한 수용을 조력한다.

③ 최종 타협을 주저하는 내담자의 경우, 진로성숙도 또는 의사결정 능력부족 때문인지 또 다른 문제가 있는지 탐색하여 신속한 타협을 하도록 조력한다.

5) 이론평가

① 특정한 직업이 배제되고 선택되는 과정에 대한 보다 구체적인 원리에 대해 설명이 부족하다.

② 진로발달을 청소년기의 발달에 국한하고 있다.

5 진로상담 사례보고의 이해

1) 진로상담의 목표

- 행동변화의 촉진
- 정신건강 증진
- 진로문제의 해결
- 개인적 효율성의 증진
- 진로의사결정능력의 함양

※ 우리나라 상담의 시초: 1952년 미국 교육사절단이 정신위생이론 소개

2) 진로상담의 기본원리

(1) 전공선택과 직업선택에 초점을 맞추어 진행되어야 한다.
(2) 개인의 특성을 객관적으로 파악한 후 관계형성이 형성된 관계 속에서 이루어져야 한다.
(3) 개인의 진로결정 과정에서 핵심적인 요소인 진로의사결정과정의 상담을 거쳐야 한다.
(4) 진로발달 이론에 근거해야 하며 진로발달이 진로상담에 영향을 미친다.
(5) 변화하는 직업 세계를 이해하고, 진로정보활동을 중심으로 개인과 직업을 합리적으로 연결시키는 과정에 초점을 두어야 한다.
(6) 각종 심리검사의 결과를 토대로 합리적인 결과를 이끌어낼 수 있도록 도와야 한다.
(7) 상담윤리강령에 따라 전개되어야 한다.

출처: 김충기(2016).

3) 생애진로사정표

생애진로사정표

상담자 성명: ____________ 사정년월일시: _____년 ____월 ____일 ____시

내담자	성명		성별	
	나이		출생순서	___남 ___녀 중 ___째
	학교명(학년)		직업명	
	종교		취미	

단계	구분	진단요소	이유 및 내용	비고
진로 사정	일의 경험 (시간제, 정규직, 유급, 무급 등)	◎마지막 직업		
		• 가장 좋았던 점		
		• 가장 싫었던 점		
		◎다른 직업 경험		
	교육, 훈련과정, 관심사(학교, 학습)	◎교육 훈련 명칭		
		• 가장 좋았던 점		
		• 가장 싫었던 점		
		• 지식 · 기술 · 기능 수준		
		◎초 · 중 · 고별 학습		
		• 가장 좋았던 점		
		• 가장 싫었던 점		
	오락(여가)	• 여가 시간		
		• 사회 활동 내용		
		• 친구 관계		
		• 주말, 저녁, 여가시간 사용내용		
전형적인 하루	의존적 · 독립적 성격 차원	• 타인에 의존		
		• 스스로 의사결정		
	자발적(임의적) · 체계적 성격차원	• 불안정한 일		
		• 영속적, 빈틈 없음		
강점과 장애	주요강점	처분(강점)자원 탐구		
	주요장애	요구(부족)자원 탐구		
요약	얻은 정보 재강조 · 반복 확인			
	요약	내담자		
		상담자		

※ 직업가계도 : 별첨

※ 요약 : 내담자, 상담자 요약 기록

4) 진로문제유형

진로문제유형	주창자	진로상담이론
• 진로 무선택 • 불확실한 선택 • 현명하지 못한 선택 • 적성과 흥미의 불일치	윌리엄슨(Williamson)	특성요인이론
• 부적응 • 우유부단 • 비현실성	크릿츠(Crites)	특성요인이론
• 낮은 일관성 • 똑같은 유사성 • 대부분 낮은 검사 점수 • 유형과 반대되는 직업선택	홀랜드(Holland)	인성이론
• 불안전한 진로유형 • 다면적 진로유형 • 충동적인 진로유형	슈퍼(Super)	진로발달이론
• 자기효능감 부족 • 진로에 대한 흥미 부족 • 성사회화로 인한 진로방해 • 가족의 정서적 · 재정적 부족 • 당시 경제 상황 • 사회문화적 장벽	헤케트와 베츠 (Hackett와 Betz)	사회인지이론(SCCT)
• 적응력 부족 • 자기정체감 부족 • 진로장벽 • 자기명확성 부족	사비카스(Savickas)	구성(맥락)주의 진로이론
• 의사결정혼란 • 외적갈등 • 수행불안 • 자기이해부족 • 직업정보부족	샘슨(Sampson)과 패터슨(Peterson)	인지적 정보처리이론(CIP)
• 실패정체감 • 무책임성 • 자율성 부족 • 자기각성부족	글래서(Glasser)	현실요법 (진로)상담이론
• 비합리적인 신념 • 역기능적 사고	엘리스(Ellis)	인지 · 정서 · 행동적 진로상담이론(REBT)
• 자율성 부족 • 만성부정감정 • 게임 · 라켓 • 혼합 · 배타 • 교차 · 이면교류	에릭 번(Eric Borne)	교류분석상담이론(TA)

5) 시대별 일반상담이론

정신분석이론
- 프로이트(Freud)
- 1896년

➡

개인주의 상담이론
- 아들러(Adler)
- 1912년

➡

심리유형론
- 융(Jung)
- 1920년대

➡

행동주의 상담이론
- 왓슨(Watson)
- 파블로프(Pavlov)
- 1920년

➡

인간중심적 상담이론
- 칼 로저스(Carl Rogers)
- 1942년

➡

실존주의 상담이론
- 메이(May)
- 프랭클(Frankl)
- 1955년(전후)

➡

의사교류분석 상담이론
- 에릭 번(Eric Berne)
- 1957년

➡

인간중심적 상담이론
- 엘리스(A. Ellis)
- 1958년

➡

실존주의상담이론
- 펄스(Perls)
- 1960년

➡

인지치료이론
- 아론 벡(Aron Beck)
- 1964년

➡

현실치료이론
- 윌리엄 글래서 (William Glasser)
- 1985년

⬆ 일반상담이론(시대별)

※ 현대심리학의 태동: 1879년 빌헬름 분트(Wilhelm Wundt, 1832~1920)

6) 가계도의 이해

가계도(예시)

가계도(Genogram)
- 보웬(Bowen)의 다세대 치료 모델에서 개발된 사정도구
- 상징부호 안에 나이, 옆에 만성질환, 직업 등 메모

(1) 보웬의 가계도 기호

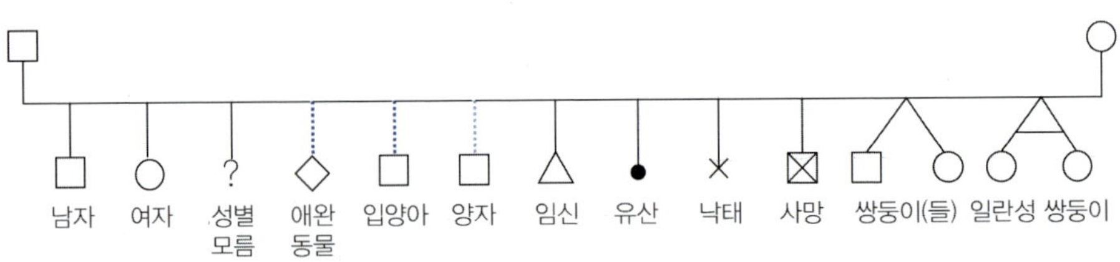

(2) 가족관계

(3) 감정적 관계

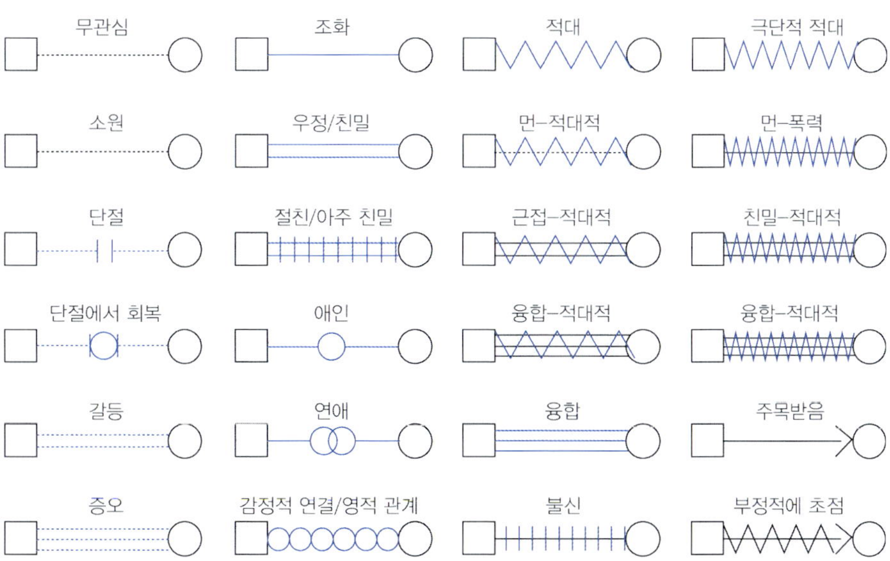

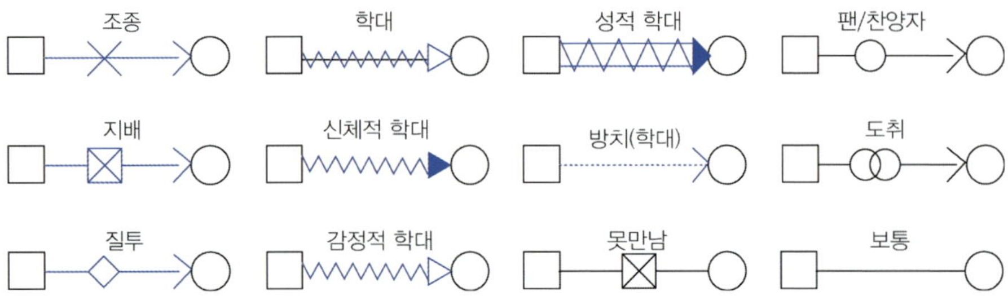

(4) 직업가계도(예시)

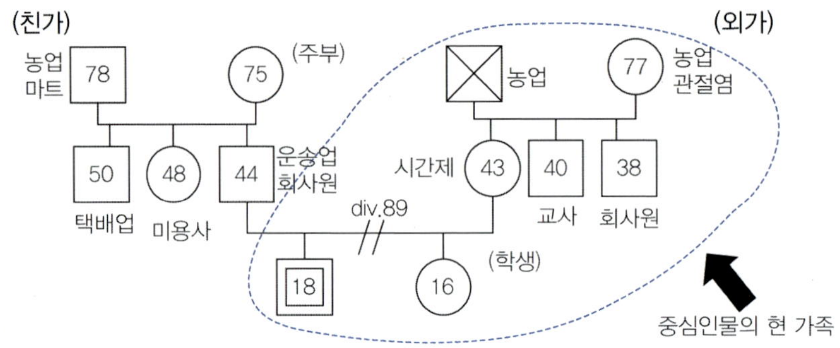

※ 약어

div = divorce(이혼) m = married(결혼)

S=separation(별거) d = death(사망)

※ 직업이 아닌 주부, 학생 등은 괄호표시를 한다.

03

CHAPTER

진로상담 사례보고서

제1절 초등학생

1 외교관이 되고 싶어요

Ⅰ. 내담자 기본정보

1. 내담자 신상정보

1) 이름: 서외교(가명)
2) 성별: 남
3) 나이: 12세
4) 학력: 초등학교 5학년
5) 종교: 기독교

2. 주 호소 문제

"내가 무엇을 잘하고, 좋아하는지? 또 지금 나에게 알맞은 진로(직업)는 무엇인지 알고 싶어요."

3. 상담의 맥락

1) 상담장소: 서울○○초등학교 상담실
2) 상담기간: 20**.5.3. ~ 20**.5.31.(5회기 종료), 주 1회 회기당 50분
3) 내방경위: 학급 담임교사 추천
4) 이전 상담경험: 없음

4. 인상 및 행동관찰

키는 140cm 정도로 또래보다 조금 작은 편이고, 안경을 썼으며 웃는 얼굴이다. 옷차림은 단정하고 야무진 인상이다. 약속한 상담시간을 잘 지키고, 진로심리검사에 대한 설명을 할 때 눈을 마주치며 듣고 이해를 잘한다. 심리검사를 할 때 집중하여 실시하고 검사에 걸리는 시간도 빠른 편이다. 자기 자신에 대하여 알아보는 과정과 흥미·적성과 잠재능력 등을 찾아보는 진로심리검사에 관심 있어 하고 즐겨 참여하고 있다. 또 담임선생님께서 "학급에서 회장으로 친구들을 잘 배려해 주고, 1인 1역으로 맡은 영어 체험실 청소를 시간에 맞춰 능동적으로 성실히 잘하고 있다. 수업에 집중도 잘하고 노트 정리도 잘하며 성적은 반에서 상위권에 해당된다. 학교에서 운영하는 수학영재학급에 합격하여 매주 수요일 3시간씩, 1년에 93시간 공부할 예정이며, 이해력과 응용력이 좋은 편이다."라고 들려주셨다.

5. 직업가계도

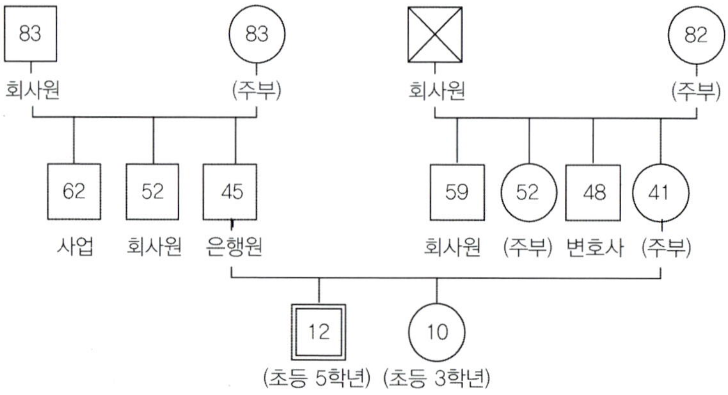

6. 발달배경 및 가족관계

발달배경과 가족관계는 상담을 하면서 관찰하고 알게 된 점과 내담자 어머니와 1시간 정도 면담한 것을 바탕으로 약술하였다.

1) 내담자(12세, 초등학교 5학년)

은행에 다니시는 아버지와 집에서 자녀를 돌보아주시는 어머니 밑에서 관심을 받으면서 자라왔다. 부모님과 선생님 등 어른들의 말씀을 잘 경청하고, 순종하며, 긍정적으로 사고하는 편이다. 어릴 때에는 역사를 좋아해서 역사학자가 되겠다고 한 적이 있었고, 그림을 섬세하게 그리고, 설계하는 것이 좋아서 건축가가 되고 싶다고도 했다.

가족들과 여행할 때 '베트남대사관'을 지나게 되었는데 그 후로 열심히 공부하여 남을 배려해 줄 수 있는 외교관이 되겠다는 생각을 하게 되었다고 한다. 또 TV에서 반기문 UN 사무총장을 보면서 국제공무원이나 외교관이 되겠다고 생각하여 집에 있는 Why 책에서 국제기관이나 법 등에 대하여 찾아보기도 하였다. 또 담임선생님께서 5학년 학기 초에 학급에서 꿈과 관련된 이야기를 할 때 '국제공무원'이 되고 싶다고 답했었고 관련 내용도 잘 알고 있는 편이라고 말씀해 주셨다. 역사를 무척 좋아해서 일제강점기 나라의 주권을 빼앗긴 것에 대해 관심을 보이며, 나라의 외교력에 대해서도 관심을 갖게 되었다.

여동생과 함께 노는 것을 재미있어 하고 평소에도 동생을 잘 챙겨주어 학교에서 동생을 잘 돌보아준다고 소문이 났다고 어머니께서 말씀하셨다.

2) 아버지(45세, 대졸. 은행원)

평범하지만 늘 웃음이 넘치는 단란한 가정으로 가족의 소중함과 성실, 인내, 배려 등을 강조하시며 양육하셨다. 아이의 마음을 읽어주고, 직업이나 운동 등 관심분야에 대해 함께 대화를 나누기도 한다. 여행을 통해 아이들이 항상 정서적으로 바르고 넓은 생각을 가질 수 있도록 도움을 주며 자연과 많은 사물, 건축물 등을 보여주며, 세상에는 다양한 직업들이 있음을 이야기해 주신다. 그러나 자녀에게 무엇이 되라고 강요하지는 않는다고 하신다.

3) 어머니(41세, 대졸, 주부)

가족 모두 교회를 다니면서 신앙 면에서 건실하고, 자녀 지도에서 1순위로 거짓말은 하면 안 된다고 가르치면서 인성 면에 힘써 오셨다. 어떤 상황에서 아닐 때는 아니라고 단호하게 말할 수 있도록 키우셨다. 또 "열심히 노력하고 인성을 가꾸며 네가 힘의 위치에 있을 때, 남을 도울 수 있다."고 말씀해 오셨다. 주변에서 유엔(UN)사무국에서 행정업무를 하고 있는 교회 집사 따님의 이야기를 들려주면서, 너희들 세대는 넓은 세계를 바라보면서 살아가야한다고 말씀하셨다. 직업을 통해 보람을 느끼고 자신이 행복할 수 있는 직업을 선택하기를 원하고, 어려운 사람들을 도울 수 있는 일을 하길 바라고 계셨다.

아이가 꿈을 정할 때 그 직업에 대해 좀 더 구체적으로 알 수 있도록 직업체험이나 현장방문, 관련자료, 시사적인 내용(신문스크랩) 등에 대해 대화하고 알려주면서, 자신에게 맞는 바르고 확실한 직업관(직업)을 찾을 수 있도록 도움을 주셨다.

4) 여동생(10세, 초등학교 3학년)

현재 초등학교 3학년인 여동생은 활발하고 밝으며 천방지축일 때도 있다. 교우관계가 좋고, 공부에 대한 욕심도 많으며 무엇이든 열심히 최선을 다하는 모습을 보인다. 학급 여자부회장으로 친구들을 돕고, 학급에 봉사하며 리더십을 배우고 있다. 심성이 바르고 착해서 형제간에 우애가 좋다. 또 오빠를 좋아하고, 오빠의 영향을 많이 받고 있다.

Ⅱ. 진로상담 사례개념화

1. 심리검사결과 및 해석

내담자는 슈퍼(Super)의 진로발달 단계에서 성장기(growth stage, 0~14세) 중 흥미기(interest substage, 11~12세)로 개인의 흥미가 진로의 목표 및 내용을 결정하는 데 요인이 되는 시기이다.

1) 홀랜드 진로탐색검사 실시(20**. 5. 10)

(1) 검사결과

Holland 진로탐색검사결과표

영역	R	I	A	S	E	C	진로코드
활동흥미(10)	4	4	2	3	3	2	RI, IR
성 격(10)	4	10	5	10	5	6	IS, SI
유 능 감(11)	5	11	4	10	9	10	IS, IC
직업 흥미(12)	0	4	1	3	2	2	IS
자기평정(14)	4	5	5	6	3	5	SI
	3	7	4	6	6	5	IS, IE
합계점수(57)	20	41	21	38	28	30	ISC

* 내담자 희망직업: 외교관(ES), UN사무총장(ES), UN국제공무원(EI)
* 내담자 희망전공학과: 정치외교학과(ES), 수학과(IE), 생명과학과(IR)

(2) 홀랜드 진로탐색검사결과 해석

① 일치도

검사 전 진로코드 1, 2, 3위는 각각 E형, C형, S형이고, 검사 후 진로코드 1, 2, 3위는 각각 I형, S형, C형으로 2code가 일치하여 진로성숙도는 중간이다. 희망 직업은 외교관이고, 희망 전공학과는 정치외교학과로 일치하여 진로성숙도가 높다. 또 홀랜드(Holland) 진로탐색검사에서 I유형 하위영역별 코드 간은 유능감(11/11)과 성격(10/10)은 매우 높으나 활동흥미(4/10)와 직업흥미(4/12)는 낮다. 이것으로 차후 I유형과 관련된 일을 할 때 의미를 부여할 필요가 있다. 또 내담자는 Super의 진로발달 단계에서 흥미기(interest substage, 11~12세)로 내담자의 IS유형에서 활동흥미와 직업흥미가 낮은 점은 진로에 대하여 인식하고 탐색할 때 고려해 보아야할 점이다.

② 일관도

홀랜드의 6각형 모형에서 IS유형은 옆으로 하나씩 건너뛴 유형으로 중간 정도의 일관도를 가지고 있다.

③ 분화도(Differentiation)

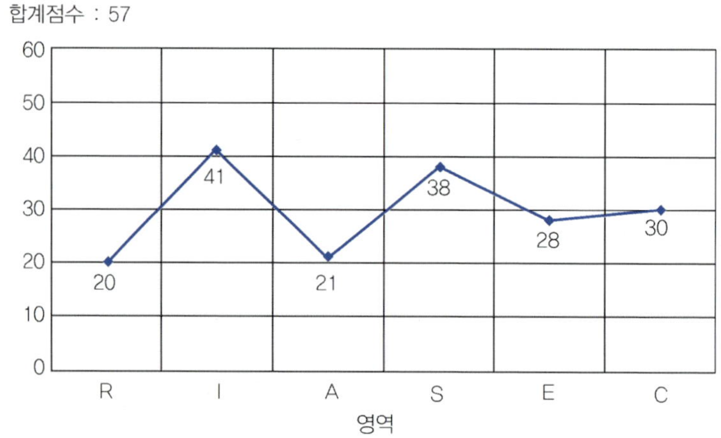

높은 점수는 I형 41점, S형 38점이고 낮은 점수는 R형 20점, A형 21점으로 분화되어 있고 **변별도가 높은 편**이다. 따라서 **IS유형의 진로를 지지**할 수 있다. 그러나 **초등학교 5, 6학년**은 **진로인식단계**로 **C유형과 E유형의 진로에**도 **관심**을 가질 필요가 있다.

2) 직업카드 활동 실시(20**. 5. 17)

(1) 좋아하는 직업 10가지

직업	좋아하는 이유
외교관	서로 간의 평화를 지킬 수 있는 것이 좋아서
국제공무원	서로 간의 평화를 지킬 수 있는 것이 좋아서
통역사	서로가 말이 통할 수 있게 해 주는 것이 좋아서
국제회의기획자	국제회의를 기획하는 것이 좋아서
운동선수	경기에서 이기면 좋아서
항공우주공학자	우주에 대해 더 알 수 있는 것이 좋아서
판사	억울한 일을 해결할 수 있는 것이 좋아서
건축가	설계를 하는 것이 좋아서
국회의원	나라를 위해 일하는 것이 좋아서
헤드헌터	필요한 곳에 뽑힌 인재가 나라를 위해 일할 수 있어서

(2) 싫어하는 직업 10가지

직업	싫어하는 이유
비서	항상 남을 따르는 것이 싫어서
경호원	항상 시키는 일을 하는 것이 싫어서
광고기획자	남을 비판하거나 필요 없는 광고가 많아서
여행상품기획자	비싸고 불량품이 많은 것이 싫어서
패션디자이너	성격이 까칠한 것이 싫어서
치과기공사	힘든 것이 싫어서
항공기정비원	힘든 직업인 것이 싫어서
교도관	도둑들에게 심하게 다치는 것이 싫어서
직업군인	위험한 무기가 싫어서
가수	별로 좋지 않은 이상한 가사가 많아서

※ 좋아하는 이유와 싫어하는 이유를 작성할 때, 직업명을 쓰면 생각의 폭을 좁힐 수 있어서 직업명은 쓰지 않도록 한다.

(3) 순위별 선호 직업(흥미)

- 1순위: 외교관(EC)
- 2순위: 국제공무원(EC)
- 3순위: 통역사(CS)

(4) 가장 자신감 있는 직업(적성)

- 1순위: 외교관(EC)
- 2순위: 국제공무원(EC)
- 3순위: 통역사(CS)

(5) 부모님이 원하는 직업

외교관, 국제공무원(내담자의 부모님은 자녀가 선택한 직업을 지지해 주심)

(6) 최종 선택한 직업: 외교관

3) 다중지능검사 실시(20**. 5. 24)

(1) 검사결과

구분	언어	논리수학	인간친화	자기성찰	공간	음악	신체운동	자연친화
점수	75	85	100	93	68	64	68	61
순위	4	3	1	2	5	7	5	8

(2) 다중지능검사 프로파일

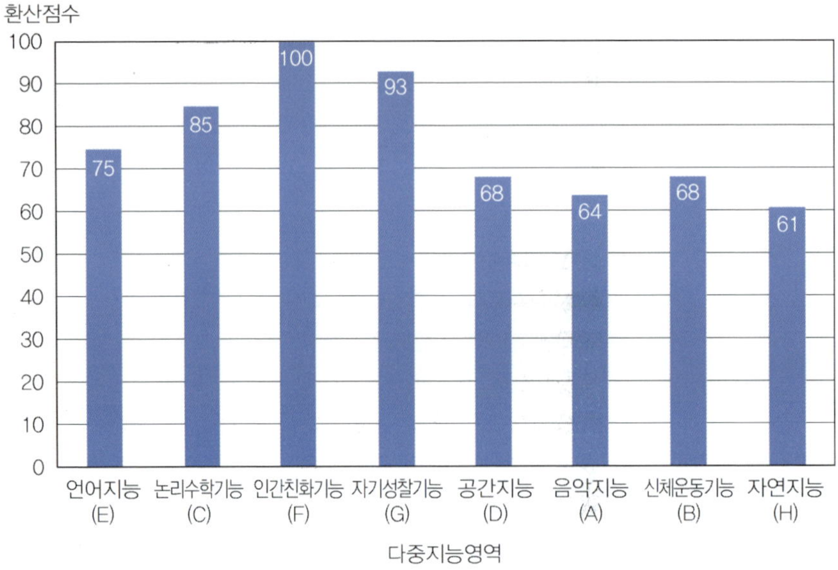

(3) 다중지능검사 결과 해석

① 강점지능

다중지능검사 결과는 전반적으로 높게 나와서 다재다능하게 지능이 발달되었다. 그 중 강점지능 1위인 '인간친화지능'은 100점으로 평소에 웃는 얼굴이며 동생이나 친구들과 잘 지내는 것에서 볼 수 있다. 또 남을 배려해 줄 수 있어서 외교관이 되고 싶다고 한다. 가난한 나라에 가서 몸으로 봉사를 많이 한 인간친화적인 반기문은 UN 사무총장까지 되셨다. 또 2위인 '자기성찰지능'은 93점으로 어머니께서도 차분한 성격이라고 말씀해 주셨고, 가족 모두 교회에 다니면서 신앙 면에서 건실하게 양육한 영향이 있다고 본다. 3위인 '논리수학지능'도 85점으로 높은 편으로 논리적인 사고와 학습능력이 우수한 편이다.

② 약점지능

자연친화지능이 61점으로 가장 낮게 나왔다. 사물을 관찰하고 구별하는 지능이 발달되지 않은 면이 있다. 인간친화지능과 자기성찰지능 및 논리수학지능과 같은 강점을 활용하여 자연친화지능과 음악지능 등 약점지능을 끌어올리도록 노력해야겠고 지지도 필요하다.

2. 내담자의 강점과 약점

1) 내담자의 강점

홀랜드 진로탐색검사에서 희망직업은 외교관이고, 희망 전공학과는 정치외교학과로 진로성숙도가 높다. 또 분화도에서 IS 유형이 높게 나왔지만 내담자는 슈퍼의 진로발달에서 흥미기로 주변의 C유형과 E유형의 진로에도 관심을 가질 필요가 있다. 진로심리검사결과 내담자 스스로 S유형, E유형, C유형이 자기에게 알맞다고 생각하고 있다.

2) 내담자의 약점

홀랜드 진로탐색검사에서 I유형의 유능감과 성격은 높게 나왔지만 활동흥미와 직업흥미는 낮게 나왔다. 이에 내담자는 I유형에 능력은 있게 나왔지만 I유형의 일은 자기와 맞지 않다고 생각하고 있다. 또 분화도에서 R유형과 A유형은 낮게 나와서 진로선택에 있어서 고려해 볼 점이다. 직업카드 분류에서 힘들고 위험하거나 다른 사람이 시키는 일은 싫어하는 이유로 들고 있다. 다중지능검사에서 상대적으로 자연친화 지능이 낮게 나온 이유는 벌이나 바퀴벌레처럼 침이 있거나 해를 끼치는 것에 대한 무서움을 갖고 있기 때문이다.

3. 상담자가 본 내담자 문제

내담자는 Super의 진로발달 단계에서 성장기(growth stage, 0~14세) 중 흥미기(interest substage, 11~12세)로 개인의 흥미가 진로의 목표 및 내용을 결정하는 데 요인이 되는 시기이다. 따라서 외교관이나 국제공무원이라는 직업에만 국한하지 않고 진로심리검사를 통하여 내담자 스스로 자기에게 알맞다고 생각하는 홀랜드 S유형, E유형, C유형의 다양한 진로·직업에도 관심을 가질 필요가 있다. 또한 중·고등학교 학생이 되면 흥미기에 선택한 직업이 내담자의 능력에 따라 바뀔 수 있다.

Ⅲ. 진로상담 목표 및 전략

1. 진로상담 목표

1) 내담자

- 내가 무엇을 잘하고, 좋아하는지 알아본다.
- 또 지금 나에게 알맞은 진로(직업)는 무엇인지 알고 싶다.

2) 상담자

- 내담자가 무엇을 좋아하고, 잘하는지 흥미와 적성을 알아본다.
- 내담자의 잠재능력을 알아본 후 진로에 대하여 인식하고 탐색해 본다.

3) 합의된 목표

- 홀랜드 흥미적성검사를 활용하여 흥미·적성을 살펴본 후 내담자의 자기에 대한 이해와 진로를 인식하고 탐색한다.
- 직업카드검사를 활용하여 내담자의 진로를 인식하고 진로를 탐색한다.
- 다중지능검사를 활용하여 잠재능력을 살펴본 후 내담자의 자기에 대한 이해와 진로를 인식하고 탐색한다.

2. 진로상담전략

1) 초기: 1회기

내담자와 라포 형성하기, 발달배경과 가족관계에 대하여 알아보기, 지지와 공감으로 내담자의 주 호소 문제 찾기, 상담의 맥락과 상담 구조를 결정한다.

2) 중기: 2~4회기

홀랜드 진로탐색검사, 직업카드검사와 최종 선택한 직업정보 알아보기 또 성공한 사람 탐색과 다중지능검사를 활용하여 내담자가 원하는 상담목표를 구체화하고 실행한다.

3) 후기: 5회기

내담자가 자기의 강점과 약점을 인식하고 자기에 대한 이해와 진로를 인식하고 탐색하며 내담자 스스로 찾아봄으로써 상담목표를 달성한다.

Ⅳ. 적용한(일반) 진로상담이론

구분	이론명	적용근거
일반상담이론	로저스(C. Rogers) 인간중심 상담이론	상담자는 내담자에게 무조건적 긍정적 존중과 공감적 이해로 진실하게 대한다.
진로상담이론	슈퍼(Super) 진로발달이론	내담자는 Super의 진로발달 단계에서 성장기(growth stage, 0~14세) 중 흥미기(interest substage, 11~12세)로 개인의 흥미가 진로의 목표 및 내용을 결정하는데 요인이 되는 시기이다.

Ⅴ. 회기요약

1회기: 20년 5월 3일(금) 14:30~15:20**

라포형성 / 발달배경과 가족관계 알기 / 주 호소 문제 찾기

인사를 나누고 안정감을 주면서 라포를 형성하였다. 초등학교 3학년인 동생과 부모님에 대한 내담자의 생각을 알아보았다. 내담자가 초등학교 5학년으로 발달배경과 가족관계 및 직업가계도에 대한 자세한 내용을 알아보는 것은 한계가 있어서 차후 어머니와 면담하기로 하였다.

주 호소 문제는 "내가 무엇을 잘하고, 좋아하는지? 또 지금 나에게 알맞은 진로(직업)는 무엇인지 알고 싶어요."라고 하였다.

앞으로 진로심리검사와 면담을 진행하면서 필요할 때에 어머니와 한두 차례 면담하기를 원한다고 전화를 드렸다.

2회기: 20년 5월 10일(금) 14:30~15:20**

홀랜드 진로탐색검사 실시

홀랜드 진로탐색검사를 실시하여 내담자 진로에 대한 흥미와 적성을 알아보았다.

희망 직업은 외교관이고, 희망 전공학과는 정치외교학과로 일치하여 진로성숙도가 높다. 또 Holland 진로탐색검사에서 IS유형 하위영역별 코드 간은 유능감과 성격은 매우 높으나 활동흥미와 직업흥미가 낮은 점은 진로에 대하여 인식하고 탐색할 때 고려해 볼 점이다. 내담자는 I유형의 직업은 자기와 맞지 않는다고 응답하였다.

분화도에서 높은 점수는 I형 41점, S형 38점이고, 낮은 점수는 R형 20점, A형 21점으로 분화되어 있고 변별도가 높은 편이다. 따라서 IS유형의 진로를 지지할 수 있다. 그러나 초등학교 5,6학년은 진로인식단계로 C유형과 E유형의 진로에도 관심을 가질 필요가 있다.

3회기: 20년 5월 17일(금) 14:30~15:20**

직업카드 검사 실시 / 최종 선택한 직업 정보 알아보기

나라 간의 평화를 지키고 나라를 위해 일하는 직업을 좋아하고 또 다른 사람을 리드하는 일을 좋아하였다. 다른 사람의 말을 따르거나 시키는 일을 하는 것을 싫어하고, 또 힘들거나 위험한 일을 하는 것을 싫어하였다.

선호 직업과 자신감 있는 직업 1순위는 외교관, 2순위는 국제공무원, 3순위는 통역사로 나왔고, 내담자의 부모님은 자녀가 선택한 직업을 지지해 줌으로써 최종 선택한 직업은 외교관이 나왔다. 이에 한국직업정보시스템 워크넷(work.net)에서 외교관의 직업정보에 대하여 알아보았다. 외무고시에 합격해야 하고 폭넓은 지식과 소양 뛰어난 외국어 실력을 갖추어야 한다. 따라서 내담자는 앞으로 다양한 책과 영어 책을 열심히 읽으며 외국인과 대화할 기회도 가져야겠다고 말하였다.

UN 사무총장인 반기문 위인전 책 읽고 탐색해오기를 과제로 내주었다.

4회기: 20**년 5월 24일(금) 14:30~15:20

성공한 사람(반기문) 탐색 / 다중지능검사 실시

외교관으로 성공한 반기문은 어릴 때 가난하였고 친구와 주산(주판)시합에서 밤낮으로 연습해 이겼으며 학교에 '변영태 장관'께서 방문한 후 나라를 위해 일을 하면 좋겠다고 생각하셨다. 반기문의 성품은 끈기가 있고 책임감이 있으며 남에게 잘 친절하게 대하신다. 가난한 나라에 가서 몸으로 봉사를 한 인간친화적인 반기문은 UN 사무총장까지 되셨다. 내담자가 본받고 싶은 것은 '남에게 친절을 베풀고 도와주며 무엇이든지 장점이 될 수 있도록 노력하시는 점'이라고 하였다.

다중지능검사 결과는 전반적으로 높게 나와서 다재다능하게 지능이 발달되었다. 그 중 강점지능 1위인 '인간친화지능'은 100점으로 직업카드 검사에서 '나라 간의 평화를 지킬 수 있어서' 외교관이 되고 싶다고 한 점과 일치하고 있다. 또 2위인 '자기성찰지능'은 93점으로 가족 모두 교회에 다니고 부모님의 인성교육에 영향이 있다고 본다. 3위인 '논리수학지능'도 85점으로 높은 편으로 논리적인 사고와 학습능력이 우수한 편이다.

5회기(축어록): 20**년 5월 31일(금) 14:30~15:20

자기이해와 진로이해 및 진로탐색하기

진로심리검사인 홀랜드(Holland) 진로탐색검사, 직업카드검사, 다중지능검사 결과를 상호 관련지어 내담자에 대한 이해와 진로에 대하여 이해하고 탐색해 보았다.

진로상담은 5회기로 마쳤지만 기회가 되면 반기문 UN 사무총장 생가 방문과 초등학교 5학년인 내담자는 슈퍼(Super)의 진로발달단계 흥미기(interest substage, 11~12세)로 외교관이나 국제공무원 진로 외에 내담자 자신에게 알맞다고 생각하는 홀랜드 진로탐색검사 S유형, E유형, C유형의 다양한 진로에도 폭넓게 관심을 가져보라고 안내하였다.

Ⅵ. 진로상담에 대한 평가

1. 진로상담 목표달성 여부

목표달성 정도: 달성 ◎, 50% 달성 ○, 변경/재검토 ◈, 미달성 ×

진로상담 목표 및 내담자 만족도	달성 정도	근거(이유)
자기이해	◎	• 홀랜드 진로탐색검사: S유형, E유형, C유형 • 다중지능검사 1순위: 인간친화지능, 2순위: 자기성찰지능 3순위: 논리수학지능
진로이해 및 탐색	◎	• 직업카드활용-최종 선택한 직업: 외교관 최종 선택한 직업 정보 탐색하기
내담자 만족도	10/10	• “저는 진로상담 받는 것이 다 즐겁고 저에 대하여 알 수 있어서 10점 만점에 10점이어요.”

2. 내담자의 변화

진로상담을 받으면서 홀랜드 진로탐색검사에서 S유형, E유형, C유형이 내담자에게 알맞다는 것을 알게 되었다. 또 다중지능검사에서 인간친화지능, 자기성찰지능, 논리수학지능이 높다는 것도 알게 되었다. 직업카드 활용을 통해 최종 선택한 직업은 외교관이고 직업에 대해 탐색해 봄으로써 어떤 노력을 해야 되는지 구체적으로 알게 되었다. 내담자는 슈퍼의 진로발달단계 흥미기(interest substage, 11~12세)로 외교관이나 국제공무원 진로에만 국한하지 않고 홀랜드 진로탐색검사 S유형, E유형, C유형의 다양한 진로에도 폭넓게 관심을 갖게 되었다.

3. 상담자의 진로상담에 대한 평가

잘된 점	내담자가 진로심리검사를 통해 구체적으로 자신과 진로에 대하여 이해하고 최종 선택한 직업에 대하여 한국직업정보시스템 워크넷(work.net)을 활용하여 선택한 직업이 하는 일과 필요한 자격과 훈련, 앞으로의 전망 등을 알아보게 하였다. 또 내담자는 Super의 진로발달단계 흥미기(interest substage, 11~12세)로 외교관이나 국제공무원 진로에만 국한하지 않고 Holland 진로탐색검사 S유형, E유형, C유형의 다양한 진로에도 폭넓게 관심을 갖게 하였다.
부족한 점	진로심리검사를 사용하는 기술이 부족하고, 앞으로 상담을 할 때 필요한 상담기법과 대화기법에 대하여 노력해야겠다고 생각이 들었다. 또 상담이론을 실제에 적용할 수 있도록 고민해야겠다.

Ⅶ. 축어록(5회기, 50분)

순서	상담내용
상1	5월 3일부터 한 달 정도 진로심리검사와 진로상담을 함께 했는데 그동안 많이 힘들었지?
내1	상담 약속 지키는 일은 힘들었는데… 저에 대해 알아보는 일은 즐거웠어요.
상2	진로상담을 즐겁게 참여했다고 하니 참 기쁘네. 오늘은 그동안 진로심리검사 받은 것을 살펴보면서 이야기를 나누어 보려고 해. 먼저 Holland 진로탐색검사에서 희망 직업은 외교관이고, 희망 전공학과는 정치외교학과로 일치하여 진로성숙도가 높게 나왔네. 그런데 진로탐색검사결과표에서 I유형의 직업에 대한 능력(11/11)과 성격(10/10)은 매우 높은 점수가 나왔지만 흥미도는 4/10, 4/12로 낮게 나왔는데, 어떻게 생각해?
내2	음… I유형에서 능력이 있고 성격이 맞을지 모르지만 실험을 하고 연구를 하는 과학자나 의사, 약사는 저에게 맞지 않는다고 생각해요.
상3	그러면 어떤 유형이 맞는다고 생각해?
내3	음… Holland 검사에서 S유형, E유형, C유형이 맞는다고 생각해요.
상4	그렇구나! 분화도에서 I유형과 S유형은 높게 나오고 R유형과 A유형은 낮게 나왔는데, 어떻게 생각해?
내4	직업카드 활동에서 외교관을 최종 선택했는데… 반기문 UN 사무총장은 가난한 사람들을 위해 봉사하시고 남에게도 친절하신 분인데… 저도 S유형이 높게 나와서 좋아요. R유형은 기계를 만지고 농부처럼 힘든 일을 해야 하는데 저하고는 맞지 않는다고 생각해요.
상5	직업카드 활동에서 좋아하는 식업 이유에는 어떤 것이 있는지 말해 볼까?
내5	나라 간의 평화를 지킬 수 있는 일이 좋고요. 또 나라를 위해 일하는 것도 좋고요. 다른 사람을 리더하는 일도 좋아요.
상6	직업카드 활동에서 싫어하는 직업의 이유에는 어떤 것이 있는지 말해줄래?
내6	음… 남을 따르는 일, 힘든 일, 또 위험한 일을 하는 것은 싫어요.

상7	선호 직업과 자신감 있는 직업을 외교관, 국제공무원, 통역사로 흥미와 적성이 일치되게 나왔는데, 어떻게 생각해?
내7	외교관이나 국제공무원을 하고 싶어요. 반기문 사무총장처럼 밤낮으로 노력하고 어려운 사람에게도 관심을 가져야 한다고 생각해요. 음… 학급에서 힘든 친구들을 배려하고 도와주는 작은 일부터 실천하려고 해요.
상8	부모님이 원하는 직업과 최종 선택한 직업을 외교관이라고 했는데 어떻게 그렇게 생각하는지 말해 줄 수 있을까?
내8	부모님은 저의 진로에 대하여 관심이 많으세요. 진로에 대하여 이야기를 할 때도 있는데 아빠께서는 무엇이 되라고 강요하지 않으시고. 음… 엄마께서는 넓은 세계를 바라보면서 제가 하고 싶은 일을 행복하게 하라고 말씀하셨어요. 그래서 제가 하고 싶은 일과 부모님이 원하는 직업을 외교관이라고 했어요.
상9	한국직업정보시스템 워크넷(work.net)에서 외교관 직업 정보에 대하여 알아 보았는데 자격이나 무엇이 필요한지 말해 볼까?
내9	음… 외교관이 되기 위해서는 외무고시에 합격해야 하고 폭넓은 지식과 외국어 실력이 뛰어나야 해요.
상10	외무고시에 합격하고 폭넓은 지식과 외국어 실력을 갖추려면 어떻게 해야 할까?
내10	책을 열심히 읽고 또 영어책도 읽고 외국인과 대화도 해야겠다고 생각해요.
상11	성공한 사람으로 반기문 UN 사무총장에 대하여 탐색해 보았는데 어릴 때 성장과정과 인품, 훌륭한 점에 대하여 말해 볼까?
내11	6·25 전쟁 이후 반기문 사무총장 집은 가난했고… 조카가 있는 초등학교로 전학을 갔어요. 승수라는 친구와 주산으로 시합을 했는데 처음에는 계속 졌지만 밤낮으로 연습해서 이겼어요. 음… 학교에 변영태 장관이 오고 난 후 나라를 위해 일을 하면 좋겠다고 생각한 점이 인상적이었어요. 음… 인품은 끈기가 있고 책임감도 있고 남에게 참 친절하게 대하는 분이세요. 음… 남보다 부족해도 밤낮으로 열심히 노력해서 무엇이든지 남을 이기는 것이 좋았고 훌륭한 것 같아요.
상12	외교관이 되고 싶은 일과 연결해서 본받고 싶은 점은 무엇인지 말해볼까?
내12	남에게 친절을 베풀고 남을 도와주고, 뭐든지 장점이 될 수 있도록 노력하는 것을 반기문 UN 사무총장에게서 본받고 싶어요.
상13	다중지능검사 결과 전반적으로 높게 나와 다재다능하게 지능이 발달되었고, 인간친화지능이 100점으로 1위가 나왔는데 어떻게 생각하는지 말해 볼까?
내13	음… 평소에 동생하고 친구들과 잘 지낸 것이 인간친화지능에 도움이 된 거 같아요. 나라 간의 평화를 지키고 나라를 위해 일하는 것이 좋아서 외교관을 선택했는데 인간친화지능이 높게 나와서 좋아요.
상14	자연지능이 상대적으로 낮게 나왔는데 어떻게 생각하는지 말해 볼까?
내14	학급 텃밭상자에서 고추, 상추를 키우는 것은 재미가 있는데 곤충은 정말 싫어해요. 벌은 침이 있어서 무서워서 싫고요. 음… 바퀴벌레는 해를 끼치고 징그러워서 싫어요. 그래서 자연지능이 낮게 나온 것 같아요.
상15	침이 있는 벌은 무섭고, 바퀴벌레는 해도 끼치고 징그러워서 싫어하네요.
내15	자연지능이 낮게 나와서요. 앞으로는 관심을 좀 가져봐야겠어요.

상16	보는 것에 따라 마음도 달라질 수 있으니 앞으로 곤충이나 벌레에게 관심 가져보는 일은 좋다고 생각해.
내16	예, 관심 가져 볼게요.
상17	오늘 상담 이것으로 마쳐도 될까?
내17	예, 제 진로에 대해 많은 이해가 되었어요. 진로상담 감사합니다.

2 의사가 적성에 맞는지요?

Ⅰ. 내담자 기본정보

1. 내담자 신상정보

1) 이름: 이여린(가명)
2) 성별: 여
3) 나이: 13세
4) 학력: 초등학교 6학년
5) 종교: 기독교

2. 주 호소 문제

"혹시 왕따 당할지 모른다는 불안이 있어 원만한 교우관계이기를 바라는 마음과 경제적으로 어려워진 가정문제로, 생각이 많아 자주 머리가 아프다. 의사가 장래 희망사항인데 과연 나의 적성과 잘 맞는지 알고 싶다."

3. 상담의 맥락

1) 상담장소: ○○초등학교 상담실
2) 상담시간 및 기간: 20**.11.14. ~ 20**.12.21.
3) 내방경위: 보건 선생님 권유
4) 이전 상담경험: 없음

4. 인상 및 행동관찰

처음 들어올 때는 얼굴은 예쁘나 무척 어두워보였고 아픈 사람처럼 느껴졌다. 늘 머리가 아프다며 보건실을 찾는 편이어서 보건 선생님의 권유로 상담을 시작했다. 키도 165cm는 넘어 보이고, 덩치도 큰 편이나 자신감도 없어 보이며 고민이 많은 사람처럼 보였다.

5. 직업가계도

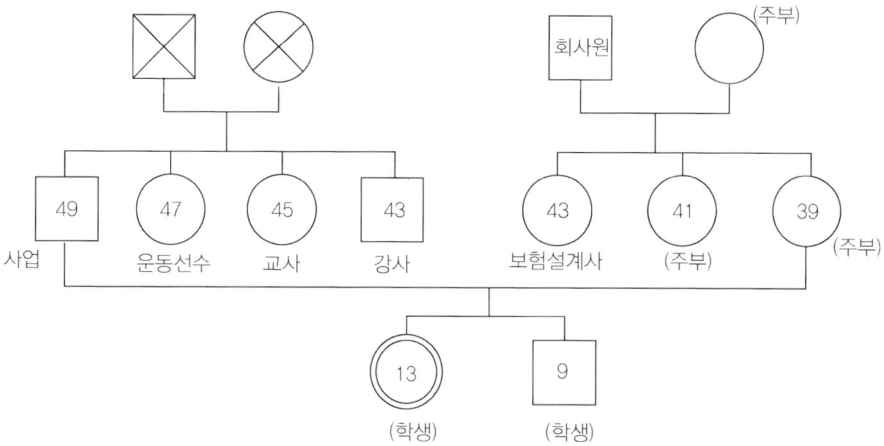

6. 발달배경 및 가족관계

1) 내담자(13세)

키가 크고 예쁘고 공부도 잘 하는 편이어서, 부족함이 없어 보이는 내담자이지만, 가정사에 불만이 많다. 교우 관계도 잘 지내려고 노력을 하나 친구들과의 갈등이 있고, 더군다나 친구들 간에 한 번 왕따 경험이 있어 다시 그런 경험을 할까 봐 불안해하는 편이며 스트레스에 취약해 보인다. 말을 할 때 제스처가 크며 자신감이 없게 말소리가 작고 얼굴이 걱정근심이 많아 보이며 힘이 없어 보인다. 경제적인 가정문제로 많이 힘들어 하고 있다.

2) 아버지(49세)

어머니와 나이 차이가 많으며 경제적으로 부유하였으나 중간에 사업실패로 현재 힘들어하고 있고, 어머니와 자주 싸우시는 편이다.

3) 어머니(39세)

10살 나이 차를 극복하고 아버지의 적극적인 사랑으로 결혼하였으나 성격차이와 경제적인 문제로 힘들어하신다. 얼굴은 미인형이며, 덩치도 크고 겉모습은 늘 웃고 다니시고 행복해 보이나 내면적인 갈등이 깊어 보인다.

4) 남동생(9세)

내담자의 말에 의하면, 남동생은 엄마 아빠의 훌륭한 유전자를 갖고 태어나서 아주 잘 생겼고 공부엔 관심이 별로 없는 편이며 아직은 어려서 그런지 아무 생각 없이 잘 지내는 편이다.

Ⅱ. 내담자 문제의 개념화

1. 회기별 주제 및 개요

구분	실시 회기	결과(분석)
진로환경조사서	1(20**.11.14.)	직업가계도와 진로환경조사서 작성(초기면접)
직업카드	2(20**.11.18.)	직업카드로 호불호직업과 모르는 직업 탐색
홀랜드검사	3(20**.11.30.)	ISA형: 탐구형, 사회형, 예술형
교우관계 상담	4(20**.12.01.)	진로상담과 교우관계
건강염려 상담	5(20**.12.14.)	건강염려
MLST-Ⅱ 해석 및 종결하기	6(20**.12.21.)	학습전략검사를 통해 자기주도형과 장점과 단점을 찾아내고 이것을 극복하기 위한 전략프로그램을 찾음

2. 직업카드를 활용한 활동(20**.11.18. 13:00~13:50)

직업선택 이유 분석표

<table>
<tr><th>카드분류</th><th>좋아하는 직업</th><th colspan="2">모르는 직업</th><th>싫어하는 직업</th></tr>
<tr><td>1차 개수</td><td>23</td><td colspan="2">2</td><td>65</td></tr>
<tr><td>2차 개수</td><td>25</td><td colspan="2"></td><td>65</td></tr>
<tr><td rowspan="4">선호 · 비선호</td><td colspan="2">좋아하는 이유</td><td colspan="2">싫어하는 이유</td></tr>
<tr><td colspan="2">경제적 이유(돈 많이 벌음)</td><td colspan="2">돈을 적게 벌음</td></tr>
<tr><td colspan="2">흥미로움</td><td colspan="2">사람들의 시선이 좋지 않음</td></tr>
<tr><td colspan="2">사람들에게 존경을 받으니까</td><td colspan="2">힘이 들음</td></tr>
<tr><td>최종선택한 직업</td><td>1. 의사</td><td colspan="2">2. 검사</td><td>3. 물리학 연구원</td></tr>
<tr><td>검사결과 평가</td><td colspan="4">의사가 되고 싶어 하는데 남들의 이목을 중시하며 힘이 드는 직업을 선호하지 않고 직업에 대한 편견이 많은 편이다.</td></tr>
</table>

3. 홀랜드검사를 활용한 활동(20**.11.30. 13:00~13:50)

※ 검사 실시직전 예상순위: ISA형

홀랜드유형	R	I	A	S	E	C
검사 실시직전 예상 순위	5	1	3	2	4	6
검사 후 결과 순위	6	1	3	2	4	5
검사결과점수	7	50	26	42	22	11

<table>
<tr><th colspan="9">프로파일분석: 기본3코드(상위코드)</th></tr>
<tr><th colspan="2">영역</th><th>R</th><th>I</th><th>A</th><th>S</th><th>E</th><th>C</th><th>진로코드</th></tr>
<tr><td colspan="2">성격적성(24)</td><td>3</td><td>14</td><td>11</td><td>12</td><td>10</td><td>4</td><td>IS</td></tr>
<tr><td colspan="2">능력적성(24)</td><td>4</td><td>15</td><td>7</td><td>13</td><td>6</td><td>5</td><td>IS</td></tr>
<tr><td colspan="2">직업가치(8)</td><td>4</td><td>6</td><td>5</td><td>5</td><td>3</td><td>3</td><td>IA/IS</td></tr>
<tr><td colspan="2">직업적성(18)</td><td>0</td><td>13</td><td>2</td><td>13</td><td>6</td><td>5</td><td>IS</td></tr>
<tr><td rowspan="4">효능감
적성</td><td>A(3)</td><td>0</td><td>4</td><td>3</td><td>4</td><td>4</td><td>0</td><td>IS/IE</td></tr>
<tr><td>B(3)</td><td>0</td><td>4</td><td>3</td><td>3</td><td>0</td><td>0</td><td>IA/IS</td></tr>
<tr><td>C(3)</td><td>0</td><td>0</td><td>0</td><td>0</td><td>0</td><td>2</td><td>C</td></tr>
<tr><td>소계(9)</td><td>0</td><td>8</td><td>6</td><td>7</td><td>4</td><td>2</td><td>IS</td></tr>
<tr><td colspan="2">합계점수(83)</td><td>11</td><td>64</td><td>37</td><td>57</td><td>33</td><td>21</td><td>IS</td></tr>
<tr><td colspan="2">검사결과 평가</td><td colspan="7">• 처음부터 의사나 검사, 가수가 되고 싶어 했다. Holland 검사결과 IS유형으로 나왔다.
• 진로정체감이 형성이 잘 되어 있고, 진로결정자로 보인다.
• 단지 방해요소라면 수술하는 두려움이 있어서 의사 중에서도 자신에게 맞는 과를 잘 선택하도록 주의를 기울일 필요성이 있다. 가수의 소질은 있으나 의사가 더 하고 싶어서 최종 목적을 의사로 정함</td></tr>
</table>

검사결과는 IS형: 탐구형, 사회형(가정의학과, 간호학과, 의과대학, 의예과 등)

4. 교우관계 상담(20**.12.01. 13:00~13:50)

MLST-Ⅱ검사 실시예정이었으나 내담자가 6학년 졸업기념으로 수련회를 갔는데 거기에서 친구들과의 마찰이 심해 교우관계에 대해 상담을 실시하였다. 한 번 왕따 당한 경험으로 상처가 커서인지 불안감이 있어 미리 교우관계를 잘 하려고 애쓰는 모습이 보이나, 내담자가 스트레스취약성 모델이라 스트레스에 약한 편이며, 친구들의 좋지 않은 행동을 그냥 예사롭게 넘기지 않고 예민한 편이어서 내담자에게 지지와 격려를 해 주었다. 또한 교우관계가 가장 중요하기 때문에 의사가 되는 것도 중요하지만, 더욱 교우관계에 신경을 많이 쓰고, 누구의 눈치를 보는 것보다는 내면의 힘을 기르는 편이 어떻겠느냐는 의견에 내담자도 동의하였고, 내담자에게 잘 할 수 있다는 지지와 격려를 해 주었다.

5. 건강염려에 대한 상담(20**.12.14. 11:00~11:50)

MLST-Ⅱ검사 실시예정이었으나, 내담자가 갑자기 무릎이 아파서 병원에 갔더니 관절염이 의심된다하여 종일 종합 피검사를 하였다고 무척 예민해져있어서 검사보다는 상담을 하고 싶다고 하여서 상담을 진행하였다. 의사 선생님 말씀이 어려서 관절염에 걸리면 몸을 제대로 쓰지 못하는 불구가 될 수 있다는 말에 몹시 불안에 떨고 있었다. 부모님도 무척 걱정하고 집안이 거의 초상집 분위기였다고 한다. 병에 걸릴까 걱정하는 것보다는 다음 주에 결과가 나온다고 하니까 그동안 마음을 편히 먹고 결과를 기다리자고 했으며 마음을 진정시켜주었다.

6. MLST-Ⅱ 검사해석 및 종결회기(20**.12.21. 13:00~13:50)

하위척도별 점수

■ 긍정적 ■ 부정적

척도명	성격 특성				동기 특성			정서 특성			
	효능감	결과기대	성실성	종합	학습	경쟁	회피	우울	불안	짜증	종합
T점수 (백분위)	68.06 (96.49)	59.02 (81.59)	66.42 (94.95)	67.05 (95.64)	60.28 (84.85)	70.61 (98.03)	57.85 (78.52)	75.55 (99.48)	75.92 (99.52)	70.54 (97.98)	76.65 (99.62)
수준	높음	높음	높음	높음	높음	높음	다소높음	높음	높음	높음	높음

척도명	행동 특성								
	시간관리	수업듣기	노트필기	공부환경	집중전략	읽기전략	기억전략	시험전략	종합
T점수 (백분위)	64.69 (92.92)	70.71 (98.08)	56.96 (75.80)	58.08 (79.10)	63.12 (90.49)	65.88 (94.41)	62.48 (89.44)	59.51 (82.89)	65.49 (93.94)
수준	높음	높음	다소높음	다소높음	높음	높음	높음	높음	높음

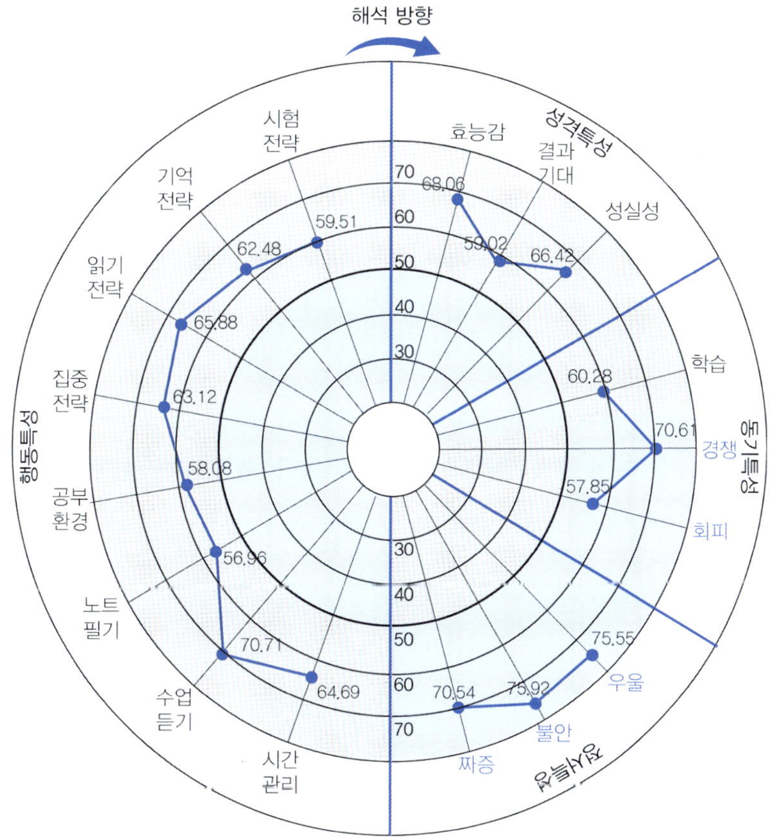

1) MLST-Ⅱ 검사결과

자기주도학습지수(LQ)는 124.17로 '높음' 수준에 해당된다. 다른 친구들에 비해 학습량도 많고 주도적인 학습태도를 가지고 있다. 목표의식도 뚜렷한 것으로 보이며, 학습에서의 전략과 요령도 비교적 잘 갖추고 있다. ○○의 주도적 학습능력지수로 추정한 현재의 성적은 중상위권이나 상위권일 가능성이 가장 높은 것으로 보인다(67%). 만일 그 이하의 성적이라면 학습량을 조금 더 늘리고 학습계획을 점검하며 꾸준히 노력하면 머지않은 시일 안에 향상될 것으로 보인다. ○○은 학습방법이나 태도에 있어서 여러 가지 강점을 가지고 있다. 보다 큰 발전을 위해서 본 검사결과를 통해 자신의 약점을 탐색해 본다. 특히, 학습 습관은 오랜 시간의 노력을 통해 만들어지는 것이므로 부족한 학습 전략이 보완된다면 최상위 권으로의 향상과 유지가 기대된다.

2) 학습 강점과 약점 및 학습전략유형

강점은 집중력, 학습동기, 효능감, 기억전략, 성실성, 수업듣기, 시간관리, 시험전략, 읽기전략으로 나타났다.

○○의 약점은 경쟁, 불안, 우울, 짜증으로 나타났다. ○○의 학습유형은 '주도형'에 가까운 것으로 나타났다. 현재 학습을 위한 구체적인 노력이 적절하게 투입되고 있으며, 학습전략도 양호한 편이다. 자기주도학습 수준이 비교적 높기 때문에 향후 지속적인 발전이 예상된다. 앞서 제시된 학습에서의 약점 혹은 취약한 부분을 적극적으로 보완하도록 한다. 단계적으로 조금씩 더 높은 목표를 설정하고 시간관리를 통해 학습량을 현재보다 20% 정도 증가시킨다면 앞으로 꾸준한 향상이 가능하다.

3) 하위척도별 해석

① 성격특성

자신이 정한 목표와 계획을 이루기 위해 확고한 의지를 가지고 꾸준히 실천하며 노력하고 있다. 설혹 당장의 성적이 좋지 않더라도 앞으로 잘 해낼 수 있으리라는 자신감을 가지고 있다. 때로 노력한 만큼의 결과가 나오지 않을 수도 있지만, 오히려 실수를 통해 더 잘할 수 있는 방법을 찾으려는 능동적인 자세를 가지고 있다. 무작정 되는대로 공부하기보다는 나름대로 계획을 세우는 것을 선호하며, 한 번 계획한 공부는 책임감을 가지고 실천하기 위해 최선을 다해 노력하는 학생이다. 학년이 올라가도 이렇게 노력하고자 하는 마음을 보석처럼 소중히 간직하길 바란다.

② 동기특성

학습 동기가 매우 높다. 새로운 것을 배우거나 모르는 내용을 배울 때 관심을 가지고 공부하는 것을 즐기려고 노력하고 있다. 평소에 관심이 많거나 좋아하던 과목에 대해서는 난이도가 높은 내용일지라도 끈질긴 노력과 흥미를 유지할 것으로 보인다. 이러한 태도는 좋은 공부습관과 학습의 효율성을 높이는 데 매우 큰 역할을 하게 된다. 한편 성취욕구도 아주 강한 편이기 때문에 다른 사람들에게 지는 것을 싫어하는 경향이 있으며, 누군가와 경쟁할 때 더 열심히 할 수 있다. 하지만, 지나친 경쟁의식은 공부 자체의 즐거움을 떨어뜨릴 수 있고 긴장이나 불안을 높여 오히려 공부에 방해가 될 수 있으니 유의해야 한다. 일부 흥미를 느끼지 못하거나 자신 없는 과목에 대해서는 부정적 태도를 보이고 있기 때문에 과목 간 성적의 편차가 클 수 있다.

③ 정서특성

감정이나 정서적인 면에 있어서 불편한 상태에 있는 것으로 보인다. 스트레스가 많을 수 있고, 다른 사람들이 볼 때 정서적으로 불안정해 보일 수도 있다. 주변에서 발생하는 사소한 일들에 대해서도 민감하게 반응하거나 짜증을 내기 쉬우며, 스트레스를 받으면 평상시에 비해 감정 변화가 크게 나타날 수 있다. 이로 인해 공부나 일싱생활에시 어려움을 겪을 수도 있는데, 특히 공부할 때 집중에 어려움을 느낄 때가 많고 생각이 많아 책상에 앉아 시간을 허비하기 쉽다. 혼자 힘으로 감당하기 어려운 문제가 있거나, 오랫동안 마음속에 불편한 부분이 있었다면 부모님이나 선생님 혹은 믿을 만한 사람에게 상담이나 도움을 구하는 것도 현명한 방법이다

④ 행동특성

학습습관 종합점수는 '우수' 수준에 해당된다. 전반적으로 좋은 공부습관을 가지고 있으며, 다른 사람들에 비해 학습동기와 실천력도 더 높을 것으로 판단된다. 공부습관은 학습의 효율성(같은 노력을 투자했을 때, 얼마나 더 좋은 결과를 얻을 수 있는지의 정도)과 직접적인 관련성을 가지고 있기 때문에 이대로만 꾸준히 공부한다면 만족스러운 학습 성과를 얻을 수 있을 것으로 보인다. 앞서 보았듯이 공부습관은 여러 개의 역으로 구분할 수 있으며 각 역에서 요구되는 좋은 학습 행동이 많을수록, 그것을 자주 사용할수록 학습의 효율성은 더욱 높아진다. 하지만, 완벽한 공부습관을 가진 사람은 없으며 잘못된 습관을 찾아 더 좋은 습관으로 바꾸기 위한 끊임없는 노력이 필요하다. 특히, 공부습관은 학년이 높아질수록 성적과 더 밀접한 관련성을 가지게 되므로 지금부터 더 좋은 공부습관을 만들기 위한 노력을 기울일 필요가 있다.

이번 검사결과를 토대로, 학습과정에서의 취약점을 보완하고 향후 자기 주도 학습능력을 높이기 위해 다음과 같은 프로그램을 추천한다.

4) 시험전략향상프로그램(EE)

시험을 체계적으로 준비하는 능력을 향상시키기 위한 기법들을 다룬다. 구성 내용에는 시험준비의 기본 원칙, 시험계획 세우기, 시험 불안 줄이기, 오답노트의 활용방법이 있다. 시험에서 자신의 역량을 최대한 끌어올리기 위한 도움을 받을 수 있다.

5) 동기향상프로그램(ME)

동기향상을 위해 장기목표(진로탐색)와 단기목표(성적목표)를 자신의 상황에 가장 적합하게 결정할 수 있도록 도와준다. 구성 내용에는 진로탐색을 위한 자기이해, 진로탐색검사의 활용, 진로의사결정, 단기목표 설정의 기술이 있다. 구체적이고 주도적인 목표의 탐색은 동기 향상에 기초를 마련해준다.

■ 상담자의 소견

20**.12.21.일 MLST-Ⅱ를 개인적으로 실시하여서 검사해석을 함께 했다. 다행히 내담자는 자기주도학습지수(LQ)는 124.17FH 높은 편이며, 주도형 유형으로 나왔다. 강점은 집중력, 학습동기, 효능감, 기억전략, 성실성, 수업듣기, 시간관리, 시험전략, 읽기전략으로 나타났고, 약점은 경쟁, 불안, 우울, 짜증으로 나타난 것을 보더니 내담자가 검사가 자신의 강점과 약점을 정확히 맞추니 놀라면서 검사에 대한 신뢰도가 높아졌고, 시험전략향상프로그램(EE), 동기향상프로그램(ME)으로 전략을 짜서 공부의 좋은 습관을 기르자고 하니 적극성을 띠었으며 보다 더 구체적인 학습전략을 짜야겠다며 적극적으로 노력하는 모습이 보였다. 지난 주에는 서울대 다니는 학생들이 자원 봉사하는 곳을 인터넷으로 찾아 한 번 배우러 갈 때마다 1만 원을 주고 배우고 올 정도로 아주 적극적인 모습으로 실행하기까지 했다. 원래는 중학생 이상만 가르쳐주는데 본인은 의사가 되고 싶고 과외할 형편

이 되지 못하니 봐달라고 사정을 해서 서울대 여학생에게 과외까지 받는 적극적인 모습이었고 건강에 대해서도 예전처럼 많이 힘들어하지 않고 밝아졌다.

7. 내담자 종합평가

1) 내담자의 강점

- 목표를 세우면 끈기가 있고 잘 포기하지 않는 성격이다.
- 집중력, 학습동기, 효능감, 기억전략, 성실성, 수업듣기, 시간관리, 시험전략, 읽기전략이다.

2) 내담자의 단점

- 체면을 중시하고 편견을 가지고 있으며 질투가 많은 편이다.
- 경쟁, 불안, 우울, 짜증이 많고 교우관계 스트레스에 취약하다.

3) 상담자가 본 내담자 문제

의사가 적성에는 맞으나, 부모님이 어려서부터 강요한 직업이라 이미 의사가 되어야 한다는 강박관념이 있고, 정말 의사가 내담자에게 맞는지 깊은 탐색이 필요하고 징그러운 것을 싫어하는 내담자에게 과연 의사의 직업이 맞는지 고려해야 한다고 생각한다. 또한, 현재 내담자가 가정형편이 좋지 않기 때문에 경제적인 지원이 가능할지에 대해서 염려되는 점이다.

Ⅲ. 진로상담 목표 및 전략

1. 상담목표

1) 내담자의 상담목표

- 직업을 선택하는 데 의사가 되는 것이 적성에 맞는 것인지 알고 싶고 원하는 직업대로 의사가 되고자 한다.

- 고대 의대를 들어가서 강북삼성병원에 근무한다.
  의사의 하는 일과 직급에 대해 알아보고 학습의 질과 양을 늘려 반드시 의대에 들어간다.

2) 상담자의 상담목표

- 내담자에게 가장 맞는 직업을 선택할 수 있도록 최선을 다한다.
- 의사가 되기 위한 구체적인 실천계획을 세운다.

3) 내담자와 합의 목표

의사가 되기 위한 직업탐색과 공부를 잘 하기 위한 전략을 세워 계획적으로 꿈 작업을 하고 실시한다.

2. 상담전략

1) 초기 상담전략: 적성에 맞는 직업 찾기
2) 중기 상담전략: 적성에 맞는 직업 찾아서 꿈을 이루기 위한 직업에 대한 깊은 탐색
3) 후기 상담전략: 꿈을 이루기 위한 구체적인 계획을 세우고 세부계획을 세워 실행하기

3. 내담자 진로유형

홀랜드검사에서 IS유형(탐구형, 사회형: 가정의학과, 간호학과, 의과대학, 의예과 등)이며, MLST-Ⅱ검사결과는 자기주도학습지수(LQ)는 124.17로 '높음' 수준으로 자기주도형이다.

4. 진로장벽 및 방해요인

의사가 되고 싶은 마음이 가장 크나, 징그러운 것을 싫어해서 수술하는 것에 대한 두려움이 있다. 약점은 경쟁, 불안, 우울, 짜증이어서 마음을 편

하게 먹거나, 자신의 힘을 길러야겠다. 의사가 되고 싶지만 그래도 아직 춤과 노래에 대한 미련을 전부 버리지 못한 것이 방해요인이다.

Ⅳ. 적용한(일반) 진로상담이론

구분	이론명	적용근거
일반상담이론	로저스(C. Rogers) 인간중심 상담이론	상담자는 내담자에게 무조건적 긍정적 존중과 공감적 이해로 진실하게 대한다.
진로상담이론	파슨스(F. Parsons) 특성-요인이론	개인의 특성을 심리검사 등을 통해 알아내고, 직업에서 필요로 하는 요인을 분석해 개인의 특성에 맞는 직업을 선택하는 것으로, 개인은 자신의 성격에 맞는 직업을 찾아야 만족한다. 흥미, 적성 등 표준화 검사 실시 결과 해석을 강조하는 직업상담 이론이다.

Ⅴ. 회기요약

1회기: 20**.11.14. 13:00~13:50 / 직업가계도 완성

- 주요내용: 진로환경조사서를 작성하면서 내담자의 특성과 성격과 습관과 원 가족 등 내담자의 많은 정보를 알 수 있었다. 특히 인사를 잘 하는 좋은 성격을 가지고 있으며, 의학용어 외우는 것이 취미일 정도로 꿈에 대한 확신이 있다.
- 차시예고: 20**.11.18. 직업카드검사 실시 예정
- 상담자 소견: 단지 늘 머리가 아프다며 보건실에 자주 와서 보건선생님의 의뢰가 있는 것으로 보아 신체화가 있고, 친했던 친구 두 명에게 왕따 당한 상처가 있어 친구에 대한 불안이 높은 편이다.

2회기: 20**.11.18. 13:00~13:50 / 직업카드실시

- 주요내용

최종선택한 직업	1. 의사	2. 검사	3. 물리학 연구원
검사결과 평가	의사가 되고 싶어 하고 남들의 이목을 중시하며 힘이 드는 직업을 선호하지 않으며 직업에 대한 편견이 많은 편이다.		

• 차시예고: 홀랜드검사

• 상담자 소견

내담자는 의사가 되고 싶은 이유가 자신의 적성보다는 사람들에게 존경을 받고 남들의 시선이 좋기 때문이며, 경제적으로 돈을 많이 벌기 때문에 선호하는 것으로 보여, 직업의 중요성과 소명의식에 대해서 좀 더 탐색할 필요가 있다고 보인다.

3회기: 20**.11.30. 시간 13:00~13:50 / 초중고용 홀랜드검사 실시

• 주요내용:

검사 실시직전 예상순위: ISA형

검사결과는 IS형: 탐구형, 사회형(가정의학과, 간호학과, 의과대학, 의예과 등)

• 차시예고: MLST-Ⅱ 검사 실시예정

• 상담자 소견

처음부터 의사나 검사, 가수가 되고 싶어 했는데 현재는 의사가 되고 싶어 한다. IS유형으로 나왔으며, 진로정체감이 형성이 잘 돼 있고, 진로결정자로 보인다. 소척도에 나온 직업유형도 검토하면서 의사가 아니면 다른 어떤 직업이 적성에 맞는지도 의논하였다. 내담자는 자신이 선호하는 의사 직업에 대한 선택이 홀랜드검사로 하여금 더욱 분명해졌다.

4회기: 20**.12.01. 시간 13:00~13:50 / 진로상담과 교우관계

• 상담자의 소견

MLST-Ⅱ검사 실시예정이었으나 내담자가 6학년 졸업기념으로 수련회를 갔는데 거기에서 친구들과의 마찰이 심해 교우관계에 대해 상담을 실시하였다. 내담자는 스트레스취약성 모델이라 스트레스에 약한 편이며 친구들의 좋지 않은 행동을 그냥 예사롭게 넘기지 않고 예민한 편이어서 내담자에게 지지와 격려를 해주었다.

5회기: 20**.12.14. 시간 11:00~11:50 / 건강염려에 대한 상담

• 주요내용: MLST-Ⅱ검사 실시예정이었으나, 내담자가 갑자기 무릎이 아파서 병원에 갔더니 류마티스가 의심이 된다하여 종일 종합 피검사를

하였다고 무척 예민해져 있어서 검사보다는 상담을 하고 싶다고 하여서 상담을 진행하였다.

• 차시예고: MLST-Ⅱ 검사해석 및 종결회기 안내

• 상담자소견

의사 선생님 말씀이 어려서 류마티스에 걸리면 몸을 제대로 쓰지 못하는 불구가 될 수 있다는 말에 몹시 불안에 떨고 있었다. 부모님도 무척 걱정하고 집안이 거의 초상집 분위기였다고 한다. 병에 걸릴까 걱정하는 것보다는 다음 주에 결과가 나온다고 하니까 그동안 마음을 편히 먹고 결과를 기다리자고 마음을 진정시켰다.

6회기: 20**.12.21. 시간 13:00~13:50 / MLST-II 검사해석 및 종결회기

• 주요내용: 자기주도학습지수(LQ)는 124.17로 '높음' 수준에 해당된다. 다른 친구들에 비해 학습량도 많고 주도적인 학습태도를 가지고 있다. 목표의식도 뚜렷한 것으로 보이며, 학습에서의 전략과 요령도 비교적 잘 갖추고 있다.

• 상담자의 소견

20**.12.21.일 MLST-Ⅱ를 개인적으로 실시하여서 검사해석을 함께 했다. 다행히 내담자는 자기주도학습지수(LQ)는 124.17FH 높은 편이며, 주도형으로 나왔다. 지난주에는 서울대 다니는 학생들이 자원봉사하는 곳을 인터넷으로 찾아갔고 한 번 배우러 갈 때마다 1만 원을 주고 배우고 올 정도로 아주 적극적인 모습으로 실행하기까지 했다.

Ⅵ. 진로상담에 대한 종합평가

1. 진로상담 목표달성 여부

목표달성 정도: 달성 ○, 50% 달성 ◑, 변경/재검토 ◈, 미달성 ×

구분	달성	근거(이유)
내담자	○ (달성)	직업카드검사와 홀랜드검사, 학습전략검사에서 의사가 되기 위한 희망과 일치하여 내담자의 꿈을 확실하게 정립하는 데 공헌이 크다.
상담자	○ (달성)	내담자에게 각종 진로검사를 통해서 내담자에게 가장 맞는 직업선택에 도움을 주었고, 의사가 되기 위한 구체적인 실천 계획을 세우며 지지 격려해 주었다.
합의된 목표	○ (달성)	의사가 되기 위한 직업탐색을 확실히 했으며, 공부 잘하는 전략을 짜서 계획적으로 공부하기로 했다.

2. 내담자의 변화

내담자를 처음 보았을 때는 친구관계 문제로 매우 힘들어했으며, 심지어는 죽고 싶다고까지 하며 신체화로 자주 아프다며 보건실을 자주 다녔다. 그러나 상담을 한 이후로는 우울한 내담자의 기분전환을 위해 꿈 작업으로 들어갔더니, 자신의 꿈인 의사와 자신의 적성과 맞다는 것을 확인하고는 열심히 공부에 임하며 의사가 되기 위한 구체적인 계획과 실행에 들어갔으며, 성격이 밝아지고 목적의식이 뚜렷해졌다.

3. 진로상담에 대한 종합평가

1) 내담자 자기평가

선호직업인 의사를 선택하고 나니 마음이 홀가분하고 마치 꿈을 이룬 듯 기분이 좋아지고 반드시 의사가 되어야겠다고 생각하니 마음이 편하고 좋다.

2) 상담자 평가

잘된 점	본인이 원하는 직업과 적성에 맞는 직업이 일치가 되었다.
부족한 점	수술하는 것을 싫어하는 내담자에게 선입견 없애는 것이 부족하였고, 의사가 되어서 피를 싫어하는 내담자에게 어떤 과가 적성에 맞는지 더 깊은 탐색을 하지 못했다.

제2절 중학생

1 공부가 싫어요

Ⅰ. 내담자 기본정보

1. 내담자 신상정보

1) 이름: 김새롬(가명)
2) 성별: 여자
3) 나이: 14세
4) 학력: ○○중학교 1학년 재학
5) 종교: 없음
6) 가족사항: 아버지(54세, 자동차 정비사), 어머니(46세, 주부), 오빠(23세, 대학 재학), 오빠(17세, 고교재학), 동생(9세, 초등학생)

2. 주 호소 문제

"엄마가 미워서~ 공부하기 싫고, 장래에 무엇을 해야 할지 모르겠어요!"

3. 상담의 맥락

1) 상담장소: 서울 ○○중학교 Wee센터 상담실
2) 상담기간: 20**.5.29.부터 현재 진행 중, 총 10회기 중 5회기
3) 내방경위:

학교에 자주 지각한다. 새벽까지 인터넷을 하다 보면 시간이 너무 빨리 가서 조금 자다 보면 아침이다. 엄마는 아침마다 깨우지만 내가 일

어나지 못하다 보니 엄마와의 갈등이 너무 깊어졌다. 지금은 엄마한테 핸드폰을 빼앗겼고 아빠 것으로 대신 사용한다.

선생님의 권유로 상담실을 방문함.

(4) 이전 상담경험: 없음

4. 인상 및 행동관찰

153cm 정도의 키에 단발머리이며 약간 통통한 체형, 얼굴은 동글동글한 편이고 머리는 흘러내린다. 얼굴이 가무잡잡하고 행동이 느릿한 분위기를 풍긴다. 상담 중 손을 자주 만지작거리는 모습이 불안함을 나타내는 것 같다. 목소리는 명랑하지만, 엄마 이야기를 할 때면 톤이 높아지고, 빈정대며, 과격한 표현을 쓰기도 한다. 엄마를 부를 때 타인을 말하듯 한다.

5. 직업가계도

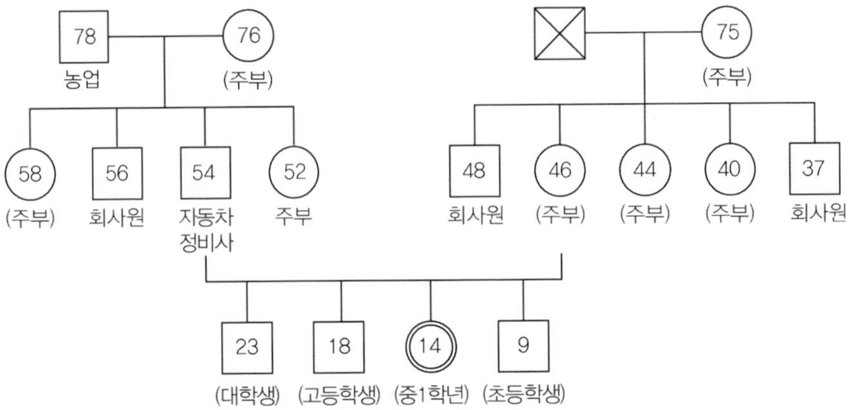

6. 발달배경 및 가족관계

1) 내담자(14세)

- 초등학교 초까지 많은 문제가 없었다. 그런데 초등학교 고학년 때부터 엄마와의 관계가 나빠지고 너무 놀다 보니까 공부가 싫어졌다. 수학도 놓치고 다른 과목은 흥미가 없다. 단 한 가지 영어 학원은 다니고 있다.

- 가수 ***을 너무 좋아한다. 친구와 인터넷 채팅을 하기도 하고 핸드폰으로 연락하고, **월드, 인**에 사진 올리기 등 컴퓨터로 하는 것들에 너무 즐기다 보니 저녁 늦게 잔다. 그러다 보니 아침에 늦게 일어나게 되어 지각이 잦은 편이다. 현재 엄마에게 핸드폰은 빼앗겼고, 집에 가면 아빠 핸드폰으로 하게 된다.
- 집에서는 아빠와 동생 외엔 별로 관심 없고 모두 싫다. 특히 엄마와는 거의 앙숙처럼 지낸다. 그리고 오빠들이 있는데 가족으로서 아무 신경도 안 쓸 만큼 관심이 없다. 밥도 같이 먹게 되면 항상 싸우게 된다. 오빠들이 트집을 잡는다.

2) 아버지(54세, 고졸)

- 자동차 정비사로서 가끔 지방에 출장을 가고 안 들어오실 때가 많다. 내담자에게 항상 잘 대해 주고 해달라는 대로 다 해 주신다. 오빠한테는 너무 무서운 아버지다. 내담자와 동생에게만 너그럽고 친절한 편이다. 아버지는 내담자의 적극적 지지자고, 용돈을 내담자에게 제일 많이 줘서 내담자가 오빠들보다 더 많이 받는다.

3) 어머니(46세, 고졸)

- 전업주부로서 내담자가 하는 일마다 잔소리를 하고, 트집을 잡는다. 내담자는 엄마가 오빠와 짜고서 자신을 공격한다고 여기고 있다.
- 엄마가 깐깐하냐는 질문에 내담자는 엄마가 좀 이상하고, 정신병자 같다고 답하면서 적의를 드러냈다. 내담자의 핸드폰을 빼앗아 가고 주지 않는다고 불만을 얘기하기도 했고, 내담자 스스로 자신이 반항아여서 엄마의 잔소리와 참견이 더 심하다는 엄마를 사뭇 이해하는 듯한 대답을 하기도 했다. 그러나 엄마가 내담자를 집안의 문제아로 여기는 데에는 불만을 표현했다.

4) 남동생(9세, 초등생)

- 장난기가 있고 내담자와 친밀하다. 누나에게 까부는 편이다. 그래서 화도 나지만 내담자가 귀여워한다. 동생은 오빠들과도 잘 지내며 오빠들이 무척 챙긴다. 내담자가 동생에게 심부름을 시키면 오빠들이 내담자를 야단친다.

5) 오빠들

- 오빠가 둘이 있는데 내담자는 오빠에 대해 언급하지도 않을 만큼 싫어한다. 초기 면접 때는 오빠가 있다는 것에 대해 말을 하지 않았다. 물고기 가족화를 그리고 난 후에야 말을 했다.

Ⅱ. 내담자 문제의 개념화

1. 심리검사결과 및 해석

1) 물고기 가족화 그림검사(20**. *. ** 실시)

- 목적: 내담자 이해 및 호소 문제 파악, 상담초기 관계 수립
가족 구성원 간의 친밀도를 알아본다. 내담자와의 친밀한 관계와 소원한 관계를 알아본다(말을 하기 싫어해서 그림검사를 활용함).

• 해석

- 물고기 가족화 그림에서 내담자는 가족을 같은 방향으로 그렸다. 그런데 물고기의 모습이 아빠의 것만 크게 그렸다. 아빠, 동생, 내담자는 같은 무늬를 하고 엄마만 다른 무늬를 그렸다.
- 엄마는 입이 찌그러져 속상한 표정이고, 내담자와 아빠는 모든 표정이나 생김새를 동일하게 표현했다.
- 특히 오빠들은 그림으로 표현하지도 않았고, 가족 수에서 제외되어 있었다.
- 그림으로 볼 때 엄마는 식구에는 포함되지만 미움의 감정이 포함된 양가감정이 있어 보인다.
- 어렸을 때부터 오빠와의 차별에서 오는 심한 열등감과 반항심이 미움으로 나타났다고 보여진다.
- 그림을 그리고 나서 스토리를 말하던 중 오빠들이 있다는 사실이 밝혀졌고, 왜 처음부터 오빠들에 대하여 이야기하지 않았는지 물었을 때 "그냥 오빠들이 너무 싫어서요!"라고 말을 하였다.

2) 문장완성검사 청소년용(20**. *. ** 실시)

• 목적: 내담자 이해 및 호소 문제 파악, 상담초기 관계 수립
내면에 어떤 갈등이 있는지 투사 검사를 통하여 알아보며, 가족들 간의 갈등 상황을 파악해 본다.

• 자신의 능력에 대한 태도

21. 내가 믿는 것은 <u>없다.</u>
24. 내가 가장 자신 있는 것은 <u>영어</u>
25. 다른 사람이 나에게 기대 많이 하면 <u>노력한다.</u>
30. 나는 요즘 <u>가수 ***가</u> 좋다.
32. 나의 좋은 점은 <u>없다.</u>
33. 나의 나쁜 점은 <u>별로 없다.</u>

- 아버지에 대한 태도

14. 아빠와 나는 친하다.

27. 우리 아빠는 친절하고 좋다.

- 엄마에 대한 태도

15. 우리 엄마와 나는 별로다.

23. 우리 엄마는 오빠들만 좋아한다.

- 대인 지각 및 관계

1. 내가 가장 좋아하는 사람은 아빠이다.

8. 다른 사람은 나를 웃기다고 생각한다.

11. 내가 가장 싫어하는 사람이 있다.

16. 친구들과 나는 친하다.

18. 내가 가장 따뜻하게 느끼는 사람은 아빠다.

23. 집에 혼자 있을 때 나는 T.V를 본다.

34. 내가 만약 외딴 섬에서 혼자 살게 된다면 아빠와 같이 살고 싶다.

- 학교 생활에 대한 태도

13. 담임 선생님과 나는 별로.

36. 나의 학교 생활은 그럭저럭.

- 부정적인 것에 대한 태도

9. 내가 가장 우울할 때는 드라마 볼 때

17. 내가 가장 두려워하는 것은 비둘기

31. 내가 가장 걱정되는 것 없다.

37. 무엇보다 좋지 않게 생각되는 것 없다.

- 긍정적인 것에 대한 태도

2. 내가 백만장자라면 쇼핑을 할 것이다.

10. 내가 가장 성취감을 느낄 때는 놀 때

35. 현재 나의 큰 즐거움은 없다.

- 과거에 대한 태도

29. 내가 좀 더 어렸다면 모른다.

- 미래에 대한 태도

  7. 만일 내가 지금 나이보다 10살이 위라면 직장인

  38. 내 소원이 마음대로 이루어진다면

      첫째 소원은 부자

      둘째 소원은 쇼핑

      셋째 소원은 아빠와 동생, 셋이서 큰 집에서 같이 살기

- 목표에 대한 태도

  3. 이번 방학에 꼭 하고 싶은 것 외국여행

  26. 언젠가 나는 부자가 될 것이다.

내담자는 엄마가 오빠들만 무조건적으로 좋아하고 감싸고돈다고 느낀다. 그것은 오빠와 엄마에 대한 부정적 징서를 나타낸다. 아빠에 대해서는 지나칠 정도로 친밀감을 나타내며 소원이 이루어진다면 아빠와 동생, 셋이서만 큰 집에서 살고 싶은 것이 소망이라고 한다.

내담자의 정서와 가족의 친밀도는 이분적인 요소가 내포되어 있는 것 같다. 또한 아빠가 자동차 정비사로 잦은 지방 출장을 가다 보니 자기 편이 없다는 소외감을 느끼는 듯하다. 인터넷에 더욱 집착하게 되고 그것이 엄마가 내담자를 못마땅하게 여기도록 만드는 듯하다. 이런 경위가 내담자가 공부도 차차 소홀하게 된 계기가 아닌가 생각한다.

3) 직업 활동지(직업카드) 20**. 6. 19 실시

- 목적: 인터넷 중독과 엄마에 대한 반항을 줄이기 위해 직업카드 활동을 했다. 자신의 흥미와 적성, 가치관이 어떤 것인지를 찾아 꿈을 갖고 그곳으로 에너지를 전환시키고자 했다.

① 탐색 결과

• 좋아하는 직업

직업	좋아하는 이유	홀랜드 유형
중등학교 교사	사람 가르치는 것이 좋고, 영어 선생이 되고 싶어서	S
통역사	영어를 잘 하고 외국도 가고 싶어서	E
초등학교 교사	안정적이라서	S
비행기 승무원	외국에 많이 가니까, 영어도 할 수 있고	S
비서	외국인 회사에서 근무 하려고	C

• 싫어하는 직업

직업	좋아하는 이유	홀랜드 유형
토목공학 기술자	철도 공사나 공사를 할 때 먼지가 나서	R
기계공학 기술자	기계가 싫다	R
전기, 전자기기 설치원	기계종류가 많이 싫다	R
작물재배 종사자	몸에 흙을 묻히고 일하니까	R
소방관	너무 위험하고 겁이 나서	R

② 순위별 선호 직업

1순위: 중등 영어 교사

2순위: 통역사

3순위: 승무원

③ 가장 자신감 있는 직업(10년 후)

1순위: 중등 영어 교사

2순위: 초등 교사

3순위: 통역사

④ 부모님이 원하는 직업: 교사

⑤ 잠정 선택한 직업: 중등 영어 교사(워크넷 검색)

4) 다중지능검사(20**. *. ** 실시)

구 분	언 어	논리 수학	인간 친화	자기 성찰	공 간	음 악	신체 운동	자연 친화
점 수	57	39	61	43	39	50	46	25
순 위	2	6	1	5	7	3	4	8

• 다중지능검사 결과 인간친화 지능이 가장 높은 수준으로 나왔다
• 두 번째로 언어 지능이 높게 나왔으며, 자연친화능력은 8순위로 낮게 나왔다

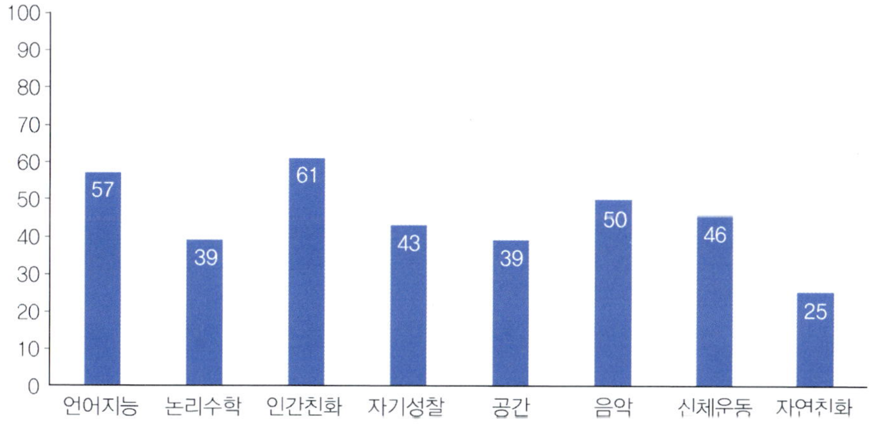

검사 프로파일

2. 상담자가 본 내담자 특성

1) 내담자의 강점과 약점

① 강점

• 인간친화 지능이 높아, 다른 사람의 말을 잘 이해하고 받아들인다.
• 긍정적인 사고를 가지며 명랑한 편이다.
• 친구들과의 대인관계도 좋은 편이다.
• 언어 능력, 특히 영어 공부를 잘한다(중간고사 100점 맞은 적도 있음).

② 약점

• 인터넷을 시작하면 절제가 안 된다.
• 엄마에 대한 지나친 분노와 미움이 있다.
• 아빠에 대해 너무 의존적인 친밀도를 보인다.

- 가족관계가 너무 편협한 경향이 있다.
- 느리고 게으르며, 지각을 자주하고 학습에 의욕을 보이지 않는다.

2) 진로이론에 따른 내담자의 발달 단계

- 이 내담자는 슈퍼의 진로발달 단계로 볼 때 탐색기에 속한다고 할 수 있다.
  슈퍼에 의하면 탐색기는 15~24세 사이의 시기로 학교생활, 여가활동, 시간제 일을 통하여 자아검증, 역할시행, 직업적 탐색을 행한다. 특히 중학교 시기는 잠정기로서 욕구, 흥미, 능력, 가치, 직업적 기회 등을 고려하기 시작하며, 잠정적인 진로를 선택하고 그것을 환상, 토의, 일, 기타 경험을 통해서 시행해 보는 시기이다.
- 현재는 영어 교사에 대한 자신의 잠정적인 진로를 가지고 있으며, 다중지능검사에서는 자신의 꿈과 어울리는 적성과 기능을 소유하고 있음이 잠정적으로 엿보였다. 그러나 근본적으로 인간 친화적 문제에서 엄마와의 갈등이 너무 깊다 보니 사람과의 관계에서 편협함이 있을 것으로 짐작된다.

Ⅲ. 진로상담 목표 및 전략

1. 상담목표

1) 내담자

- 핸드폰 다시 돌려받기
- 엄마와의 관계 회복하기
- 진로 탐색하고 설계해 보기

2) 상담자

- 강점을 최대한 긍정적으로 지지하기
- 자신의 습관 알아차리고 고치기
- 진로 탐색하고 설계하기

3) 합의된 목표

- 엄마와의 관계 개선하기(미움 줄이기)
- 역할 놀이 등을 통해 의사소통 훈련 및 향상하기
- 자신의 강·약점과 흥미 적성을 알고 진로 설계하기

2. 상담전략

- 로저스의 인간중심 상담이론과 현실요법 상담을 배경에 두고 상담을 하며, 말로 잘 표현하지 않은 것을 파악하기 위해 물고기 가족화와 직업카드, 다중지능검사 등을 활용한다.
- 자신의 진로와 강점 활용을 잘 할 수 있도록 도우며, 사람이 살아가는 데는 인간관계도 매우 중요한 맥락이므로 역할 연습을 통하여 언어태도를 바꾸는 데 도움을 준다.

1) 초기

- 상담구조화 및 상담관계 수립
- 심리검사를 통한 내담자 이해 및 호소 문제 명료화
- 진로 탐색과 목표 정하기

2) 중기

- 상담목표별 구체적 목표 수립 및 행동계획 세우기
- 직업카드를 통한 진로 탐색하기
- 다중지능검사를 통해 진로 설계 세우기
- 계획 실천 및 피드백 주고받기
- 진로를 위한 생활계획표 작성 및 실천 계획 수립을 통한 개선된 생활습관 유지하기

3) 후기

- 엄마와의 관계를 좋게 하기 위한 일을 실천해 보기(자신의 표현 적절히 하기, 나-전달법)
- 엄마의 장점 10가지 이상 찾아보기
- 외모 열등감 극복을 위해 머리 단정히 묶기, 원하는 미래의 자기 모습 그려보기
- 과제 수행을 통해 자신의 시간 관리와 학교 생활 잘하기(규칙 준수)

Ⅳ. 회기요약

1. 회기별 상담과정 개입요약

1회기: 20**. *. **

- 개입: 상담구조화, 상담신청서 작성을 통한 내담자 이해 및 문제 탐색, 상담관계 수립
- 주요내용
  - 상담을 하고 싶은 영역은 인터넷 중독이지만 엄마 이야기도 하고 싶고요. 엄마가 미워서 공부는 하고 싶지 않은데, 장래는 걱정이 되어요. 사실 학교 다니는 것은 그렇게 불편하거나 싫지는 않지만, 나를 이해 못 하고 지나치게 야단만 치고 트집을 잡는 엄마와 오빠에 대해서 혐오감을 느껴요.
  - 어떤 때는 우울하고, 어떤 때는 슬프고, 그래도 명랑하게 친구들과 재미있게 놀고 있어요.
  - 자신의 외모에 자신감이 없지만, 가수 ***을 지나치게 좋아해서 인**나 인터넷, ***북에 올리는 것이 취미예요. 어느 날은 밤새도록 올려요. (그럼 이튿날 학교는?) 너무 늦게 일어나서 지각을 하게 돼요.
  - 저희 아빠는 저에게 매우 잘 해 주셔요. 용돈도 가장 많이 주시고요.
  - 우리 엄마는 자기 방을 치우지 않는다고 잔소리를 많이 해요. 그렇지만 왜 치워야 하는지 모르겠어요.

2회기: 20**. *. *

- 개입: 물고기 가족 그림화 실시. 내담자 가족의 관계형성 탐색
- 주요내용
  - 그림 검사를 볼 때 엄마는 다른 가족과는 구별되게 초라하게 그렸다. 아빠는 멋지고 예쁘게 그린 것에 비해 엄마는 불쌍하고 빈약하게 그렸다. 내담자와 아빠 모습이 아주 닮았다. 만약 좋은 일이 생기면 아빠에게 옷을 사드리고 싶다고 한다.
  - (가족이 네 사람뿐이야?) 아니요. 오빠가 둘이나 있어요. (그런데 오빠 둘은 어디 갔지?) 그리지 않았어요. 오빠들은 저를 괴롭히고 정말 못생기고 싫어요! 엄마도 오빠들만 좋아해서 싫어요. (오빠들은 몇 살이야?) 나이도 잘 몰라요.
  - 이 점을 볼 때 오빠에 대한 엄마의 편애가 항상 마음의 상처로 보인다. 그래도 엄마 옆에 내담자를 가까이 그린 것을 보면 엄마에게 관심받고 싶은 것을 무의식중에 나타내고 있다.
  - 지금도 계속 엄마가 핸드폰을 주지 않는다.
  - 아빠 것을 계속 사용하고 있었다.
  - 아빠는 내가 원하는 걸 다 해 주신다.
  - 남동생도 자기와는 친하다.
  - 오빠는 자기가 봐도 너무 못생겼다고 생각된다.
  - 엄마에 대해 "정신병자예요"라는 과격한 표현을 한다.
  - 엄마와의 미해결 감정이 해결되어야 할 것으로 보인다.

3회기: 201*. *. **.

- 개입: SCT 청소년 문장완성 검사를 통해 내담자의 인지관계영역 탐색하기
- 주요내용
  - (이것은 네가 쓰다만 글을 완성하는 것이야. 너무 부담 갖지 말고 편하게 생각나는 대로 적어 봐.) 어젯밤에 많이 못 자서 졸음이 많이 와요. (어젯밤 잠을 안 자고 무엇을 했는데?) 친구들과 채팅하느라 늦게 잠들었어요. 게임하

고, 대화 나누기 방, 가수 *** 사진 올리기 등을 했어요.

- 한 10분 정도 자신이 가장 편한 상태로 눈을 감고 잠시 책상에 엎드려 있게 하였다. 학생들이 수업시간에 많이 잔다는 말을 하는데, 아마도 수업 시간에는 이런 모습 아닐는지….
- (오늘 아침에도 지각을 했니?) "조금 늦었어요…."라고 말하며 계속 필통을 만지작 거린다. 관심을 받고 싶어하는 듯해서 (필통 구조가 보자기처럼 되어 있어서, 너무 재미있고 신비스럽게 생겼다)고 말해 주었더니, (수줍게 웃으며) "친구들이 자꾸 재미있다고 가져가요."라고 한 후 문장완성검사를 실시했다.

문장완성검사에서 엄마를 미워하는 마음과 아버지와 동생을 사랑하는 마음이 적나라하게 드러났다. 아버지와 셋이서만 큰 집에서 살고 싶어했다.

4회기: 20**. *. **

- 개입: 직업카드를 통해 좋아하는 직업과 싫어하는 직업을 구분하면서 탐색 작업을 하였다.
- 주요내용
  - (장래 무엇이 되고 싶은지 직업카드를 가지고 재미있게 놀면서 진로를 찾아보고 싶은데 어때?) 좋아요.
  - (먼저 90개의 카드를 좋아하는 직업과 싫어하는 직업, 잘 모르겠는 직업으로 나눠 봐) 네. 좋아하는 직업이 많네요.
  - (그럼 좋아하는 직업을 가지고 왜 좋아하는지 이유를 적어볼래?) 네. 그런데 이 홀랜드 유형은 뭐예요? (응. 직업카드 가장 아랫부분에 영어로 쓰여 있는 S나 C 등을 적는 것이야.) 네. 다 했어요.
  - (그럼, 가장 좋아하는 직업부터 10개를 고르는 것인데 오늘은 5개만 골라보자. 네가 고른 카드 중에서 제일 하고 싶은 직업이 무엇이니?) 네. 저는 영어 교사가 좋아요.
  - 자신이 좋아하는 직업은 영어 교사라고 하였다. 영어는 좋아하는데 다른 과목은 좋아하지 않는다고 했다.
  - 그래서 (영어 교사가 되려면 다른 과목도 잘 해야 대학을 갈 수 있는데.) 그래

야 자신이 원하는 학과에 들어갈 수 있다고 해 주었다. 내담자는 무척 수줍어 하면서 "근데 공부는 하기 싫어요…"라고 했다.

- 우선 선택한 영어 교사에 대하여 워크넷에서 탐색해 보라고 하였다. 영어 교사를 하려면 대학을 나와야 한다는 것을 다시 한번 확인하고, 내담자의 강점을 같이 찾아보았다. 영어 교사가 되기 위한 절차, 공부 습관에 관한 것도 같이 나누었다.

5회기: 20**. 6. 26

• 개입: 다중지능검사를 통해 내담자의 진로에 대한 흥미와 적성을 알아본다.

• 주요내용
- 지난주의 상담에는 직업카드를 통해 느낀 것을 말하기로 하였다.
- 탐색을 통해 자신이 영어 교사가 되려면 4년제 사범대학을 가야 하고 많은 노력이 필요함을 알았다고 했다.
- 자신의 직업카드 결과 흥미와 가치관은 알았지만 잠재된 능력은 어느 정도인지 알기 위하여 다중지능검사를 실시하였다. 직업카드를 사용해 본 것이 재미있어서인지 호기심을 가지고 하고 싶어했다.
- 다중지능검사 결과 1순위는 인간친화 능력이며 2순위가 언어지능으로 나타났다. 본인이 원하는 직업을 가질만한 잠재능력이 있는지 궁금해 했다.

Ⅴ. 축어록(5회기, 20**. 6. 26)

순서	상담내용
상1	어서와요~ 오늘은 ㅇㅇ이가 많이 좋아 보이네…. 아마 좋은 일이 있었나 보구나?
내1	…(수줍어하며) 네, 좀 잘 지낸 편이었는데요, 엄마에게 조금은 미안했어요.(5회기 지나면서 조금씩 엄마를 언급하기 시작했다)
상2	그래… 때로는 ㅇㅇ이도 엄마 생각을 하는구나! 엄마와 괜찮아진거야?…(양가감정을 느끼며 엄마 이야기만 하면 날카롭던 눈빛이 조금 부드러워졌다.)
내2	…그건 아니고요(겸연쩍어하며). 그래도 아직은 너무 이상해요. 융통성이 없어요. 그냥 뭐라고만 하시거든요

상3	그래, 무조건 뭐라 하시면 서운하지… ㅇㅇ이에게 얘기할 때는 기분을 고려해서 말씀하시면 좋을 텐데 말이지…(얼굴이 조금 붉어지면서…. 손을 입에 갖다 대었다)
내3	맞아요, 우리 엄마가 그걸 못하세요. “넌 이게 뭐냐. 도대체 왜 안 치우냐” 이런 식으로 말도 안 되는 소릴 하니깐 그게 싫어요…. 항상 스트레스를 주거든요.
상4	ㅇㅇ이 마음이 좋은 감정이 아닐 때는 다정한 목소리로 말씀하시면 기분이 상하지 않을 수도 있을 텐데…. 그런데 네 방은 누가 치워야 하니?
내4	아무나요.
상5	아무나? 네가 어질러 놓은 방인데 아무나 치우면 곤란하지…. 네가 치우면 어때?
내5	그래도 좋아요. (살짝 웃으며…) 엄마도 이렇게 말씀해 주셨으면 좋겠어요.
상6	그렇구나. 엄마가 부드럽게 이야기하지 않으니까 좋아졌다가도 다시 상태가 나빠진다고 생각하는 거구나.
내4	네, 왔다 갔다 해요….(고개를 숙이고 필통을 만지작거린다) 오빠 편은 무조건 들면서….(말하고서 고개를 숙인다)
상5	응… ㅇㅇ이가 엄마말씀을 따르려고 노력하면, 곧 엄마께서도 ㅇㅇ이 마음을 이해하고 알아주실 거야. 차차 조금씩 풀어가 보자. 오늘은 다중지능검사를 한번 해보려고 해. ㅇㅇ이가 원하는 꿈을 구체적으로 정하고 그것을 이룰 수 있는 잠재능력이 있는지 알아보려고 해.
내5	네, 알았어요, 궁금해요(조금 어색한 듯하며 관심을 보인다)
상6	사람마다 여러 가지 지능이 있는데, 하워드라는 사람은 그 지능을 한 가지로만 판단하지 않고 8가지로 나누어서 어느 부분에 지능이 많이 발달했는지를 알 수 있게 했단다. 가장 발달한 부분에서 자신의 능력을 더 많이 발휘할 수 있으니 알아두는 것은 필요하지.
내6	한번 빨리 해 보고 싶어요. 지난번의 문장완성검사보다 어려운가요? 궁금해요.
상7	어렵지는 않아. 검사지를 읽어보고 처음 느낀 부분을 답안지에 번호로 쓴 다음, 계산을 하고, 이쪽에 점수를 적으면 되는 거야. 그럼 지금부터 해 보기로 하자. (18분 정도 검사시간이 지났다. 채점을 하고 내담자와 막대그래프까지 그려 보았다. 같이 작업을 하면서 내담자는 즐거워하였다)
내7	이제 다 된 건가요?
상8	ㅇㅇ이가 해야 할 부분은 다 한 것 같고, (그래프를 보면서) 자, 이제 보자. 인간친화 지능과 언어능력이 가장 높게 나오네. 전번에 직업카드를 통해서 ㅇㅇ이는 영어 선생님이 되고 싶다고 했지?
내8	네. 인간친화능력이 뭐예요? 전번에 설명해 준 사회형과 같아요?
상9	응. 인간 친화는 사람의 기분이나 의도, 동기, 느낌을 분별하고 지각하는 거야. 대인관계지능으로서 사람을 잘 사귀고 이해하는 능력이지.
내9	그럼 제가 원하는 영어 교사를 하기에는 적합한가요?
상10	응~ 그러네. 인간친화능력이 높은 사람이 하면 좋은 직업은 사업가, 외교관, 교사, 승무원, 상담원, 웨딩플래너 등인데 ㅇㅇ이가 선택한 직업이 포함되는 것이지.
내10	아~ 정말 기분이 좋아요. 난 영어 교사가 하고 싶은데….(얼굴에 미소를 띠운다)
상11	그렇구나. 선생님도 기쁘다. 그런데 ㅇㅇ이가 영어교사가 될만한 현재의 실력이 되는가가 문제지? 영어공부에 열중하고 다른 과목도 신경을 써서 열심히 한다면 지금 나온 대로 영어 선생님이 될 수 있을 거야.

내11	아~ 정말 좋아요.
상12	그래…. ○○이가 이제 다중지능검사를 통해 보니 두 번째는 언어지능, 3번째는 음악지능이 높네….
내12	정말요? 세 번째가 음악이에요? 가수 *** 음악을 좋아해서 인가 봐요. ***은 너무 멋있어요.
상13	그러게. 가수 ***을 좋아하니까 음악적 감각도 있구, 가수와 음악에 관심도 많구. 보충할 부분은 자연친화인데 식물이나 동물을 길러보면 어떨까?
내13	저는 뭐 기르는 거 싫어요. 신경써줘야 하잖아요. 귀찮고….
상14	그렇구나. 그런데 무엇인가에 신경 쓰는 것이 그리 어려운 것은 아냐. 논리수학지능도 좀 부족하게 나왔네….
내14	5, 6학년 때 놀다 보니 놓쳤어요. 그러니까 하기도 싫고…. 안 되기도 하구요. 진짜 수학은 잘 안 돼요….
상15	그렇구나! 그런데 ○○이가 원하는 것은 무엇이지?(Want탐색)
내15	영어 선생님이 되는 거요.
상16	그런데 영어 선생님이 되려면 4년제 사범대학에 들어가야 한다고 했잖아~ 대학에 들어가려면 골고루 공부를 잘 해야 하는데, 지금 수학 점수가 낮은데 수학 공부를 어떻게 하고 있니?(Doing탐색)
내16	하기 싫어서 안 하고 있어요.
상17	그러면 네가 원하는 영어 선생님이 되는데 도움이 될까?(평가탐색)
내17	(고개를 갸웃하며) 도움이 안 될 것 같아요.
상18	그럼 우리 어떻게 하지? 다음에는 수학점수 올릴 계획을 짜볼까?(plan)
내18	네! 그렇게 해 봐요.
상19	공부는 어느 순간에 놓치면 잘 안 되고, 흥미도 잘 회복이 안 되는 경향이 있지. 하지만 부족하다고 느낄 때 다시 도전하면 채워질 수 있을 거야. 영어를 잘 하는 것처럼 조금씩 올려보면 어떨까 싶어.
내19	네. 수학이 즐겁지는 않지만 그래도 해 봐야겠어요….
상20	그래. ○○이는 자신의 꿈이 확실하고 이제 다중지능검사도 해 봤으니, 진로에 대해 윤곽이 잡힐 것 같구나.
내20	네. 애들하고 놀고 싶은데요. 컴퓨터, ***톡, 인터넷…. 지금도 안 할 수는 없어요. 그런데 조금씩 줄여 볼려구요.
상21	참, 진보적인 생각이네. 처음부터 잘하는 사람이 있겠어? 조금씩 변화를 주고 노력하면서 살아가는 거지…. 그럼 엄마와의 관계도 조금씩 호전될 거고….
내21	그럴 수도…. (말을 흐림)…. 엄마는 이해가 안 갈 때가…. 많고 싫지만…. 노력해야…시간이 걸릴 것 같아요.
상22	시간이 걸려도 그 마음이 준비되었으니 가능하지. 그리고 직업에 대한 목표를 향해 가야 하기 때문에 여러 문제들을 잘 풀어가야 되기도 하구…. S형은 사람과의 친화도 무척 중요하거든….
내22	…네….(수줍어하며)

상23	오늘은 많은 걸 알게 된 것 같지? 자신의 다중지능검사를 통해 다양한 부분을 알게 되고, 확실히 꿈이 자신과 잘 맞는 부분임을 알아서 방향도 잡아볼 수 있었구… ㅇㅇ이는 어떤 느낌이 들어?
내23	..(살짝 웃으며)…. 그런 것 같아요…. 기분도 좋은 것 같아요.
상24	오늘은 여기까지 하고 다음 주에 우리 수학점수를 조금이라도 더 올리는 방법을 계획해 보자. 오늘도 수고 많았어, 담주에 보자.
내24	네 감사합니다. 안녕히 계세요.(필통을 소중히 챙기고 상담실 문을 나섰다.)

Ⅵ. 종합평가

1. 전반적 목표달성 여부

5회기 동안 만나면서, 공부하기 싫은 청소년들은 장래에 대해서는 두려워하면서도, 또래들이 즐기는 인터넷, 핸드폰 등을 안 할 수는 없었다. 그러나 이러한 SNS나 인터넷 활동이 지나치면 자신의 인생에 해가 되는지를 모르는 청소년들이 좀 더 건설적인 것으로 관심을 갖도록 하는 것이 쉬운 일은 아니었다. 그런데 미래에 대한 두려움은 누구나 있기 때문에 꿈과 진로를 통해 새로운 관심을 끌어내는 기회를 만들게 되었고, 내담자의 호소문제를 감소시키는 기회로 삼았다.

그래서 내담자의 진로를 정확히 찾게 되었고, 공부해야 할 목표를 갖게 되었다.

2. 내담자의 변화

처음에는 호기심 반, 두려움 반으로 상담을 시작했으나, 차츰 마음을 열고 공감하면서 적극적이 되었다. 자신의 꿈과 적성이 어느 정도 일치한다는 것을 알고 희망을 품게 되었다(꿈 - 영어교사). 그리고 그 꿈을 향해 공부하고자 하는 의욕이 생겼다.

3. 본인이 생각하기에 상담자의 잘된 점과 부족한 점

- **잘된 점**: 알아차림과 인정해 줌을 통해 내담자의 마음을 공감해 주고 수용해 주었다. 현실요법 상담을 통해 조금씩 문제를 끌어낼 수 있었다고 생각한다.
- **부족한 점**: 상황에 맞는 질문을 잘 하였는지가 염려스럽다. 그리고 좀 더 내담자의 깊은 곳까지 들여다볼 수 없었던 점들이 안타깝다.

2 관심 있는 게 너무 많아요

Ⅰ. 내담자 기본정보

1. 내담자 신상정보

1) 이름: 전부다(가명)
2) 성별: 여
3) 나이: 15세
4) 학력: ○○중학교 2학년 재학
5) 종교: 기독교
6) 가족사항: 부(43세, IT 관련 사업), 모(43세, 가정주부), 남동생(14세, ○○중 1학년), 남동생(12세, ○○초 5학년), 남동생(9세, ○○초 2학년), 친할머니(64세, 권사, 교회 거주)

2. 주 호소 문제

1) "다양한 분야에 관심이 있으나, 아직 정말로 좋아하는 일, 잘하는 일이 무엇인지에 대한 확신이 서지 않아요!"
2) "진짜 무엇을 좋아하는지 무엇을 잘하는지 확실히 알고 싶고, 연계된 직업들을 최대한 많이 알아 직업 선택의 폭을 넓히고 싶어요!"

3. 상담의 맥락

- 상담장소: **중학교 국어교과교실 ***호
- 상담기간: 20**.09.29.~20**.12.29.
- 내방경위: 최근 SNS 관련 학교폭력 사안에 연루되면서 힘든 상황이 발생하여 담임교사와 상담자와 내담자가 3자 면담을 하게 됨. 그 과정에서 자신의 에너지를 긍정적으로 쓰는 방법을 배우는 것과 청소년기에 해야 하는 진로 탐색의 필요성을 느껴 상담받기를 스스로 결정함
- 이전 상담경험: ○○중 1학년 때, wee-클래스 상담 1회

4. 인상 및 행동 관찰

• 인상

보통 키와 체격의 깔끔하고 단정한 모습. 평소에 차분하고, 친구들에게 언니와 누나같이 잘 챙겨주는 어른스러운 모습을 지니고 있음. 또한, 매사에 긍정적인 마인드로 솔선수범하는 리더이며 늘 상냥하게 웃는 모습으로 편안한 인상을 가지고 있음.

• 행동 관찰

상담 초기에는 친구들과의 관계에 갈등이 생기면서 약간 어두워지고 살짝 지친 모습을 보였지만, 상담 중반에서 적극적인 태도로 관심을 갖고 진로에 관한 심리검사에 흥미을 느끼며 열정적이고 성실하게 임하였음. 상담 말기에서는 능동적이고 밝은 모습으로 시간가는줄 모르고 심취하고 경청하는 태도를 보이며, 진로방향을 향하여 전략적인 학업활동을 함.

5. 직업 가계도

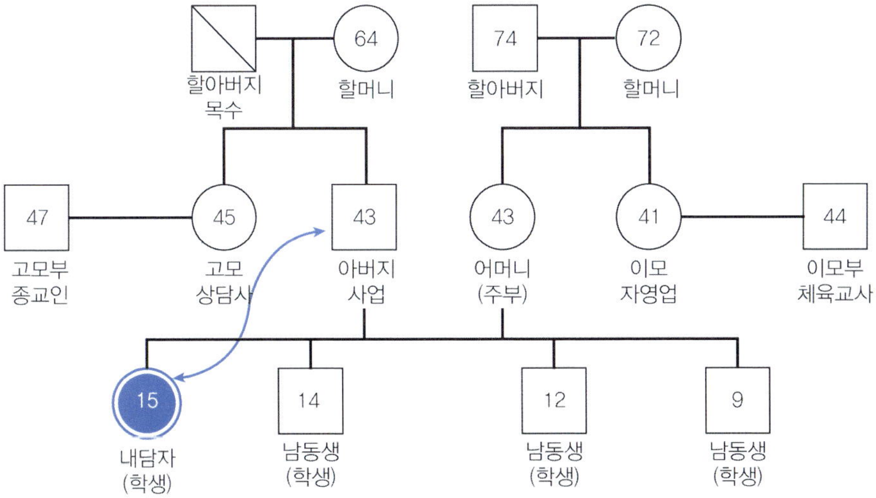

6. 발달배경 및 가족관계

아버지	43세(대졸) 유머러스하고 재치 있고 재밌는 면도 있으나 교육관과 가치관이 뚜렷하고 엄격한 데다, 평소 무뚝뚝하여 대화를 많이 안 함. 대하는 것이 어려움.
어머니	43세(대졸) 가족 중 가장 많은 대화를 하며 교회도 함께 다니며 일상생활 속에서 비교적 소통을 많이 하는 편임.
남동생	첫째(14세로 ㅇㅇ중 1학년) 자주 다투지만, 말이 통하고 대체로 잘 지냄.
	둘째(12세로 ㅇㅇ초 5학년) 한번 싸우고 나서 풀리기까지 오래 걸리지만 풀리고 나면 더 가까워지며 잘 지냄.
	셋째(9세 ㅇㅇ초 2학년) 창의적인 막내, 가장 많이 챙겨줌.
고모, 고모부	목사 고모부와 미술치료사 고모 두 분 다 아빠와 비슷한 성격으로 대하기 어려운 부분이 있음.
이모, 이모부	무교여서 진솔한 대화를 하지는 못하나, 새로운 것들을 접하게 해 줌.
친할머니	권사님, 엄마 외에 편하게 얘기할 수 있는 분.
외할머니, 외할아버지	무교이고, 속으로는 다정하시지만 겉으로 표현을 거칠게 하여 어려워함.

Ⅱ. 내담자 문제의 개념화

1. 심리검사결과 및 해석

검사명	실시 회기	검사결과
1. 직업 활동(직업카드) 검사	2회기	선호: 상담전문가, 아나운서, 배우 비선호: 은행원, 과학자, 소방관
2. 청소년 직업 흥미검사	3회기	ES (기업형, 사회형)
3. 청소년 진로발달검사		진로성숙도 다소 높음, 진로 미결정 상태
4. 청소년 직업 가치관 검사		여행 안내원, 상담전문가
5. 의사결정 유형 검사	5회기	합리적 9점, 직관적 7점, 의존적 8점
6. 다중지능검사	6회기	인간친화지능, 자기성찰지능, 음악지능
7. 성격 강점 검사	6회기	사회지능, 친절성, 용감성, 리더십, 감사, 유머

직업카드를 사용하여 직업 세계에 대해 이해를 넓히고 직업 흥미에 대한 구체적인 탐색을 하였다. 직업흥미검사로 직업 흥미에 적합한 직업과 학과에 대한 정보를 제공해 주고, 진로발달검사를 통해 진로성숙도 및 진로 미결정 원인을 측정한 후 내담자가 자신의 진로 발달 수준을 이해하고 보완하기 위해 노력할 점을 확인했다. 또한, 직업 가치관 검사로 직업 선택 시 중요시하는 가치요인 파악과 해당 가치요인이 충족될 수 있는 직업에 대해 탐색했다. 그리고 의사결정 유형검사를 통해 비교적 신중하고 합리적이며 논리적인 의사결정을 한다는 것을 확인했다. 다중지능검사와 성격강점 검사를 통해 인간친화지능, 음악 지능, 사회지능이 높다는 것을 알게 되었다. 그래서 유머 감각을 갖춘 리더십을 발휘할 수 있는 직업을 가지는 방향으로 미래 계획을 구체화했다.

1) 직업 활동(직업카드) 검사(20**. 9. 30.)

■ 목적

직업카드는 내담자를 진로탐색의 주체로 능동적인 참여를 유도한다. 그리고 내담자의 여러 특징(자아개념, 직업세계관, 진로성숙도, 의사결정 유형, 직업세계의 이해정도 등)에 대한 의미 있는 정보를 얻어 진로상담을 목표에 도달하게 하는 데 효과적이다. 그리고 내담자의 선택과 표현이 자유로워 유연성을 지닌 데다가 즉각적인 피드백이 제공되므로 중학생의 진로상담 과정에 아주 유용한 방법이다.

① 탐색 결과

• 좋아하는 직업

	좋아하는 이유	홀랜드 유형
구체적으로 쓰기	사람을 만나고 그 사람과 대화를 하기 때문	S
	아이들과 소통을 하고 가르쳐주고 어떤 관계를 만들어나가기 때문	S
	헤어스타일에 관심이 있고 고객에게 맞는 스타일과 원하는 것을 듣고 해 주면서 또 소통이 가능하기 때문	A
	사람들끼리 하는 활동이 많고 내가 이끌어 나가기 때문	E
	사람들이 재미있어할 만한 것을 생각하고 회의해서 내가 직접 기획, 제작할 수 있기 때문	E
	어려운 사람들이나 아이들과 소통하면서 도움을 줄 수 있기 때문	S
	학생의 적성과 흥미를 잘 파악해서 최대한 자신에게 맞는 직업을 선택하도록 도움을 주고 싶고, 그 과정에서 소통이 필요하기 때문	S
	항공기를 이용하는 승객들이 편하게 이용할 수 있도록 도움을 주거나 말동무도 되어 줄 수 있기 때문	A
	사람의 심리를 연구하므로 사람은 물론 자신을 분석할 수도 있기 때문	S
	자신이 리더가 돼 협력을 통해 회사나 단체를 이끌어가는 소통의 장에서 일을 하기 때문	E

• 싫어하는 직업

	좋아하는 이유	홀랜드 유형
구체적으로 쓰기	분석이라는 단어가 들어가서 증권 등 경제 관련 일이 싫기 때문	C
	물이 겁나고 무섭고 오랫동안 있는 배에 있는 게 싫기 때문	R
	높은 데 올라가고 갑자기 닥치는 일에 대처해야 하고 체력적으로 자신이 없기 때문	R
	다른 사람이 할 일을 대신하므로 자신의 관리도 자신 없는데 다른 사람의 스케줄 관리하는 게 싫기 때문	C
	통신 관련 모든 게 싫고, 아빠는 잘하시나 나는 잘 못 해도 아빠가 대신해 와서 그다지 필요성을 못 느끼고 살기 때문	R
	한 자리에 혼자 앉아서 하는 똑같은 일 반복은 별로이기 때문	C
	컴퓨터로 하면서 가만히 있고, 사람을 만날 일이 적기 때문	R
	이상한 생물을 돋보기로 보면서 분석하는 게 싫기 때문	I
	피를 보고 바늘을 꽂는 게 싫기 때문	I
	그냥 뭔가 어려워 보이고, 하나 고치자고 알아야 하는 게 너무 많고 복잡하기 때문	I

② 순위별 선호 직업	
1순위	상담전문가
2순위	아나운서
3순위	영화배우 및 뮤지컬 배우 등

③ 가장 자신감 있는 직업 (10년 후)	상담전문가, 뮤지컬 배우
④ 부모님이 원하는 직업	내담자가 원하는 것
⑤ 잠정 선택한 직업	상담전문가

■ 내담자가 느낀 점

1. 직업카드를 활용한 진로상담 과정 중에서 가장 기억에 남는 좋은 활동은?

좋아하는 직업 중에서 10가지를 골라 순위를 매기고, 그 중에서도 내가 가장 좋아하는 것 3가지 정도로 범위를 좁혀나가면서 나에게 무엇이 가장 맞을지 생각해볼 수 있었던 것.

2. 이 활동을 하면서 깨달은 점은?

좋아하는 직업과 싫어하는 직업을 분류해 보는 간단한 과정에서도 나의 직업 가치관을 알 수 있다는 게 새로웠고 신기함.

3. 기타 직업카드 사용에 좋은 아이디어가 있다면?

새로 생겨날 직업이나 미래에 없어지지 않을 전망이 좋은 직업 등을 카드로 배우면 좋을 것 같음.

2) 청소년 직업 흥미검사(20**. 10. 2.)

■ 해석

내담자의 청소년 직업 흥미검사 흥미유형별 특성 점수

	R(현실형)	I(탐구형)	A(예술형)	S(사회형)	E(진취형)	C(관습형)
원점수	21	23	48	59	63	46
표준점수	28	34	56	63	69	52

내담자의 직업 흥미검사결과에서 첫 번째 흥미 유형은 E(진취형)이고, 두 번째 흥미 유형은 S(사회형)이다. 먼저, 일반 흥미 유형별 특성 점수상으로 진취형과 사회형의 분화도가 매우 높아서 진로 적성이 뚜렷하게 잘 나타났다. 진취형의 표준 점수는 다른 친구들과 비교해서 최상으로 나타났고, 사회형의 표준 점수도 상대적으로 높게 나타났다. 이런 결과는 상담사, 교사, 방송인, 연예인을 희망하는 자신의 목표와 직업흥미가 잘 맞는 것으로 보인다.

■ 흥미 육각형 모형

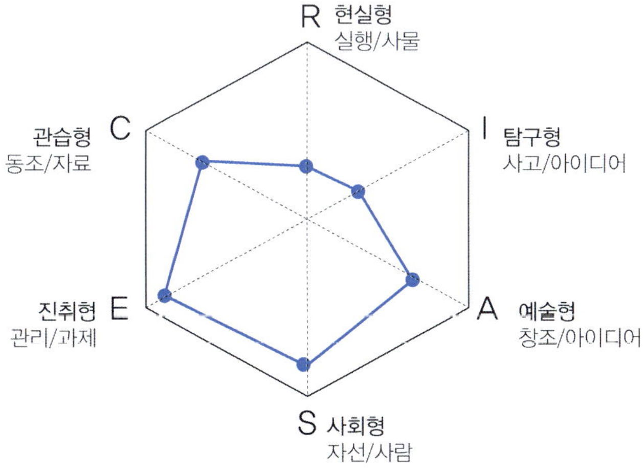

흥미 육각형 모형은 위 표의 점수를 시각적으로 잘 나타낸다. 진취형과 사회형 및 예술형이 높게 나타났다.

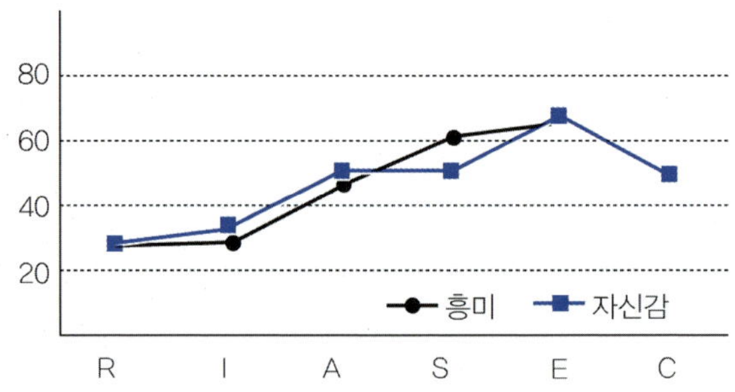

흥미/자신감 비교

세 번째, 흥미와 자신감을 비교한 표를 보면, 진취형에서는 흥미와 자신감의 점수 차이가 작아 그 정도가 비슷한 것으로 보인다. 그러나 사회형에서는 흥미는 높고 자신감은 부족한 것으로 나타났다. 직업카드에서는 사회형이 더 두드러졌는데, 이 검사에서는 진취형이 더 높게 나타나서 진취형에서 잠재적인 역량이 있다고 여겨진다. 그러나 현실형과 탐구형에서는 흥미와 자신감이 모두 낮은 것으로 나타나 직업카드에서의 결과와 비슷하게 나타났다.

내담자의 기초 흥미 분야, 학과 및 직업

흥미 유형	특징	T점수	흥미 수준	관련 학과	관련 직업
A	음악	69점	최상	음악학과, 생활음악과	성악가, 지휘자, 가수
	문학	65점	최상	국어국문학과, 문예창작과	소설가, 시나리오작가, 카피라이터
S	교육	62점	상	사범계열학과	교수, 교사, 강사
	사회 서비스	59점	상	사회복지학과, 보육학과	사회복지사, 상담전문가
E	관리・경영	70점	최상	경영학과, 정치외교학과	고위공무원, 기업임원, 경영컨설턴트
	판매	68점	최상	마케팅학과, 유통학과	광고 및 홍보전문가, 투자상담사
	언론	63점	상	법학과, 신문방송학과	변호사, 기자, 아나운서

다음으로 기초 흥미 분야에서 첫 번째 기초 흥미 분야는 관리·경영 분야이고, 두 번째는 음악 분야로 나타났다. 최상으로 나타난 네 분야를 살펴보면, 관리·경영 분야는 70점으로 조직의 효율적인 운영과 사람들을 지휘하는 일에 대한 흥미가 있음을 나타내고 있다. 이 내담자는 초등학교 때부터 임원을 하고 현재도 학급 회장, 동아리 회장, 선도부를 하면서 리더로서 생활하는 것이 이 분야에 강점이 있는 것으로 보인다. 또한 음악 분야도 69점, 문학 분야의 점수도 65점으로 최상으로 나온 것으로 보아 뮤지컬 배우가 되고 싶기도 하다는 학생의 재능이 숨어 있는 것으로 보인다. 그리고 판매 분야와 교육, 사회서비스 분야 또한 높은 흥미를 갖고 있다고 나타났으므로 다양한 분야에 대한 가능성을 모두 열어두고 진로 설계를 하는 것이 바람직하다고 여겨진다.

3) 청소년 진로발달검사(20**. 10. 2.)

■ **목적**

검사는 내담자의 진로발달과 관련된 정보를 제공하여 진로성숙도를 측정하고 진로 미결정 원인을 알아볼 수 있다. 이를 토대로 내담자가 자신의 진로 발달 수준을 이해하도록 하고, 더 보완하기 위하여 노력해야 할 점이 무엇인지를 확인한다. 이를 통해 진로결정과 선택에 도움을 주고자 한다.

■ **검사결과**

진로발달검사결과요약

구분	진로성숙도검사							진로미결정검사					
	계획성	독립성	태도	자신 지식	직업 지식	학과 지식	진로 행동	동기	결단성	직업 지식	자신 이해	직업 갈등	외적 갈등
T점수	45	60	61	52	67	54	53	45	50	45	48	54	43
백분위	33	84	86	58	96	66	63	31	53	31	43	68	25
수준	보통	높음	높음	보통	높음	보통	보통	보통	보통	보통	보통	보통	보통

진로성숙도 검사 일곱 항목 중에서 '독립성, 태도, 직업지식' 세 항목에서 높은 결과가 나오고, 나머지 네 항목과 진로미결정검사에서는 보통 점수 결과가 나왔다.

(1) 진로성숙도 수준(67/67)

진로성숙도검사결과

척도명		T점수	백분위	낮음	보통	높음	척도설명
				10 20	30 40 50 60 70	80 90	
진로 태도 성향	계획성	45	33				자신의 진로방향과 직업결정을 위한 사전준비와 계획 정도를 알 수 있습니다.
	독립성	60	84				자신의 진로에 대한 탐색, 준비, 선택을 스스로 하고 있는지 정도를 알 수 있습니다.
	태도	61	86				직업의 의미 및 일의 중요성을 올바르게 인식하고 있는지에 대해 알 수 있습니다.
진로 관련 지식 정도	자신에 대한 지식	52	58				자신의 능력, 흥미, 성격, 가치관 등 개인특성에 대해 이해하고 있는 정도를 알 수 있습니다.
	직업에 대한 지식	67	96				다양한 직업에 대해 어느 정도 지식을 가지고 있는지를 알 수 있습니다.
	학과에 대한 지식	54	66				다양한 학과에 대해 어느 정도 지식을 가지고 있는지 알 수 있습니다.
진로 행동	진로행동	53	63				자신이 세우고 있는 진로계획을 어느 정도 실천하고 확인하고 있는지를 알 수 있습니다.

위 내담자의 경우, 일곱 가지 항목 중 여섯 항목이 평균보다 높게 나왔다. 70점 이상인 높은 편에 해당하는 항목이 한 가지도 없기는 하지만, '직업에 관한 지식 정도' 항목이 67점으로 가장 높고, '태도' 항목이 61점이며, '독립성' 항목이 60점이다.

중학교 2학년 수준으로서는 진로 성숙 수준이 평균 이상으로 보인다. 그러나 내담자의 진로 방향을 위한 사전 준비와 계획 정도를 알아야 하고, 다양한 학과에 대해 지식을 쌓을 수 있도록 하며, 내담자 자신의 능력, 흥미, 성격, 가치관 등의 특성을 이해하는 과정이 필요함을 알 수 있었다. 또한 진로 계획을 실천하고 확인하는 진로 행동 점수가 53점으로 이 부분에 대한 구체적인 도움을 줄 수 있는 상담이 필요함을 알 수 있다.

(2) 진로미결정검사

진로미결정검사는 진로결정에 있어서 어려움이 어느 요인에서 기인하는가를 파악하는 검사로, 진로 미결정을 가져오게 하는 자신의 성격적 요인, 정보의 수준, 갈등의 원인 등을 파악할 수 있다.

성격 요인, 정보 요인, 갈등 요인의 3가지 영역의 6가지 항목에서 모두 낮은 결과가 나왔다. ‘결단성 부족’ 50점과 ‘직업과 자신 간의 갈등’ 54점을 제외한 ‘직업에 대한 지식’, ‘자신에 대한 이해’, ‘외적인 조건과의 갈등’ 부분에서 모두 40점대로 평균보다 낮은 점수 결과가 나왔다.

‘동기부족’은 백분위 31로 자신의 진로를 탐색하고 계획하고자 하는 동기 수준이 높음을 알 수 있다. 그리고 ‘직업에 대한 지식부족’ 또한 백분위 31로서 자신의 진로결정 과정에서 중요한 직업과 전공에 대한 지식을 보유하고 있음을 알 수 있다. ‘외적인 조건과의 갈등’ 요인은 백분위 25로 최하위의 결과가 나왔다. 진로선택이나 결정과 관련하여 주요 타인(부모, 선생님, 이성 친구, 친구, 형제 등) 사회·경제적 문제, 실업 문제나 사회 전망과 관련된 문제와 갈등이 거의 없음을 의미하는 결과가 나왔다.

진로성숙도검사결과

척도명		T점수	백분위	낮음 / 보통 / 높음 10 20 30 40 50 60 70 80 90	척도설명
성격 요인	동기부족	45	31		진로결정을 위하여 자신이 얼마나 진로를 탐색하고 계획하고자 하는 동기가 있는지를 알 수 있습니다.
	결단성 부족	50	53		진로결정과 관련하여 가지고 있는 우유부단한 정도를 알 수 있습니다.
정보 요인	직업에 대한 지식부족	45	31		진로결정에서 중요한 직업과 전공에 대한 지식 및 변화에 대한 이해 정도를 알 수 있습니다.
	자신에 대한 이해부족	48	43		진로선택 시 고려해야 할 능력, 흥미, 성격, 가치 등 특성에 대한 자신의 이해 정도를 알 수 있습니다.
갈등 요인	직업과 자신 간의 갈등	54	68		진로결정 시 개인의 능력 및 신체적 조건, 특성과 직업 간의 갈등이 어느 정도인지를 알 수 있습니다.
	외적인 조건과의 갈등	43	25		진로결정 시 주요타인(부모, 선생님 등), 사회경제적 문제 등과의 갈등이 어느 정도인지를 알 수 있습니다.

반면에 갈등 요인 중에서 '직업과 자신 간의 갈등'은 백분위 68로 가장 높은 결과가 나왔다. 이 점수는 진로선택이나 결정과 관련하여 개인의 능력 및 신체적 조건(외모, 장애 등)과 선택 가능한 직업 간에 갈등이 있음을 의미한다. 자신에 대한 정확한 이해와 직업 세계에 대한 객관적인 지식을 바탕으로 갈등의 원인을 파악하고 상담전문가의 상담 등을 통하여 이를 슬기롭게 해결하는 것이 요구되므로, 적절한 개입이 필요하다고 여겨진다.

그 외 인적 사항 검사에서도 진로미결정에 대한 불편함을 느끼고 있으므로 구체적인 진로탐색 상담이 절실함을 알 수 있다.

학교생활만족	만족	학업성적	약간 낮음
가장 좋아하는 과목	음악	가장 싫어하는 과목	과학
진로결정여부	미결정, 불편함		
(결정/희망) 직업	직업상담원/ 상담 관련 전문가	(결정/희망) 학과	교육학과

이 내담자는 다둥이 가족 저소득층 자녀로 경제적으로 어려운 상황에 있음에도 불구하고 긍정적인 마인드로 적극적으로 검사에 임하여 점수의 신뢰 수준이 아주 높다. 진로 성숙도는 보통 이상이나, 진로 미결정 상태의 내담자가 다양한 가능성을 열어두고 진로를 탐색하고 결정할 수 있도록 배려하고, 지역사회전문가 선생님과의 연계 프로그램으로 구체적인 진로 탐색이 이루어질 수 있도록 지속적인 관심과 피드백이 필요함을 알 수 있다.

4) 청소년 직업 가치관 검사(20**. 10. 2.)

■ 검사결과

① 검사 점수의 해석

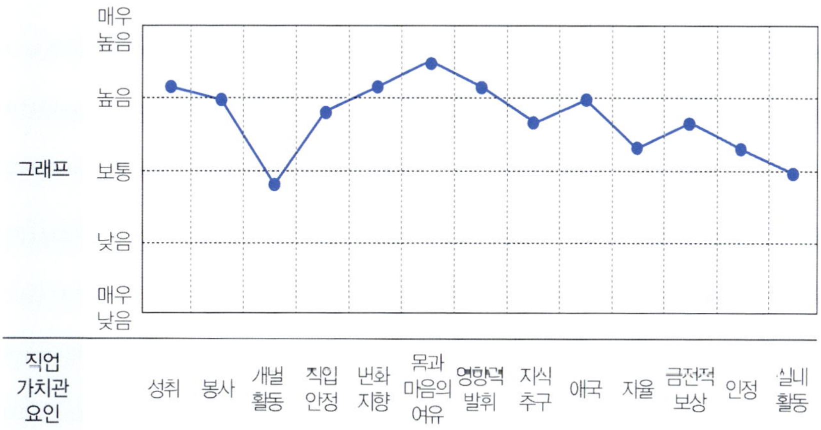

② 13개 직업 가치에 대한 설명으로 관련 직업을 분석

내담자가 중요하게 생각하는 가치 순위표

순위	가치 요인	가치 설명	관련 직업
1	몸과 마음의 여유	건강을 유지할 수 있으며 스트레스를 적게 받고 마음과 몸의 여유를 가질 수 있는 업무나 직업을 중시하는 가치	레크리에이션 진행자, 교사, 대학교수, 화가, 조경기술자 등
2	성취	스스로 달성하기 어려운 목표를 세우고 이를 달성하여 성취감을 맛보는 것을 중시하는 가치	대학교수, 연구원, 프로운동선수, 연구가, 관리자 등
3	변화지향	일이 반복적이거나 정형화되어 있지 않으며 다양하고 새로운 것을 경험할 수 있는지를 중시하는 가치	연구원, 컨설턴트, 소프트웨어 개발자, 광고 및 홍보전문가, 메이크업 아티스트 등

중요하게 생각하지 않는 가치

순위	가치 요인	그래프 점수	관련 직업
1	개별 활동	낮음	디자이너, 화가, 운전사, 교수, 연주가 등
2	실내 활동	보통	번역사, 관리자, 상담원, 연구원, 법무사 등
3	인정	보통	항공기 조종사, 판사, 교수, 운동선수, 연주가 등

③ 적합한 직업

가치 점수 적합도와 가치 프로파일 적합도를 고려하여 만족할 가능성이 높은 직업들을 직업 분류표 순서에 따라 제시하면 다음과 같다.

우선 추천 직업

고교 졸업시	0507.해양경찰관 0511.무인 경비원 1204.스포츠강사 1206.레크레이션 진행자 1804.생산 관련 단순노무자 1902.부사관
대학 졸업시	0103.정보행정 관리자 0108.문화/예술/디자인/방송관련 관리자 0201.인사 및 노무관련 전문가 0205.기업교육전문가 0401.중등학교 교사 0404.특수학교 교사 0413.사회과학 연구원 0502.검사 0506.경찰관 0701.사회복지사 ※ 0702.상담전문가 0815.연기자 ※ 1105.여행안내원 1901.장교

◈ 우선 추천직업의 번호와 위 그래프 상의 번호가 동일합니다.

- 추천 직업: 1105.여행안내원 0702.상담전문가
  검사자의 직업 가치와 다양한 직업들의 직업가치를 비교하여, 가장 추천해 드리고 싶은 두 개의 직업은 우선 추천직업으로 표시(※) 한 것입니다.
- 희망 직업: 0702.상담전문가 0815.연기자
  검사자의 희망 직업을 별표(★)로 표시하였습니다. 별표가 표시되지 않았다면 검사자의 희망 직업과 직업 가치 사이에 차이가 나는 것을 의미합니다.

내담자의 가치 점수와 우선 추천직업 중 가장 적합한 직업의 가치 점수를 비교하여 유사한 가치와 차이 나는 가치를 세부적으로 살펴보면 다음과 같다(3개 순위는 점수가 가장 높은 3개 가치를 의미한다).

④ 내담자의 가치점수와 추천 직업의 가치점수 비교

1105. 여행 안내원

• 님께 추천하는 첫 번째 직업은 여행안내원입니다. 아래 그래프는 님께 추천하는 직업의 가치모양과 본인의 가치모양을 비교한 것입니다.

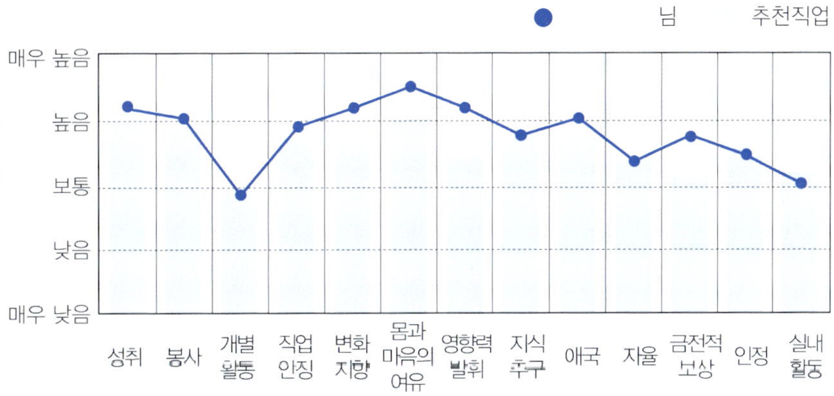

0702 상담전문가

• 님께 추천하는 두 번째 직업은 상담전문가입니다. 아래 그래프는 님께 추천하는 직업의 가치모양과 본인의 가치모양을 비교한 것입니다.

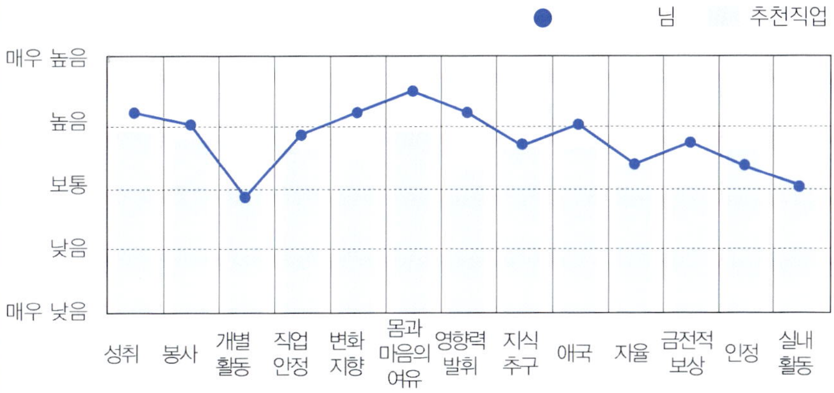

⑤ 내담자의 가치 점수와 희망 직업의 가치점수 비교

0702 상담전문가

• 님께 희망하신 첫 번째 직업은 상담전문가입니다. 아래 그래프는 님께 희망하신 직업의 가치모양과 본인의 가치모양을 비교한 것입니다.

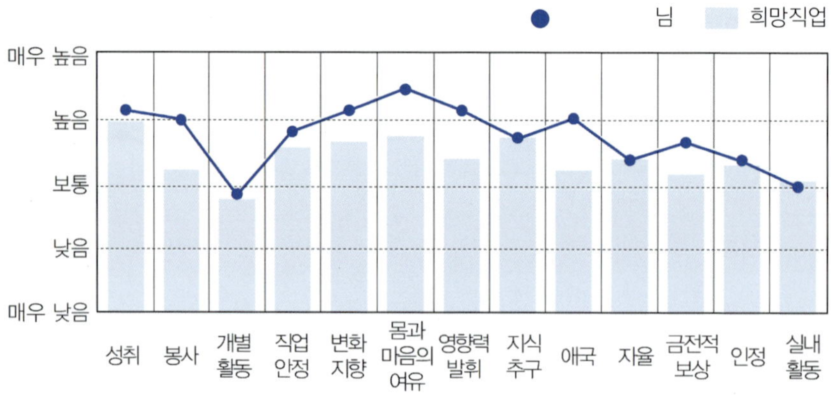

0815 연기자

• 님께 희망하신 두 번째 직업은 연기자입니다. 아래 그래프는 님께 희망하신 직업의 가치모양과 본인의 가치모양을 비교한 것입니다.

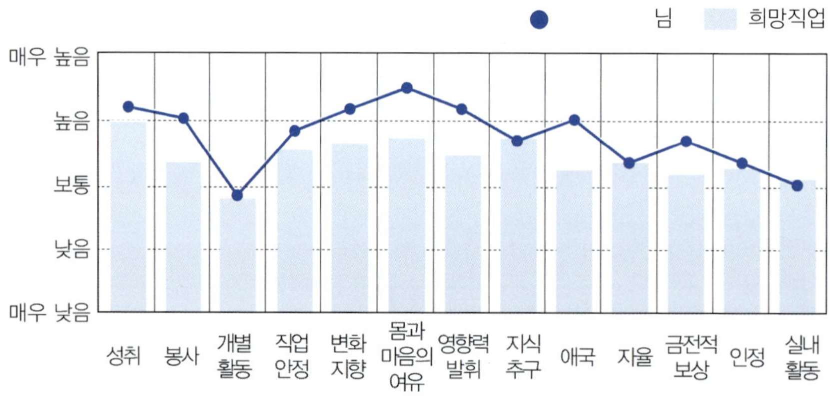

검사결과상의 직업 추천	
정보행정 관리자, 문화/예술/디자인/방송, 관련 관리자, 인사 및 노무관련 전문가, 기업교육 전문가, 중등학교 교사, 특수학교교사, 사회과학 연구원, 검사, 경찰관, 해양경찰관, 무인 경비원, 사회복지사, 상담전문가, 연기자, 여행 안내원, 스포츠강사, 레크리에이션 진행자, 생산 관련 단순노무자, 장교, 부사관	※ 이러한 직업들 중 여행안내원 와(과) 상담전문가을(를) 가장 우선으로 추천합니다.

5) 성격 강점 검사(20**. 12. 29.)

내담자의 가정 환경과 꿈과의 거리 사이를 좁히고, 자신감 회복 및 진로의 구체적인 모색을 위해 적절한 검사라고 여겨서 실시했다.

■ 검사결과

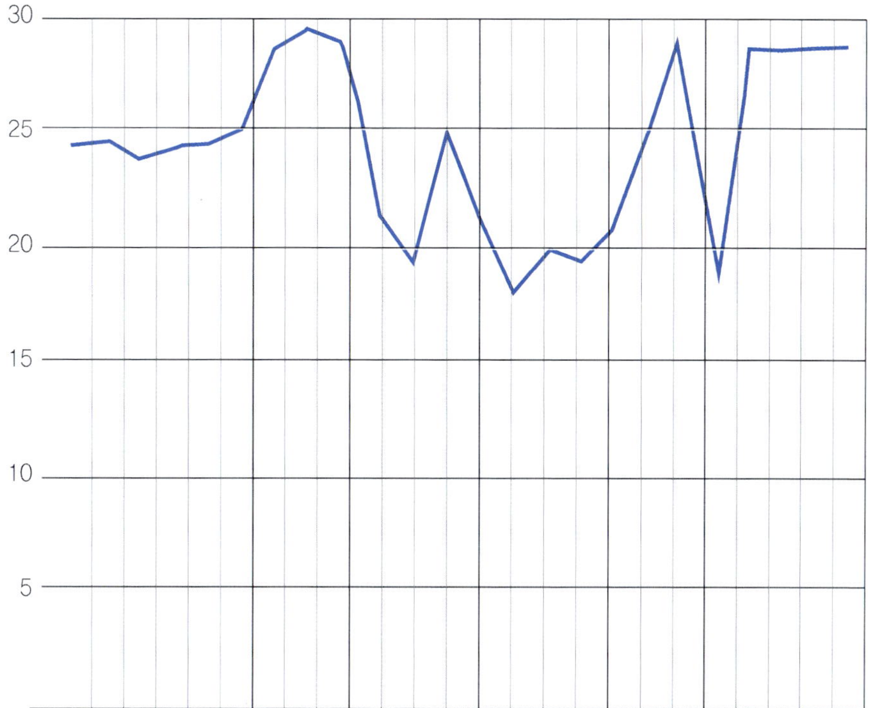

성격강점	창의성	호기심	개방성	학구열	지혜	사랑	친절성	사회지능	용감성	끈기	진실성	활력	용서	겸손	신중성	자기조절	시민의식	공정성	리더십	심미안	감사	낙관성	유머	영성
점수	24	24	23	24	24	25	27	28	27	22	19	25	22	17	20	19	21	25	27	18	27	27	27	27
	1	2	3	4	5	6	7	8	9	10	11	12	13	14	15	16	17	18	19	20	21	22	23	24
덕목	지성					인간애			용기				절제				정의			초월				

성격강점 검사결과 프로파일

이 내담자는 성격강점 검사 프로파일의 거의 모든 덕목이 30점 만점에 20점 이상으로 전반적으로 높게 나타난 것으로 보아 어느 정도 자신의 흥미와 능력을 고려하여 희망 직업을 탐색해 왔음을 알 수 있다.

본 검사결과를 바탕으로 자신의 강점을 인식하여 좀 더 명료하게 자기를 파악함으로써 자기계발과 자기 성장을 위한 유용한 정보로 활용할 수 있도록 하고 나아가 인간관계 유지나 직업 탐색을 위한 자료로 활용하도록 조언했다.

또한, 상담자는 내담자의 강점을 좀 더 명료하게 이해함으로써 내담자의 자존감을 향상시키는 동시에 내담자가 현실적인 문제를 좀 더 효과적으로 극복하도록 도울 수 있도록 조언할 수 있었다.

내담자의 대표 강점

<table>
<tr><th>성격 강점</th><th>사회지능</th><th>친절성</th><th>리더십</th><th>용감성</th><th>감사</th><th>낙관성</th><th>유머</th><th>영성</th></tr>
<tr><td>점수</td><td>28</td><td>27</td><td>27</td><td>27</td><td>27</td><td>27</td><td>27</td><td>27</td></tr>
<tr><td>6덕목</td><td colspan="2">인간애</td><td>정의</td><td>용기</td><td colspan="4">초월</td></tr>
<tr><td>강점</td><td colspan="2">대인 관계적 강점</td><td>사회적
강점</td><td>의지적
강점</td><td colspan="4">초월적, 영적 강점</td></tr>
</table>

다른 사람을 보살피고 친밀해지는 것과 관련된 대인관계적 강점인 사회지능이 28점으로 가장 높고, 친절성이 27점, 건강한 공동체 생활과 관련된 사회적 강점인 리더십과 내외적 난관 앞에서 추구하려는 목표를 성취하려는 의지적 강점인 용감성, 현상과 행위에 대한 의미를 부여하고, 우주나 절대자와의 연결성을 추구하는 초월적, 영적 강점인 감사, 낙관성, 유머, 영성이 모두 27점으로 높게 나타났다. 장녀로서 세 동생을 보살피는 습관과 모태 신앙으로 꾸준히 교회를 다니는 생활 및 학교에서 다양한 공동체의 리더로서의 모습이 현재 이 내담자의 상황이다. 이런 상황이 내담자의 강점으로 작용하여 비교적 성숙하고 성공적인 생활을 하고 있다고 여겨진다. 이를 바탕으로 원하는 직업을 선택하기 위해서는 현재 다양한 비교과 활동에 할애하는 시간보다 상대적으로 부족한 영어와 수학 교과목에 대한 보충을 할 수 있도록 조언했다.

2. 상담자가 본 내담자 특성

1) 내담자의 강점과 약점

■ 강점

평소 책임감과 리더십이 강하며 능동적인 자세로 생활한다. 상담전문가에 대한 조사를 성실하게 해 온 점으로 보아 가이드만 주면 스스로 진로를 탐색하여 목표를 세우고 실행할 가능성이 많다. 또한, 독서량이 많고 이해력이 좋아 다양한 자료를 조사하고 분석하고 종합하는 능력이 뛰어나며, 내적 동기가 강하고 매사 긍정적이고 진지하여 방향 제시만 잘하면 바람직한 진로 설계를 실행할 것으로 여겨진다.

■ 약점

사회복지 대상 학생으로 물리적인 환경이 다소 열악한 데다, 영어와 수학에 대한 선행 학습이 부족하여 자신감이 다소 떨어져 있는 상태다. 그리고 외부 자극에 쉽게 흔들리고, 의사결정을 하는 데 어려움을 느끼는 편이다.

2) 진로 이론에 따른 내담자의 발달단계

이 내담자는 가장 종합적인 전생애 발달이론인 슈퍼의 진로발달 이론으로 볼 때, 탐색기에 속한다. 좀 더 세분화한 단계로는 잠정기로 욕구와 흥미 능력, 가치, 직업의 기회 등을 고려하기 시작하며 잠정적인 진로를 선택하고 그것을 환상, 토의, 일, 경험을 통해 시행해 보는 단계이다. 현재는 상담전문가에 대한 자신의 잠정적인 진로를 가지고 있으나, 두 가지 검사 후 자신 속에 다양한 가능성의 에너지가 있음을 발견하고 아주 설레는 상황이다. 그런데 교회와 학교 활동을 병행하는 데 어려움이 있는 듯하여 시간관리에 대한 적절한 전략이 필요함을 알려주었다. 그리고 교과 공부에 대한 구체적인 계획을 짜서 실행하는 것의 중요함을 인식하게 되었고, 세 동생의 누나로 형편이 넉넉지 않고 공부방도 없는 상황을 극복할 수 있는 방법을 고민 중이다. 교육복지실의 진로 코칭 프로그램 연계로 전문적인 상담을 지속적으로 받을 수 있게 되었다.

또한, 긴즈버그(Ginsburg)의 발달이론에 의하면 이 내담자는 잠정기에 속한다. 청소년 초기 단계인 이때부터는 선택 과정에서 흥미, 능력, 가치가 고려된다. 그러나 이 시기에는 현실적인 요인들이 고려되지 않기 때문에 시험적 단계라 불린다. 시험적 선택 단계는 흥미-능력-가치-전환의 네 가지 하위 단계로 세분되는데, 그 중에서 이 내담자는 직업을 선택할 때, 고려해야 하는 다양한 요인들을 인정하게 되는 15~16세의 가치단계에 해당한다. 그래서 특수한 직업 선호와 관련된 모든 요인들을 알아보며, 그것을 자신의 가치관 및 생애의 목표에 비추어 평가해 볼 수 있는 시기이다. 그래서 청소년 직업가치관 검사로 더 객관적인 자료를 확보하여 진로 모색을 하게 했다.

Ⅲ. 진로상담 목표 및 전략

1. 상담 목표

1) 내담자

- 자신이 좋아하는 일을 찾고 자신과 맞는 직업들을 알아 직업 선택의 폭을 넓힌다.
- 학업 효율을 올릴 수 있는 방법을 찾는다.
- 교우관계를 원만히 하여 행복한 학교생활을 한다.

2) 상담자

- 다양한 심리검사로 객관적인 내담자의 적성, 흥미, 가치관을 파악하여 잠재적 역량을 도출한다.
- 내담자의 물리적 환경을 고려하여 학교 복지프로그램과 연계한 학업 효율 향상 방법을 찾는다.
- 내담자의 적성과 환경을 고려한 진로 설계로 구체적인 실행 계획을 세우도록 돕는다.

3) 합의된 목표

- 6회기 진로상담 및 정서상담을 병행한다.
- 다양한 심리검사로 객관적인 내담자 평가 및 해석을 통해 진로적성을 파악한다.
- 교육복지실 프로그램 및 진로 직업 연계한 체험 기회를 찾아 실행한다.

2. 상담전략

1) 초기

- 상담 구조화 및 상담 관계 수립
- 전반적인 내담자 이해
- 흥미와 적성, 가치관 등 고려한 진로 탐색과 목표 정하기

2) 중기

- 상담 목표별 구체적 목표 및 행동계획 세우기
- 직업카드 통한 진로 탐색하기
- 워크넷의 청소년 직업 흥미검사, 직업가치관 검사, 청소년 진로발달검사 실시
- 검사 해석과 진로와 직업에 대한 구체적인 탐색
- 선호하는 직업에 대한 조사 및 성취하기 위한 구체적인 목표 설정과 방향 잡기
- 교육복지실의 지역사회전문가 선생님과 면담 및 연계 프로그램 진행

3) 후기

- 정리 및 매일 실전하고 싶은 좋은 습관 정하기, 버킷리스트 작성
- 학교와 학교 밖의 생활, 교과와 비교과를 적절하게 조정하여 생활계획표 수립하기
- 관심 직업들 워크넷 조사 결과를 토대로 구체적으로 방향 잡기
- 6회기 이후 성장 프로그램 탐색 및 졸업 시까지의 계획 수립

Ⅳ. 상담과정

1. 회기별 상담과정 개입요약

1회기: 20**. 09. 29.(금)

• 개입: 상담구조화, 상담 신청서 작성을 통한 내담자 이해 및 문제 탐색, 상담관계 수립, 상담 목표 설정, 부모님 동의 확인 및 학생의 개인정보 및 녹음 동의서 작성

• 주요내용

1. 진로상담의 의미 공유하고, 면담 내용과 녹음, 익명으로 발표하는 것을 고지하고 비밀보장 설명 후, 부모님과 내담자 동의 구하고 동의서 사인 받기
2. 목표 설정: 6회기 일정 공유하고 내담자 스스로 방향을 모색할 수 있는 방법 찾기
3. 면담 일정 및 시간: 총 6회기, 1회기, 50분 기준
4. 가장 상담받고 싶은 부분은?
   - 폭넓은 직업의 세계 이해로 선택의 기회 확대
   - 효율적인 학습 방법에 대한 탐색으로 성적 올리기

• 어머니와 문자로 상담 일정과 상황 공유하고 협조에 대한 감사의 인사 드림

2회기: 20**. 09. 30.(토)

• 개입: 직업 활동지(직업카드－고용노동부)를 이용한 내담자 선호 직업 탐색

• 주요내용

1. 직업의 다양성 알기
2. 좋아하는 직업과 싫어하는 직업 분류
3. 모르는 직업에 대한 이해의 시간 갖기
4. 좋아하는 직업 10가지와 싫어하는 직업 10가지 이유 정리하기
5. 자신의 흥미와 적성, 가치관을 고려한 직업 분류에 대한 소감 나누기
6. 순위별 선호 직업 세 가지 적기

7. 가장 자신감 있는 직업 세 가지 적기
8. 부모님이 좋아하는 직업: 내담자가 원하는 것을 하도록 하신다고 함
9. 잠정 선택한 직업: 심리 상담사
10. 워크넷으로 검색하여 조사해 오라고 함(3회기에서 상담 예정)

3회기: 20**. 10. 02(월)

- 개입: Holland청소년 직업 흥미검사한 내용에 대한 해석과 직업 탐색
- 주요내용
  1. 검사결과 해석: E형 63점과 S형 59점
  2. 직업카드 검사와 비교하며 분석하고 구체적인 직업 탐색하기
  3. 가족 관계와 연계하여 진로상담
  4. 학교 교육복지 프로그램 연계한 사제동행 멘토링하기

4회기: 20**. 10. 18.(수)

- 개입: 상담전문가 직업 조사 공유, 청소년 진로 발달 검사 해석, 교육복지실 지역사회전문가 선생님과 면담 및 연계 프로그램 공유
- 주요내용
  1. 최종 선택한 상담전문가에 대한 구체적인 내용을 인쇄물로 공유
  2. 청소년 진로 발달 검사 해석
  3. 교육복지실 지역사회교육전문가 선생님과 면담
  4. 기타 관심 직업군에 대한 자료 제공하고, 5회기에 구체적인 내용 공유하기로 함

♣ 교육복지실 연계 프로그램

1. 서초여성플라자 기관 연계 1 : 1 대학생 멘토링(영어 학습지도)
   - 진행 중
2. 교내에서 함께해 볼 수 있는 것
   - 진로 코칭(매주 월요일 방과 후)
   - 글쓰기 창작반(매주 금요일 방과 후)
3. 문화 체험 및 배우와의 만남(씨어터송 극단, 연극 배우)

5회기: 20**. 10. 27.(금)

• 개입: 청소년 진로발달검사와 청소년 직업 가치관 검사 해석, 의사결정 유형 검사 및 해석, 교육복지실 연계 프로그램 내용 공유와 일정 확인

• 주요내용

1. 청소년 진로발달검사 해석을 통해 진로성숙도와 진로 미결정 원인을 알고 상담 방향에 대한 구체적인 모색
2. 청소년 직업 가치관 검사 해석을 통해 내담자의 직업 가치관에 적합한 직업 분야의 정보를 안내하고 방향을 확인함. 추천 직업에 여행 안내원, 상담전문가를 확인하고, 새로 추천받은 여행 안내원에 대한 조사를 더 해 보기로 함
3. 의사결정 유형 검사로 내담자가 어떤 방식으로 의사결정을 내리는지 알아보고, 좀 더 체계적이고 맞춤형 상담을 함. 합리적 9점, 직관적 7점, 의존적 8점으로 비교적 신중하고 종합적이며, 논리적인 의사결정을 하는 것으로 이해함
4. 교육복지실 진로 코칭 선생님과의 상담 프로그램에서도 비슷한 결과를 얻었다고 함
5. 또래 상담자 역할하기 - 학생들 집단 상담 시에 함께 하면서 도우미 역할을 하기로 함. 다음 주에는 이 내담자의 친구들 3명과 함께 직업카드를 이용한 진로상담을 진행하기로 함

6회기: 20**. 12. 29.(금)

• 개입: 다중지능검사 및 성격 강점검사 및 해석, 5회기 이후 학교생활과 변화된 진로 관련 내용, 겨울방학 계획 공유

• 주요내용

1. 다중지능검사 결과: 인간친화지능, 자기성찰지능, 음악지능의 순서로 점수가 분포됨을 확인하고, 이와 연계한 진로 방향 설정
2. 성격 강점검사결과: 사회지능, 친절성, 리더십, 용기, 감사, 유머 순으로 나타남.

   이를 통해 내담자의 강점이 자신의 삶에 긍정 정서, 및 의미를 구축

하여 궁극적으로 행복을 증진시키는 것을 목적으로 함을 인식시키고, 강점을 활용하여 봉사활동하기(세 동생들을 돌보기, 교회 봉사, 학교 봉사 등) 및 인생 브레인스토밍과 로드맵 작성하여 (스케치북 제공) 2월에 상담하기

3. 복지 프로그램과 연계하여 꾸준히 진행 중이며, 여행 안내원에 대한 조사를 하는 과정에서 오히려 '쇼핑 호스트'에 새로운 관심이 생겨 탐색하는 중이라고 함.
   또한, 기말고사 이후에는 스스로 영어 문법 주도학습과 수학 공부 꾸준히 하고 있으며 구체적으로 꿈을 향해 가고 있다고 함
4. 방학 중에는 영어캠프참여, 학교 도서부장으로 선발되어 '영동 빛글' 발간 작업 마무리, 사랑의 교회 단기선교활동 등으로 평소 하기 힘든 다양한 체험 프로그램에 능동적으로 참여하고 성장하는 시간을 가질 예정이라고 함

Ⅴ. 축어록(3회기)

순서	상담내용
상1	ㅇㅇ아 오늘은 지난 번에 이어서 세 번째 만남을 하게 되네. 어 지난 번에 했던 그 직업카드 검사하고, 어떤 생각이 들었어?
내1	어…. 일단 모르는 직업이 되게 많아서, 내가 많이 알고 있다고 생각했는데, 생각보다 더 많다, 그래서 더 많이 알아볼 필요가 있구나 하는 생각이 들었고, 되게 좋아하는 직업, 싫어하는 직업 할 때도 그걸 통해서 가치관이 잘 딱 나오는구나 해서 되게 신기했어요.
상2	어. 그렇구나. 그래서 네가 몰랐던 어떤 사실이 있어? 너에 대해서.
내2	알고는 있었는데 제가 진짜 사람을 좋아한다는 것을 다시 한번 느꼈고, 그리고 기계나 그런 거 하는 거는 진짜 안 맞는구나를 딱 느꼈어요.
상3	어. 그래서 확실하게 너의 어떤 직업 방향이 좀 결정이 되는 것 같았어?
내3	네. 할 때 이런 거는 좀 안 맞으니까 좀 나도 내가 더 선호하는 걸 해야겠구나?
상4	음. 그래 그래. 어쨌든 도움이 됐다니까 좋네, 어머니는 뭐라고 말씀하셨어?
내4	어. 제가 그때 토요일이었나? 그때 갈 때는 좀 힘들었잖아요?
상5	어. 그랬지.
내5	그래서 좀 제가 힘들어했었는데, 엄마께 갔다 와서 제가 갈 때는 힘들었는데 갔다 오기 잘했다는 생각이 들었다고 말씀드리니까 좋은 기회니까 끝까지 잘 해 보라고 하셨어요.

상6	그래. 엄마가 또 정서적으로 지지를 해 주셔서 샘도 어설픈 상담사긴 하지만, 되게 음- 기분이 좋고, 이렇게 또 연휴에 그지? 아무도 없는 학교에 굉장히 재미있는 묘한 분위기인데? 그렇게 시끌벅적하던 이 학교에.
내6	진짜, 조용하고.
상7	어-. 근데 학생이 없는 학교는 좀 그렇긴 한데, 어쨌든 어- ㅇㅇ중학교 대표 ㅇㅇㅇ 선생님과 (웃음) 학생 대표 ㅇㅇ양이 그래 꿈을 찾는 이런 탐색 시간을 가지게 되네. 또 너를 통해 한 번 한 것을 다른 제자들에게도 다시 하고 싶은 그런 마음도 있고, 자신감이 좀 생길 것 같아. 음~. 그래서 오늘은 지난 번에 너가 최종 선택한 직업이 그거였잖아. 심리상담사였잖아. 혹시 좀 찾아봤니?
내7	네. 조금.
상8	성실하게 이렇게 임해 주니까 샘도 보람을 느끼고, 컨디션이 안 좋아서 네가 혹시 못하면 어떡하지 생각했는데, 어머 해 왔구나?
내8	이거 쓴 거 말고도 좀 양이 많아서 다 못 쓰긴했는데, 되게 많더라구요.
상9	아! 음. 그렇구나. 그럼 이거를, 음- 나중에 같이 한 번 정리해 보도록 하자. 어~ 그래서 이 내용을 보니 선택한 상담사가 가장 중요하게 하는 일이 뭐였지?
내9	그 상담을 받는 사람의 어떤 문제나 갈등을 도움을 주거나 해결을 해주는 그런 일요.
상10	지금도 내가 상담자고, 너는 뭐야?
내10	내담자요.
상11	그렇지. 그지? 어, 내담자의 문제나 갈등 상황을 도와주거나 해결해 주는 거. 그런 일을 하는 거에 대해서 어떤 생각이 들어? 네가 그 일을 한다고 생각하면?
내11	어, 일단 제가 하고 싶어서 하는 것도 있지만 도와주는 거니까 되게 그런 부분에 대해서 아? 이거 하면 좋겠다는 생각이 좀 강하게 들었었어요.
상12	아? 그래? 네가 도와주는 일을 좋아하는구나? 음…. 언제 그런 걸 발견했어? 도와주는 걸 좋아한다는 걸?
내12	발견했다기보다 그냥 초등학교 때, 중학교 때 다 모둠 활동 같은 거 하면은 샘이 조장을 뽑으라 하면은 애들이 추천을 많이 해 주기도 했고, 제가 하고 싶다고 한 적도 많아서, 애들 도와주고. 또 학급 임원을 초등학교 때부터 했었는데 그때 좀 애들이 별로 하기 싫어하는데 샘이 이거 할 사람 했을 때, 별로였을 때 제가 할게요. 해서 한 적도 많았고. (음) 그래서 그냥 도와주는 게 힘들거나 그러지 않고, (음_)내가 진짜 그냥 좋아서 하는거구나? 라는 게 느껴졌던 거 같아요.
상13	음. 혹시 너가 책임감이 강해서. 네가 장녀잖아? 어, 그래서 사실 나도 장녀라 그런 걸 많이 느끼는데, 하기 싫지만 우리가 해야 하는 일이라는 그런 생각을 해 본 적은 없어?
내13	그렇게 느낀 게 그렇게 많지는 않았던 것 같아요.
상14	어? 그래 다행이다. 내 욕구는 좀 누르고 좀 도와야지? 혹시 그런 마음 때문에 네 꿈이 커졌다면 진짜 네가 좋아하는 게 맞나? 한 번 너를 더 잘 이해해 볼 필요가 있다는 거지.
내14	그런 생각을 한 적이 있는데(어어. 그래?). 어, 진짜 내가 도와주고 싶어서 하는 걸까? 아니면 그냥 습관적으로 하는가 했는데, 그냥 중학교 와서도 계속 하다 보니까 그냥 임원도 하고 선도부도 하다 보니까, 어 선도부랑 회장도 안 나갈 수 있었는데, 제가 굳이 자원을 해서 한 거니까. 그냥 아? 내가 진짜 하고 싶구나. 안 하면 뭔가 내가 더 힘든? 그런 게 있었던 것 같아요.

상15	가만히 있는 게 힘든? (함께 웃음)
내15	(웃음) 그런 걸지도 모르고. (웃음)
상16	어-그렇구나. 어쨌든 움직이면서 너 존재, 살아 있음을 또 확인하고너가 존재하는 가치를 그런 걸 통해서….
내16	(웃음) 보람을 느끼기도 하고.
상17	보람을 느끼고, 네 마음속에 그런 게 진정으로 살아 있고 그런 걸 키우고 싶다면 정말 남을 도와주는 일을 하면 어- 좋겠지. 자, 그러면 남을 도와주는 일이 상담전문가밖에 없을까? 남을 돕는 일이 요거밖에 없는 건 아닐 거 아냐? 그지? 어떤 게 있을 거 같애?
내17	어, 선생님도 남을 도와주는 거라고 할 수 있고, 경찰이나 소방관도 (음) 남을 도와주는 일이 맞는 것 같아요.
상18	맞는 거 같는데, 굳이 상담전문가를 1순위로 택한 거는 뭘까?
내18	어…. 이게 어. 다른 거는 경찰 같은 거 이런 거는 도둑을 맞았거나 무슨, 어떤 일이 발생했을 때 그 사건 갈등을 해결해 주는 건데 물론 이것도 갈등을 해결해 주는 거긴 하지만, 상담은 말로 하는 거잖아요? 사람 대 사람으로 말로 하면서 그 음, 뭐랄까? 그 사람의 진짜 어떤 상황인지 말로 하면서 잘 알고, (음) 어 또 그 사람은… 서도 그런 적이 있지만 힘든 거나 그게 있으면 일단 누군가에게 털어놓기만 하면 풀리는… 반은 편해지는… 그런 게 있는데, 오. 상담을 하면서 그 사람의 갈등 상황을 얘기하고, 저는 또 들어주면서도 그 사람을 도와줄 수 있고. 일단 뭐랄까? 인간 대 인간으로서 음… 소통을 더 깊게 할 수 있다고 생각하는 그런 면이….
상19	음. 그러니까 너는 어쨌든 도와주는 일들 속에서도 언어를 이용하여 사람과 사람을 대하면서 소통하는, 경찰 하는 소통한다기보다 음… 그지? 어 그렇지? 범죄자와 피의자로 만나는 거니까 그런 상황들에 대해서는 받아들이기가 좀 힘드네? 경찰을 하라면 못 할 거 같애?
내19	못 한다기보다는 뭔가 자신이 없을 거 같아요.
상20	자신이 없어? 그런 면에서 그렇다. 물론 소방관도 소방관은 왜 힘들 거 같애? 도와주는 일인데?
내20	체력이 가장 클 거 같아요. (함께 웃음)
상21	벌써 너는 네가 가진 물리적 한계를 알고 있네. 어 어디까지 교육을 받아야 된다고 생각해? 상담사는? 상담전문가가 되려면?
내21	찾아보니까 대학교의 그 학과를 가서 해야 되는 것도 있고, (음-) 대학원도 있었는데….
상22	어, 대학원도 가야 되고, 심지어는 진짜 전문가가 되려면 어떻게 해야 돼?
내22	박사까지 해야 돼요.
상23	그래 진짜 박사까지 다 해야되고, 그지? 그리고 인제 자격증을 취득을 해야 되는데 국가 수준의 자격증에 어떤 게 있는지 알아? 청소년 상담사 이런 자격증이 있더라고. 물론 그거는 국가에서 나오는 거고 이런 민간에서 나오는 상담 자격증도 되게 많아. 어. 심리상담사 자격증들이 많은데 요쪽으로 네가 방향을 확실하게 잡고 나면 최종 한 번 더 5회기쯤에 다시 한번 얘기를 해 보도록 하자. 그리고 돈은 어떻다고 생각해? 얼마나 번다고 생각해? 상담사가?
내23	나쁘지는 않은 같애요.

상24	나쁘지는 않은 거 같애? 너는 너가 직업이 우리 1기 때 말했지? 어,내가 좋아하는 일을 돈까지 벌면서 하는 거 그것이 좋은 직업이다. 이랬는데 네가 벌어야되는 돈, 상담사가 되는 거는 네가 진짜 좋아하는 일인 거 같애. 그러면 얼마쯤의 돈을 벌어야지 네가 만족할 것인가? 또 이 문제가 생기는 거지.
내24	얼마라고 딱 생각해 본 적은 없는데(어.어) 그냥 제가 살면서 이 일을 하는데 뭐 지장이 없을 정도.
상25	정도? 응, 결혼할 거잖아? 너도.
내25	네, 근데 하면서 또 생각해 보니까 뭐 취미생활도 하고 싶고 그런게 있어서 이거는 좀.
상26	좀 벌어야 될 것 같애? (웃음) 응. 취미생활은 뭐 어떤 걸 하고 싶어?
내26	어~ 여행도 다니고 싶고 (어. 어- -)
상27	그렇지. 여행도 나름이야 배낭여행 갈 때와 그지? 호텔에서 5성급에 잘 때와 그다음에 뭐 게스트하우스에서 잘 때와, 그런 곳에서 잘 때와 여행 경비가 달라지는 거지.
내27	아? 그렇구나.
상28	어 그리고 1년에 한 번을 갈 건지, 한 달에 한 번을 갈 건지 그런 거에 따라서 돈이 나한테 경제적인 여유가 얼마나 있느냐에 따라서 내 삶의 질이 또 연결되기 때문에. 어, 나는 여행을 한 달에 한 번은 꼭 가야 되는 그런 계획을 갖고 있다. 그러면 상담사를 했더니, 돈벌이가 그리 못 돼서 못 간다 이러면 상담사 한 번 생각해 볼 수도 있는 부분이잖아? 돈이 너무 적으면. 어. 상담사도 처음에 석사 졸업하고 아? 학부 졸업하고 어디 가서 인턴하거나 할 때와 자격증을 하나 땄을 때와 두 개 땄을 때가 달라지는 거 같애. 그리고 강의도 나가고 센터도 운영하고 어떤 사람은 뭐 이렇게 뭐라고 해야 되지? 또 교수를 하면서 또 같이 센터를 운영하면서 또 봉사 활동도 하는, 이런 교수님도 봤거든. 그런, 어쨌든 어 돈을 많이 버는 사업을 해서 버는 만큼의 많이 벌지는 못하지만 기본적인 그런. 어, 뭐라고 해야 되지, 우리 그 소시민으로 살아가기에는 큰 어려움은 없는 그런 직업이기는 하지.
내28	아, 네!
상29	네 가치관에도 맞고. 그래 인제 돈에 대해서는 한 번쯤 (네) 더 네가 구체적으로 한 번 계산을 해 봐봐. ***의 영수증이라는 프로그램 아니?
내29	아? 네. 영수증 알아요. (함께 웃음)
상30	알뜰살뜰하게 살아가는 어떤 이 각박한 삶 속에서 할 거 하면서, 또, 어 쓸데없는 낭비 안 하면서 가성비라는 말도 많잖아. 이런 모습들이 또 있기 때문에 너가 직업과 취미와 봉사와 네가 가지고 싶은 많은 이런 삶의 키워드들이 있잖아. 이런 것들을 다 믹스매치 해서 100점짜리 인생을 만들라면 어느 부분에 얼마만큼 뭐가 있어야 되는지에 대해서 설계를 해서 시작을 하는 거지. 지금은 네가 아직 출발선에도 서지 않았잖아. 비로소 스무 살이 되면 네가 출발선에 서는 거야. 그때 네가 사회로 나가든, 대학을 가든. 고등학교까지는 기본적으로 밟아야 되는 어떤 사람이 되기 위한 그런 과정이고. 그때 비로소 되는데 대학 가는 것도 인제 시작인거지. (끄덕끄덕) 시작을 위한 준비를 하는데 전략을 잘 짜서 준비를 하면 훨씬 다른 사람들보다 체계적이고 더 많은 것을 볼 수 있고, 더 멀리 갈 수 있는 칠십 년 팔십 년을 살더라도 더 많은 걸 경험하고 풍요로운 삶을 영위하고, 어 할 수 있다고 샘이 생각해. 선생님하고 이 시간이 그런 어 계획을 설계하는 데 도움이 됐으면 하는 게 샘 마음인데. 음…(심리상담사에 대해 조사한 자료를 보면서) 만족도가 71%네. 뭘 가지고 나온 수치지? 이게?

내30	뭐 무슨 정확히는? 안 나온 거 같은데, 그 상담하고 있는 사람들의 통계를 낸 거 같은데..
상31	아? 그래. 너는 이 수치에 대해 어떻게 생각해?
내31	오! 생각보다 높았던 거 같아요.
상32	어. 생각보다 높았어? 너는 얼마나 예측을 했는데?
내32	어, 그냥 이 이 직업을, 아 그러니까 그렇게 낮다고 생각을 안 했는데, 뭔가 그렇게 높을 거 같다고는 생각 안 했던 것 같아요. (상담자 음-음-)
상33	그래 네가 예측했던 거보다는 높게 나와서 다행이다. 너도 만약 하게 되면 만족하는 71%에 속해야 되겠지?
내33	아? 네에. (함께 웃음)
상34	그럴 거라고 생각하는데, 전망, 앞으로의 전망이 어떻대?
내34	그 막 요즘, 뭐 무슨 산업화, 4차 산업 이런 얘기도 나오고 인공지능 이런 얘기도 나오는데, 로봇 같은 게 많아지잖아요? 아무리 로봇이 다 해 준다 해도, 로봇이 다 해결할 수 없는 어떤 거를 상담전문가가 해줄 수 있는 부분이 많다고 해서. (그렇지!) 네에. (어-) 고용 증가 뭐 이런 게 높다.
상35	예상이? 고용이 증가될 것으로 예상이 된다. 그니까 사람이 할 수 있는 직업. 지금 있는 직업 중에 없어질 거 엄청 많을 거고, 새로 생겨날 거도 엄청 많을 건데, 없어질 거도 한 번 예측해 볼 수 있잖아? 생겨날 것은 뭐가 있을까? 우리가 참 모르는 거지? 그런데 우리가 지금 알고 있는 직업 중에 없어질 거 빼고 증가될 것으로 예상되는 것, 그것이 나의 흥미와 적성과 꿈에 맞다면 그만큼 감사하고 행복한 일이 어디 있겠니? 그지? (네, 네!) 그런데 너는 어쨌든 지금 고용 증가가 예상되는 상담전문가가 되겠다고 하니까 방향은 잘 잡은 거 같다. 그지? 능력이 있어야 된다고 되어 있지? 거기에?
내35	듣고 이해하고, 학습 전략은 자기가 배운 거를 (음-) 어떤 부분에서 잘 적용할 수 있는 그런 (음-음-) 게 필요하대요.
상36	그래 좋다. 음. 너 어쨌든 잘 들어주고 친구들 공감 잘해 주고, 뭐 또 동생이 많은 이 환경이…. (내담자 웃음)
내36	네. 되게 도움이 돼요.
상37	엄청 도움이 되는 거야! 매일 실습하고(함께 웃음) 있는 거지~ 그지? 인제 살짝 아빠의 존재에 대해서 궁금하더라고. 음. 우리가 직업을 선택할 때에는 부모님의 이런 거도 중요한데, 네가 아빠하고 어..좀 잘 관계를 매끄럽게 맺고 있나?
내37	좀 쪼끔 어려워요.
상38	네가 좀 어려워하는 거 같고, 아빠의 기본적인 성격이 좀 무뚝뚝하다며? 너희 집의 유일한 여자 자녀는 너밖에 없잖아?
내38	아? 네에. (웃음)
상39	근데, 어쩌면 아빠한테 애교를 부릴 사람은 넌데, (내담자 웃음) 너는 과연 애교가 많은가? 아빠한테. 별로 안 그럴 거 같은 생각이 좀 드는데? 어때?
내39	네 집에서는.
상40	무게 잡고 있어? (애교는 … 별로) 애교가 별로 없어? 엄마는 애교가 많으셔? (아니 아니요 함께 웃음)
내40	그냥 동생들이 애교가 많다기보다 그냥 동생들이 어리니까 막냇동생이 제일 그나마.

상41	아~ 그럼 아빠하고 제일 친하게 지내는 가족은 누구야?
내41	어… 엄마랑 많이 얘기를 하시는 만큼 어 자주 투닥거리시기는 하지만 또 두 분이 잘 푸시기는 하는데 동생들도 아빠를 좀 어려워하는 것 같기는 한데 아무래도 그래도 남자니까 아빠랑 더. (몸으로 더 그치)
상42	어. 샘이 그걸 하나 권하고 싶네 아빠도 안 힘드시겠어? 생각해봐. 엄마도 직장 다니시지도 않고 아빠 혼자서 그 가족이 부양가족이 지금 다섯 명이잖아. 여자 두 명에 아들 남자 세 명, 그리고 지금 한 명도 낳기도 힘든 상황에 애국자야 그치. 응. 긍정적으로 생각했으면 좋겠어. 너의 환경을. 어쨌든 하나님이 너희에게 준 축복이고 선물이잖아. 다 어떻게든 해 주실거라 생각을 하고, 너도 이제 어…. 용기를 가졌으면 좋겠는데 이제 아빠가 조금 외롭지 않으실까 그런 생각이 얼핏 들더라고 그래서 어… 너 혼자만 소통하는 게 좀 힘들 수도 있으니까 어 가족들끼리 다 모여서 대화를 나누는 시간을 집밥을 먹읍시다 해가지고 니가 먼저 사회를 보는 거지. (웃음) 니가 중심에 있잖아. 엄마, 아빠, 장녀니까. 리더 잘하잖아, 너. 학교에서 배운 거 얼마나 회의 진행 잘해? 그런 걸 집에서 적용을 해 보는 거지. 아빠 엄마 동생들이 좀 이런 거 같애요. 소재를 끌어와 가지고 요즘 ㅇㅇ이가 학교 생활 어떤지 모르겠어요. 1학년이 전체적으로 어떤데.. 학교 분위기를 좀 말하면서 서로 크고 작은 고민들 나누는 가족회의 하면 어떨까요? 하고 제안을 해가지고 가져 봐. 선생님이 한 방법인데, 애들이 면접 준비를 따로 할 필요가 없었어. 왜? 평소에 말을 하니까~ 질문을 또 해요. 얼마나 좋아? (네에-) 식구 많으니까~ 식구 여섯 명 아냐? (네~허허) 여섯 명이면 한 조네. 한 조(함께 웃음) 우린 네 명도 하는데. 우리 지금도 하거든. 우리 애들 되게 그거 좋아하는데 그걸 해. 브런치를 해. 그게 집에서 할 때도 있고, 밖에서 할 때도 있는데, 추석 연휴 기간에는 집에서 하자. 어제도 했어. 어제는 아침 하고 저녁을 했어. 어. 두 번을 집밥을 했어. 너무 좋았지! 오늘 아침에는 바빠 가지고 내가 간단하게 먹고 나왔는데 남편이 챙겨 주더라고. 오늘 저녁에 또 하기로 했어. 냉장고에 있는 식재료를 가지고 무얼 할까? 엄마가 좋아하는 함박스테이크를 해 주겠다고. (내담자 웃음) 사이드 메뉴에 고구마를 뭐 어떻게 샐러드를 해서 해 주겠다는 거야. 큰딸한테 네가 하는 요리는 항상 기대가 된다. 그랬거든. 누군가가 자기의 시간과 뭐라 할까 열정이나 마음을 희생을 해야 같이 그 공동체가 행복해지잖아? 샘은 샘이 할 수 있을 때 하고. 할 수 있는 만큼 큰 애는 큰 애대로 아빠는 아빠대로 각자 자기가 할 수 있는 만큼 하는 거거든. 그래야 행복한 공간이 되는 거야. 너가 장녀로서 음, 아빠라는 존재는 굉장히 크고 중요한 존재잖아. 아빠가 지금 아프면 안 되잖아? 지금 부양을 하고 계신데. 너희들 끝까지 공부하게 경제적으로 도움을 주실 분이 누구야? 아빠잖아! 아빠는 과연 얼마나 아빠 직업에 만족하고 계신지? 아니면 네가 이런 거 또 공부하면서 아빠 직업에 대한 탐색도 해 보면 어떨까?
내42	아? 네에.
상43	커리어넷으로 또는 워크넷으로 한 번 해 봐도 되지! 아빠 젊으시잖아! (네에~) 스펙트럼을 넓힐 수 있는~. 투잡 쓰리잡도 하잖아. 요즘은. 아빠 혼자서 하는 이 직업만 가지고 생계를 유지해서 과연 너를 대학까지 공부시킬 수 있을까? 네 명을 대학을 시켜야 되잖아? 한 명도 양육하는 데 몇 억이 든다잖아? 아빠 연봉으로. 그런 거 생각하면 굉장히 예측이~ 좌절되는 상황이 올 수도 있거든. 그런 거에 대해서 네가 실질적인 것을 생각을 해 보면서 나는 대학을 들어갈 때부터 알바를 해야겠구나. 그다음에 동생들이 줄줄이 따라 오니까. 왜 이런 얘기를 하냐면? 선생님도 어렵게 대학을 갔잖아. 아버지는 도저히 네 명을 대학을 시킬 자신이 없으시니까 나를 여상을 보내려고 했고. 여자들은 여상을 보내려고 했지. 그 당시에. 근데 엄마 덕분에 내가 대학을 가서 지금 교사가

	됐는데, 엄마는 이렇게 하고 싶어하는데 먼저 첫째를 시켜보자. 그러면 그 다음에는 다른 방도가 생기겠지! 엄마 말씀이 맞았던 거지! 더 열심히 일을 하셨고, 다 대학을 시킬 수 있는 계기가 됐지! 내가 가서 장학금을 받으면서, 장학재단 같은 게 되게 많아요. 고등 장학재단. 열심히만 하면. 그래서 너의 어떤 상황을 좀 아니까. 너하고 같이 공부하는 다른 친구들 중에 형편이 좋은 가정환경이 좋은 애들이 많잖아. 미국대학까지 팍팍 보내줄 애들이 많잖아. 내가 고등학교 가니까 내 짝도 아빠가 의사였어~. 난 시골에서 올라와 자취하는데 그 애보다 나는 어떻게 했겠어? 하루 주어진 시간, 24시간밖에 안 돼. 뭘 줄여야 되겠니? 잠을 줄여야 되고. 교실에서는 그 애보다 더 집중을 해야 하는 거지. 들으면서 외운다 이런.. 정말 뼈를 깎는 각오가 있어야 되는데. 어쨌든 아빠도 마음속에 가지고 있는 뭔가 있을 거야. 그런 소통도 하면서, 너도 아빠 입장 이해하며 내가 어떻게 좀더 열심히 살아야 하겠는가 하는 동기부여가 될 수도 있고. 가족들이 화목한 상태에 있어야 네가 편안하게 또 학업 효율도 오를 수 있거든. 지난번에 네가 성적이 좀 안 오른다. 열심히 하는데도 좀 그렇다. 이런 얘기 하니까 어떤 공부 방법이 결과를 좋지 않게 만드는가? 이런 것도 인제 한 번 분석을 해 보는데. 선생님이 자꾸 걸리는 게 아빠였거든. (네) 그래서 아빠하고 좀 소통할 수 있는, 가족회의를 해 보고. 아니면 "어떤 다른 얘기할 게 있어요." 하고 양재천 걸어! 얼마나 좋아? 여기. (내담자 웃음) 아이스크림 하나씩 들고 아빠랑 둘이만 손잡고 한번 걸어 봐라. 더 크면 이게 점점 굳어지면 더 어색해지거든. 샘도 아빠의 살가운 정을 못 느끼고 자랐잖아. 시골에서 그랬잖아. (예예) 그러니까 아버지 사랑합니다. 이런 말 한 번도 해 본적이 없어. 행동만 했지! 지금 못 하겠어. 어색해서. 점점 그리 되니까. 지금 그래도 말랑말랑할 때 생각이. 그러면 너가 훨씬 더 장녀로서의 역할도 잘하고 있음을 느끼고 동생들 다 잘 돼야 하잖아. 네가 엄청 중요한 출발선 첫 테이프 끊는 애잖아! 샘도 입장이 비슷하다보니까 얘기를 좀 길게 하게 됐는데, 어쨌든 너의 어떤 환경이나 이런 것들이 너를 지지해 줄 수 있도록 유리하게 바꿔야 다른 수치들이 올라갈 거 같아. 아까 내가 얼핏 오늘 검사한 거 잠깐 봤는데, 숫자가 아주 높은 거는 아니더라구. 어, 그래서 이게 뭘까? 이런 생각을 좀 잠깐 해서 지금 말 나온 김에 연결해서 얘기한 거거든. 음, 너가 성격은 타인에 대한 배려와 분석적인 사고가 필요하다 했는데 이런 거는 잘하니까 그지? 그리고 네 가치관에도 맞는 거지? (네에!) 흥미도 있고, 근데 가만히 앉아서 해야 하거든. 괜찮을까?
내43	그래도 꼭 상담이 실내에서 교실에서 해야 하는 것만은 아니니까. (그래그래!)
상44	그런 거는 또 극복할 수 있는 면이 있으니까. 하여튼 상담사에 대해서 잘 알아보니까 또 어떤 느낌이 들었어?
내44	아직 알아가야 할 게 많구나!
상45	막연하게 알고 있던 게 좀 더 구체적으로 와 닿았어? (네!) 그럼 너가 뭘 해야 되겠다는 생각을 했어? 조사를 해 보고.
내45	뭘 해야 되겠다. 좀 그게 생각은 들었는데 답이 확실하게는 안 나온 거 같기는 한데, 일단 지금은 이것도 알아보지만, 다른 것도 조금 더 알아보고 싶다는 생각이 (상담자 음-음-) 들었어요.
상46	다른 직업의 세계도. 그렇지! 요것만 막 알고 있다가, 어 이거 아니네.
내46	그러면 안 되니까요.
상47	음, 난 대학도 못 가는 형편이었네. 아빠 엄마가 말 안 했지만. 예를 들어, 그럼 너는 고등학교로 끝내야 될 수도 있잖아! 다른 직업을 가져야 될 때, 어머 내가 은행원 할 수 있을까? 또 뭐 돌아갈 수도 있거든. 은행원을 좀 하다가 돈을 벌어서 나중에 네가 돈

	벌어서 대학가도 되거든. 이걸 못 하는 건 아니야. 그런데 어 템포를 늦춰서 해야 될 수도 있기 때문에 이것 말고 다른 것도 조사를 해 보는 게 아주 중요하지. (네!) 아? 그래. 또 다른 잘 할 수 있는 것도 샘 생각에도 많이 있다고 생각해. 그리고 오늘 그 홀랜드 검사한 게 지난 번에 직업카드를 먼저 했는데. 홀랜드검사 먼저 하고 직업카드를 했었으면 더 약간 순서가 자연스러웠을 것 같다는 생각에 아쉬움이 들기는 했어. 그랬는데, 이거 검사하는 게 좀 준비가 안 돼서 그랬다, 그지? 잘 엮어서 두 개를 버무려서 오늘은 인제 좀 더 구체적으로 네가 뭘 할 수 있는지? 지난 시간에 상담사였는데 네가 지금 말했던 대로 이걸 보고 (검사결과지를 각자 들고) 상담사 말고 뭐가 있을까? 하는 거를 알 수도 있겠더라고. 오늘 한 거는 홀랜드의 인성 이론에 바탕을 둔 직업적성검사야! 이 분이 참 대단하신 분이더라고. 샘도 이걸 해 봤는데, 와! 이게 진로선택하기 여섯 가지로 예시를 해놓았는데, 내가 이런 면이 있구나 하는 걸 알게 됐지!
내47	네!! 음….
상48	너두 이게 보면 인제 실재형, 그지? 탐구형, 예술형, 사회형, 기업형, 관습형. 이 여섯 가지. 실재형은 현실형이라고도 하고 기업형은 진취형이라고도 하는데 이 여섯 가지 흥미 유형을 가지고 나의 첫 번째 흥미 유형은? 두 번째 흥미 유형은? 뭘까를 검사해 보는 거였는데. 너의 검사결과는? 20**년 ㅇㅇ월 ㅇㅇ일에 한 이 검사결과는 어머! 이렇게 나왔구나! 어~ 말해 봐 봐.
내48	E가 첫 번째네요. ES?
상49	ES네. 어~ 근데 상담전문가는 우리 지난 번에 우리 어디에 있었어? 네가 지난 시간에 분석한 거.
내49	S에 있었어요.
상50	그래 S에 있었잖~아? 근데 이거는 E가 나왔네. 그날은 S가 몇 개였냐면? 다섯 개였거든~. (네에~) 직업카드할 때는 S가 다섯 개였거든. E가 세 개고. (네!) 그랬는데 요번에 검사를 해 보니까 E가 더 많네. E점수가 63점, S점수가 59점, 어 둘 다 높은 편인데, 이건 64점 이상이면 최상인데 둘 다 상에 속하는 거야. 그니까 ES형이네. E와 S에 해당하는 어떤 일을 해도 좋다~ 인제 그런 건데 그러면 E의 유형에는 어떤 게 있는지 함 볼까? 특징 한 번 읽어 볼래?
내50	권력지향적이며, 지배적이고, 야심이 많고, 외향적이다.
상51	그런 거 같애? (함께 웃음) 선호하는 직업은?
내51	타인을 설득하고 지시하여 관리하는 것이요.
상52	그 다음에 가치? 어떤 가치를 가지고 있을까?
내52	경제적, 정치적 성취, 리더가 되고자 하는 야망의 가치.
상53	어~. 그 다음에 이 E형의 대표적인 직업은?
내53	경영인, 관리자, 언론인….
상54	여기에 이 네 개에서 지난 번에 나왔던 게 뭐가 있었냐 하면 언론인에 아나운서가 있었어, 방송 기자도 있었네. 10개 중에. 너의 성향이 지난 번에 직업카드에서도 드러났고, 이런 말로 하는 아나운서나 방송 기자도 어쨌든 진취형에 속하는 대표적인 직업군이니까 네 생각 속에 넣어놓고 서치를 하면 좋겠다. 그 다음에 사회형 특징이 뭐지?
내54	명랑하고, 사교적이고, 친절하고, 이해심이 많다.
상55	음…. 선호하는 직업 활동은?

(중략)	
내55	네, 종이 남는 거 집에 있어요.
상56	그렇게 하자. 이쪽에 이거는 어때? 상담전문가 네가 찾아봤으니까 나머지 두세 개 정도 여유가 되는 대로 찾아 가지고 4회기를 만나도록 하면 어떨까? 홀랜드를 해보니까
내56	여러 가지가.
상57	너한테 여러 가지 에너지가 지금 내재돼 있다는 걸 발견을 했잖아! 그중에서 가장 강력했던 게 E형이네. 음악도 좋아하고 창의적이기도 하고, 굉장히 어쨌든 다양한 분야에 접근을 해도 성공할 가능성이 많다라는 결론에 도달했어. 샘도 보람을 느끼네. (웃음) 그래서 좀 더 구체적으로 해가지고 어 한 번 더 얘기를 해 보고. 한 거 가지고 다시 조사를 해서 어떤가를 판단한 다음에 마지막에는 지금 중학교 2학년이잖아? 중학교 2학년으로 대한민국의 대학교를 간다. 이러면. 어떻게 학습 전략을 짜서. 대한민국 고등학교를 나오고 대학을 가고 유학을 갈 수도 있잖아, 그치? 해서 직업을 언제쯤 몇 살쯤에 가지게 될까? 그러기 위해서는 지금 내가 어떤 걸 해야 될까? 버킷리스트 작성하는 거와 다양한 문제 상황을 해결하는 방법들, 집중력 향상, 정보처리 능력 향상 프로그램 등 네가 해 보고 싶은 거 한두 개 정도 더 해 봐도 되고. 어, 그래 그렇게 하도록 하자. 오늘 수고 많았고, 배고프지? 점심 먹으러 가자. (웃음) 소감을 한마디 해 줄래?
내57	오늘은 더 검사를 해서 같이 얘기를 했잖아요. 저도 E가 제일 많이 나온 게 의외였고, 신기했고, 제가 잘하는 것 좋아하는 것 저도 확신이 안 섰는데 보면서 내가 이런 거에 관심이 있고. 이런 거에 자신이 있구나를 더 알게 됐으니까 폭이 넓어진 거 같아서 저도 뿌듯하고 그런 시간이었어요.

Ⅵ. 종합 평가

1. 전반적 목표달성 여부

- 6회기 진로상담 및 정서상담을 병행한다.
- 다양한 심리검사로 내담자 이해 및 해석을 통해 진로 적성을 파악한다.
- 진로 직업 연계한 체험 기회를 조사하여 실행한다.

진로상담에 입문한 상담자가 미숙한 상태에서 내담자와 6회기 상담을 이끌어 가는 게 상당히 부담스럽고 꽤 긴장되었다. 그래도 목표로 세운 부분은 어느 정도 달성되었다고 생각된다.

첫째, 진로상담 및 정서상담을 병행하기로 한 부분에 대해서는 내담자의 만족도가 높아서 목표를 달성했다고 생각된다. 둘째, 심리검사로 객관적인 내담자 평가 및 해석을 통해 진로 적성을 파악하는 목표도 수업을 통해 배운 것과 워크넷 청소년 심리검사를 통해 한 것 두 가지, 1급 상담사 과정에서 배운 것 두 가지를 포함하여 6가지 검사를 실시하였으므로 충분히 적용하여 목표달성하였다. 셋째, 진로 직업 연계한 체험 기회를 조사하여 실행하려는 목표는 워크넷 및 커리어넷 사이트 활용하여 구체적인 직업 탐색 및 자료를 인쇄하여 공유하고, 학교의 복지프로그램과 연계하여 전문적인 상담 및 연극, 영어, 수학 공부까지 진행할 수 있도록 했으며, 교육복지실의 프로그램 홍보 도우미 또래 상담자 역할을 할 수 있도록 하는 기회를 마련해 주었다. 무엇보다 이후에도 꾸준히 상담을 진행하며 피드백을 해 주기로 하여 이 내담자의 중학교 성장 과정을 가까이서 지켜보며 꿈을 찾아가는 일에 적절하게 개입하여 진로 방향을 잘 탐색할 수 있게 되었다. 그러나 내담자의 갈증을 해소해 주기에는 상담자로서의 전문성이 부족하였음을 느끼는 시간이기도 했다.

2. 내담자의 변화

- 자신이 좋아하는 일이 많아 무엇을 할지 고민하던 것을 심리검사와 해석을 통해 지금 관심 있는 다양한 분야에 모두 잠재 가능성이 있음을 알게 되어 자신감을 약간 회복한 모습이었다. 직업 선택의 폭을 넓히고 싶다던 목표에 대한 동기부여가 되어 기쁘고 감사하다고 했다.
- 학업 효율을 올릴 수 있는 방법은 면학 분위기가 잘 안 돼 있는 집보다는 학교 방과 후 수업 수강과 **여성 프라자의 영어 멘토링을 연계하고, 국어교실에서 자습하는 것으로 방향을 정하며 의욕을 보였다.
- 교우관계는 SNS 소통이 오히려 갈등 상황을 만드는 요소임을 인식하고, 독서와 학습량을 늘리는 것으로 바꾸어 시간을 효율적으로 가치 있게 쓰겠다고 하였다.
- 심리상담사가 되고 싶다던 막연한 꿈이 상담 과정을 통해 다양한 관심 분야로 확장되고, 자신의 잠재가능성을 발견하게 되어 이제는 '쇼핑 호스트' 직업에 대한 관심이 생겨 구체적으로 탐색하게 되고, 스스로 직업을 탐색할 수 있는 역량이 생겨서 기쁘고 동생들에게도 도움을 줄 수 있겠다고 하였다.

3. 본인이 생각하기에 상담자의 잘된 점과 부족한 점

- **잘된 점:** SNS 관련 학교 폭력사안으로 정서적인 지지가 필요한 학생을 선정한 것, 상담 진행 과정에서 마음을 잘 열도록 대화를 유도하여 내담자가 스스로의 흥미를 다시 확인하고 자신감을 회복하며 내적 동기를 얻어 활기찬 생활을 하게 한 점. 약속을 지킬 수 있도록 독려하고, 어머니와 미리 소통하여 상담 회기 때마다 긍정적인 피드백을 받은 것. 워크넷의 무료 심리검사를 통해 다양한 객관적인 자료를 제공한 것, 다둥이 가족으로 교육복지실과 연계한 프로그램을 진행한 것이다.
- **부족한 점:** 상담자가 말을 많이 한 것(1~2회기), 심리검사 순서에 대한 효율적인 전략 및 해석에 대한 전문성 부족이 아쉬웠으며, 내담자에 대한 공부를 미리 더 해서 내담자를 면담해야 하는데, 그러지 못함 점이 아쉬웠다.

4. 종합 해석과 제언

- **종합 해석:** 이 내담자는 적극적이고 모범적인 학생이나 진로에 대한 막연한 생각만으로 구체적인 행동 목표 없이 지내왔다. 6회기 상담 과정에 정서상담을 병행하며 심리적인 안정과 자신감 회복은 물론 잠재된 가능성을 발견하게 된 시간이었다. 교우 관계와 불편한 가족 관계를 개선할 방법에 대해 고민하였다. 그리고 수학과 영어 기초 학력 부족을 메꿀 수 있는 멘토링과 진로 코칭 복지 프로그램들과 연계하여 학업에 대한 내적 동기가 강해지고, 자신감이 생기는 계기를 만들었다. 담임 교사(영어) 또한, 최근 영어 시간에 적극적으로 임하는 모습을 피드백해 주었다. 자신 없어 하며 선생님과 눈 마주치는 걸 부담스러워하던 예전과는 달리 자신감이 생겨 더 적극적으로 임한다는 것이다. 직업카드, 직업흥미검사, 진로발달검사, 직업가치관검사, 의사결정유형검사, 다중지능검사, 성격강점 검사 등의 객관적인 심리검사로 자신을 진정으로 이해하고 환경에 보다 적극적으로 참여하며, 그 속에서 타인과의 긍정적인 상호작용을 통해 즐겁고 의미 있는 생활을 하겠다는 마

음가짐을 갖게 되었다. 또한 자신의 강점을 발견하고 진로의 방향을 맞춰가는 자기 실현의 근원을 마련하는 데 어느 정도는 기여했다고 여겨진다.

• 내담자가 보내온 메일(20**. 10. 29.)

동아리 활동을 마치고 집으로 가려던 참에 ○○○ 선생님을 만나 조금은 얼떨결에 하게 된 진로상담이 지금 생각해보니 정말 많은 도움이 된 것 같다. 하고 싶은 건 많았지만 선택에서 어려움을 겪고, 무엇보다 나 자신을 제대로 알지 못해 어려움을 겪고 있었다.

지금까지 어떤 선생님과도 이런 진솔한 이야기를 나눠 본 적이 거의 없어 상담하는 그 일 분 일 초가 너무 좋았다.

홀랜드검사부터 진로적성 검사 등 여러 전문적인 검사들을 통해 확신이 없었던 나의 모습들, 장점에 대해 확신을 가지게 되었고 자신감도 더 생겼다.

○○쌤과의 5회 상담이 끝날 때 즈음 교육복지실에서 진로 코칭 프로그램도 같이 하게 되었는데, ○○쌤부터 ○○○ 쌤까지 만남의 축복을 받은 것 같아 감사했다.

진로 코칭은 그 분야의 전문적인 선생님이셔서 ○○쌤과 진솔한 이야기를 나누며 전반적인 방향에 대한 생각을 열고, 그분과는 고등학교와 전공학과 등 실질적인 내용도 다루었다. 사회성에 강한 나는 리더십과 설득력, 배려심 등과 같은 장점들이 있지만, 시간 관리 같은 자기관리 부분이 약해 개선할 필요도 느껴 노력하는 계기가 되었다.

주요 과목인 영어와 수학에 약해 늘 자신감 없어 했는데, 영어 멘토링과 수학 방과 후 수업까지 시작하게 되었다. 별 기대 없이 시작했는데 하며 실력이 향상돼 가는 게 느껴지니 희열과 성취감을 맛보며 공부에 재미를 붙여가는 중이다.

중요한 중학교 2학년 시기에 여러 어려움이 있어 포기할 뻔했던 꿈에 대해 진지하게 고민하고 또 자신감을 가지는 어쩌면 터닝 포인트라고 할 수 있는 귀한 시간이었다.

dear. 제 멘토 ○○쌤:)

다섯 번 짧은 시간 동안 진짜 너무너무 감사했어요ㅠㅠ. 중학교 와서 이렇게 좋은 활동들 많이 하고 선생님처럼 좋으신 분 만나서 너무 행복합니다ㅎㅎㅎ 쌤이랑 상담 끝내고 돌아갈 때 항상 마음이 따뜻했어요ㅎㅎ 지금처럼, 아니 보다 더 노력해서 진짜 자랑스러운 제자 될게요, 싸랑합니당:)

제3절 고등학생

1 꿈을 꼭 이루고 싶어요, 그런데 자신감이 없어요

Ⅰ. 내담자 기본정보

1. 내담자 신상정보

1) 성명: 최길동(가명)
2) 성별: 남
3) 나이: 18세
4) 학력: 고등학교 재학
5) 직업: 학생
6) 종교: 기독교

2. 주 호소 문제

"자신의 미래에 대한 걱정이 많고, 자기표현도 부족하여 자신감이 많이 떨어져 있다. 자기가 꼭 이루고 싶은 꿈이 있는데, 확신이 서질 않으며, 부모님이 원하는 길과 달라서 갈등 중이다."

3. 상담의 맥락

1) 상담장소: ○○심리상담 교육센터
2) 상담기간 및 시간: 20**.10.9. ~ 20**.11.24.
   내담자와 합의한 시간은 총 5회기임/1회기당 60분
3) 내방경위: 내담자 엄마와의 상의와 본인의 결정

4) 이전 상담경험: 없음

5) 이전 심리검사경험: 학교에서 다중지능검사를 단체로 진행.

4. 인상 및 행동관찰

177cm 정도의 키, 얼굴은 약간 검고 여드름이 나 있으며, 시선을 집중하지 못한다. 말투는 천천히 조곤조곤 말하며, 자신이 없어하는 작은 목소리이다. 검은색 스포츠 티셔츠와 하의를 입었다. 상담에 적극적인 참여를 하였으며, 상담자의 안내를 따라서 상담에 임하고 있다. 상담을 통해서 자기 자신을 돌아보고 변화되고 싶다는 희망을 피력하기도 했다.

5. 직업가계도

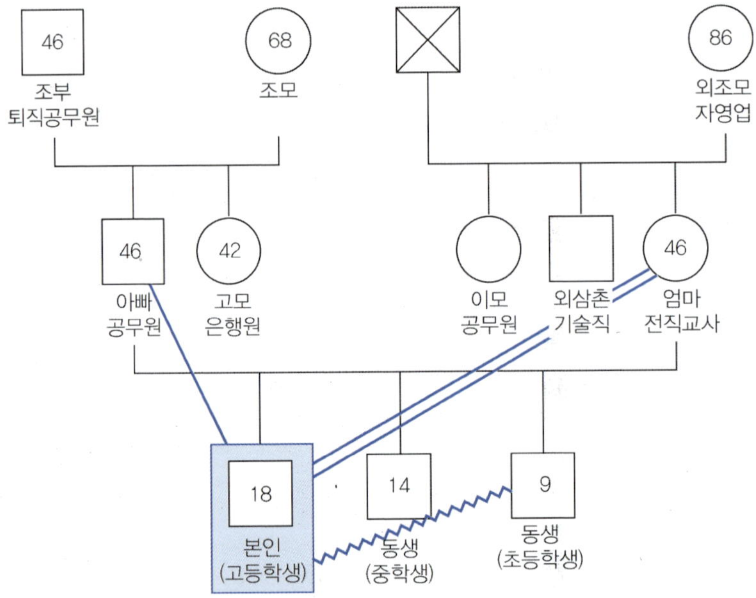

6. 발달배경 및 가족관계

1) 내담자(18세)

- 초등학교 때: 서울에서 출생해서 중학교 2학년까지 생활했으며, 부모님을 따라 충주로 이사를 함. 학교생활은 친구들과 평범하게 지냈으며, 특

히 초 2학년 때 축구부에 가입하여 축구를 배웠으며, 그 후로 축구 하는 즐거움과 기술 향상으로 스스로 만족감과 자부심도 많이 느꼈다고 함

- **고등학교 때:** 중학교 3학년 때, 열심히 공부하여 충주에서 가장 유명한 충주고등학교에 입학을 하였음. 초기에는 입학한 자부심도 있었지만, 점차 학업에 대한 부담감과 저조한 성적으로 많이 힘들다고 함. 특히 수학 관련 과목이 자신이 없어서 진로에 대해서 걱정이 많이 된다고 함
- **현재:** 엄마와 아빠와의 사이는 매우 좋은 편이고, 동생들과도 친밀한 편이라고 함. 특히 엄마는 자신의 모든 부분을 그대로 수용해 주고 지지해 주어서 큰 힘이 된다고 함. 자신이 가지고 있는 운동에 대한 꿈을 이야기할 수 있는 유일한 대상이 엄마라고 함

2) 아버지(46세)

아버지는 고향이 충주이며, 조부와 조모가 충주에 살고 있어서 장남으로서 부모님 가까운 충주에 살기로 결정하고 서울에서 직장을 충주로 옮기게 되었다고 함. 아버지는 약간 무서울 때도 있지만, 평소 편안하게 잘 대해 주신다고 함. 진로에 대해서 이야기를 하면, 안정적인 공무원을 하는 것이 좋지 않겠느냐고 이야기한다고 함. 아버지의 성실함과 신앙을 본받고 싶다고 함.

3) 어머니(46세)

어머니는 서울이 고향이지만 아버지의 제안에 동의하고 충주로 와서 생활하고 있는데, 처음에는 여러 가지 힘든 점이 있었지만, 지금은 잘 적응하여 만족한 생활을 한다고 함. 엄마는 자신의 가장 친밀한 의미 있는 타자로서 역할을 해 준다고 함. 아버지와는 다르게 내담자의 꿈을 응원해 주고 있어서 너무 감사하다고 함.

4) 동생(14세)

중학교 다니는 동생과는 친구처럼 잘 지낸다고 함. 같이 장난도 치고 때로 싸우기도 하지만, 그래도 동생과 함께 있어서 너무 좋다고 함.

5) 동생(9세)

막냇동생은 바로 아래 동생과 자주 싸우는데, 자신이 안쓰러워서 막냇동생을 보호해 주고 챙겨주게 된다고 함. 막냇동생이 좀 버릇이 없는 것 같을 때는 자신이 혼내주기도 한다고 함.

Ⅱ. 내담자 문제의 개념화

1. 회기별 주제 및 개요

실시 회기	주제	결과(개요)
1	생애진로사정	아직 고등학생이라서 직업을 가져본 적이 없어서 직업의 다양한 스펙트럼을 알지 못한다. 초등학교 시절 운동했던 축구선수에 대한 꿈을 가지고 있으나, 현실적인 판단으로 과연 축구선수가 될 수 있을 것이라는 확신이 없다. 학교에서 대학교를 견학한 적이 있는데, 직접 현장에서 여러 다양한 과를 접하면서 생각이 많아졌다고 함. 어릴 적부터 계속 품고 있었던 운동선수나 운동 관련 직장을 가진다면 좋을 것 같다는 생각과 현실적이며 부모님의 기대인 안정된 직장 사이에서 혼란스럽다.
2	다중지능검사	강점지능: 자기성찰지능 잠재지능: 신체운동, 인간친화, 언어, 논리, 공간, 음악 약점지능(1개): 자연친화지능
3	홀랜드검사/직업카드	검사 전 진로코드: RCS유형 검사 후 진로코드: SRC유형 선호: 소방관, 초중교사, 운동선수 비선호: 공학기술자, 수의사, 항공기 조종사
4	MLST-Ⅱ 검사	LQ지수는 92.54점으로 다소 낮음이며, 잠재적 학습유형자로 분류된다. 내담자는 공부에 대한 동기가 낮고 성취감이나 재미보다는 마지못해 하는 느낌이 많다.
5	내담자 종합평가	내담자의 강점은 부모와의 친밀한 관계, 자기통찰력, 대인관계, 신앙심 등이며, 약점으로는 직업의 다양성에 대한 이해가 부족하며 자신 없어하고 어릴 적부터 꾼 꿈으로 인한 현실적인 판단이 부족하다는 부분이다.

2. 다중지능검사를 활용한 활동(10월 13일 실시)

<table>
<tr><td>구 분</td><td colspan="2">언 어</td><td>논리수학</td><td>신체운동</td><td>음 악</td><td>공 간</td><td>자연친화</td><td>자기성찰</td><td>인간친화</td></tr>
<tr><td>점 수</td><td colspan="2">43</td><td>39</td><td>71</td><td>25</td><td>29</td><td>19</td><td>93</td><td>68</td></tr>
<tr><td>순 위</td><td colspan="2">4</td><td>5</td><td>2</td><td>7</td><td>6</td><td>8</td><td>1</td><td>3</td></tr>
<tr><td rowspan="4">검사결과</td><td>강점지능</td><td colspan="2">자기성찰</td><td colspan="2"></td><td colspan="2"></td><td colspan="2"></td></tr>
<tr><td>보통지능</td><td>신체운동</td><td>인간친화</td><td>언어</td><td>논리수학</td><td>공간</td><td colspan="2">음악</td></tr>
<tr><td>약점지능</td><td colspan="4">자연친화</td><td colspan="4"></td></tr>
<tr><td colspan="9">내담자의 강점지능은 자기성찰지능이다. 내담자는 어릴 적부터 매일 자신의 하루를 돌아보면서 자기를 성찰하는 습관을 가지고 있어서 자신의 정서, 인지를 잘 이해하고 자신의 행동과 정서 간 관계도 잘 인식한다. 또한 타인들의 마음도 잘 공감하고, 협동적이며, 헌신적이다. 친구들과 축구하기를 좋아하고 혼자서 연습하는 것도 좋아하며, 때로 자전거를 타고 달리는 것을 좋아한다. 내담자의 일반지능 중에서 가장 높은 것은 신체지능인데, 내담자는 자기를 성찰하는 것은 좋아하지만 그것을 직업으로 삼고 싶지는 않으며, 신체를 사용하여 직업 생활하는 것이 더 좋을 것 같다고 말하였다.
내담자의 약점지능은 자연친화 지능으로 자신은 동물을 돌보거나 원예 일은 잘 하지 못한다고 구술하였다.</td></tr>
</table>

* 강점지능은 상위 지능 점수 순으로 6점 차이 이내인 경우에 강점 지능으로 분류함

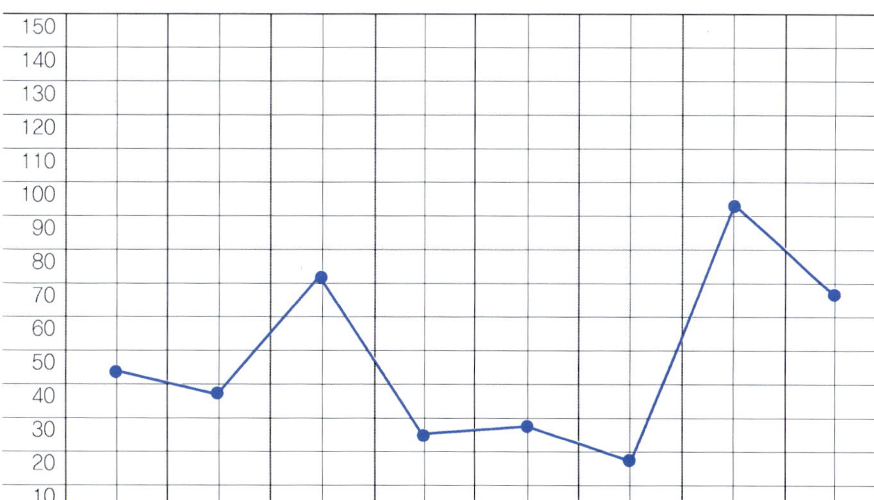

항목별 지능	언어지능(E)	논리수학 지능(C)	신체운동 지능(B)	음악지능(A)	공간지능(D)	자연친화 지능(H)	자기성찰 지능(G)	대인관계 지능(F)
점수	43	39	71	25	29	19	93	68

3. 홀랜드검사 활용한 활동(10월 15일 실시)

홀랜드유형	R	I	A	S	E	C
검사 전 내담자 예상 순위	1	6	4	3	5	2
검사 후 내담자 결과 순위	2	5	6	1	3	3
검사결과점수	18	7	6	24	16	16

프로파일분석: 기본3코드(SRC)								
영역		R	I	A	S	E	C	진로코드
성격적성(24)		18	7	6	24	16	16	SR
능력적성(24)		12	5	5	20	8	15	SC
직업가치(8)		6	0	1	5	5	3	RS
직업적성(18)		5	0	1	3	2	3	RS
효능감 적성	A(3)	0	0	0	1	1	1	SC
	B(3)	0	1	1	1	1	0	SA
	C(3)	3	1	0	1	0	1	RC
합계점수(83)		44	14	14	55	33	39	SRC
검사결과 및 해석		내담자의 기본상위 3코드는 SRC형으로 도출되었다. 검사 전 코드는 RCS로 순위의 차이를 보이고 있다. 성격적성은 S(24), R(18), C(16)로 최상위와 차상위 차이를 제외하면 거의 같은 수준을 보이고 있으며, E(16)와 C(16)가 동일한 점수를 나타내고 있다. 내담자가 자신의 꿈이 운동선수나 운동 관련한 직업과는 조금 다르지만, 내담자의 구술에 따라 S는 자신의 성격적 특성인 반면에, R이 직업적성에서는 가장 높은 점수(5/18)를 보여주고 있지만, 평균 이하 점수임을 고려해야 한다.						

* 합계 점수란 맨 우측 칸에 3코드를 기록하고, 나머지는 상위 2코드 기록

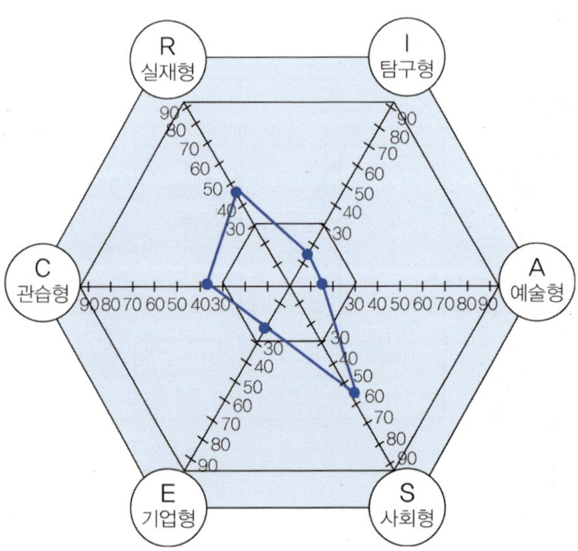

4. 직업카드를 활용한 활동(11월 5일 실시)

직업선택 이유 분석표

<table>
<tr><th>카드분류</th><th colspan="2">좋아하는 직업</th><th colspan="2">모르는 직업</th><th>싫어하는 직업</th></tr>
<tr><td>1차 분류 개수</td><td colspan="2">7</td><td colspan="2">37</td><td>46</td></tr>
<tr><td>2차 분류 개수</td><td colspan="2">4</td><td colspan="2"></td><td>86</td></tr>
<tr><td rowspan="4">선호 비선호직업</td><td colspan="3">좋아하는 직업 이유</td><td colspan="2">싫어하는 직업 이유</td></tr>
<tr><td colspan="3">보수가 적든 많든 중요치 않다. 단지 좋은 곳이 아니어도 나를 더 발전시키고 가치 있게 만들어 줄 수 있어서</td><td colspan="2">나와의 적성이 맞지 않아서</td></tr>
<tr><td colspan="3">아이들을 더 좋은 방향으로 이끌어 주고 싶고 공무원이기에 안정적인 직업이라 생각해서</td><td colspan="2">동물을 좋아하지도 않는데 수의사나 관련 직업에 종사하기 싫어서</td></tr>
<tr><td colspan="3">위험 부담이 크지만 어려움에 처한 사람들을 도와주고 싶고, 화재 때문에 모든 것을 잃는 사람들이 없었으면 하는 생각으로</td><td colspan="2">나는 새롭고 도전하는 곳에서 일하고 싶다. 위험하고 지루한 것은 살다니지 못할 것 같아서</td></tr>
<tr><td>좋아하는
이유·순위</td><td colspan="2">1. 운동선수</td><td colspan="2">2. 초중고 교사</td><td>3. 응급구조원, 소방관</td></tr>
<tr><td>싫어하는
이유·순위</td><td colspan="2">1 공학기술자</td><td colspan="2">2. 수이사</td><td>3. 항공기조종사</td></tr>
<tr><td>희망직업 순위
및 진로코드</td><td colspan="2">1. 소방관</td><td colspan="2">2. 초중고 교사</td><td>3. 운동선수</td></tr>
<tr><td>검사결과 평가</td><td colspan="5">내담자의 직업선호도는 소방관, 교사, 운동선수인데, 이것은 홀랜드검사결과인 SRC에 근접하는 것으로 보인다. 부모가 원하는 직업은 공무원인데, 검사결과에 의하면 최상위의 선호직업은 아니지만, 직업카드 선택에서 소방관을 최우선으로 꼽은 것은 이런 부모의 기대를 고려한 결과라고 볼 수도 있을 것이다.</td></tr>
</table>

5. MLST-Ⅱ 검사를 활용한 활동(11월 24일 실시)

하위척도별 점수

※ 하위척도의 기준은 백분위를 기준으로 산출합니다.

■ 긍정적 ■ 부정적

척도명	성격 특성				동기 특성			정서 특성			
	효능감	결과기대	성실성	종합	학습	경쟁	회피	우울	불안	짜증	종합
T점수 (백분위)	41.40 (19.49)	32.79 (4.27)	50.43 (51.60)	43.39 (25.46)	38.01 (11.51)	41.19 (18.94)	45.84 (33.72)	50.81 (53.19)	64.64 (92.79)	44.82 (30.15)	52.50 (59.87)
수준	낮음	낮음	보통	다소 낮음	낮음	낮음	다소 낮음	보통	높음	다소 낮음	보통

척도명	행동 특성								
	시간관리	수업듣기	노트필기	공부환경	집중전략	읽기전략	기억전략	시험전략	종합
T점수 (백분위)	54.59 (68.72)	55.25 (69.85)	55.08 (69.50)	50.26 (51.20)	62.91 (90.15)	51.97 (57.93)	51.56 (56.36)	50.85 (53.59)	54.85 (68.44)
수준	다소 높음	다소 높음	다소 높음	보통	높음	보통	보통	보통	다소 높음

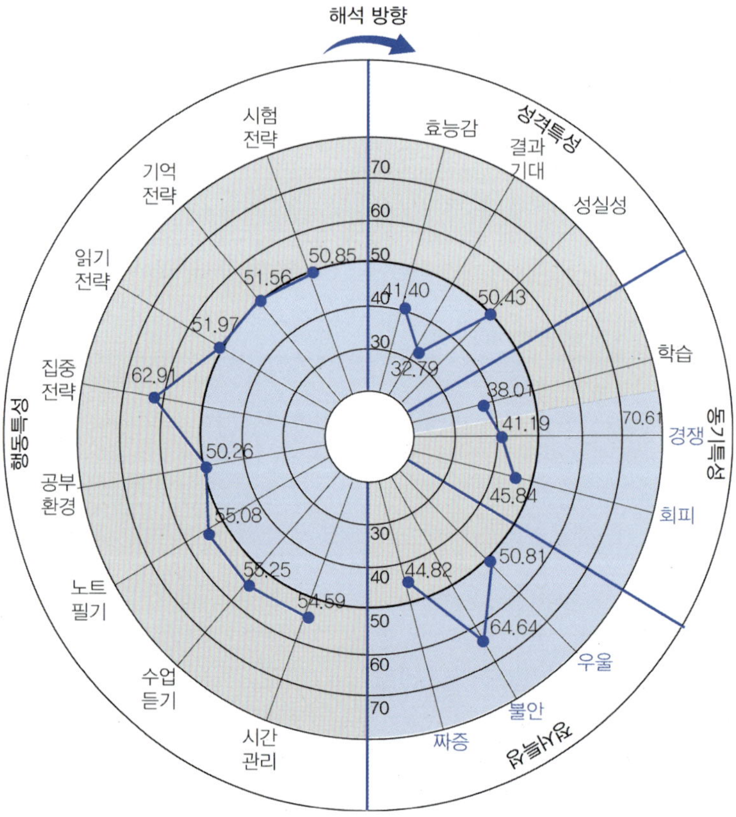

• 해석 및 평가

내담자는 자기주도 학습지수(LQ)는 92.54로 '다소 낮음' 수준에 해당된다. 복습 등을 포함한 자기 스스로 공부하는 시간이 부족할 것으로 보이며, 책상에 오래 앉아 있다 하더라도 집중력이 부족하거나 학습전략이 부족해 노력한 만큼의 성과를 얻지 못하고 있다. 공부에 대한 동기도 다소 부족할 것으로 보이며, 공부에서 느끼는 성취감이나 재미보다는 마지못해 하는 느낌이 더 강할 것으로 보인다. 내담자는 운동선수나 운동 관련 직업에 대한 강한 의지를 보이고 있어서, 학습 동기가 약한 편이며, 향후 진로의 방향을 결정한 후 필요에 따라서 공부할 것으로 보인다.

6. 내담자 종합평가

1) 내담자의 강점

내담자는 부모와의 친밀한 의사소통을 하고 있으며, 어릴 적부터의 신앙생활을 통해서 또래에 비해서 정서적으로 안정되어 있다. 자기통찰지능이 높아서 자신의 장점과 약점에 대한 인식이 원활하며, 타인과의 원활한 관계형성과 협동심, 희생정신도 뛰어난 것으로 보인다. 자신이 꿈꾸고 있는 것에 대해서 꼭 실현해 보고 싶은 마음도 강한 편으로 여겨진다.

2) 내담자의 약점

내담자는 직업적 다양성에 대한 이해도가 떨어져 있는 것 같고, 타인에 대한 배려로 인한 자기주장성이 낮고 자신의 능력에 비해 자신을 과소평가함으로 자존감도 낮게 측정되었다.

3) 상담자가 본 내담지 문제

내담자는 진로상담 이전에 자신 없어하는 태도에 대해서 인식하고 있었으며, 상담과정에서 꼭 다뤄주기를 요청하였다. 또한 진로를 결정하기에 앞서서 자신의 적성과 희망하는 직업이 일치하는지도 궁금해하고 있었는데, 정밀하게 일치하지는 않지만, 심리검사를 통해서 큰 범주 안에서 일치하고 있는 것으로 사료된다. 그러나 내담자의 사고의 폭이 넓지 않아서 어릴 적부터 꿈꿔온 분야를 그만둔다는 것은 매우 힘든 일이 될 것으로 예상되므로 내담자가 좀 더 현실적인 직업을 선택할 수 있는 진로상담이 필요할 것으로 사료된다.

7. 내담자 진로유형(진로결정자, 미결정자, 우유부단자)

내담자의 진로유형은 진로 미결정자로 분류할 수 있다. 왜냐하면 내담자는 진로에 대한 막연한 생각은 있으나, 구체적인 직업 분류와 직업에 대한 적성, 능력 등에 대한 인식이 부족하며, 운동과 관련된 일을 하고 싶은 소망은 있으나, 그것을 어떻게 실현할지 세부적인 방법은 무지한 상태이기 때문이다.

8. 진로장벽 및 방해요인

운동 관련해서 자신의 능력을 테스트 해 보기에는 현실적으로 시간이 부족할 수 있고, 부모의 희망 진로와 자신의 희망 진로가 불일치하기 때문에, 그 사이를 메꿀 수 있는 심리적 여유가 필요하다.

Ⅲ. 진로상담의 목표 정하기

1. 내담자와 합의된 목표

자존감 수준을 향상하여 불안수준을 낮추고, 자기이해 및 진로의 다양성을 이해하고 내담자가 직업선택에 있어서 고려해야 하는 요인들을 탐색하고 현실적으로 준비해야 할 부분들을 이해할 수 있게 조력한다.

2. 상담자의 상담목표

- 공감적 이해와 인지적 수정을 통해 자존감 수준을 향상시킨다.
- 다양한 심리검사와 상담과정에서의 자기통찰을 통해 자기이해 수준을 향상시킨다.
- 진로 관련 검사를 통해서 내담자의 적성과 희망하는 직업과의 일치도를 분석하고 현실적 진로선택을 위한 인지적 도움을 제공한다.

3. 상담전략

1) 초기 상담전략

상담신청서, 상담동의서 작성, 심리검사 등을 비롯한 상담의 구조화를 실시한다. 내담자의 진로와 관련한 호소문제들을 탐색하고 내담자와의 합의를 통한 상담의 목표를 설정하며, 무조건적 수용과 공감적 이해, 진솔성을 통하여 라포형성과 함께 치료적 관계를 형성하는 데 초점을 맞춘다.

2) 중기 상담전략

생애진로사정표, 다중지능검사와 홀랜드검사, 직업카드, MLST-Ⅱ검사를 이용하여 내담자의 진로에 대한 이해와 욕구를 탐색한다.

3) 종결기 상담전략

내담자가 발견한 진로선택을 위하여 준비해야 할 현실적 학습과제를 선정하고 우선순위를 부여하고 실행하도록 조력한다. 내담자가 자신의 진로선택과 성취를 위해서 현재 자신의 행동특성을 평가해 보고 구체성과 체계성을 갖도록 개입한다. 추수 상담 과정을 통해서 내담자의 자율적인 학습과 준비과정을 조력할 수 있음을 알려주고 상담을 종결한다.

Ⅳ. 적용한 진로상담이론

구분	이론명	적용근거
일반상담이론	인간중심이론	무조건적 긍정적 수용, 공감적 이해, 진솔성을 통해서 내담자의 진로와 관련한 자기 이해의 확장과 자존감 수준을 향상하기 위함이다.
진로상담이론	홀랜드 성격이론	내담자는 자신의 성격적성에 따른 진로선택에 대한 이해가 부족하여 혼란스러워하였다. 검사를 통해 내담자는 검사 전 직업코드와 검사 후 직업코드는 일치도 4점을 보이고 있다. 내담자가 직업선택에 있어서 적성에 따른 다양한 스펙트럼을 이해하고, 구체적인 현실적 준비를 계획할 필요가 있기 때문이다.

Ⅴ. 회기요약

1회기: 20**.10.09.

- **상담내용**: 접수면접지, 녹음 및 비밀보장 동의서, 상담동의서를 작성함. 자존감, 우울, 불안, 욕구, 청소년용 MMPI-A, 청소년용 SCT를 실시하였음. 내담자의 자발적인 상담참여에 감사를 표했고, 호소문제들을 진술할 때, 공감과 반영을 하여 라포형성에 집중하였음. 내담자는 자신의 진로에 대해서 고민을 하고 있던 중이라고 하였으며, 특별히 최근에 자존감이 많이 낮아진 것 같아서 더 자신감이 없는 것 같다고 함. 어릴 적부터 가지고 있었던 꿈인 운동선수를 과연 할 수 있을까라는 기대와 불안도 함께 느끼고 있다고 하며, 상담과정을 통해서 좀 더 자신을 알고 싶다고 함. 상담자와 함께 깊은 고민들을 나누면서 가보자고 이야기함. 생애진로 사정표를 통해서 내담자의 진로선택과 관련한 자원들은 자기통찰과 타인을 위한 헌신과 공감이 뛰어나다고 함. 진로환경조사에서 내담자의 개인특성과 학교환경에 대해서 탐색하였으며, 진로가족가계도 그리기를 통해서 직업선호도에서 공무원이 높다는 것을 알 수 있었음
- **상담자의 소견**: 내담자의 조부와 부친은 공무원을, 모친은 내담자를 응원하고 있기에 내담자의 진로선택에 대한 고민이 많아서 좀 더 적극적으로 상담과정에 참여하였음. 내담자의 태도는 진지하나 눈 맞춤을 오래 하지 못하고 약간 자신없어하는 느낌도 있었으며, 자존감 검사결과

도 중간 이하가 나온 것으로 보아 진로와 함께 자존감 수준 향상과 자기 이해에 대한 통찰도 필요할 것으로 생각함

- **차시예고**(다음 회기 안내): 다음 차시에는 "다중지능검사"를 실시하고 해석하는 시간을 가질 예정임을 알려줌. 다음 상담 예약은 10월 13일로 잡음

2회기: 20**.10.13.

- **상담내용**: 내담자가 등교수업을 시작하였기에, 방과 후 상담센터에서 상담을 진행함. 내담자에게 심리검사결과 정보를 전해 줌. 내담자의 자존감 수준이 중간 이하로 낮고, 욕구검사에서 생존욕구와 즐거움의 욕구가 높게 관찰되었으며, MBTI는 ISFP로 성인군자형이며, MMPI-A 프로파일 임상척도에서는 D(2번 우울증)가 70점으로 나타났으며, 보충척도에서 부정적 정서성과 억압이 상승하였음. 내담자의 우울은 낮은 자존감과 억압의 정적상관에 대해서 설명하였고, 자존감 수준 향상의 필요성과 자존감 향상을 위한 인지치료 과정과 과제를 제시함. 다중지능검사를 실시하고 자기성찰지능, 신체운동지능, 인간친화지능이 높게 측정되었고, 자연친화지능이 낮게 측정되었음을 알려줌. 내담자는 어릴 적부터 잠자리에서 하루를 돌아보는 습관을 가지고 있어서 자기성찰지능이 높으나, 직업적으로는 자기성찰 관련 직업보다는 운동과 관련된 직업을 선호한다고 함
- **상담자의 소견**: 내담자는 심리검사결과에 대해서 놀라움을 보였고, 특별히 다면적 인성검사에서 우울지수의 상승과 부정적 정서성, 억압의 관계에 대한 상담자의 해석에 대해서 적극적인 수용 자세를 보였음. 내담자가 타인의 의견에 대해서 잘 따라간다고 하였으나, 상담자가 자기통찰지능과 관련된 직업을 소개하였을 때, 신체운동지능을 직업에 대한 분명한 선호를 피력하는 것으로 미루어보아 내담자의 자기주장성을 살펴볼 수 있었음
- **차시예고**: 다음 차시에는 "홀랜드 직업검사와 직업카드 선택 활동"을 실시하고 해석하는 시간을 가질 계획임을 알려줌. 다음 상담 예약은 10월 15일로 잡음

3회기: 20**.10.15.

- **상담내용**: 내담자는 매우 밝은 얼굴로 상담실 문을 열었음. 이유를 묻자, 자존감 향상을 위한 인지치료가 매우 효과적이며, 상담과정을 통해서 자신을 이해하고 자신감이 많이 생겼다고 함. 함께 축하하고 공감하면서 지금부터 더욱 평소에 자기 수용과 긍정적인 인지를 가지도록 노력해야 함을 설명함. 홀랜드적성검사를 실시함. 검사 전 RCS코드가 나왔고, 검사 후 SRC코드가 나왔는데, 일치율이 4점으로 높은 것으로 측정되었음. 검사결과 내담자의 최선의 직업은 S코드이지만, 내담자가 희망하는 코드는 R유형으로 차이가 남에 대해서 이야기를 함. 직업카드 선택 활동을 실시함. 직업카드 선택 활동을 통해서 내담자가 가장 선호하는 직업이 소방관으로 나타나게 되었고, 소방관은 R코드 직업에 해당하고 있어서 일치성을 보임. 내담자는 소방관에 대해서는 가치와 의미는 좋으나, 위험성에 대한 두려움 때문에 양가감정을 느낀다고 함
- **상담자의 소견**: 내담자의 표정의 변화에서 자존감 수준의 향상을 예측하였으나, 이렇게 빨리 효과를 나타낼 줄은 기대하지 못했음. 변화도 중요하지만 그것이 유지되도록 개입하는 것이 필요하며, 좀 더 지지해 줄 필요가 있다고 봄. 홀랜드검사를 통해서 내담자의 직업코드가 자신이 예상한 것과 일치된다는 것은 다중지능에서 자기성찰지능이 높게 나온 것과 연관된 것이라고 여겨짐. 구체적인 직업선택에서 운동선수, 교사, 소방관 순서로 선택하였고, 희망직업 순위로 소방관, 교사, 운동선수로 선택하였음. 내담자는 아직 긴박하게 진로를 선택하지 않아도 된다고 여기는 것으로 판단됨. 상담자가 축구단 동계훈련프로그램에 1달간 참여해 본 후, 현실적인 판단을 하면 어떨지에 대해서 제안하였고 내담자는 긍정적으로 수용함
- **차시예고**: 다음 차시에는 "MLST-Ⅱ검사"를 실시하고 해석하는 시간을 가질 계획임을 알려줌. 다음 상담 예약은 11월 5일로 잡음

4회기: 20**.11.05.

- **상담내용**: 내담자는 최근 진로상담을 받으면서 자신의 마음이 많이 가

벼워졌으며 여러 가지 복잡한 마음으로 갈등이 많았는데, 상담과정을 통해서 정리가 되었다고 함. 특별히 자존감이 향상됨으로써 자기에 대한 긍정적인 생각이 높아졌고, 진로에 대해서도 낙관적인 생각이 든다고 함. MLST-Ⅱ 검사를 실시하였고 검사결과 자기주도 학습지수(LQ)가 92.54점으로 다소 낮음에 해당하며, 잠재적 학습자로서 학습에 대한 동기가 부족하며, 학습시간의 양이 부족한 것으로 나타났음. 자신이 어릴 적부터 목표하고 생각하는 바는 운동에 대한 부분이며 운동 관련된 직업을 포기하기 어려울 것 같다고 함

- **상담자의 소견:** 진로상담 회기 세션이 진행되면서 내담자의 자존감이 높아지고, 자신의 진로에 대한 생각들이 좀 더 구체화되고 있다고 생각하며, 확신이 없었던 자신의 꿈인 운동에 대해서 좀 더 선명하고 확신 있는 대답을 하고 있는 것으로 여겨짐. 그러나 상담자는 내담자가 좀 더 다양하게 진로탐색을 하고 진로결정을 하면 좋겠다는 아쉬운 마음을 느낌
- **차시예고:** 다음 차시에는 전체 상담을 돌아보고 상담의 종결 시간을 가질 것을 알려줌. 다음 상담 예약은 11월 24일로 약속함

5회기: 20**.11.24.

- **상담내용:** 마지막 회기에 대한 느낌을 묻자 학교 마치자마자 상담하러 오느라 조금 신경 쓰였는데, 상담을 통해서 많은 도움을 받았기 때문에 서운한 마음이 더 든다고 함. 상담을 통해서 자신에 대해서 어떤 부분들을 통찰했는지 묻자, 우선적으로 자존감이 많이 높아진 것 같다고 함. 늘 우울하고 답답하고 자신감이 없고 부정적 생각을 많이 했는데, 상담을 통해서 나의 가치감과 유능감, 소속감 등이 마음에 와닿아서 좋았다고 함. 여러 가지 진로 관련 검사를 받으면서 내가 정말 원하는 직업선택이 무엇인지를 좀 더 구체적으로 알게 되었다고 함. 상담자가 운동관련 직업 외에 홀랜드 SRC유형에 부합하고 내담자의 선호직업군에 해당하는 소방관이나 초중고 교사는 어떤지에 대해서 물으니 일단 운동은 시간이 지나면 할 수 없기 때문에 꼭 꿈을 이루어보고 싶다고 말함. 상담초기보다 더욱 확신을 가진 것으로 사료됨. 운동 관련한 직

업을 위해 구체적으로 준비해야 할 부분들에 대한 대화를 촉진하였고, 고등학교 졸업 후에 프로축구선수 테스트를 받아보고 싶다고 함. 다양한 직업적 선택의 기회에 대해서 생각해 보기를 권하고 추수상담을 원할 때는 언제든지 요청할 수 있다고 안내한 후 상담을 종료함

- 상담자의 소견: 내담자의 초등학교 때부터의 꿈인 운동선수가 되는 것에 대한 강한 기대와 소망이 내면의 힘이 생기면서 더욱 확신감을 가지게 된 것으로 보임. 그러나 또 한편으로는 내담자가 다양한 직업세계에 대한 이해와 자신의 성격과 가치 적성에 따라서 여러 가능성 있는 직업에 대한 선택을 기대하고 촉진하려는 상담자의 목표가 빗나가게 된 것 같아 마음이 무거워짐. 그러나 내담자의 선택을 존중하기로 함

Ⅵ. 진로상담에 대한 종합평가

1. 진로상담 목표달성 여부

목표달성 정도: 달성 ○, 50% 달성 ◑, 변경/재검토 ◈, 미달성 ×

구분	달성	근거(이유)
내담자	○	상담 전보다 자존감이 많이 향상된 것 같아서 기분이 좋다. 내가 다른 사람을 배려하는 것처럼, 내가 나 자신을 잘 배려하지 못했다는 사실을 인식하게 되었고, 자신과의 관계에서 여유를 가지게 되었다. 또한 막연하게만 생각했던 직업선택에 대해서 심리검사를 통해서 좀 더 구체적인 이해를 하게 되었다. 내가 진정으로 원하는 것은 운동하는 것임을 확신하였고, 그것을 잘 준비해서 도전하겠다.
상담자	○	내담자와의 라포형성이 잘되었고 인간중심적상담인 무조건 존중과 수용, 공감, 진솔성을 통해서 내담자의 가치의 조건화를 넘어서 자신의 선택적 행동으로 자기를 수용하도록 개입하였다. 내담자의 적성 탐색을 통해서 적합한 진로선택을 돕기 위한 여러 직업들의 코드유형에 대한 이해도를 높였다. 내담자가 확고함 속에서 선택하는 직업에 대해서 인정하고 지지하기로 하였다.

2. 내담자의 변화

가장 눈에 띄는 변화는 자신감의 회복이다. 자존감의 회복으로 자기 자신을 지나치게 몰아붙이지 않아도 된다는 여유를 가지게 되었다. 대인관계에서 모두에게 무조건 인정받아야 된다는 비합리적 신념을 수정하여 나답

게 살아가면 된다는 합리적 신념으로 변화시킴으로써 심리적인 안정감을 갖게 되었다.

자신이 잘하는 것과 직업과 적성이 잘 맞는 것 같아서 편안한 마음도 느끼고 있다. 적성에 적합한 직업선택을 어떻게 해야 되는지에 대한 인지적 이해도가 높아졌고, 직업선택을 위한 현실적 준비계획을 어떻게 세워야 할지를 인식하게 되었다. 이를 위해 구체적으로 실천할 심리적 에너지도 충분히 가지게 되었다.

나아가 내담자는 자신이 어릴 적부터 이루어보고 싶었던 운동선수에 대한 꿈을 실현시키기로 마음을 먹었으며, 구체적이고 세부적으로 준비하기 시작했다.

3. 진로상담에 대한 종합평가

1) 내담자 자기평가

내담자의 고백처럼 학교에서의 진로상담은 구체적이지 않고, 질문할 수도 없는 것이어서 겉치레적인 느낌이 들었던 반면에, 진로상담을 받으니까 상담자와 상호작용을 할 수 있었고, 질문도 자유롭게 할 수 있어서 좋았다. 자기수용과 자존감 향상을 통해서 나를 조금 여유롭게 바라볼 수 있게 되어서 편안함을 느낀다. 앞으로 구체적으로 준비해야 할 일들이 많지만, 전체적인 계획을 세워보고 최선을 다해 직업을 준비하고 싶다.

2) 상담자 평가

잘된 점	• 공감과 내담자와의 라포형성 • 합의된 목표를 의식하면서 상담과정 진행 • 내담자의 현실적인 변화
부족한 점	• 심리검사에 대한 충분한 이해의 부족 • 진로상담 이론에 대한 이해의 부족 • 상담시간을 너무 오래 진행한 점

Ⅶ. 축어록(5회기)

순서	상담내용
상1	오~ ㅇㅇ아, 어서 와. 오랜만이야. 그동안 잘 지냈어?
내1	네. 잘 지냈어요. 선생님도 오랜만이네요.
상2	그래. 요즘 별일 없어? 오늘 얼굴이 그렇게 밝아 보이지는 않은데?
내2	아마 그럴 거예요. 제가 엊그제 아빠 엄마에게 대놓고 말씀드렸어요. “이제 제 꿈은 확실해졌어요. 저는 축구선수 할 겁니다. 고등학교 졸업하고 나서 바로 프로구단에 입단테스트 볼 생각입니다.”라고요.
상3	(좀 놀라면서) 아~ ㅇㅇ이 가고 싶은 길을 말씀드렸구나. 엄마 아빠는 뭐라고 하셨니?
내3	엄마는 예전부터 제가 무엇을 하든 응원해 주신다고 하셨는데 아빠는 좀 인상이 안 좋아보였구요, 뭔가 좀 못마땅해하시는 것 같아요.
상4	지난번에 내가 ㅇㅇ이 꿈의 실현 가능성이 얼마나 있는지, 이번 겨울 방학 때, ㅇㅇ시민축구단 동계훈련 때 함께 참석해보고 테스트도 한번 받아보면서 현실적으로 좀 준비하면 어떠냐? 라고 이야기했었는데….
내4	네, 그때 선생님께서 그렇게 말씀하셔서 엄청 고마운 마음이 들었어요. 그때는 그렇게 해보는 것도 좋겠다는 생각이 들었어요.
상5	그렇구나. 그런데 왜?
내5	그런데 시간이 좀 지나면서 한번 생각해 보니까, 시민축구단 같은 곳으로 가면 제 운동실력을 제대로 평가받지 못할 수도 있겠다는 생각이 들었습니다. 그래서….
상6	아, 처음부터 약간 수준이 떨어지는 축구단으로 가는 것이 조금 기분이 나빴다는 거지?
내6	아니에요. 선생님의 호의는 정말 감사하게 생각합니다. 그런 기회도 쉬운 것이 아닐 거란 걸 잘 압니다. 그런데 저는 고등학교 졸업할 때까지 1년 정도밖에 안 남아서 시간이 별로 없다는 생각이 들어서요.
상7	시간이 없어 조급한 마음이 들어서 그랬다는 거구나.
내7	예, 그런데 제가 과연 프로축구선수를 할 만큼 실력이 되는지, 그게 자신감이 없었거든요. 그런데 이번에 상담을 하면서 자존감도 올라가고 자신감이 좀 생겨서 그런지, 도전할 바에는 아예 처음부터 프로선수로 하는 게 낫지 않을까라는 생각을 하게 되었어요.
상8	아, 자신감이 생겨서….
내8	네, 제가 초등학교 때 축구부 했다고 말씀드렸잖아요? (응) 그 후로는 축구부에서 연습하지는 않았지만 제 나름대로 영상도 보고 선수들 운동경기도 관찰하면서 열심히 준비해왔기 때문에, 가능한 부분도 있지 않을까 생각합니다.
상9	그렇구나. 그런데 내 생각에는 바로 프로선수에 도전하기보다는 지금 ㅇㅇ이 실력 레벨이 어느 정도 되는지 알아볼 겸해서 ㅇㅇ축구단 동계훈련에 한번 참여해 보라는 거였지.
내9	잘 알고 있습니다. 그런데 제 마음이 잘 움직이지 않네요.
상10	아, 그렇구나. 그런데 엄마는 찬성할 것 같은데, 아빠 생각은 좀 어때?
내10	네, 맞습니다. 제가 꿈을 말씀드렸을 때, 아빠 표정이 좋지 않으시더라구요. 아빠는 공무원이 되기를 늘 바라시고, 그래서 저보고 늘 공부해라, 공부해라고 자주 말씀하시거든요.

상11	공부하라는 아빠 이야기를 들으면 어떤 기분이 들어?
내11	공부는 제 길이 아닌 것 같다는 생각. 그래서 부모님 눈치 때문에 책상에 앉아 있지만, 집중도 안 되고 자꾸 운동생각이 나고….
상12	에고, 참 혼란스럽겠네. 지난번 MLST-Ⅱ 검사결과를 봐도 그렇게 나왔잖아. 잠재형 학습유형으로. 기억나지? (예) 그러니까 공부를 하면 성적이 나올 수 있는데, 지금 학습에 대한 동기가 잘 안 되는 거구나.
내12	네~ 공부를 하기는 하지만, 이 길이 내 길이 아니라는 생각이 드니까 자꾸 생각이 흩어지는 것 같고 운동생각만 나고….
상13	그렇지. 그런데 운동선수 준비는 하루아침에 되는 것이 아니고, 공부는 지금 당장 하지 않으면 안 되는 거라서 공부에 최선을 다해야 될 것 같아. 그치?
내13	예. 알고는 있는데 잘 안 됩니다.
상14	ㅇㅇ의 마음이 괴롭겠다. 사실 나는 진로상담을 통해서 ㅇㅇ이가 좀 더 다양한 직업들을 소개받고, 나의 적성과 가치 등을 고려하여 나와 잘 맞고 하나님이 기뻐하시는 그런 직업을 선택하면 좋겠다는 생각을 했어. 그런데 ㅇㅇ이가 운동선수를 하겠다고 하니까, 조금 당황스럽기도 하네.
내14	죄송합니다.
상15	아니야, ㅇㅇ이가 죄송할 게 뭐가 있어? ㅇㅇ이가 진로상담의 과정 없이 선택을 한 것과 진로상담을 통해서 여러 가지 검사결과와 상담과정의 안내와 정보를 제시받았는데도 축구선수를 선택한 것은 의미가 다른 일이라고 생각해. 어떻게 가족들에게 설명하고 구체적인 계획을 준비할 거야?
내15	네, 저도 나름대로 계획을 가지고 있습니다. 우선, 제가 좋아하고 모델로 삼고 있는 카카선수를 많이 모델링하구요, 매일 연습시간을 꾸준히 가지도록 하겠습니다. 무엇보다 제가 하나님께 기도하려고 합니다. 하나님이 원하시는 길이라면 열어 달라고요. 제 꿈이기도 하지만 저는 하나님께 영광 돌리고 싶은 마음도 큽니다.
상16	하나님께 영광 돌리고 싶은 마음이 참 귀하네. 지방에서 선생님도 없이 준비하는 게 보통 어려운 일이 아닐 텐데, 난 걱정이 된다.
내16	선생님, 걱정하지 마세요. 후회 없는 최선을 다해 보려고 합니다. 뭐 그래도 안 되면 그때는 공부해야 되겠죠.
상17	지난번에 소방관이 적성에 맞는 것으로 나왔는데, 나는 개인적으로 ㅇㅇ이가 소방관을 준비하면 참 좋겠는데….
내17	지난번에도 말씀하셔서 한 번 생각은 해 봤는데요, 그건 나중에 준비해도 될 것 같아서요.
상18	그래, ㅇㅇ아. 나는 ㅇㅇ이가 어떤 것을 선택하든지 존중하고 싶구나. 너를 위해서 더 많은 기도를 드려야 되겠다는 생각이 든다.
내18	너무 감사합니다.

2 나에게 맞는 정확한 진로를 알고 싶어요

Ⅰ. 내담자 기본정보

1. 내담자 신상정보

1) 성명: 정준비(가명)
2) 성별: 여
3) 나이: 19세
4) 학력: 검정고시 합격생
5) 종교: 불교

2. 주 호소 문제

"내가 선택한 진로가 나에게 맞는지? 그리고 나에게 맞는 진로는 무엇이며 내가 갈 진로를 위해 무엇을 준비해야 하는지 알고 싶어요."

3. 상담의 맥락

1) 상담장소: ○○상담심리센터 상담실
2) 상담기간: 20**.06.05. ~ 20**.7.17.(7회기 종료), 주 1회 회기당 50분
3) 내방경위: 지인 추천
4) 이전 상담경험: 없음

4. 인상 및 행동관찰

키는 158cm 정도로 얼굴은 하얗고 눈은 큰 편이며 긴장한 모습이 보인다. 대화를 나눌 때 가끔씩 미간을 살짝 찌푸리는데 그 이유는 눈꺼풀의 힘보다 미간의 힘으로 눈을 깜빡여서 그렇다고 한다. 진로상담을 하러 온 감정을 묻자 기대되고 설렌다고 한다. 또 대화를 나눌 때 생각을 하면서 이야

기를 하는 편이다. 약속한 상담시간을 잘 지키고, 진로심리검사에 대하여 잘 이해를 하고 집중하여 실시하며 검사에 걸리는 시간도 빠른 편이다.

5. 직업가계도

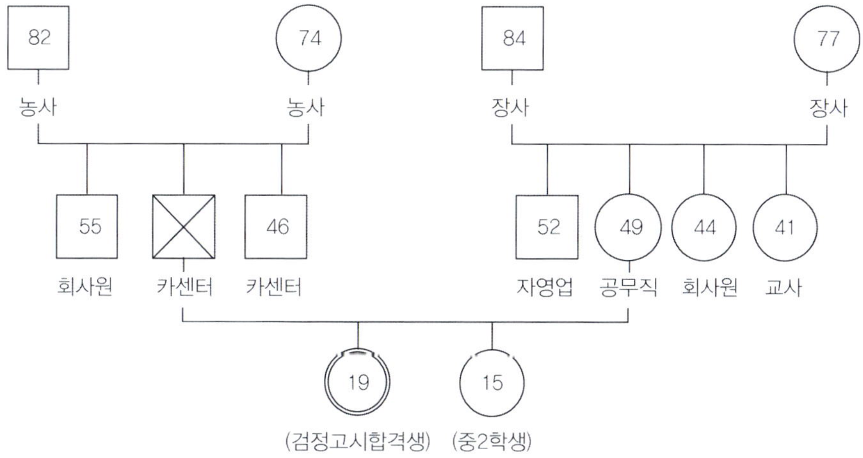

6. 발달배경 및 가족관계

발달배경과 가족관계는 상담을 하면서 관찰하고 알게 된 부분과 내담자 어머니와 면담한 것을 바탕으로 약술하였다.

1) 내담자(19세, 검정고시 합격생)

내담자가 15세인 중학교 2학년 때 카센터 겸 긴급출동센터를 운영하는 아버지께서 사고사로 갑자기 돌아가셨다. 그 충격으로 아무것도 할 수가 없었다. 17세에 고등학교에 입학하였으나 1달 정도만 학교에 다니고 국제간호사가 되기 위해 자퇴했다. 유학 준비를 1년 6개월 했으나 영어공부와 비자발급에 문제가 있어 난관에 부딪혔다.

서울특별시 ㅇㅇ교육지원청에서 자퇴 학생을 대상으로 검정고시를 볼 기회를 갖도록 1년간 학습프로그램을 열어 주었다. 프로그램에 참가한 후 검정고시에 합격하였고 고등학교 졸업 인정을 받게 되었다. 그때 관리를 해 주셨던 담당경찰관과 지금도 연락을 하고 있다고 한다.

원래 하고 싶었던 직업은 경찰이었으나 키 제한으로 포기를 했었는데, 2014년에 키 제한이 없어져 지금은 경찰공무원(순경) 공채 준비를 하고 있다.

2) 아버지(50세, 사고사망, 고졸. 카센터 운영)

카센터와 긴급출동센터를 운영하느라 휴일도 없이 밤낮으로 바쁘게 일을 해오셨다. 대학에 입학하였으나 경제적으로 어려워 고등학교까지 다니셨는데 이러한 이유로 자녀가 원하는 것을 들어주시는 편이셨다. 그러나 바쁜 생활로 평소에 자녀의 진로나 교육에 관심을 가질 시간적 여유가 없으셨다.

3) 어머니(49세): 고졸. 교육공무직

현재 초등학교에서 교육공무직으로 근무하시는 어머니는 경주엑스포가 열렸을 때 경주에 살면서 엑스포 운영요원으로 참가하셨다고 한다. 그때 내담자는 초등학교 학생이었는데 엑스포 행사를 지원한 경호원을 알게 되었다고 한다. 또 아버지께서 운영하셨던 카센터와 24시간 긴급출동센터는 경찰관의 쉼터 역할을 하였는데, 자주 보는 경찰관을 친근한 아저씨로 생각하게 되었고, 경호원과 경찰관이 입은 제복을 선망하게 되었다고 한다.

자녀의 진로는 무엇을 하기보다는 본인이 흥미 있어 하고 희망하는 직업으로 특히 나이에 구애받지 않는 전문성 있는 일을 원하신다고 하셨다.

4) 여동생(15세, 중학교 2학년)

중학교 2학년으로 언니의 말을 잘 듣는 편이고 언니의 눈치를 볼 때도 있다. 어른들께 인사성이 바르며 학교 선생님께서 예뻐해 주신다. 성격은 시원시원한 편이라고 한다.

Ⅱ. 진로상담 사례개념화

1. 심리검사결과 및 해석

인지적 정보처리 이론(Peterson, Sampson, & Reardon, 1991)은 진로상담을 통하여 내담자가 합리적인 의사결정 방식이나 문제해결 방식을 학습한다면,

자신의 진로문제를 스스로 해결해 나갈 수 있게 될 것이라고 보고 있다.

인지적 정보처리 이론(Congnitive Information Processing, CIP)인 CASVE의 과정을 적용하여 내담자의 의사결정이 현재의 상태와 바람직한 상태 사이의 차이를 좁히고자 한다.

1) Holland 진로탐색검사(20**. 06. 12. 실시)

(1) 검사결과

홀랜드 진로탐색검사결과표

영역		R	I	A	S	E	C	진로코드
성 격(10)		5	4	1	6	6	6	SE/SC
유 능 감(11)		9	6	1	9	5	7	RS
가 치(5)		3	2	1	5	1	2	SR
활동흥미(11)		3	1	1	7	3	4	SC
직업 흥미(14)		0	2	1	9	4	2	SE
능력평정 (14)	가(7)	5	4	1	6	5	5	SR/SE
	나(7)	5	6	1	6	6	6	SE/SC
합계전수(65)		30	25	7	48	30	32	SCR/SCE

※ 내담자 희망직업: 경찰관(순경)(ES), 여자군인(RR, RE), 간호사(RS, SR)
※ 내담자 희망전공학과: 경찰행정(EC), 범죄심리(EI), 간호학(SC)

(2) 홀랜드 진로탐색검사결과 해석

① 일치도

검사 전 진로코드 1, 2, 3위는 각각 E(기업형), S(사회형), R(실재형)이고, 검사 후 진로코드 1, 2, 3위는 각각 S형, C(관습형), R/E형으로 2Code가 일치하여 진로성숙도는 중간이다. 희망 직업은 여자경찰관(순경)이고, 희망 전공학과는 경찰행정학과로 일치하여 진로성숙도가 높다. 또 Holland 진로탐색검사에서 S유형 하위영역별 코드 간은 가치(5/5)는 매우 높고, 능력평정(12/14)과 유능감(9/11)도 높은 편이다. 그러나 1위인 S유형과 2위인 C유형이 16점 차이가 남으로써 내담자는 S유형과 관련된 진로・직업에 흥미와 적성이 있다고 말할 수 있다.

② 일관도

홀랜드검사의 6각형 모형에서 SC**유형**은 옆으로 하나씩 건너뛴 유형으로 **중간 정도의 일관도**를 가지고 있다.

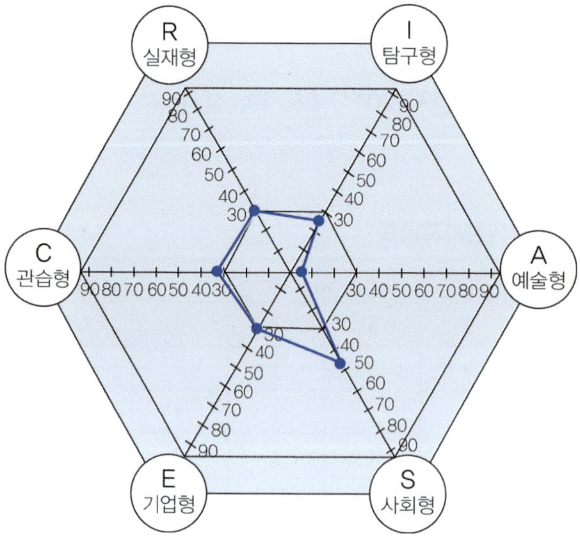

③ 분화도(Differentiation)

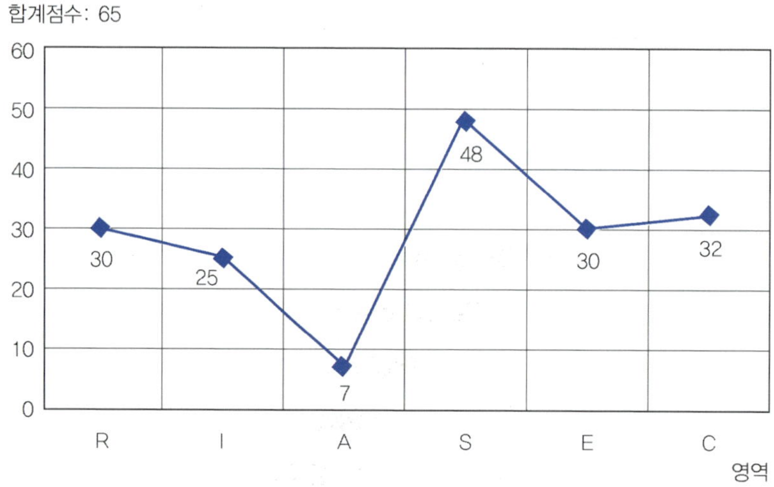

높은 점수는 S형 48점이고 낮은 점수는 A(예술형) 7점, I(탐구형) 25점으로 분화되어 있어 변별도가 높다. 따라서 S유형의 진로를 지지할 수 있다. 반면에 가장 낮게 나온 A형과 관련된 진로는 선택하지 않는 것이 바람직하다.

2) 직업카드 활동(20**. 06. 19. 실시)

(1) 좋아하는 직업의 이유와 빈도수

좋아하는 이유	빈도수
남을 도와줄 수 있는 것이 좋아서	9
지휘하고 통솔할 수 있고 활동적이어서	3
새로운 곳을 볼 수 있는 것이 좋아서	2
돈을 많이 벌 수 있는 것이 좋아서	1
동물이 좋아서	1
활동하고 그 결과로 보답 받을 수 있어서	1
사회 소식을 제일 먼저 접할 수 있어서	1

(2) 싫어하는 직업의 이유와 빈도수

싫어하는 이유	빈도수
같은 것만 반복하여 하는 것이 싫어서	10
다른 사람의 계획을 세우는 것이 싫어서	7
한 공간에만 있는 것이 싫어서	6
없을지도 모르는 것을 찾는 것이 싫어서	6
외국어를 못해서	4
남의 앞에 서는 것이 싫어서	3
그림을 못 그려서	3

직업카드 활동을 통해 내담자의 생애주제를 살펴보면 '남을 도와줄 수 있는 것', '내가 지휘하고 통솔할 수 있고 활동적인 것'을 좋아한다. 한편 '같은 것만 반복하는 것', '다른 사람의 계획을 세우는 것', '한 공간에만 있는 것'을 싫어함을 알 수 있다.

(3) 순위별 선호 직업(흥미)

1순위: 경찰관(순경)(SE)

2순위: 간호사(SR)

3순위: 군인부사관(CE)

(4) 가장 자신감 있는 직업(적성)

1순위: 경찰관(순경)(SE)

2순위: 교도관(CS)

3순위: 군인부사관(CE)

(5) 부모님이 원하는 직업

경찰관, 간호사(내담자의 어머니는 자녀가 흥미가 있고 원하는 직업을 지지해 주심)

(6) 최종 선택한 직업

경찰관(순경)

3) 다중지능검사(20**.06.26. 실시)

(1) 검사결과

구분	언어	논리 수학	인간 친화	자기 성찰	공간	음악	신체 운동	자연 친화
점수	36	71	75	68	54	39	68	46
순위	8	2	1	3	5	7	3	6

(2) 다중지능검사 프로파일

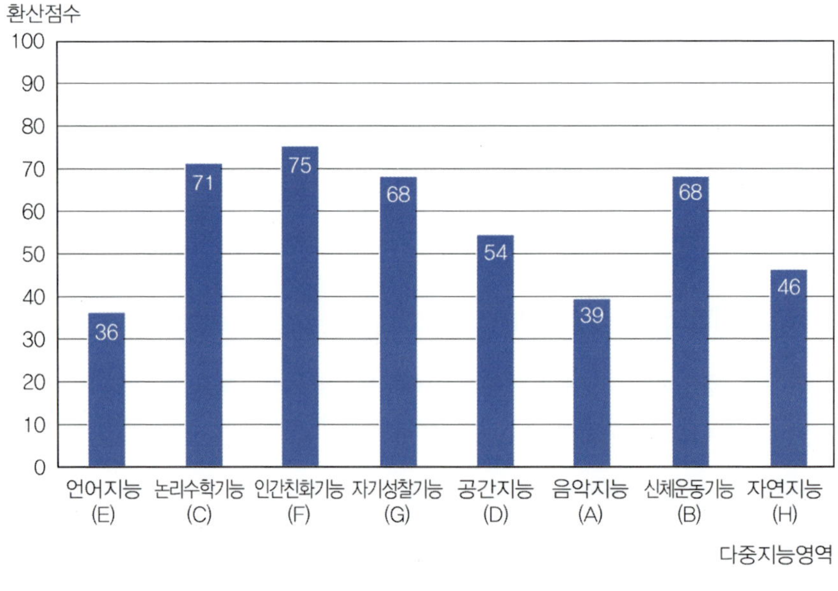

(3) 다중지능검사 결과 해석

① 강점지능

다중지능검사 결과 1위인 인간친화지능은 홀랜드 진로탐색검사결과에서 나온 S유형의 진로 지지와 직업카드 활동에서 남을 도와주는 것을 좋아하고 최종 선택한 직업인 경찰관(SE유형)과도 일치하고 있다. 2위인 '논리수학지능'은 71점으로 다른 과목보다 수학이나 과학을 더 잘한다. 또 '신체운동지능'은 3위로 운동과 자전거 등 움직이는 놀이를 잘하고 좋아한다.

② 약점지능

다중지능검사 결과 7위는 음악지능이고 8위는 언어지능이다. 또 홀랜드 진로탐색검사결과 A형이 6위로 최하위가 나왔다. 직업카드 활동에서 싫어하는 직업의 이유로 '그림을 못 그려서' 도 나왔다. 따라서 음악과 예술과 관련된 직업을 선택할 경우에는 고려해 볼 필요가 있어 보인다.

4) 진로사고검사(Career Thoughts Inventory, CTI) (20**.07.03. 실시)

(1) 검사결과

구분	진로사고검사총점	의사결정혼란	수행불안	외적갈등
점 수	47	11	12	4
백분율	26	30	34	18

(2) 부정적 진로사고 개선

문항번호	과거의 진로사고	새로운 진로사고
41	• 나는 부모, 형제, 자매보다 더 성공해야 한다.	• 다른 사람을 내 성공의 기준으로 삼지 않고 내가 주인공이 되어 만족하는 삶을 사는 것이 필요하다.
47	• 나는 내가 선택한 직업에서 성공하지 못할까 봐 걱정이 된다.	• 성공이 중요한 것이 아니라 최선을 다하는 것을 더 중요하게 생각해야겠다.

(3) 진로사고검사결과 해석

진로사고검사의 총점은 '얼마나 많은 부정적 진로사고를 하는지 나타내는 것'으로 점수가 높을수록 부정적 진로사고를 나타낸다. 내담자의 진로

사고검사 총점은 26/100으로 부정적 진로사고가 낮다고 할 수 있다. 또 진로사고검사 하위척도 중에서 '수행불행'이 34/100로 1위를 나타내고 있다. 부정적 진로사고 개선으로 '다른 사람을 내 성공의 기준으로 삼지 않고 내가 주인공이 되어 만족하는 삶을 사는 것'과 '성공이 중요한 것이 아니라 최선을 다하는 것'이 중요하다는 생각을 갖게 되었다.

5) 자아상태 검사(이고그램과 OK-그램) (20**.07.10. 실시)

(1) 검사결과

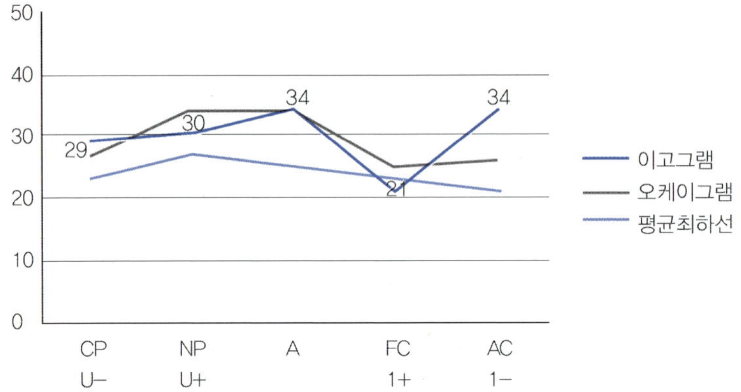

(2) 자아상태 검사결과 해석

이고그램 검사결과 내담자의 성격 내에 잠재해 있는 에너지의 크기는 A(어른 자아)가 가장 높고 AC(순응하는 어린이 자아)도 높으며 FC(자유로운 어린이 자아)는 낮다. 또 NP(양육적 어버이 자아)가 CP(비판적 어버이 자아)보다 높게 나와 '말없이 충성적으로 일을 잘하고 규칙적인 일도 잘하며 조직에 충성을 하는 '모범생형'으로 나왔다.

OK-그램 검사결과 I-는 I+보다 1점 높고, U+는 U-보다 7점 높으므로 'I-(자기부정), U+(타인긍정)' 유형이 나왔다. 앞으로 I+(자기긍정)를 활성화시킬 필요가 있다.

(3) 자아상태 검사결과 해결 방안

자아상태 검사결과 해결 방안으로 첫째, 자아상태 FC를 활성화시키기, 둘째, 허가식을 하기로 하였다.

① FC 활성화 실천하기

- 개그맨, 탤런트, 가족이나 주변 사람들의 행동을 흉내 내본다.
- 낙관적으로 생각하고 행동한다.
- 모임에서 앞에 나가 먼저 발표를 해 본다.

② 허가식하기

내담자: "나는 잘못을 하거나 실패를 하는 경우에도 긍정적 낙천적으로 생각할 수 있다."

상담자: "허가한다!"

내담자: "나는 부모, 형제, 자매보다 더 성공하지 않아도 된다."

상담자: "허가한다!"

내담자: "나는 내가 선택한 직업에서 성공하지 못할까 봐 걱정하지 않는다."

상담자: "허가한다!"

6) 진로심리검사의 적용과 해석 및 선택한 진로를 성취하기 위하여 필요한 준비(20**.07.17. 실시)

(1) 진로심리검사의 적용과 해석

다중지능검사 결과 1위인 인간친화지능은 홀랜드 진로탐색검사결과에서 나온 S유형의 진로 지지와 직업카드 활동에서 남을 도와주는 것을 좋아하고 최종 선택한 직업인 경찰관(SE유형)과도 일치하고 있다. 또 선호 직업과 자신감 있는 직업과 부모님이 원하는 직업이 경찰관(SE유형)으로 일치하고 있다.

(2) 선택한 진로를 성취하기 위하여 필요한 준비

진로심리검사인 홀랜드 진로탐색검사, 직업카드 검사, 다중지능검사 결과를 상호 관련지어 내담자에 맞는 진로를 경찰관(순경)으로 선택하고. 경찰관이 되기 위하여 ① 영어, 한국사, 형사소송법, 형법, 경찰학개론 5과목 시험 준비하기 ② 자동차운전면허 제1종 보통(필수: 국가전문, 만 18세에 자격증 받음), ③ 전자산업기사(국가기술) 등을 준비한다.

내담자는 진로를 선택하고, 선택한 진로를 성취하는 과정에서 인지적 정보처리 이론(Congnitive Information Processing, CIP)인 CASVE의 과정을 적용하여 내담자의 의사결정이 현재의 상태와 바람직한 상태 사이의 차이를 감소시키도록 활용한다.

2. 내담자의 강점과 약점

1) 내담자의 강점

홀랜드 진로탐색검사에서 희망 직업은 여자경찰관(순경)이고, 희망 전공 학과는 경찰행정학과로 일치하여 진로성숙도가 높다. 또 홀랜드 진로탐색 검사에서 S유형 하위영역별 코드 간은 가치(5/5)는 매우 높고, 능력평정(12/14)과 유능감(9/11)은 높은 편이다.

또한 분화도에서 높은 점수는 S형 48점이고, 낮은 점수는 A형 7점, I형 25점으로 분화되어 있어 변별도가 높다. 따라서 S유형의 진로를 지지할 수 있다.

직업카드 활동에서 내담자의 생애주제를 살펴보면 '남을 도와줄 수 있는 것', '내가 지휘하고 통솔할 수 있고 활동적인 것'을 좋아한다. 또한 선호 직업과 자신감 있는 직업과 부모님이 원하는 직업과 최종 선택한 직업이 '경찰관(순경)으로 일치하고 있다.

다중지능검사 결과 1위인 인간친화지능은 홀랜드 진로탐색검사결과에서 나온 S유형의 진로 지지와 직업카드 활동에서 남을 도와주는 것을 좋아하고 최종 선택한 직업인 경찰관(SE유형)과도 일치하고 있다.

2) 내담자의 약점

직업카드 활동에서 '같은 것만 반복하는 것', '다른 사람의 계획을 세우는 것', '한 공간에만 있는 것'을 싫어함을 알 수 있다.

다중지능검사 결과 7위는 음악지능이고 8위는 언어지능이다. 또 홀랜드 진로탐색검사결과 A형이 6위로 최하위가 나왔다. 직업카드 활동에서 싫어하는 직업의 이유로 '그림을 못 그려서'도 나왔다. 따라서 음악과 A형(예술형)과 관련된 직업을 선택할 경우에는 고려해 보아야 한다.

OK-그램 검사결과에서 I+(자기긍정)인 생각을 가질 수 있도록 FC 자아상태를 활성화시키고, 진로사고검사에서 부정적인 진로사고를 개선하기 위하여 허가식이 필요하다.

3. 상담자가 본 내담자 문제

내담자가 최종 선택한 경찰공무원(순경) 공채는 '영어, 한국사, 형사소송법, 형법, 경찰학개론' 5과목 시험을 본다. 이중에서 영어와 한국사는 받은 점수 그대로 반영되어 변별력이 있기 때문에 특히 시험을 잘 보아야 한다. 그런데 다중지능검사 결과 8위로 언어지능이 나왔는데 내담자는 영어 공부하는 것이 제일 힘들다고 하고, 또 한국사는 공부할 범위가 많다고 걱정을 한다. 이에 내담자는 인지적 정보처리 이론(Congnitive Information Processing, CIP)인 CASVE의 과정을 적용하여 내담자의 의사결정이 현재의 상태와 바람직한 상태 사이의 차이를 감소시킬 수 있는 방안을 찾아보아야 하는 문제점이 있다.

Ⅲ. 진로상담 목표 및 전략

1. 진로상담 목표

1) 내담자

- 내가 선택한 진로가 나에게 맞는지 알아본다. 그렇지 않으면 나에게 맞는 진로는 무엇인지 알고 싶다.
- 내가 갈 진로를 위해 무엇을 준비해야 하는지 알고 싶다.

2) 상담자

- 내담자에게 맞는 진로가 무엇인지 알아본다.
- 내담자가 가야 할 진로를 위해 무엇을 준비해야 하는지 알아본다.

3) 합의된 목표

- 홀랜드 진로탐색검사를 활용하여 흥미・적성을 살펴본 후 내담자에게 맞는 진로를 탐색한다.

- 직업카드 검사를 활용하여 내담자에게 맞는 진로와 가치관을 탐색한다.
- 다중지능검사를 활용하여 잠재능력을 살펴본 후 내담자에게 맞는 진로를 탐색한다.
- 진로사고검사(CTI)를 활용하여 진로결정을 어렵게 하는 부정적인 진로사고를 측정한 후 부정적인 진로사고를 긍정적인 진로사고로 바꾸어 본다.
- 이고그램 검사에서 에너지양이 낮은 자아상태는 활성화시키고, OK-그램 검사에서 자신이나 타인에 대하여 부정적인 관점은 허가식을 통해 긍정적인 관점으로 바꾸어 본다.

2. 진로상담전략

1) 초기: 1회기

내담자와 라포 형성하기, 발달배경과 가족관계에 대하여 알아보기(직업가계도), 지지와 공감으로 내담자의 주 호소 문제 찾기, 비밀보장 동의서 작성하기, 상담의 맥락과 상담 구조를 결정하기

2) 중기: 2~6회기

홀랜드 진로탐색검사, 직업카드검사와 최종 선택한 직업정보 알아보기와 성공한 사람을 탐색해 보고, 다중지능검사도 활용하여 내담자가 원하는 상담목표를 구체화하며 실행한다. 또 진로사고검사와 자아상태검사를 통하여 부정적인 관점을 긍정적인 관점으로 개선하고, 낮은 자아상태는 활성화를 실천하여 높이도록 한다.

3) 후기: 7회기

내담자는 진로상담검사와 상담 활동을 통하여 자기에게 맞는 진로를 스스로 선택하고, 또 선택한 진로를 위해 무엇을 준비해야 하는지 알아봄으로써 상담목표를 달성한다.

Ⅳ. 회기요약

1회기: 20**년 6월 5일(수) 14:30~15:20(50분)

라포형성 / 발달배경과 가족관계 알기 / 주 호소 문제 찾기 / 비밀보장 동의서 작성

인사를 나누고 편안한 환경에서 라포를 형성하였다. 중학교 2학년인 여동생과 부모님에 대한 내담자의 생각을 알아보았다. 또 내담자에 대한 발달배경과 가족관계 및 직업가계도에 대한 좀 더 자세한 내용은 차후 어머니와도 면담하기로 하였다.

주 호소 문제는 "내가 선택한 진로가 나에게 맞는지? 아니면 나에게 맞는 진로는 무엇이고 내가 갈 진로를 위해 무엇을 준비해야 하는지 알고 싶어요."라고 하였다.

2회기: 20**년 6월 12일(수) 14:30~15:20(50분)

홀랜드 진로탐색검사 실시

홀랜드 진로탐색검사에서 S유형 하위영역별 코드 간은 가치(5/5)는 매우 높고, 능력평정(12/14)과 유능감(9/11)은 높은 편이다. 그러나 1위인 S유형과 2위인 C유형이 16점 차이가 남으로써 내담자는 S유형과 관련된 진로・직업에 흥미와 적성이 있다고 말할 수 있다. 홀랜드의 6각형 모형에서 SC유형은 옆으로 하나씩 건너뛴 유형으로 중간 정도의 일관도를 가지고 있다. 분화도에서 높은 점수는 S형 48점이고, 낮은 점수는 A형 7점, I형 25점으로 분화되어 있어 변별도가 높다. 따라서 S유형의 진로를 지지할 수 있다. 그러나 가장 낮게 나온 A형과 관련된 직업을 선택할 경우에는 고려해 보아야 한다.

3회기: 20**년 6월 19일(수) 14:30~15:20(50분)

직업카드 검사 실시 / 최종 선택한 직업 정보 알아보기

직업카드 활동으로 내담자의 생애주제를 살펴보면 '남을 도와줄 수 있는 것', '내가 지휘하고 통솔할 수 있고 활동적인 것'을 좋아한다. 한편 '같은 일만 반복하는 것', '다른 사람의 계획을 세우는 것', '한 공간에만 있는 것'을 싫어함을 알 수 있다. 또한 선호 직업과 자신감 있는 직업과 부모님이

원하는 직업과 최종 선택한 직업이 '경찰관(순경)'으로 일치하고 있다.

워크넷과 '지금 현재 경찰관(순경)을 하고 있는 분'과 면담을 통하여 경찰관(순경)에 대하여 탐색하기 과제를 내주었다.

4회기: 20**년 6월 26일(수) 14:30~15:20(50분)
경찰관(순경) 탐색하기 / 다중지능검사 실시

지금 현재 경찰관(순경)을 하고 있는 분을 만나 정보를 알게 된 부분은 경찰공무원(순경) 공채는 '영어, 한국사, 형사소송법, 형법, 경찰학개론' 5과목 시험을 보고 이중에서 영어와 한국사는 받은 점수 그대로 반영되어 변별력이 있기 때문에 특히 시험을 잘 보아야 한다는 것을 알게 되었다. 또 영어 시험에 자신이 없으면 경찰행정학과 대학에 들어가면 영어 대신 행정법으로 대신할 수 있다는 것도 알게 되었다.

워크넷(work.net)에서 일반순경은 고졸 이상의 학력으로 순경채용시험에 합격하고 24주의 신임 교육과정을 수료하면 된다. 필수로 '자동차운전면허 제1종 보통 자격증'이 필요한데 내담자는 만 18세에 자격증을 발급받았다고 했다.

다중지능검사 결과 1위인 인간친화지능은 홀랜드 진로탐색검사결과에서 나온 S유형의 진로 지지와 직업카드 활동에서 남을 도와주는 것을 좋아하고 최종 선택한 직업인 경찰관(SE유형)과도 일치하고 있다. 2위인 '논리수학지능'은 71점으로 다른 과목보다 수학이나 과학을 더 잘한다. 또 운동과 자전거 등 움직이는 놀이는 잘하고 좋아한다.

다중지능검사 결과 7위는 음악지능이고 8위는 언어지능이다. 또 홀랜드 진로탐색검사결과 A형이 6위로 최하위가 나왔다. 직업카드 활동에서 싫어하는 직업의 이유로 '그림을 못 그려서'도 나왔다. 따라서 음악과 예술과 관련된 직업을 선택할 경우에는 고려해 보아야 한다.

5회기: 20**년 7월 3일(수) 14:30~15:20(50분)
진로사고검사(CTI) 실시

진로사고검사의 총점은 '얼마나 많은 부정적 진로사고를 하는지 나타내는 것'으로 점수가 높을수록 부정적 진로사고를 나타낸다. 내담자의 진로

사고검사 총점은 26/100으로 부정적 진로사고가 낮다고 할 수 있다. 또 진로사고검사 하위척도 중에서 '수행불행'이 34/100으로 1위를 나타내고 있다. 부정적 진로사고 개선으로 '다른 사람을 내 성공의 기준으로 삼지 않고 내가 주가 되어 만족하는 삶을 사는 것'과 '성공이 중요한 것이 아니라 최선을 다하는 것'이 중요하다는 생각을 갖게 되었다.

6회기: 20**년 7월 10일(수) 14:30~15:20(50분) / 자아상태검사 실시

이고그램 검사결과 내담자의 성격 내에 잠재해 있는 에너지의 크기는 A가 가장 높고 AC도 높으며 FC는 낮다. 또 NP가 CP보다 높게 나와 '말없이 충성적으로 일을 잘하고 규칙적인 일도 잘하며 조직에 충성을 하는 '모범생형'으로 나왔다.

OK-그램 검사결과 I+와는 1점 차이로 U-와는 7점 차이로 'I-(자기부정), U+(타인긍정)' 유형이 나왔다. 앞으로 I+(자기긍정)를 활성화시킬 필요가 있다.

7회기: 20**년 7월 17일(수) 14:30~15:20(50분)
진로심리검사의 적용과 해석 및 선택한 진로를 성취하기 위하여 필요한 준비

다중지능검사 결과 1위인 인간친화지능은 홀랜드 진로탐색검사결과에서 나온 S유형의 진로 지지와 직업카드 활동에서 남을 도와주는 것을 좋아하고 최종 선택한 직업인 경찰관(SE유형)과도 일치하고 있다. 또 선호 직업과 자신감 있는 직업과 부모님이 원하는 직업이 경찰관(SE유형)으로 일치하고 있다.

진로심리검사인 홀랜드 진로탐색검사, 직업카드 검사, 다중지능검사 결과를 상호 관련지어 내담자에 맞는 진로를 경찰관(순경)으로 선택하고. 경찰관이 되기 위하여 1) 영어, 한국사, 형사소송법, 형법, 경찰학개론 5과목 시험 준비하기, 2) 자동차운전면허 제1종 보통(필수: 국가전문, 만 18세에 자격증 받았음), 3) 전자산업기사(국가기술) 등을 준비한다.

내담자는 진로를 선택하고, 선택한 진로를 성취하는 과정에서 인지적 정보처리 이론(Congnitive Information Processing, CIP)인 CASVE의 과정을 적용하여 내담자의 의사결정이 현재의 상태와 바람직한 상태 사이의 차이를 감소시키도록 활용했다.

Ⅴ. 적용한 상담이론

구분	이론명	적용근거
일반상담이론	교류분석 상담 (Eric Berne)	• 내담자 자아상태 검사결과에 대한 해결방안으로 낮은 자아상태인 FC를 활성화시킴으로써 바람직한 자아상태를 갖도록 하며, 허가식을 통해 긍정적인 사고와 자신감을 갖도록 함.
진로상담이론	인지적 정보처리이론 (Peterson, Sampson)	• 진로상담을 통하여 내담자가 합리적인 의사결정 방식이나 문제해결 방식을 학습하면, 자신의 진로 문제를 스스로 해결해 나갈 수 있게 될 것으로 봄. • CASVE의 과정을 적용하여 내담자의 의사결정이 현재의 상태와 바람직한 상태 사이의 차이를 감소시키고자 함.

Ⅵ. 진로상담에 대한 평가

1. 진로상담 목표달성 여부

목표달성 정도: 달성 ◎, 50% 달성 ○, 변경/재검토 ◈, 미달성 ×

진로상담 목표 및 내담자 만족도	달성 정도	근거(이유)
진로선택하기	◎	• 다중지능검사 결과 1위인 인간친화지능은 Holland 진로탐색 검사결과에서 나온 S유형과 직업카드 활동에서 남을 도와주는 것을 좋아하고 **최종 선택한 직업이 경찰 관(SE유형)과 일치**
경찰공무원(순경)이 되기 위한 준비	◎	• **'영어, 한국사, 형사소송법, 형법, 경찰학개론'** 5과목 시험 준비하기 • 자동차운전면허 제1종 보통(국가전문) • 전자산업기사(국가기술)
내담자 만족도	9.5/10	• "진로심리검사와 상담활동을 통하여 진로를 선택하고, 준비해야 할 것도 알게 되어 **10점 만점에 9.5점**입니다."

2. 내담자의 변화

어릴 때 성장하면서 경호원과 경찰관이 입은 제복을 선망하게 되었으나 키 제한으로 포기하였는데, 2014년부터 키 제한이 없어져 지금은 경찰공무원(순경)이 되고자 학원에도 6개월 다녔다고 한다. 그러나 내담자가 선택한 경찰관(순경)이 자기에게 잘 맞는지 궁금하였는데 진로심리검사와 상담을 통하여 경찰관(순경)이 잘 맞는다는 것을 알게 되어 진로결정을 굳히게 되었다고 한다.

또 앞으로 경찰관(순경)이 되기 위해서는 다중지능검사에서 8위인 언어지능과 관련 있는 영어와 한국사 시험을 잘 보는 것이 가장 큰 난관이라는 것을 알고 극복하도록 노력하겠다고 하였다.

3. 상담자의 진로상담에 대한 평가

잘된 점	내담자가 진로심리검사를 통해 구체적으로 자신과 진로에 대하여 이해하고 최종 선택한 직업에 대하여 선배 경찰관(순경)과 한국직업정보시스템 워크넷(work.net)을 활용하여 선택한 직업이 하는 일과 필요한 자격과 훈련, 앞으로의 전망 등을 알아보게 하였다. 또 내담자는 자아상태 검사 중 OK－그램 검사결과에서 I+(자기긍정)인 생각을 가질 수 있도록 FC 자아상태를 활성화시켰고, 진로사고검사에서 부정적인 진로사고를 개선하기 위하여 허가식을 하였다.
부족한 점	진로심리검사를 사용하는 기술이 부족하고, 앞으로 상담을 할 때 필요한 상담기법과 대화기법에 대하여 노력해야겠다고 생각이 들었다. 또 상담이론을 실제에 적용할 수 있도록 고민해야겠다.

Ⅶ. 축어록(7회기)

순서	상담내용
상1	6월 5일부터 한 달 반 정도 진로심리검사와 진로상담을 함께 했는데 그동안 수고 많았어요. 오늘이 마지막 상담일인 7회기네요.
내1	아! 마지막 상담 날이네요. 그동안 상담을 받느라고 시간을 내는 일이 좀 힘들었지만. 저에 대해 하나하나씩 알아보는 일은 즐거웠어요.
상2	자신에 대해 하나씩 알아가는 일이 즐거우셨다니 저도 기쁘고 보람이 있네요. 오늘은 진로상담검사와 그동안 상담해 온 일을 바탕으로 ㅇㅇ님에게 맞는 진로에 대하여 생각해 보도록 할게요.
내2	진로에 대해서도 알아보았지만, 이야기를 나누면서 마음의 위안도 많이 받았어요. 그동안 감사했어요.
상3	상담 시간도 잘 지키고 열심히 참여해서 고마워요. 음~ 홀랜드 진로탐색검사를 실시했는데요. 검사 전 진로코드는 ESR형이고, 검사 후 진로코드는 SCR유형이 나왔네요. 2Code가 일치하여 진로성숙도가 어느 정도 높은 편이네요.

내3	검사 전 2Code SR형이고, 검사 후 2Code도 SR형이네요. 저는 희망 직업이 여자 경찰관(순경)인데 SR유형이 잘 맞는지요?
상4	예~ 여자 순경이라도 업무에 따라서 다를 수가 있어요. 사람들과 관계를 하면서 행정업무를 하는 경우에는 SC유형이 잘 맞고요. 불법차량 단속이나 힘을 사용해야 하는 업무를 맡은 경우에는 R유형과 S유형이 필요하지요.
내4	아! 일하는 업무에 따라 유형이 다를 수가 있네요. 이렇게 자세히 알려주시니 제가 하고 싶은 일을 구체적으로 생각해야겠네요. 정말 도움 많이 되네요.
상5	직업카드 활동한 것에 대하여 이야기할까요? ㅇㅇ님의 생애주제는 '남을 도와줄 수 있는 것', '지휘하고 통솔할 수 있고 활동적인 일' 등을 좋아하네요. 또 '같은 것만 반복해서 하는 것을 싫어하고', '다른 사람의 계획을 세우는 것도 싫어하네요.' 또한 '한 공간에만 있는 것도 싫어하고요.'
내5	직업카드 활동을 통해 저의 생애주제를 알게 되었어요. 음~ 남을 도와주고 지휘하며 통솔할 수 있는 활동적인 일로 여자 순경이 잘 어울리는 것 같아요. 그리고 저는 같은 일을 반복하여 되풀이하거나 한 공간에만 있는 것은 참 답답하게 생각해요.
상6	그렇군요. 생애주제를 탐색해 보면서 ㅇㅇ님의 호불호를 알게 되었네요. 직업카드 활동에서 순위별 선호 직업은 1순위 경찰관, 2순위 간호사 그리고 가장 자신감 있는 직업도 1순위가 경찰관으로 나왔네요. 어머니께서는 어떻게 생각하세요?
내6	어머니께서는 제가 흥미가 있고 원하는 직업을 하라고 평소에 말씀하셨어요. 그래서 제가 최종 선택한 직업은 경찰관, 순경입니다.
상7	여자 순경이 되고 싶은 마음이 절실하다고 느껴지네요. 응원 드릴게요. 다중지능검사에서는 1순위가 인간친화지능 2순위가 논리수학지능 3순위는 자기성찰지능이 나왔네요. 이런 결과에 대해서 어떻게 생각하세요?
내7	다중지능에서 1순위 인간친화지능은 직업카드 활동에서 생애주제로 남을 도와줄 수 있는 일을 좋아하는 것과 맞는 것 같아요. 아! 또 홀랜드에서 검사 후 진로코드 SCR유형에서 1순위 S유형도 사람들과 관계를 잘 맺으며, 다른 사람을 도와주는 일을 좋아하는 것과도 일치하네요.

제4절 대학생

1 복수전공, 둘 다 해낼 수 있을지 고민이에요

Ⅰ. 내담자 기본정보

1. 내담자 신상정보

1) 성명: 이민음(가명)
2) 성별: 여
3) 나이: 만 19세
4) 학력: 미국 ○○대학교 fine Arts전공 1학년 재학
5) 직업: 대학생
6) 종교: 무교

2. 주 호소 문제

"그림을 그리고 있을 때 가장 행복했던 것 같아서 전공을 미술로 선택했어요. 그런데 막상 대학에 와서 보니 그림으로 직업을 가지기보다는, 그림은 취미로 하고 엄마, 아빠처럼 직업은 의사로 하고 싶은 거에요. 그렇지만 미술 전공도 포기하고 싶지 않아서 double major를 하려는데 제가 둘 다 해낼 수 있을지 고민이에요."

3. 상담의 맥락

1) 상담장소: ○○의 집
2) 상담기간 및 시간: 20**년 1월 3일 ~ 20**년 1월 13일(총 5회기)
3) 내방경위: 동생의 수업을 지도하는 상담자가 진로상담을 하는 것을 알고 자신의 진로선택에 대한 확신을 얻고자 상담을 의뢰함
4) 이전 상담경험: 없음
5) 이전 심리검사 경험: 없음

4. 인상 및 행동관찰

158cm 정도의 키에 다소 통통하고, 생머리를 편하게 묶고, 복장은 편한 티셔츠와 바지 차림이다. 밝게 웃는 표정이 자연스럽다. 자신감 있는 목소리와 태도로 자신의 의사를 분명히 표현하며 상담에 대한 기대감을 표시하였다.

5. 생애진로사정과 직업가계도(1회기 적용)

1) 직업가계도

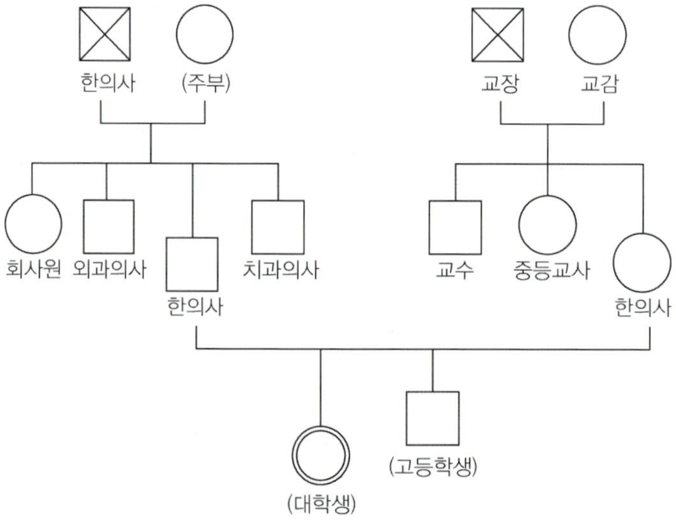

6. 발달배경 및 가족관계

1) 내담자(19세)

1녀 1남 중 첫째로, 부모 모두 한의사이다. 4세까지는 친할머니 집을 오가며 지냈는데, 집안일을 도와주시는 중국교포 아주머니가 데리고 다니셨다. 부모 모두 교육에 관심이 많아 다양한 조기교육과 야외활동 경험을 했다. 7세부터 대학 입학 전까지 미술학원을 계속 다녔고, 수영에도 소질을 보여 고등학교 시절에는 해외 경기에 출전하여 수상한 경력도 있다. 수학 과목에서는 늘 높은 점수를 받지 못했고, 고등학교 때까지 본인이 수학, 과학 과목에 약하다고 생각했다. 남동생이 어릴 때 난독증으로 판정을 받은 후 엄마의 교육적 관심과 열의가 본인에게서 벗어나게 되었고, 이후 스스로 공부하는 것에 혼란이 있었으나 혼자 공부하는 친구를 사귀게 되면서 모든 학과 공부를 학원이나 선생님의 도움 없이 스스로 할 수 있는 방법을 터득하게 되었다. 그 후로는 학업에 자신이 생기고 학업 성적도 오르게 되었다.

2) 아버지(49세)

1녀 3남 중 셋째로, 한의사인 아버지의 뒤를 이어 한의사가 되었다. 대학 동아리에서 내담자의 모와 만나 가정을 꾸리게 되었고, 친구 같은 부부관계를 유지하고 있다. 누나와 형이 미혼인 관계로 본가에서 장남의 역할을 담당하고 살았으나, 남동생 결혼 후 가정문제로 본가와 연락을 끊고 살고 있다. 매사에 꼼꼼한 성격이고 예민한 편이며, 사회생활보다는 가정에 관심이 많아 자녀의 교육뿐 아니라 생활 전반에 걸쳐 많은 역할을 담당하고 있다.

3) 어머니(48세)

1남 2녀 중 막내로, 부모님 모두 교육자 가정이다. 혼자 있는 시간이 많아서 주로 친구들과 어울리며 지냈고, 성격이 밝고 긍정적인 편이어서 지금까지도 주변에 친구가 많다. 의사로서 아주 성공한 편이라 주변에 사람이 많고, 외부 활동이 많으나 휴일에는 꼭 가족들과 여행을 가면서 자녀들과의 관계도 중요시하는 슈퍼우먼이다. 가정 내에서 크고 중요한 일을 결정하는 역할을 담당하는 편이고, 아들이 난독증으로 판정을 받은 후로는 매일 3시간씩 함께 학교 과제물을 수행하며, 난독증을 극복하게 했다.

4) 남동생(17세)

누나와 사이가 아주 긴밀하고 좋다. 많은 부분에서 누나가 좋은 모델링이 되어 있다. 엄마를 아주 좋아해 지금까지도 어리광을 부리며 신체접촉을 많이 하는 편이고, 아빠는 다소 어려워하는 편이다.

Ⅱ. 내담자 문제의 개념화

1. 회기별 주제 및 개요

실시 회기	주 제	결과(개요)
1	상담목표 설정	내담자가 느끼는 문제점에 대해 점검해 보고, 구체적인 상담목표를 설정하였다.
2	홀랜드검사	IA, IS
3	직업카드 검사	선호: 의사 / 한의사 / 미술가 비선호: 건설기계운전원 / 토목공학기술자 / 철도 및 지하철 기관사
4	다중지능검사	강점: 신체운동/음악 약점: 자연친화
5	상담 내용 정리 및 계획 수립	왜 두 전공을 모두 하려 했는지 탐색해 보고, 전공에 관한 결정을 마무리할 수 있도록 도왔다.
홀랜드검사를 통해 내담자의 적성을 알아보고, 직업카드를 통해 직업에 대한 정보와 가치, 흥미를 살펴보았으며, 다중지능검사를 통해 내담자가 가진 강점과 약점에 대해 점검해 보았다.		

2. 직업카드를 활용한 활동(20**년 1월 9일 실시)

직업선택 이유 분석표

<table>
<tr><th>카드분류</th><th colspan="2">좋아하는 직업</th><th colspan="2">모르는 직업</th><th colspan="2">싫어하는 직업</th></tr>
<tr><td>1차 분류 개수</td><td colspan="2">23</td><td colspan="2">5</td><td colspan="2">62</td></tr>
<tr><td>2차 분류 개수</td><td colspan="2">25</td><td colspan="2"></td><td colspan="2">65</td></tr>
<tr><td rowspan="6">선호・비선호 직업</td><td colspan="3">좋아하는 직업 이유</td><td colspan="3">싫어하는 직업 이유</td></tr>
<tr><td colspan="3">내가 좋아하는 분야의 일이라서</td><td colspan="3">밖에서 일하는 직업이라서</td></tr>
<tr><td colspan="3">재능을 살릴 수 있는 직업이라서</td><td colspan="3">기계 같은 것을 다루는 것을 싫어해서</td></tr>
<tr><td colspan="3">전문적인 일을 하는 것 같아서</td><td colspan="3">힘쓰는 일을 해야 하는 것 같아서</td></tr>
<tr><td colspan="3">근무여건이 좋을 것 같아서</td><td colspan="3">정확하고 정밀한 분야의 일인 것 같아서</td></tr>
<tr><td colspan="3">안정적인 생활을 할 수 있을 것 같아서</td><td colspan="3">수학이 필요한 직업들이 많아서</td></tr>
<tr><td>좋아하는 이유・순위</td><td colspan="2">의사</td><td colspan="2">한의사</td><td colspan="2">미술가</td></tr>
<tr><td>싫어하는 이유・순위</td><td colspan="2">건설기계 운전원</td><td colspan="2">토목공학 기술자</td><td colspan="2">철도 및 지하철 기관사</td></tr>
<tr><td>희망직업 순위 및 진로코드</td><td colspan="2">I</td><td colspan="2">I</td><td colspan="2">A</td></tr>
<tr><td>검사결과 평가</td><td colspan="6">내담자는 현재 고민 중인 두 전공과 관련된 직업들을 선호하는 직업으로 꼽았고, 부모의 영향을 많이 받은 것으로 보인다. 비선호 직업에는 특정 장소가 아닌 밖에서 주로 업무를 해야 하는 일이나 몸을 써서 하는 일을 꼽았다. 홀랜드 적성검사에서 상위코드가 IAS로 나온 것과 R유형이 가장 낮게 나온 결과와 일치한다고 볼 수 있겠다.</td></tr>
</table>

3. 다중지능검사 활용한 활동(20**년 1월 10일 실시)

<table>
<tr><td>구 분</td><td>언 어</td><td colspan="2">논리수학</td><td>신체운동</td><td>음 악</td><td>공 간</td><td>자연친화</td><td>자기성찰</td><td>인간친화</td></tr>
<tr><td>점 수</td><td>64</td><td colspan="2">71</td><td>93</td><td>82</td><td>75</td><td>68</td><td>75</td><td>68</td></tr>
<tr><td>순 위</td><td>7</td><td colspan="2">5</td><td>1</td><td>2</td><td>3</td><td>8</td><td>3</td><td>6</td></tr>
<tr><td rowspan="4">검사결과</td><td colspan="2">강점지능</td><td colspan="2">신체운동</td><td colspan="2">음악</td><td>공간</td><td colspan="2">자기성찰</td></tr>
<tr><td colspan="2">보통지능</td><td>논리
수학</td><td>인간
친화</td><td>언어</td><td></td><td></td><td></td><td></td></tr>
<tr><td colspan="2">약점지능</td><td colspan="4">자연친화</td><td colspan="3">약점지능은 동점이라도
한 개만 적용함</td></tr>
<tr><td colspan="9">내담자의 지능은 전반적으로 모두 높고 고르게 분포하는 것으로 나타났다. 다양한 분야의 경험과 학습으로 인해 고른 분포를 보이고 있다고 추측할 수 있겠다. 특별히 강점지능으로 신체운동지능이 높게 나타났는데, 오랫동안 동아리에서 수영대표팀으로 활동을 하며 얻은 많은 성취경험으로 인해 나타난 결과로 볼 수 있겠다. 더불어 음악지능도 높게 나타났는데 사람들을 통해서 심리적 안정감을 얻기보다는 혼자 있는 시간에 음악을 통해 심리적 안정감을 얻고 있는 것으로 볼 수 있다. 이러한 결과로 보아 내담자는 사회성이 많이 필요한 직업보다는 교감할 수 있는 소수의 집단이나 혼자서도 성취감을 얻을 수 있는 직업이 적합한 것으로 보인다.
내담자의 지능이 다양한 분야에서 높고 고르게 나타났으나 특별히 자연친화지능이 낮게 나온 것으로 보아 야외에서 움직임이 많은 활동보다 실내에서 작업하는 직업군이 적합한 것으로 보인다. 시간이 날 때 수영장을 가는 것 이외에는 밖에 잘 나가지 않는 습관 때문에 사람들 만나는 것도 좋아하지 않게 되었고, 그로 인해 많은 친구를 사귀지 않고 있는 것으로 보인다. 자신의 약점을 잘 이해하여 사회생활을 통해 얻을 수 있는 좋은 점을 찾아보고 부족한 부분을 보완하기 위해 노력하고자 한다.</td></tr>
</table>

* 강점지능은 상위 지능 점수순으로 6점 차이 이내인 경우에 강점지능으로 분류함

4. 홀랜드검사 활용한 활동(20**년 1월 6일 실시)

홀랜드유형	R	I	A	S	E	C
검사 전 내담자 예상 순위	5	1	3	2	6	4
검사 후 내담자 결과 순위	5	1	2	3	6	4
검사결과점수	21	48	36	35	18	21

<table>
<tr><th colspan="9">프로파일분석: 기본3코드(IAS)</th></tr>
<tr><th colspan="2">영역</th><th>R</th><th>I</th><th>A</th><th>S</th><th>E</th><th>C</th><th>진로코드</th></tr>
<tr><td colspan="2">성격적성(20)</td><td>5</td><td>18</td><td>8</td><td>10</td><td>11</td><td>14</td><td>IC</td></tr>
<tr><td colspan="2">능력적성(20)</td><td>12</td><td>16</td><td>18</td><td>17</td><td>7</td><td>7</td><td>AS</td></tr>
<tr><td colspan="2">직업적성(16)</td><td>1</td><td>8</td><td>3</td><td>5</td><td>0</td><td>0</td><td>IS</td></tr>
<tr><td rowspan="3">효능감 적성</td><td>A(4)</td><td>1</td><td>3</td><td>3</td><td>1</td><td>0</td><td>0</td><td>IA</td></tr>
<tr><td>B(4)</td><td>0</td><td>3</td><td>1</td><td>2</td><td>0</td><td>0</td><td>IS</td></tr>
<tr><td>C(4)</td><td>2</td><td>0</td><td>3</td><td>0</td><td>0</td><td>0</td><td>AR</td></tr>
<tr><td colspan="2">합계점수(68)</td><td>21</td><td>48</td><td>36</td><td>35</td><td>18</td><td>21</td><td>IAS</td></tr>
<tr><td colspan="2" rowspan="4">검사결과</td><td colspan="2">성격 적성</td><td colspan="5">I(18)C(14)</td></tr>
<tr><td colspan="2">능력 적성</td><td colspan="5">A(18)S(17)</td></tr>
<tr><td colspan="2">직업적성</td><td colspan="5">I(8)S(5)</td></tr>
<tr><td colspan="2">상위 3코드와 하위 영역 간 비교분석</td><td colspan="5">검사 전 예상 순위와 검사결과가 거의 일치하는 것으로 보아 진로성숙도가 높은 편이다. 또한 육각형 모형에서 서로 인접한 I-A-S 영역 간의 점수가 높게 나타난 것은 흥미, 성격적 특성 및 직무의 일관성이 높은 것으로 볼 수 있다. 또 I, A, S 유형과 R, E, C 유형의 점수 차이가 비교할 만한 정도로 나타난 것으로 보아 분화도 또한 높은 것으로 보인다.</td></tr>
</table>

* 합계 점수란 맨 우측칸에 3코드를 기록하고, 여타 진로코드는 상위코드 2개 기록

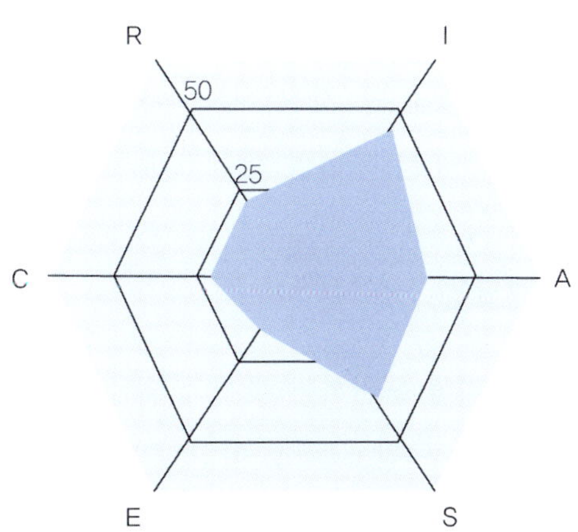

5. 내담자 종합평가

1) 내담자의 강점

다양한 분야에 재능을 나타내고 있으며, 자기에 대한 이해도 높은 편이다. 많은 노력을 통해 가지게 된 성공경험은 내담자가 자신의 분야를 정하고 계획을 세웠을 때 바로 실천으로 이어갈 수 있는 자신감의 원천이 될 수 있을 것이다.

2) 내담자의 약점

신체운동지능이 가장 가장 높게 나왔으나, 직업적성에서는 실재형(R)이 낮은 편에 속한다. 직업에 대한 명확한 관점은 강점이 될 수 있으나 다른 분야를 돌아볼 여지를 가지지 않는 면에서는 약점으로도 볼 수 있겠다.

3) 상담자가 본 내담자 문제

내담자는 자신이 원하는 분야를 비교적 정확하게 알고 있으나, 그 결정과정이 합리적인 과정을 통해 내려진 것인지 확신이 없다. 그 목표를 달성하기 위해 구체적인 계획을 세우는 데 있어 망설이는 이유가 무엇인지 문제점을 명확하게 인식할 필요가 있어 보인다.

6. 내담자 진로유형(진로결정자, 미결정자, 우유부단자)

- 진로유형을 제시하고 그 근거나 이유를 기술
  내담자는 진로결정자이다. 두 가지 진로 사이에서 갈등 중이기는 하지만, 자신이 원하는 분야를 비교적 정확하게 알고 있다.

7. 진로장벽 및 방해요인

전공 두 가지 중 한 가지를 포기하는 것이 실패한 것이라는 생각과 실패를 인정하고 싶지 않은 심리적 요인, 그리고 타인, 특히 엄마에게 인정받고 싶은 욕구와 평가에 대한 두려움이 내담자의 진로장벽 및 방해요인으로 볼 수 있다.

Ⅲ. 진로상담목표 및 전략

1. 내담자와 합의된 목표

자신의 진로선택에 대해 탐색하고, 그에 대한 구체적인 정보를 수집하여 현실적인 진로 설계를 하는 데 적극적으로 노력한다.

2. 상담자의 상담목표

1. 의대를 진학하고자 하는 내담자의 진로결정 과정을 탐색한다.
2. 합리적인 의사결정인지가 확인되면 premedi과의 학업과정에 대한 자료를 충분히 찾아보도록 한다.
3. 현재 전공인 미술과 의예과를 모두 이수하려고 한다면, double major의 스케줄이 현실적으로 가능한지 스스로 확인하도록 돕는다.
4. 자신의 흥미와 적성, 가치관 등을 모두 고려하여 우선순위를 정하고 그에 맞는 학업과정을 설계하도록 돕는다.
5. 미술을 포기할 경우 인생에 실패를 하는 것이라고 생각하게 된 심리적 요인을 찾아보고 타인의 평가에 두려워하지 않도록 돕는다.

3. 상담전략

1) **초기 상담전략**: 대학생활의 어려움을 공감하고 지지하며 라포를 형성하고, 상담계약을 (상담의 회기와 시간, 검사 도구에 대한 설명, 비밀보장 동의서, 축어록 작성에 대한 동의 등) 실시한다. 또한, 내담자가 갈등하고 있는 진로선택의 문제점을 탐색하며 구체적인 상담목표를 설정한다.
2) **중기 상담전략**: 내담자의 가족관계를 탐색하고, 다양한 검사 도구를 통해 내담자의 진로선택 과정의 문제점과 심리적 문제를 파악하도록 한다.
3) **후기 상담전략**: 질문을 통해 내담자의 비합리적 신념을 수정하고, 수정된 합리적 신념으로 전공 선택에 대한 내적 갈등을 마무리하고 결정을 내릴 수 있도록 돕는다.

Ⅳ. 적용한(일반) 진로상담이론

구분	이론명	적용근거
일반상담이론 (1개 적용)	REBT	내담자는 자신이 원하는 분야를 비교적 정확하게 알고 있지만, 그 결정 과정이 합리적인 과정을 통해 내려진 것인지에 대해 계속해서 의심하고 있다. 결정을 미루고, 스스로의 선택을 의심하고 있는 이유를 탐색하여 내적 갈등을 마무리하고 계획을 실행할 수 있도록 도왔다.
진로상담이론 (1개 적용)	긴즈버그의 발달이론	내담자는 긴즈버그의 발달 이론에서 현실기의 하위 단계 중 구체화 단계에 있는 것으로 보인다. 그 이유는 목표는 설정하였으나 아직 자신의 결정과 관련된 내·외적인 요소를 종합하지 못하고 있는 상태로 보이기 때문이다. 이러한 점을 적용하여 상담을 진행하였다.

Ⅴ. 회기요약

1회기: 20**년 1월 3일

- **주요내용**: 내담자의 현재 생활에 대해 탐색하고, 상담목표를 함께 정했다.
- **차시예고**(다음 회기 안내): 홀랜드 적성검사를 실시하여 내담자의 적성을 알아보기로 하였다.
- **상담자 요약**: 동생의 수업으로 인해 자주 보던 상담자에게 친근한 태도를 보이며 어려움 없이 이야기를 나눴다. 두 가지 전공을 계획하고 있어 서로 다른 분야의 공부를 하면서 겪는 현실적인 어려움에 대해 나눴다. 앞으로 상담을 통해 지금 수행하고 있는 학업 스케줄이 진로선택을 위한 올바른 결정인지 스스로 알아보고, 그 결정이 자신의 적성과 흥미를 반영한 것인지도 알아보기로 하였다. 또한, 상담을 통해 얻게 된 결과를 앞으로의 학업 계획에 반영해 보기로 하였다.

2회기: 20**년 1월 6일

- **주요내용**: 문장완성 검사를 통해 내담자의 가족관계를 살펴보고, 내담자의 가치관 등을 파악했다. 또한, 홀랜드 적성검사를 실시한 후 해석하며 내담자의 내적 갈등요소를 줄여나갔다.
- **차시예고**: 직업카드를 통해 내담자의 직업에 대한 정보와 가치, 흥미를

살펴보기로 하였다.

- **상담자 요약:** 내담자는 홀랜드 적성검사의 결과를 보며 미술보다 의사에 적합한 유형이 나왔다는 것에 반가움을 표시하였다. 또한 그동안 자신이 없어서 회피했던 수학 과목 때문에 자연스럽게 미술을 전공으로 선택했다는 사실을 깨닫게 되었다. 하지만 좋은 대학을 가고 나니 무엇이든지 할 수 있다는 자신감이 생겼다. 더불어 상담 과정 중 고등학교 때 과학 과목 성적도 우수했다는 사실을 상기하게 되었고, 의예과를 준비하는 것에 자신감을 얻는 모습을 보였다.

3회기: 20**년 1월 9일

- **주요내용:** 직업카드를 활용하여 내담자의 직업탐색 과정, 직업에 관한 생각, 직업 가치관 등을 살펴보았다.
- **차시예고:** 다중지능검사를 실시하여 내담자의 강점과 약점에 대해 점검하기로 하였다.
- **상담자 요약:** 직업카드를 통해 내담자는 의사-한의사-미술가를 선호하는 것으로 나타났으며, 건설기계운전원-토목공학 기술자 등은 비선호하는 것으로 나타났다. 선호하는 직업에 대한 이유를 보니 부모님의 직업에 대한 막연한 동경이 많았고, 다른 직업에 대해서는 적극적인 탐색의 시간이 없었던 것으로 나타났다. 의사라는 직업이 내담자의 적성에 맞기는 하나, 내담자가 아직 더 다양한 직업에 대한 정보가 부족할 수 있으므로 I유형에 맞는 직업군에 대해 설명해 주었고, 흥미가 가는 몇 가지 직업에 대해 찾아보도록 하였다. 비선호 직업에 대한 이유를 분석해 보니 야외에서 활동하기 싫어하는 자신의 습관과 연관이 있다는 사실을 알게 되면서 자신의 습관에 대한 통찰을 해 볼 수 있었다. 의사가 되어서도 자신이 좋아하는 몇 사람과의 지속적인 교류를 할 수 있는 대학 병원 같은 곳에서 일하고 싶다고 하여 내담자가 원하는 직업환경은 내담자의 가치관과도 연관이 있음을 알게 되는 시간이었다.

4회기: 20**년 1월 10일

- **주요내용**: 다중지능검사를 실시하고 해석하며 내담자가 검사결과를 어떻게 받아들였는지 살펴보았다.
- **차시예고**: 마지막 회기로서 그동안의 상담을 종합 및 정리하고, 내담자의 진로결정에 어떤 변화가 생겼는지 살펴보기로 하였다.
- **상담자 요약**: 다중지능검사에서 내담자는 신체운동지능이 제일 높게 나왔고, 두 번째로 음악지능이 높으며 세 번째로 자기성찰지능과 공간지능이 높았다. 네 번째로 논리수학지능도 높게 나타났으며, 자연 친화지능을 제외하고 모든 지능이 60점을 넘기며 골고루 높게 나타나는 특징을 보였다.

  신체운동지능이 높게 나타난 것에 대해 내담자는 수영을 하며 많은 칭찬을 받았던 것이 그런 결과를 보이는 것이고, 음악은 예상외지만 대학생활을 하면서 음악을 많이 들으며 생활했기 때문일 것이라고 검사결과를 스스로 분석하였다.

  내담자는 논리수학지능이 의사가 되는 것에 얼마나 연관이 되는지를 궁금해했고, 모든 지능이 골고루 높으므로 어떤 진로를 선택해도 좋을 만큼 많은 능력이 있음을 이야기해 주니 만족감을 표시하였다. 자연친화지능이 낮은 이유에 대해서는 자신이 게으른 편이라 밖에서 활동하는 일을 정말 싫어하는데 그런 이유일 것 같다고 하며 그런 성향은 변할 것 같지 않다고 하였다.

  다양한 분야의 적성과 흥미가 설문지를 통해 측정되는 것에 관심을 표현하면서, 사람의 관심과 능력의 분야가 다양하고 특성이 다르다는 것을 알게 되었고, 진로를 결정하는 데 많은 요소들이 고려된다는 점을 생각해 보게 되었다고 하였다.

5회기: 20**년 1월 13일

- **주요내용**: 내담자의 내적 갈등을 정리하기 위해 직접 대학교 사이트에 접속하여 스케줄표를 만들어 보고, 결정을 미루는 요인들에 대해 살펴봄으로써 내담자가 스스로 결정할 힘을 가질 수 있도록 도왔다.

• **상담자 요약**: 그동안 여러 가지 검사를 실시하면서 내담자의 진로결정에 생긴 변화를 알아보고자 하였다. 다양한 검사를 통해 나타난 것처럼, 어떤 직업을 택해도 부족하지 않을 능력과 적성을 갖고 있다는 점을 격려하고, 인생의 장기계획을 고려하여 전공을 선택하기로 하였다. 대학교 사이트에 접속하여 학년별로 이수해야 하는 두 가지 전공의 과목들을 보고, 스케줄을 표로 만들어 보면서 시간상 도저히 가능하지 않다는 사실을 깨닫고 난 뒤 어떤 결정이든 해야 한다는 부담을 갖게 된 내담자에게 왜 무리하게 두 가지를 끝까지 끌고 가려는지 그 생각의 이면을 돌아보도록 유도하였다. 미술활동을 통해 의예과 공부를 하면서 받는 스트레스에서 벗어날 수 있다는 생각이 있음을 알게 되었고, 부모에게 인정받고 싶은 욕구와 대학에서 만난 미술과 교수님들이 주는 심리적 안정감을 잃을 수도 있다는 불안감 등 복잡한 요인들이 있음을 직시하게 되었다. 건강한 사회인으로 성장하기 위해서는 서서히 어른들의 심리적 지지에서 벗어나 또래 친구들을 사귀며 정서적 독립을 하는 방법을 고려해 보도록 하였다. 또 개학 후 교수님들과 충분히 상의하여, 자신감을 가지고 스스로 전공을 결정할 수 있도록 조언하였다. 내담자는 미술을 부전공으로 선택하는 결정을 하게 될 것 같다고 하면서 상담을 마무리하였다.

Ⅵ. 진로상담에 대한 종합평가

1. 진로상담 목표달성 여부

목표달성 정도: 달성 ○, 50% 달성 ◑, 변경/재검토 ◈, 미달성 ×

구분	달성	근거(이유)
내담자	○	double major에 대한 막연한 생각을 정리할 수 있었고, 현실적이고 구체적인 학업계획을 세우면서 우선순위로 두어야 할 분야와 포기할 분야를 결정할 수 있었다.
상담자	○	내담자가 가지고 있는 진로결정과정의 문제를 탐색하여 그 배경에 있는 심리적인 요인들을 살피고, 이와 관련하여 내담자가 계발해야 할 부분을 다루었다. 또한 직접적인 학과정보를 살펴보면서 현실적인 진로결정이 이루어지도록 도와주었다.

2. 내담자의 변화

자신이 두 가지 전공을 하고자 하는 배경에는 부모에게 인정받고자 하는 욕구와 더불어 새로운 환경에서도 부모와 같이 지지해 주는 미술과 교수님들과의 관계가 있다는 것을 깨닫게 되었다. 그리고 그런 결정이 스스로에게 힘든 상황을 만들고 있다는 것을 알면서도 계속 고집을 부리게 되었던 요소임을 인정하게 되었다. 이제 더는 결정을 미루지 않고 현실적인 부분을 고려하여 전공에 대한 결정을 내리려고 한다.

3. 진로상담에 대한 종합평가

1) **내담자 자기평가:** 두 전공의 특성상 double major는 현실적으로 불가능하다는 것을 알게 되었고, 한 가지라도 제대로 하기 위해서 더는 미룰 수 없음을 직시하게 되어 이제 결정을 하기로 마음을 먹을 수 있게 되었다.

2) **상담자 평가**

잘된 점	• 스스로 학과 교육과정을 찾아보면서 비교를 통해 현실적인 문제가 있다는 것을 깨닫게 된 점 • 무리한 선택을 계속 밀고 나가는 이면에는 심리적으로 부모나 어른들로부터 독립하지 못하고 있음을 깨닫게 된 점
부족한 점	시간적 제약으로 상담 횟수가 적어서 학생의 심리적 문제들을 깊이 있게 다루지 못한 점

Ⅶ. 축어록(5회기)

순서	상담내용
상1	그동안 우리 이것저것 많이 검사했는데 오늘 그 얘기를 정리하면서 마무리해 보자. 우리가 그동안 믿음이가 고민하던 복수 전공을 다 하는 문제에 대해서 얘기하고 있었는데 믿음이는 그동안 상담을 하면서 스스로 생각이 좀 정리된 부분이 있는 것 같니?
내1	그동안 제 생각에도 두 가지를 다 하는 것은 힘들 것 같았어요. 그래도 한 가지를 지금 포기하는 것은 좀 그래요. 아직도 제가 어떻게 하면 좋을지 모르겠어요. premedical로 전공해서 대학원을 가려면 모든 과목이 A가 나와야 하는데 지금 벌써 화학과목이 B가 나왔어요. 하지만 제가 더 열심히 하면 다음 학기에 올릴 수 있을 거 같기도 해요.
상2	그래 그 정도로 성적이 좋아야 한다면 미술과목을 같이 병행하는 것은 더욱 힘들 텐데 괜찮겠니? 미술 과목은 절대적으로 시간이 많이 필요한 과목이라고 알고 있는데 믿음이도 알고 있지 않아? 우리 학교 사이트에 들어가서 각 전공에 필요한 과목을 한번 살펴보는 건 어떨까?
내2	네 그래요. 선생님. 저도 궁금했는데 찾아볼 생각은 안 했어요.
상3	(내담자의 대학교 사이트에 접속하여 각 전공에 필요한 과목을 학년별로 같이 살펴보면서 표를 만들어 같은 학기에 중복으로 수강신청이 되지 않는 과목들을 비교하여 보면서) 자.. 지금 이렇게 찾아보니까 어떤 생각이 드니?
내3	(속상한 표정을 지으며) 현실적으로 불가능한 게 많네요.
상4	그렇게 생각이 드니? 그럼 선생님과 정리를 한번 다시 해 볼까?
내4	네.
상5	선생님이 그동안 믿음이를 상담하면서 보니까 믿음이는 다른 사람보다 많은 재능을 갖고 있고 또 의지력도 높아서 무엇을 해도 다 잘 할 수 있을 것이라는 생각이 들었어. 그런데 한 가지 궁금했던 것은 현실적으로 불가능한 두 가지를 왜 같이 하려고 고집했는지.. 그 이유였는데 믿음이가 인식하지 못하고 있는 게 아닐까 싶기도 해. 그것을 먼저 찾아보면 자연스럽게 모든 계획이 정리가 될 것 같거든.
내5	사실 저는 15년 동안 단 1명의 선배가 두 가지 전공을 해냈다는 사실을 듣고 저도 한번 도전해 보고 싶었기도 했고 엄마한테 나도 그렇게 하겠다고 자신 있게 말했는데 제가 화학 과목이 B가 나왔다고 바로 미술을 부전공으로 돌리면 실망하실 것도 같았어요. 또 미술과 교수님들도 저를 천재라고 많이 칭찬하셨는데 부전공으로 돌리겠다고 하면 실망하실 것도 같고, 제가 좋은 대학을 들어오기 위해 미술을 택했다고 오해하실 것도 같고 복잡했어요.
상6	그랬구나. 많이 힘들었겠네…. 그런데 지금은 벌써 한 학기가 지나갔고 이제 곧 다음 학기가 시작할 텐데 이제는 다른 사람들에 보이는 네 모습보다는 너 스스로를 먼저 생각하는 믿음이가 되어야 할 시기라고 생각이 드는네 믿음이는 어떻게 생각하니?
내6	저도 한 학기가 지나가면 또 성적이 떨어지고 그렇게 되면 진짜 premedical을 전공하려면 대학생활이 4년 이상이 걸릴 수도 있을 거 같고, 또 그렇게 해서 얻은 학점으로는 Medical 대학원 진학이 어려울 수 있을 거 같아 걱정이 많아요.

상7	예상되는 어려움을 알면서 계속 그 길을 가려고 하는 이유를 믿음이가 스스로 아까 얘기한 것 같은데 이제는 우선순위를 정리하면서 나중으로 미뤄야 할 일들을 정리해 보는 게 필요할 것 같은 생각이 든다.
내7	네. 선생님. (머뭇거리며) 사실 저는 그동안 고등학교 때에도 엄마가 동생한테만 관심을 많이 두셔서 내 존재감에 대해 드러내고 싶은 게 있었던 것 같았어요. 엄마가 나에게 무엇을 원하는지 말로 하지는 않지만 제가 미술을 잘하는 거에 대해 그렇게 좋아하지 않으셨거든요. 그래서 그림을 그리고 있는 게 저한테는 제일 좋고 행복한 시간이었지만 전공으로 선택해서 평생 그림만 그리고 살고 싶지는 않다고 점점 생각하게 되었던 거 같아요. 그래서 나도 모르게 엄마 아빠 직업인 의사 같은 직업을 선택하면 좋아하실 것도 같고 또 제가 수학은 싫어하지만, 과학 과목을 좋아하기도 하니까 잘 할 수 있을 거 같기도 하고 해서 한번 해 보고 싶었어요. 하지만 미술을 지금 포기하기는 정말 싫고, 또 그림을 그리는 것이 의학공부를 하면서 스트레스를 받아 삭막해질 내 마음을 안정시키는 데 도움이 될 것 같은 생각이 들어서 둘 다 해 보려고 했어요.
상8	그렇구나. 정말 많은 것이 고려된 결정이었구나. 에고, 우리 믿음이 많이 힘들었겠다. 선생님이 그동안 믿음이의 여러 가지 검사결과를 보면서 조언해 줄 수 있는 것은 두 가지 전공 모두 믿음이가 잘 해낼 수 있는 전공이라고 보여. 미술을 하면 타고난 재능이 워낙 뛰어나니까 좀 노력을 덜 하더라도 쉽게 성공할 수 있을 것이라 보이지만, 믿음이는 도전하면서 노력하는 과정을 즐기는 것 같고 또 졸업 후 바로 선택할 직업이 의사라고 한다면 그 전공을 해도 잘 할 수 있을 것 같다. 하지만 둘 다 같이 전공하는 것은 둘 다 이루지 못할 것이 분명한 결과이니 믿음이의 말대로 미술은 평생 취미처럼 같이 가는 일이라고 생각하면 쉽지 않을까? 어차피 타고난 재능이 있으니까 언제 하더라도 잘 할 수 있고 네가 하고 싶은 때에 하면서 정서적인 만족감을 줄 수 있는 일이니까 꼭 전공까지 하지 않아도 될 일 같은데….
내8	그렇겠네요. 그래도 그동안 대학 가서 의지할 데도 없을 때 교수님들이 많이 힘이 되어 주셨는데 미술을 전공으로 안 하고 부전공으로 하면 나에게 실망하셔서 예전 같은 관계가 유지되기 힘들지 않을까요? 거기 가면 집에 있는 것처럼 편안하고 그랬거든요.
상9	그랬구나. 새로운 환경에서 적응하는 데 교수님들이 많이 도와주셨구나. 참 고마운 분들이시네. 그러면 그 교수님도 너를 진심으로 아끼시니까 네 진로고민을 진지하게 들어주실 텐데 가서 솔직하게 다 말씀드리고 의논을 한번 해 봐. 아마도 분명히 네가 원한다면 졸업 후 가고자 하는 의학대학원을 가기 위해 premedical을 전공하는 것에 대해 반대하지 않으실 거라는 생각이 드는데. 그리고 부전공을 해도 지금처럼은 아니지만 계속 얼굴을 보면서 조언을 구하고 만날 수 있지 않을까?
내9	그렇겠죠. 하지만 지금처럼은 아니겠죠.
상10	하지만 믿음이도 한 학기씩 지내면서 premedical 전공에서도 친구나 교수님들을 알아가면서 또 새로운 도움을 받을 수도 있고 스스로 성장해갈 수 있지 않을까? 좀 더 적극적으로 친구들을 사귀는 것은 어떻게 생각하니? 동아리도 들고 다양한 방법이 많이 있을 거야.
내10	네. 벌써 그룹보고서 쓰면서 그쪽 전공 친구들 몇 명 사귀기는 했어요. 제가 욕심이 많은가 봐요. 여기서는 공부하고 저기서는 스트레스 풀고 그럴 마음이 있었어요.
상11	욕심이 많은 것이 나쁜 건 아니지. 오히려 네 나이에서는 필요한 점인데 그것을 잘 살려서 무엇인가 해 낼 수 있는 거잖아.

내11	오늘 선생님이랑 학교 사이트를 보면서 버틸 때까지 해 보려고 했는데 일단 그 생각은 바꿔야 할 것으로 정리가 되었어요. 미술을 부전공하든지 접든지 해야 한 가지라도 졸업장을 받을 수 있겠네요.
상12	그래 일단 결정을 해야 한다는 사실을 알게 돼서 다행이다.
내12	하지만 속상해요….
상13	그래. 어떻게 결정을 하더라도 중요한 것은 네가 포기하는 것이 아니라는 것을 알아야 할 것 같아.
내13	포기하는 거죠.
상14	현실적으로 이룰 수 없는 꿈에 도전하면서 그것을 붙잡고 있는 것보다 시간을 두고 단계적으로 하나씩 이루어 가는 것이 포기는 아니지 않을까? 좀 더 생각을 유연하게 할 필요가 있지 않을까 싶다.
내14	그럴까요? 엄마는 제가 지금 미술을 부전공해야 할 거 같다고 하면 "그럴 줄 알았다. 그러니까 왜 그동안 고집부렸냐"고 하실 텐데요.
상15	그 뜻은 둘 다 하라는 뜻이 아니잖아. 왜 현실을 받아들이지 않고 고집을 부렸느냐는 뜻이지 않을까? 오히려 엄마가 좋아하실 것 같은데. 믿음이가 이제 스스로가 가둔 틀에서 벗어나 현실을 인정하게 되었다고 솜 성상했나고 지지해 주실 거야. 엄마도 네가 그동안 두 가지 다한다고 고집부리면서 성적이 좋지 않아서 걱정하고 계셨던 것으로 알고 있는데.
내15	그러면 제가 엄마한테 좀 지는 거 같지 않을까요?
상16	(웃으면서) 네 진로를 놓고 엄마와 게임을 하고 있는 거야?
내16	아니요 꼭 그런 건 아니지만….
상17	지금 네가 진로를 결정하면서 제일 중요한 것이 무엇인지 다시 생각해 봐. 네가 하고 싶고 또 잘 할 수 있는 일을 평생 아니 일정 기간 동안 하면서 보람도 느끼고 또 경제적으로 안정된 생활도 할 수 있는 일을 찾는 과정이잖아. 엄마나 교수님과의 관계도 물론 고려해야 하지만 그 관계들이 혹시 네 결정에 중요한 영향을 미치고 있는지 냉정하게 생각해 보았으면 한다.
내17	네, 알겠어요. 선생님. 저는 상담을 시작하면서는 둘 다 잘해 낼 수 있는지만 궁금했는데 지금 생각해 보니까 왜 둘 다 하려고 했는지가 더 먼저 생각해 보아야 할 일인 것 같네요.
상18	그래 바로 그거야. 그걸 고민해 보면 앞으로 어떻게 해야 할지도 자연스럽게 결정이 될 거야. 역시 믿음이는 똑똑해서 문제의 파악이 잘 되는구나. 문제를 알았으니 답도 금방 구할 것이라 믿는다. 아니 이미 답을 알고 있는 것 같지만 네 스스로 정리할 시간이 필요할 거라 생각이 드니까 그동안 상담을 통해서 알았던 것들, 느꼈던 생각들을 정리해서 네 생각으로 만들어 봐.

2 열심히 하고 있는데, 무엇인가 정해지지 않아 불안해요

Ⅰ. 내담자 기본정보

1. 내담자 신상정보

1) 성명: 김하늘(가명)
2) 성별: 남
3) 나이: 23세
4) 학력: 대학 재학
5) 직업: 대학생
6) 종교: 무교

2. 주 호소 문제

"지금 열심히 하고 있는데 무엇인가 정해지지 않아 불안해요. 어떤 방향으로 가야 할지 알고 싶어요."

3. 상담의 맥락

1) 상담장소: 대학교 잡카페
2) 상담기간 및 시간: 20**년 5월 9일~20**년 6월 4일
3) 내방경위: 자신과 잘 맞는 진로가 어떤 분야인지 명확하게 알고 싶어 상담 신청을 했다.
4) 이전 상담경험: 없다
5) 이전 심리검사 경험: 없다

4. 인상 및 행동관찰

175cm의 키에 건장한 체격으로 눈매가 좀 날카로워 보인다. 얼굴에 여드름이 많은 편이다. 처음은 다소 경직되어 보였으나 시간이 흐름에 따라 미소를 짓는 등 상호작용을 하려고 노력하는 모습을 보였다. 눈을 정면으로 마주치지 못하고 슬쩍 옆으로 돌려서 눈 맞춤을 한다. 대인관계를 어려워하는 듯 하지만, 자신의 의사표현은 명확하게 하는 편이다. 시간 관리가 철저한 편으로, 오전에 헬스장에 다녀와서 수업에 참여하고, 수업 이후 12시까지 도서관에서 공부하는 등 바쁘게 보내는 중에 상담시간도 정확하게 지키는 성실함을 보인다.

5. 생애진로사정과 직업가계도(1회기 적용)

1) 직업가계도

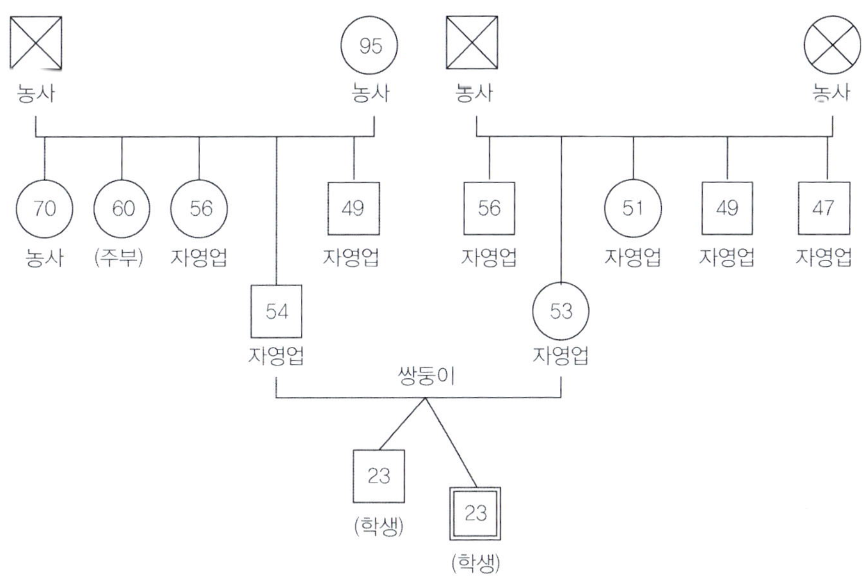

6. 발달배경 및 가족관계

1) 내담자(23세)

아이들 공부를 위해서는 시내로 나가야 된다는 주위 친척분들의 권유로 중학교 때 시내로 이사하게 되었다. 이사를 했으나 여전히 시골에서 자영업을 하시는 부모님은 밤 10시가 되어서야 들어오셨다. 쌍둥이 형은 그런대로 적응하는 것 같았지만, 내담자는 집에 가면 아무도 없는 것이 너무 싫어 친구들과 어울려 PC방 가는 것을 유일한 낙으로 삼았다. 학교는 거의 결석하다시피 했지만, 게임에 있어서는 학교에서 아주 유명하여 학교에서 지나가면 '재야, 재' 하면서 모두 부러움의 눈으로 쳐다볼 정도였다. 놀다가 점심 때 급식을 먹으러 학교에 가는 정도였다. 내담자 때문에 부모님이 학교에 많이 불려 갔다. 그러나 부모님은 한 번도 내담자에게 공부하라는 말은 하지 않았고, 그저 그러지 말라는 말만 하셨다. 고등학교는 특성화고에 결원이 생기면서 겨우 들어가게 되었다. 몇 번이나 그만두고 검정고시를 보고 싶다고 했으나 그때마다 부모님이 학교만은 제발 다니라고 해서 겨우 학교에 적응해가기 시작했다. 그러면서 서서히 '공부해 볼까' 하는 생각이 들었고, 반에서 과목별로 제일 공부 잘하는 아이를 찾아가서 공부 방법을 알려달라고 했다. 그 방법대로 공부를 하자 고등학교 2학년부터 내신이 서서히 오르기 시작하면서 2등급 후반으로 올라갔고, 모범생인 쌍둥이 형보다 성적이 더 잘 나올 때도 있었다. 졸업이 가까워질 무렵, 차츰 공부에 재미를 붙여가고 있던 차에 아버지가 한꺼번에 두 명을 대학에 보내게 되면 학비가 두 배가 들어서 동시에 두 명을 대학에 보낼 수는 없다는 말씀을 하셨다. 내담자의 손을 잡고 일 년 뒤에 대학에 가면 안 되겠냐고 말씀하셨다. 처음 보는 아버지의 모습이었다. 그 당시에는 몹시 화가 났고, 세상이 싫었다. 세상에 내 편은 없다는 느낌을 받았다. 화가 나면서도 인정할 수밖에 없었던 것은 쌍둥이 형은 착했으며 예전부터 공부를 잘했고, 자신은 고등학교 후반부터 잘했으며, 예전에 많이 놀았었다는 점이었다. 그러나 억울한 감정은 있었다. 마침 그때 학교에서 ○○회사 생산직 파트를 뽑고 있었고, 부모님의 동의를 받고 그곳에 지원하였다. 6개월 동안 이를 악물고 일을 했고, 한 달에 300만 원을 벌면 최소한의 생활비인 10만 원을 빼고 모두 집으로 보냈다. 주말에도 일을 하러 나가는 생활을 하니 몸이 로봇이 되는 기분이었다. 이대로 살다가는 뇌가 녹슬겠다는 생각을 하면서 이제까지의 삶을 후회했다. 중국어에는 관심이 없었는데, 일하는 곳에 한국인보다 중국인이 많은 것을 보고, 나중에 공부를 하게 된다면 중국어를 공부해야겠다고 생각했다. 6개월을 일하고 난 뒤 다시 집으로 돌아오게 되었고, 6개월 후 중국어과에 입학하게 되었다. 그렇지만 이틀 만에 휴학계를 내고 군대에 갔다. 그동안 앉아서 공부해 본 것이 처음이었고 적응하기가 어려웠다. 군대에서는 자기계발서를 많이 읽었고, 생각을 많이 했다. 그러면서 이제까지의 삶을 후회했다. 지금의 친구들을 그대로 유지하면 밑바닥에서 놀겠다는 생각이 들면서, '더 이상 밑바닥에서 놀 수 없다. 공부해보자'하는 굳은 결심을 하게 되었다. 군대 제대 후 어머니에게 왜 자신에게 일 년 뒤에 대학에 가라고 했냐고 물었는데, 어머니는 전혀 모르고 있었다. 내담자는 아버지와 어머니가 의논해서 자신에게 한 말인 줄 알고 있었는데 아니었고, 그 사실 때문에 한동안 어머니가 아버지에게 따지면서 많이 싸우셨다. 군대 제대 후에는 자신이 계획했던 것들이 마음먹은 것처럼 되지는 않았지만, 두려워하지 말고 앞만 보자고 생각했다. 바닥이었던 성적을 고등학교 2학년 때 2등급까지 올려놓았던 경험이 힘이 되었다. '나도 할 수 있겠다. 뭔가 될 것 같다'는 자기 암시를 걸었고, 후회하지 않을 만큼 최선을 다해서 나를 넘어서겠다는 다짐을 하고 복학을 했다. 죽을힘을 다해 공부에만 매달렸다. 그 결과 복학 일 년 후, 상위권 성적을 받았고, 중국어 관련 자격증을 여러 개 취득하며 올해 가을, 1년 코스로 중국유학을 갈 수 있게 되었다. '내가 졸업 후 무엇을 할 수 있을까' 하는 생각을 입학할 때 하게 되었고, 학교를 다니면서 유학을 갈 수 있는 기회를 알게 되어 그에 맞춰 노력한 결과였다. 내담자는 인생은 롤러코스터라는 말을 좋아한다. 지금 자신이 그 롤러코스터를 타는 기분이라고 말했다.

2) 아버지(54세)

시골에서 자영업을 하시는 아버지는 거의 말이 없으며 묵묵히 자기 일에만 열심이다. 이른 아침 일터로 나가시고 밤늦게 집에 들어오신다. 평소 아버지와 대화할 시간은 없지만, 결정해야 할 일이 생기면 어색하지만 도움을 요청하기도 한다. 동시에 두 명을 대학에 보내기 어려운 경제상황에 부딪치자 내담자에게 일 년 후에 대학에 가면 안 되겠냐고 직접 말한다. 그 후 달라지는 아들의 모습을 직접적으로 칭찬하지는 못하고 다른 사람들에게 내담자를 자랑한다. 그것을 엿들은 내담자는 그때 아버지가 자신을 자랑스럽게 여긴다는 것을 알게 되었다.

3) 어머니(53세)

아버지의 자영업을 함께 돕고 있으며, 아이들에게 다정다감한 편이다. 남편이 내담자에게 일 년 뒤에 대학에 가라고 했던 사실을 몰랐다가 나중에 알게 되었고, 남편에게 '아이 상처받게 왜 그랬냐'며 다투기도 할 정도로 아이들 편에서 아이들을 다독이는 편이다. 내담자와는 친구처럼 지내고, 모든 이야기를 어머니에게 털어놓을 만큼 내담자는 어머니를 편안해한다. 복학 후 내담자의 달라진 모습을 보고 누구보다도 좋아하고, 잘한다고 칭찬해 준다. 내담자는 어머니가 자신의 유일한 편이라고 느낀다.

4) 쌍둥이 형(23세)

어릴 적부터 모범생으로, 착하고 조용한 성격이다. 내담자가 방황하며 부모님에게 반항할 때도 얌전히 조용하게 적응해왔다. 그러나 부모님의 권유로 경영학과에 입학하면서 자신은 다른 과를 가고 싶었는데, 왜 굳이 적성과 맞지도 않는 경영학과를 가라고 했냐며 부모님 탓을 하고 있다. 형의 그런 모습이 낯설고, 내담자 자신의 옛 모습을 보는 것 같다. 아버지가 내담자에게 일 년 뒤에 대학에 가라고 한 사실은 모르고 있다.

Ⅱ. 내담자 문제의 개념화

1. 회기별 주제 및 개요

실시 회기	주제	결과(개요)
1	내담자 탐색 및 상담목표 수립	내담자의 호소 문제 및 발달사를 탐색하며 상담목표를 함께 수립하였다.
2	직업카드	선호: 사진작가, 회계사무원, CEO, 경찰, 영업사원 비선호: 교사, 과학자, 사회복지사, 음악가
3	과제 점검 및 홀랜드검사 실시	관심 있는 직업에 대해 알아오기로 한 과제를 함께 살펴보고 구체화시키며 부족한 부분을 보완하였고, 홀랜드검사를 실시하였다.
4	홀랜드검사 해석	ECR
5	상담 종결	내담자의 말로 상담을 정리하였고, 상담 종결 이후의 계획에 대해 구체적으로 나눠보았다.

2. 직업카드를 활용한 활동(20**년 5월 16일 실시)

직업선택 이유 분석표

<table>
<tr><td>카드분류</td><td colspan="2">좋아하는 직업</td><td colspan="2">모르는 직업</td><td colspan="2">싫어하는 직업</td></tr>
<tr><td>1차 분류 개수</td><td colspan="2">5</td><td colspan="2">38</td><td colspan="2">47</td></tr>
<tr><td>2차 분류 개수</td><td colspan="2">15</td><td colspan="2"></td><td colspan="2">75</td></tr>
<tr><td rowspan="4">선호 / 비선호직업</td><td colspan="3">좋아하는 직업 이유</td><td colspan="3">싫어하는 직업 이유</td></tr>
<tr><td colspan="3">많은 사진을 찍어서, 추억에 남고 사진 찍는 것을 좋아해서</td><td colspan="3">애들이 말을 안 들어서</td></tr>
<tr><td colspan="3">예전에 회계 쪽에 관심이 있어서</td><td colspan="3">과학에 재능이 없어서</td></tr>
<tr><td colspan="3">많은 사람을 다스려서</td><td colspan="3">남을 도와주는 것을 못해서</td></tr>
<tr><td>좋아하는 이유·순위</td><td colspan="2">돈을 많이 벌어서</td><td colspan="2">관심 있는 분야라서</td><td colspan="2">나와 잘 맞을 것 같아서</td></tr>
<tr><td>싫어하는 이유·순위</td><td colspan="2">어린이와 관련된 일</td><td colspan="2">내가 못하는 분야</td><td colspan="2">생각해 본 적 없는 관심 밖의 분야</td></tr>
<tr><td>희망직업 순위 및 진로코드</td><td colspan="2">CSI</td><td colspan="2">CSE</td><td colspan="2">CRS</td></tr>
<tr><td>검사결과 평가</td><td colspan="6">내담자는 평소 직업에 대해 관심을 가지지 않았고, 알고 있는 직업의 숫자도 적은 편이다. 현재 자신의 전공과 관련 있는 직업에 주로 관심이 있었고, 돈을 많이 버는 것에 직업적 가치를 두고 있었다. 자신의 흥미, 적성보다는 돈을 많이 버는 직업을 우선순위로 꼽았다. 내담자가 3순위 안에 꼽았던 직업들이 단순히 중국어에 초점이 맞춰져 있다는 점에서, 전공과는 별개로 자신의 흥미나 적성을 면밀하게 살펴볼 기회가 필요하다고 본다.</td></tr>
</table>

3. 홀랜드검사 활용한 활동(20**년 5월 23일 실시)

프로파일분석: 기본3코드 (ECR)								
영역		R	I	A	S	E	C	진로코드
성격적성(24)		16	7	7	1	15	15	REC
능력적성(24)		9	1	0	2	12	17	CE
직업가치(8)		2	0	0	0	7	6	EC
직업적성(18)		2	1	2	2	8	5	EC
효능감 적성	A(3)	1	0	0	0	1	1	ECR
	B(3)	0	0	0	0	3	1	EC
	C(3)	3	0	0	0	1	0	RE
합계점수(83)		33	9	9	5	47	45	ECR
검사결과	성격적성	R(16) E(15) C(15)						
	능력적성	C(17) E(12)						
	직업적성	E(8) C(5)						
	상위 3코드와 하위 영역 간 비교분석	내담자는 좋아하는 것과 싫어하는 것과의 차이가 뚜렷하여 변별성이 높은 편이다. 또한 E, C, R유형이 높게 나타나 일관성도 높은 편이다. 다만, 성격적성이나 능력적성에서 S유형이 낮게 나타나고, 직업가치에서는 거의 의미를 두고 있지 않은 것으로 볼 때, 내담자가 원하는 직업환경에서 일할 경우, 어려움을 겪을 가능성이 보인다. 그러므로 사회성을 높이기 위한 사회적 활동을 탐색하고, 부족한 부분을 개발할 필요가 있다.						

* 합계 점수란 맨 우측칸에 3코드를 기록하고, 여타 진로코드는 상위코드 2개 기록

4. 내담자 종합평가

1) 내담자의 강점

좋아하는 것과 싫어하는 것의 차이가 뚜렷하고, 이를 바탕으로 자신이 할 수 있는 직업을 현실적인 측면에서 탐색하고 있는 것으로 보아 진로정체감이 잘 확립된 편이다. 내담자가 원하는 분야의 직업 또한, 내담자의 성향인 진취형(E), 관습형(C)이 적절히 요구되는 직업이어서 자신에게 잘 맞는 분야의 직업을 탐색 중이다. 자신을 잘 알고, 거기에 맞는 실현 가능한 직업을 찾는 현실감이 내담자의 강점이다.

2) 내담자의 약점

탐구형(I)와 사회형(S)의 점수가 현저히 낮아, 연구직이나 사람을 돌보는 일에는 어려움이 있을 수 있다. 또한, 사회형(S)을 직업적 가치에서 거의 의미를 두고 있지 않아, 내담자가 원하는 직업적 환경에서 어려움이 발생할 가능성이 있다. 이를 위한 개선방안을 모색할 필요가 있어 보인다.

3) 상담자가 본 내담자 문제

내담자는 공부 및 자기관리에 철저하다. 그러면서도 '아직 부족하다', '모자라다', '더 해야 한다' 등 지나치게 자신을 몰아세운다. 이렇게 자신을 몰아세우고, 항상 경쟁상대를 만드는 등 본인을 스트레스 상황 안으로 들어가게 해야 성장한다는 자기 학대적인 경향을 보인다. 그래서 늘 초조함과 불안감을 느낄 수 있다는 취약점을 지녔다. 또한 목표점이 분명하고 성공하고 싶다는 열망이 강한 만큼 많은 노력을 하는데, 자신이 노력해서 얻은 성취에는 인색하고 스스로를 인정해주지 않는다. 스스로를 인정할 수 있는 힘과 긴장・불안・초조 등을 해소할 수 있는 대안을 마련할 필요가 있어 보인다.

5. 내담자 진로유형(진로결정자, 미결정자, 우유부단자)

- 진로유형을 제시하고 그 근거나 이유를 기술

내담자는 우유부단자이다. 유학을 다녀온 뒤 어학실력이 향상될 것을 기대하며, 현실적으로 할 수 있는 직업에 대해 탐색하는 등 자신의 현실을 잘 파악하고 있는 면으로 보아, 진로정체감이 잘 발달된 편이고, 진로의 방향을 정한 것처럼 보이지만, 미래에 대한 불안, 자신감 부족 등으로 그 앞에서는 망설이는 모습을 보인다.

6. 진로장벽 및 방해요인

미래에 대한 불안감, 자신감 부족이 진로장벽 및 방해요인이다. 자신의 삶을 개척하기 위해 공부를 하고, 용돈을 벌기 위해 막노동을 하는 등 지금까지 보였던 적극적인 삶의 모습과는 다르게 스스로를 신뢰하지 못하고 '아직 부족하다' '모자라다'고 생각하며 진로 앞에서는 소극적이다.

Ⅲ. 진로상담목표 및 전략

1. 내담자와 합의된 목표

- 안정적으로 현재의 삶을 유지한다.
- 유학 후의 진로에 대해 좀 더 명확하고 자세하게 그려본다.

2. 상담자의 상담목표

자신의 진로를 찾고(흥미, 적성, 능력, 가치관에 부합되는 직업 3가지 찾기) 그 진로에 맞는 역량 키우기

3. 상담전략

1) **초기 상담전략**: 내담자의 호소문제가 무엇인지 파악하여 상담 목표를 잡고, 상담의 진행 과정에 대해 설명한다. 라포 형성을 통해 스스럼없이 자신의 이야기를 꺼낼 수 있게 하여 자신의 삶을 정리해 볼 수 있는 시간을 갖도록 한다.
2) **중기 상담전략**: 직업카드, 홀랜드검사 등을 통해 직업 세계에 폭넓은 관심을 갖게 하고, 막연하게 생각해왔던 직업을 자신의 흥미, 적성, 능력, 가치관과 부합시켜 구체적이고 적극적으로 탐색할 수 있도록 한다.
3) **후기 상담전략**: 상담 과정 중 얻게 된 객관적인 자료들을 통합하여 내담자가 실현 가능한 구체적인 실행 계획을 세울 수 있도록 돕는다. 이 계획은 내담자에 대한 전체적이고 충분한 이해를 바탕으로 한다.

Ⅳ. 적용한(일반) 진로상담이론

구분	이론명	적용근거
일반상담이론 (1개 적용)	현실치료	내담자는 과거 자신의 모습에 매여 현재 노력하는 자신을 인정하지 못하고 있으며, 막연한 불안감을 호소하기도 한다. 이런 내담자가 자신의 내면의 힘을 믿으며, 더 나은 삶으로 나아가기 위한 목표와 과정을 구체화할 수 있도록 도와준다.
진로상담이론 (1개 적용)	슈퍼(Super)의 진로발달이론 홀랜드(Holland) 인성이론	내담자는 슈퍼의 진로발달 단계 중 탐색기에 해당한다. 자신의 욕구, 흥미, 능력, 가치, 직업적 기회 등을 고려하면서도 현실적 요인을 중요한 요소로 두고 자신에게 적합한 직업을 선택하기 위해 노력하고 있다. 또한 자신의 능력에 부합한 직업을 탐색하는 모습을 통해 진로의식이 어느 정도 갖춰져 있다고 판단되므로 내담자의 탐색 경험을 확인하고 의미 있게 정리하도록 돕는다. 또한 홀랜드 인성이론에 따라 객관적인 정보 수집을 토대로 내담자의 생각을 명료하게 할 수 있도록 조력한다.

Ⅴ. 회기요약

1회기: 내담자 탐색 및 상담목표 수립(20**년 5월 9일)

- **주요내용**: 내담자의 과거 이야기를 통해 현재 가지고 있는 불안의 이유를 탐색하고, 상담목표를 함께 정했다.
- **차시예고**(다음 회기 안내): 직업카드를 분류하며 내담자의 직업에 대한 생각을 살펴볼 예정이다.
- **상담자 요약**: 지금 열심히 공부하고 있으나 불안하다. 과거 성실하지 못했던 중학교 시절, 그러다 고등학교에 진학하면서 한 번 공부해 볼까 하는 마음을 먹게 되었고, 공부 잘하는 아이들에게 물어보았던 공부 방법대로 공부하면서 2등급 후반까지 올리게 되었던 것은 좋은 성취경험이 되었다. 고등학교 졸업 후 ○○회사 생산직 파트에서의 일은 공부를 해야겠다고 결심하게 된 계기가 되었다. 그리고 대학에 입학을 했고, 목표를 잡고 성실하게 공부에 매달려 좋은 성과를 이루어냈다. 중국 유학 자격심사에 합격하였고, 일 년 동안 학비와 기숙사비 무료 지원, 생활비 보조를 약간 받을 수 있게 되었다. 이번 가을에 1년 코스

로 중국대학으로 유학을 갈 예정이다. 부모님에게 손 벌리지 않으려고 주말이면 막노동을 해서 적은 돈이지만 벌고 있다. 공부를 하려면 체력이 뒷받침되어야 해서 매일 아침 헬스를 다니고 있고, 끝나면 학교 수업, 수업 후 도서관으로 직행하는 일상을 보내고 있다. 그래서 친구가 없고, 그로 인한 대인관계가 걱정이다.

2회기: 직업카드 분류(20**년 5월 16일)

- **주요내용:** 직업카드를 분류하며 내담자의 직업에 대한 이해와 생각을 알아볼 수 있었다.
- **차시예고:** 과제를 점검한 후, 홀랜드 직업적성검사를 실시할 예정이다.
- **상담자 요약:** 직업카드를 분류하는 작업을 해 볼 것이라는 말에 '아, 재미있겠는데요.'라며 호기심을 보였다. 첫 단계로 아는 직업을 10분 이내로 써보라고 하자 몹시 당황하였다. 당황한 모습에 굳이 시간에 구애받지 않아도 되고, 편안하게 아는 대로만 쓰라고 하자 그제야 안심하고 써 내려가기 시작했다. 5분에 20개의 직업만 적을 정도로 평소 직업에 관심이 미흡한 것으로 보인다. 아는 직업에 지금 아르바이트로 하고 있는 막노동, 전공과 관련하여 관심을 가지고 있는 중국어 통역 가이드를 쓴 점이 이색적이었다. 현재는 공부에만 매달려야 해서 직업에 대해 별다른 관심이 없다고 했다. 직업카드를 분류할 때는 어릴 적 꿈이어서 선택했던 형사(경찰)라는 직업을 통해, 중국어만 잘하면 특채로 채용될 수 있는 해양경찰로 연결 지어 원하는 직업을 생각해내기도 했다. 돈을 많이 버는 것에 직업적 가치를 두고 있었다. 직업카드 분류를 통해 꼽은 직업 1~3순위에 대해 자세히 조사해오는 것을 과제로 주었다.

3회기 과제점검 및 홀랜드 직업적성검사 실시(20**년 5월 23일)

- **주요내용:** 과제해 온 것에 대해 점검하는 시간을 가졌고, 이후 홀랜드 직업적성검사를 실시하였다.
- **차시예고:** 오늘 검사한 홀랜드 직업적성검사에 대한 해석을 할 예정이다.
- **상담자 요약:** 바쁜 시간을 쪼개어 과제를 열심히 해왔다. 내담자는 과제를 하면서 평소 관심을 가졌던 직업에 대해 좀 더 자세히 알 수 있는

기회가 되었으며, 생각보다 직업이 많다는 것을 알게 되었다고 한다. 직업을 찾으면서 학위의 중요성에 대해 알게 되었고, 학위가 승진과도 연결된다는 것을 알게 되었다. 또한 직업을 선택하면서 자신이 가장 먼저 연봉을 보고 있었다는 점을 말하며 자신의 직업적 가치관을 분석하기도 했다. 현재 불안하고 걱정되는 부분은 자격증 취득과 나이, 경제적인 면이라고 하여 그 부분을 하나씩 살펴보며 걱정을 해소하는 시간을 가졌다. 상담자의 격려와 칭찬을 그대로 받아들이지 못하고 자신은 여전히 부족하고 모자라다고 말하는 내담자의 모습을 보며 스스로를 믿지 못하는 부분에 대해 조금 더 깊이 탐색해 볼 필요가 있다고 느꼈다. 탐색이 잘 이루어지면 내담자가 자신감을 가지고 계획한 것들을 차근차근 잘 실천할 수 있을 것 같다.

4회기: 홀랜드 직업적성검사 해석(20**년 5월 30일)

- **주요내용**: 홀랜드 직업적성검사를 해석하며 내담자가 스스로를 돌아보게 되었고, 부족한 부분을 개발하기 위한 방법을 함께 살펴보았다.
- **차시예고**: 그동안의 상담을 정리하며 종결 이후 계획에 대해 구체적으로 나눠볼 예정이다.
- **상담자 요약**: 검사 전 내담자가 생각하는 자신의 유형은 REC였고, 검사 후에는 ECR유형으로 나온 것으로 보아 비교적 자신에 대해 잘 알고 있는 것으로 보인다. 내담자는 검사를 하면서 자신과 안 맞는 부분이 많다는 것을 다시 한번 느꼈다고 했다. 자신과 가장 잘 맞는 부분이 E유형인 것 같다고 하며, R유형이 크게 나왔던 것은 지금까지 했던 일들이 이와 가장 유사해서 그렇게 나온 것 같다고 스스로를 분석했다. (고등학교 졸업 후 ○○회사 생산직 근무, 현재 하고 있는 막노동 아르바이트 등) S유형이 가장 낮게 나온 것에 대해서는 자신이 대인관계를 잘못하고 있는 것 같다면서, 공부를 시작하면서 친구들을 피하게 되었고, 이후 자연스럽게 멀어져 가끔 핸드폰으로 연락 오는 친구들이 없으면 인간관계를 못했나 싶은 생각이 들기도 한다고 말했다. 공부 때문에 친구를 만나는 일이 거의 없으며, 생일이나 결혼식 등 특별한 날에만

만난다. 현재 하고자 하는 직업분야의 환경이 주로 사람을 만나고 관계하는 등, S유형의 영역이 필요하므로, 점차적으로 그 영역을 개발하기 위한 방법을 찾아보기로 했다. 그러나 지금 당장은 기말시험 공부와 더불어 유학 갈 준비, 자격증 취득 등에 집중하고 몰입해야 하기 때문에 그럴 심적·시간적 여유가 없는 상황임이 안타까웠다.

5회기 상담 종결 및 상담 이후의 계획 점검(20**년 6월 4일)

- **주요내용**: 지금까지의 상담내용을 내담자 입으로 요약할 수 있도록 하여 상담과정을 내담자 스스로 정리할 수 있도록 하였고, 상담에서 얻은 내용을 토대로 중국에 가기 전까지 실제로 어떤 노력을 할 수 있을지 구체적인 계획을 세워보았다.
- **상담자 요약**: 지금까지의 상담내용을 내담자의 입을 통해 요약해 보도록 했다. – 직업카드를 통해 좋아하는 직업과 싫어하는 직업에 대해 분류해 보고, 관심 가는 직업을 조사하면서 회계사를 과감하게 포기하게 되었고, 면세점 사무원과 중국어 통역 가이드를 좀 더 구체적으로 찾아볼 수 있어서 좋았다. 시간이 없어서 아예 찾아볼 생각도 못 하고 있었는데 좋은 기회였다. 또한 홀랜드검사가 인상적이었다. 검사를 통해 자신의 성격이 바뀌었음을 알게 되었고, R, I, S유형이 10점 이하로 나와서 충격을 받았다. 특히 S유형이 점수가 너무 낮아서 이 부분이 고쳐야 될 부분임을 알게 되었다. 공부에만 매달리는 시간을 조금 내려놓으면 되는데 막상 그렇게 하기에는 욕심이 많다. 아주 바쁘고, 그러다 보니 사람 만나는 것을 자제하고 연락을 안 하게 된다. 생산직 일을 하고, 이후 군대에 가면서 친구들과 갈리게 되었고, 그래서 좀 깊은 관계로 들어가려고 하면 '얘가 내 곁에 남아있을까'라는 생각 때문에 깊게 못 사귀고, 그러다 보니 이야기를 안 하게 된 점도 있다. 이러한 성격적인 부분은 가을에 중국에 가면 새로운 장소에서 새로운 사람들을 만나면서 고치려고 노력해야겠다. – 상담과정을 통해 이렇게 자신에 대해 통찰한 부분을 칭찬해 주었다. 그리고 이번에 깨닫게 된 대인관계에서의 부족이 내담자가 염두에 두고 있는 직업분야에서 큰 영향을

미칠 수 있음을 다시 한번 환기시켜 주었다. 상담자는 중국에서 돌아왔을 때 보게 될 내담자의 변화된 모습에 기대감을 내보였고, 잘 할 것이라는 격려와 지지를 보냈다. 마지막으로, 상담을 통해 변화된 점, 중국에 가기 전까지의 계획에 대해 이야기하며 상담을 마무리하였다.

Ⅵ. 진로상담에 대한 종합평가

1. 진로상담 목표달성 여부

목표달성 정도: 달성 ○, 50% 달성 ◑, 변경/재검토 ◈, 미달성 ×

구분	달성	근거(이유)
내담자	○	불안감을 조금 내려놓을 수 있게 되었고, 막연히 생각했던 진로에 대해 구체적으로 찾아보며 포기할 것은 포기하고, 실현 가능한 쪽으로 어느 정도 방향을 잡을 수 있게 되었다.
상담자	◑	흥미와 직업가치관에 부합하면서도 내담자의 능력을 발현할 수 있는 직업을 내담자 스스로 잘 찾았으나, 그에 맞는 역량을 키우는 데 필요한 구체적인 방안을 마련하는 데는 다소 부족한 면이 있었다.

2. 내담자의 변화

내담자는 성실하고 일관된 태도로 상담에 임했으며 적극적인 태도로 과제 또한 성실하게 수행했다. 그러면서 상담자가 이야기하기 전에 자신의 부족한 부분, 보완해야 될 부분을 스스로 찾아 나섰으며, 자신의 진로를 스스로 결정해가기 시작했다. 직업카드분류를 통해 학사학위의 중요성을 인식했으며, 홀랜드검사를 통해 대인관계의 필요성을 느끼고 어떻게 변화되어야 할지에 대해서도 스스로 찾으려고 노력했다. 불안감은 예전에 10점 만점에 8점이었던 것에 비해 지금은 2점 정도로 낮아졌다.

3. 진로상담에 대한 종합평가

1) 내담자 자기평가

막연히 돈만 많이 벌면 좋겠다고 생각하면서 제대로 찾아보지 못했었는데, 이번 기회에 제대로 찾아보면서 그 일들을 해 보고 싶다는 적극성이 생긴 것이 좋다. 지금까지 누구에게도 얘기해 보지 못한 것을 마음 편하게 털어놓을 수 있어서 좋았다.

2) 상담자 평가

잘된 점	내담자가 막연하게 생각했던 부분을 좀 더 명확하고 명료하게 그릴 수 있도록 도왔고, 자신이 할 수 있는 직업에 대해 구체적으로 찾아보고 알아가도록 도운 점.
부족한 점	• 내담자가 가지고 있는 진로에 대한 불안의 근원적 원인을 파악하고 해결책을 제시하지 못했다. • 사회형의 점수가 가장 낮은 내담자가 사회형이 요구되는 (내담자가 원하는) 직업을 잘 수행하기 위해 필요한 구체적인 개선 방안을 찾지 못했다.

Ⅶ. 축어록(3회기)

순서	상담내용
상1	직업을 구하는데 네가 가장 우선적으로 생각하는 것은 뭐였던 것 같니?
내1	저 이번에 찾으면서 느꼈어요. 연봉을 보는구나.
상2	그렇지. 지난번에 직업카드 순위를 분류할 때 왜 그렇게 분류했냐고 물어보니까 처음에는 영업사업으로 들어가서 돈을 많이 벌고, 회계 쪽 일을 하면서 그 돈을 잘 관리하고 세 번째는 내 것을 운영하면서 돈을 더 많이 벌려고 한다고 네가 말했었거든. 그게 맞니?
내2	예, 맞아요.
상3	근데 이것을 조사하면서 뭔가 변화된 게 있니? 지금 너 스스로 직업을 찾을 때 가장 크게 보는 것이 돈이구나 라는 것을 스스로 깨달았다는 거지? 그걸 알아챈 다음 너의 느낌은 어땠니?
내3	그냥. 모르겠어요. 내가 끌린다 했는데 돈을 보고 있고 그래서 주저했고 그랬어요.
상4	끌린다고 생각했는데 돈을 보고 주저했다는 직업이 있었니?
내4	제가 찾은 건 다 연봉이 높아요. 근데 여행 안내원은 생각보다 좀 낮았어요.
상5	여행 안내원은 찾으면서 어땠니? 관심은 있었니?
내5	예, 관심은 있었어요.

상6	어떤 점에서 관심이 있었니?
내6	일단 제가 제일 좋아하는 것이 여행 다니는 것이고, 그것을 알려주는 것을 좋아해요. 좋았던 점이나 사진 찍는 것 등.
상7	여행 안내원을 생각했을 때 어떤 점 때문에 주저하게 되었니?
내7	거기에는 전망이…. 일단 중국인이 너무 많고….
상8	중국인이 많다는 것은 중국관광객이 많다는 거니?
내8	아니요. 종사하는 조선족이 많다는 거예요. 그들과 경쟁하는 것도 만만치 않고.
상9	그렇구나.
내9	이번 과제 찾으면서 느낀 것은 학위가 중요하더라고요.
상10	아! 학위, 맞아 중요한 것 같다.
내10	전문대졸은 아무래도 한계가 있는 것 같았어요. 승진하는데도 그렇고…. 그래서 고민하고 있어요.
상11	무엇을?
내11	이번 중국 유학을 가서 2년 더 공부하고 학사학위까지 따고 올 것인지에 대해서….
상12	그럼 1년 유학 학비는 그곳에서 전액 지원해 주고, 나머지 2년은 자비로 공부해서 학사를 받는 거지?
내12	예.
상13	그전에는 별생각 없이 그냥 1년 유학 갔다 오면 되겠다 생각했는데, 막상 과제를 하다 보니 학위가 중요한 것을 느꼈구나.
내13	예. 더 뒤를 보면 그렇게 되더라고요.
상14	그래서 다시 새로운 고민이 생긴 거구나?
내14	예.
상15	정말 잘 찾아본 것 같아. 네가 어느 쪽 방향을 가야 할지 잘 생각해 보고, 정리를 잘 하고 있는 것 같아. 회계 쪽은 토익으로 인해 일단 힘들 것 같고, 부동산컨설팅은 관심은 있지만 지금 중국어 공부로 함께하기 힘들어서 3년 뒤로 미루고, 해양 경찰은 좀 더 찾아보기로 하고, ㅇㅇ면세점이 지금으로서는 가장 유력하네. 또한 면세점을 가더라도 먼 훗날을 생각하면 학위가 중요하다는 것을 깨닫고 그것에 대해서 고민을 해 봐야겠다고 생각한 거지?
내15	예.
상16	숙제를 참 잘 해왔네. 과연 숙제를 어떻게 해 왔을까 궁금했었거든. 숙제 하나만으로도 나름대로 요약을 하면서 정리를 잘 해왔네. 그럼 지금 1순위가 뭐니?
내16	ㅇㅇ면세점요. 만일 그게 안 되면 관광통역안내원으로 해야죠.
상17	관광통역안내원이 네게 끌렸던 건 어떤 점에서 그렇니?
내17	여행을 좋아하고 사진 찍고 누군가에게 알려주는 것을 좋아해요. 그리고 중국을 갔다 와서 처음으로 될 수 있는 곳이 그곳인 것 같아요.
상18	아! 중국 갔다 와서 그것을 실제로 적용하고 활용할 수 있는 곳이 이곳이라서. 그런데 조선족이 많아 일자리 구하기 어려운 점은 어떻게 만회할 수 있겠니?
내18	그게 문제예요. 제가 어느 만큼 향상되어서 그들이랑 비슷하게 할 수 있을까?

상19	아, 그럼 가서 더 열심히 언어를 향상시켜 오면 괜찮지 않을까?
내19	모르겠어요. 제가 요즘 공부를 예전보다 덜 하는 느낌도 있고 집중이 안 되는 느낌도 있고….
상20	집중이 안 되는 이유는 뭐니? 이 정도면 미래가 어느 정도 정해진 것 같은데….
내20	이게 정해진 거예요?
상21	그렇지 않니? 이제 중국 유학 가고, 중국 유학하면서 학위 받는 문제는 진로상담을 하면서 새롭게 부각된 부분이어서 좀 더 심각하게 고민해 봤으면 좋겠어. 그다음에 1순위가 나왔다는 점, 2순위도 고려해 볼 여지가 있다는 점. 중국에 갔다 오게 되면 언어 쪽으로 향상되는 것은 당연한 것일테고. 그리고 너는 각오도 남달라. 가서 현지인들과 부딪치면서 살아 있는 공부를 하겠다고 다짐했기 때문에 언어향상은 당연히 일어날 거라고 나는 생각하는데.
내21	그런데 아직 가보지 않아서….
상22	두렵니?
내22	그런 것보다 잘할까 걱정이 돼요. 거기 가서.
상23	잘할까 걱정하는 가장 큰 원인은 무엇이니?
내23	항상 제가 부족하다고 생각해요.
상24	부족하다고 생각하는 건 무엇 때문이니? 내가 보기에는 너는 정말 성실하게 잘하고 있는데…. 공부량? 머리? 환경? 경제? 뭐가 부족한지 좀 구체적으로 찾아봐.
내24	네, 찾아볼게요.
상25	왜냐면 이게 미진하게 남아 있으면 너의 에너지를 빼앗거든. 그러면 몰입하고 집중하는 데 걸림돌이 될 수 있어. 그것을 찾아서 회피하지 말고 부딪치는 거야. 만일 내가 공부량이 부족해서 불안한 거라면….
내5	그럼 더 하면 되지요.
상26	응. 그럼 되지. 아르바이트 줄이고 공부에만 투자해서 공부 습관을 확실하게 잡아서 내 것으로 만들겠다. 그 외에 가서 잘 적응할까? 이런 것은 거기 가서 걱정하면 되잖아.
내26	뒤에 것을 걱정해요.
상27	뒤에 것이 뭔데?
내27	그냥 애들이랑 비교하게 돼요.
상28	누구랑? 친구들이랑?
내28	여자애들이랑요. 여자애들은 빨리 대학 졸업하고 빨리 진학하죠.
상29	너 지금 나이를 걱정하는 거니?
내29	나이도 걱정해요. 지금 공부만 하고 있으니까 돈도 없고 그러니까. 애들은 얼마 번다, 얼마 번다 이런 소리도 많고. 나는 공부하고 있는데…. 내가 그렇게 계속 잘 하는 건 아니니까….
상30	계속 잘하지 않는다는 건 무슨 뜻이니?
내30	그렇게 잘하는 게 아니니까….
상31	왜 너 스스로 공부를 잘하는 게 아니라고 생각하니?
내31	저보다 정말 잘하는 아이들도 많고….

상32	잘한다. 잘한다고 생각하는 너의 기준은 뭐니?
내32	자격증 일단….
상33	네가 가진 자격증보다 더 높은 것을 가진 아이들?
내33	많죠.
상34	5급?
내34	5급, 6급도 있고….
상35	5급, 6급은 가서 충분히 딸 수 있지 않을까?
내35	예
상36	자격증 때문에 지금 그렇게 위축될 필요는 없을 것 같다는 생각이 드네. 그 다음에 걱정되는 것은 또 뭐가 있니?
내36	나이. 일단 게네들이랑 비교되는 게.
상37	어느 정도 나이가 차이가 나니? 여자애들이랑 비교하는 거지? 남자들은 거의 너의 나이와 비슷하잖아. 여자애들이랑 비교해서 몇 년 차이가 나는 거지?
내37	3년 차이 나요.
상38	그럼 3년의 공백이 생긴다는 생각에 네가 초조하고 불안한 기구나.
내38	그런것도 있고…. 그런데 일을 하는데, 일도 막노동이니까….
상39	지금 니가 하는 일 때문에도 불안한 마음들이 생기는구나. 자 좀 정리해 볼까? 네가 염려하는 부분이 자격증, 나이, 지금 당장의 경제적 여건이지. 이게 지금 너의 걱정의 요소인 것 같아. 맞니?
내39	네.
상40	자, 하나씩 생각을 해 보자. 자격증은 가서 6급까지 따오지 않으면 너 성질에 너를 인정할 수 있을 것 같니?
내40	따오겠죠.
상41	당연히 따올 것이니 걱정할 필요가 없을 것 같은데, 어때?
내41	그럴 수도 있겠네요.
상42	그다음은 나이, 군대 갔다 오고, 친구들보다 일 년 잠깐 늦은 건데.
내42	일년 뺏기고, 군대 2년 뺏기고 예.
상43	군대는 남자들 갔다 와야 해서 뺏겼다고 하긴 뭐하지 않을까?
내43	(웃는다)
상44	그럼 일 년의 공백이 있다고 쳐보자. 그 1년을 너는 지금 유학 가서 일년 공부할지 삼년 공부할지 모르겠지만 거기서 재투자하는 거라고 생각해 보면 어떨까? 내가 보기에 이건 굉장히 의미 있는 투자라고 생각해. 아무나 갈 수 없는. 그 1년의 공백을 만회하고도 남을 반한 투자. 나이에 대한 불안감이 당연히 들겠지만, 미래를 위해 더 많은 투자를 하고 있다고 생각해 보면 어떨까?
내44	네. 그래 볼게요.
상45	그리고 그 다음으로 염려스러운 부분이 경제적인 것. 돈인데. 그 부분을. 현실적으로 생각해 보자면, 만일 네가 거기에서 2년을 더 공부하게 된다면 어떻게 해결해야 될지 걱정이 되는 것도 사실이지. 그런데 일단 1년은 학비 걱정 없이 공부할 수 있으니까 공부

	하면서 찾아보면 충분히 찾을 수 있지 않을까 싶은데. 여기서도 스스로 일자리 찾아서 잘 해나가고 있잖아. 다른 나라에서 일을 한다는 건 여기랑은 달라서 걱정되는 부분이 분명 있겠지만, 이것도 지금 당장 걱정할 일은 아닌 것 같은데 어때? 네가 지금까지 살아왔던 방식대로 지금 하는 일을 충실하게 하면 되는 것 같아. 솔직히 지금 이제 시험도 있잖아. 기말도 있고 한데…. 공부하고 나름대로 유학 준비하면서 일하기는 쉬운 일이 아니거든. 웬만한 정신력 아니면 아무리 네가 젊다해도…. 그래서 선생님은 지금 네가 참 잘 생각하고 있다고 생각해. 만일 지금 공부하는 흐름이 깨지고 집중이 필요하다 싶으면 그쪽을 놓고 공부에만 집중하면서…. 이런 리듬을 네가 스스로 잘 하고 있는 것 같아. 경제적인 부분은 걱정해야 되는 부분이 맞지만 가기 전부터 걱정한다고 해결할 수 있을까?
내45	없어요.
상46	그래. 그러면 너 스스로 지금 현재 가장 우선적으로 해야 될 것은 뭐라고 생각하니?
내46	지금 학점 따는 거죠.
상47	그렇지. 그럼 그것에 포커스를 맞추면 되지. 너는 답을 알고 있네.
내47	(웃음) 집중이 너무 안 되니까.
상48	그러면 방해요인들이 뭐가 있나 하나씩 생각하면서 제거해 나가면 돼. 아까 선생님과 한 것 것처럼. 자격증은 나는 가서 꼭 해낼 거야. 나이. 나는 유학 갔다오면 언어도 늘어 있을 것이고, 아직 생각 중이긴 하지만, 학위까지 받아오면 충분히 만회할 수 있어. 단, 경제적인 부분이 현실적인 걱정거리이긴 한데, 지금까지 해왔던 것처럼 거기서 성실하게 하다 보면 분명 거기서도 방법은 있을거야. 지금 그걸 걱정하느라 집중을 못 하게 되면 오히려 손해 아닐까?
내48	네. 뒤에 가서 생각해야 될 것 같아요.
상49	그래 지금 당장 할 것은 아니야.
내49	네.
	중략
상50	직업 중에 가장 흥미롭게 보았던 부분은 뭐니?
내50	흥미 있던 부분요? 음 여행사요.
상51	이걸 하면 잘할 것 같다. 적성에 맞을 것 같다는 것은?
내51	여행사요. 활동적인 것을 좋아해요.
상52	활동적인 것을 좋아하는데 비활동적으로 공부만 하려니 얼마나 힘들겠니? 그렇게 힘듦에도 불구하고 해내고 있다는 네가 대견하다.
내52	잘 못해요.
상53	시간이 있다면 도대체 왜 잘 못 하고 부족하고 모자란다고 얘기하는지 좀 더 파악해 보고 싶은데 나중에 시간 되면 이야기해 보자. 이게 뭔지를 알아야 네가 얼마나 멋진 녀석인지 스스로 알게 될텐데…. 내가 아무리 말해도 받아들이기가 어려운 것 같아. 나중에 한 번 기회가 생기면 깊이 있게 상담해 보자.

제5절 군인

1 진로를 정하지 못해 힘들어요

Ⅰ. 내담자 기본정보

1. 내담자 신상정보

1) 이름: 김경수(가명)
2) 성별: 남자
3) 나이: 21세
4) 학력: 2년제 전자과 1년 휴학
5) 직업: 군인
6) 종교: 기독교

2. 주 호소 문제

"전공이 맞지 않아 휴학 중인데 진로를 정하지 못해 힘들어요."

3. 상담의 맥락

1) 상담장소: 생활관
2) 상담기간: 20**년 11월 6일~20**년 11월 18일
3) 내방경위: 대학교 전공이 생각과는 달라 다른 길을 알아보기 위해 찾아옴
4) 이전 상담경험: 없음
5) 이전 심리검사 경험: 없음

4. 인상 및 행동관찰

키가 큰 편이고, 옷차림은 단정하였으며, 친한 사람들 앞에서는 웃는 표정을 함. 말은 많은 편이고, 처음 보는 상담자에게는 어색해함. 얼굴 표정은 밝아 보임.

5. 생애진로 사정(1회기 적용)

1) 생애진로사정표 또는 진로환경조사서 첨부

내담자	성명	김○○	성별	남
	나이	21	출생순서	1남 1녀 중 둘째
	학교명(학년)	○○전문대 1학년 휴학	직업명	군인
	종교	기독교	취미	당구, 탁구
단계	**구분**	**진단 요소**	**이유 및 내용**	**비고**
진로사정	일의 경험 (시간제, 정규직, 유급, 무급)	◎마지막 직업	식당 서빙	
		• 가장 좋았던 점	많은 월급	
		• 가장 싫었던 점	진상 손님의 행패	
		◎다른 직업 경험	학생	
	교육, 훈련과정, 관심사 (학교, 학습)	◎교육 훈련 명칭	한자 2급	
		• 가장 좋았던 점	새로운 경험	
		• 가장 싫었던 점	한자의 어려움	
		• 지식기술 기능 수준	上	
		◎초 · 중 · 고별 학습	고등학교 때 (기타)	
		• 가장 좋았던 점	스스로 음악을 연주할 수 있음	
		• 가장 싫었던 점	오랜 연습 기간	
	오락(여가)	• 여가시간	당구, 탁구, 책 읽기	
		• 사회활동 내용	노래방	
		• 친구 관계	친한 친구들끼리 어울림	
		• 주말, 저녁, 여가 시간 사용 내용	TV 시청, 당구, 탁구	
전형적인 하루일과	의존적 · 독립적 성격차원	• 타인에 의존	혼자 함	
		• 스스로 의사결정	스스로 함	
	자발적 · 체계적 성격 차원	• 안정된 일 여부	안정적임을 선호	
		• 영속적, 빈틈없음	실수를 자주함	
강점과 장애	주요강점	처분자원 탐구	좋고 싫음이 분명한 성격과 책을 좋아하고 아이디어와 새로운 변화에 대해 호기심이 많음	
	주요장애	요구되는 자원 탐구	실수를 많이 하고 있으므로 꼼꼼하고 규칙적인 성격으로 보완	
요약	내담자 소감	자신에 대한 분석		
	얻은 정보 재강조 • 반복 확인	좋고 싫음이 명확한 성격이지만, 실수가 잦음		
	요약	독립심이 강하고, 좋고 싫음이 분명한 성격이며 안전성을 선호		

6. 발달배경 및 가족관계

1) 내담자(21세)

- 1남 1녀 중 둘째로 태어나, 초・중・고를 안동에서 나옴
- 처음 보는 사람에게 낯을 가리는 편이나, 친분이 생기면 털털하게 잘 지냄
- 현재 전자과 1학년 휴학 중
- 생활 환경이 변해도 잘 적응하며 잘 지내는 모습을 보임

2) 아버지(52세, 철도 전기 기술자)

- 평소 어머니를 도와 집안일을 자주 하시는 등 가정적임
- 부부 사이가 좋고 자식들의 말을 잘 들어주시며 항상 관심을 가져 주심
- 자상한 성격이시고 항상 유쾌한 농담을 즐겨 하심

3) 어머니(51세, 주부)

- 나이가 50대이심에도 불구하고 항상 새로운 변화를 즐기시며, 하시고 싶은 공부도 가끔 하시는 등 열정적으로 사심
- 가정을 위해 항상 헌신하시며 자식들을 잘 챙겨주심
- 아버지와 사이가 좋으심

Ⅱ. 내담자 문제의 개념화

1. 회기별 주제 및 개요

실시 회기	주제	결과(개요)
1	생애진로사정	분명한 것을 좋아하고 독립적인 성격이며 안정적인 것을 선호함
2	다중지능검사	강점 분야: 언어지능, 인간친화지능 약점 분야: 신체운동지능, 자연지능
3	홀랜드 적성검사	ASR

2. 다중지능검사 활용한 활동(11월 7일 실시)

구 분	언 어	논리수학	인간친화	자기성찰	공 간	음 악	신체운동	자연친화
점 수	75	57	71	57	68	39	21	25
순 위	1	4	2	4	3	5	7	6

1) 검사 프로파일

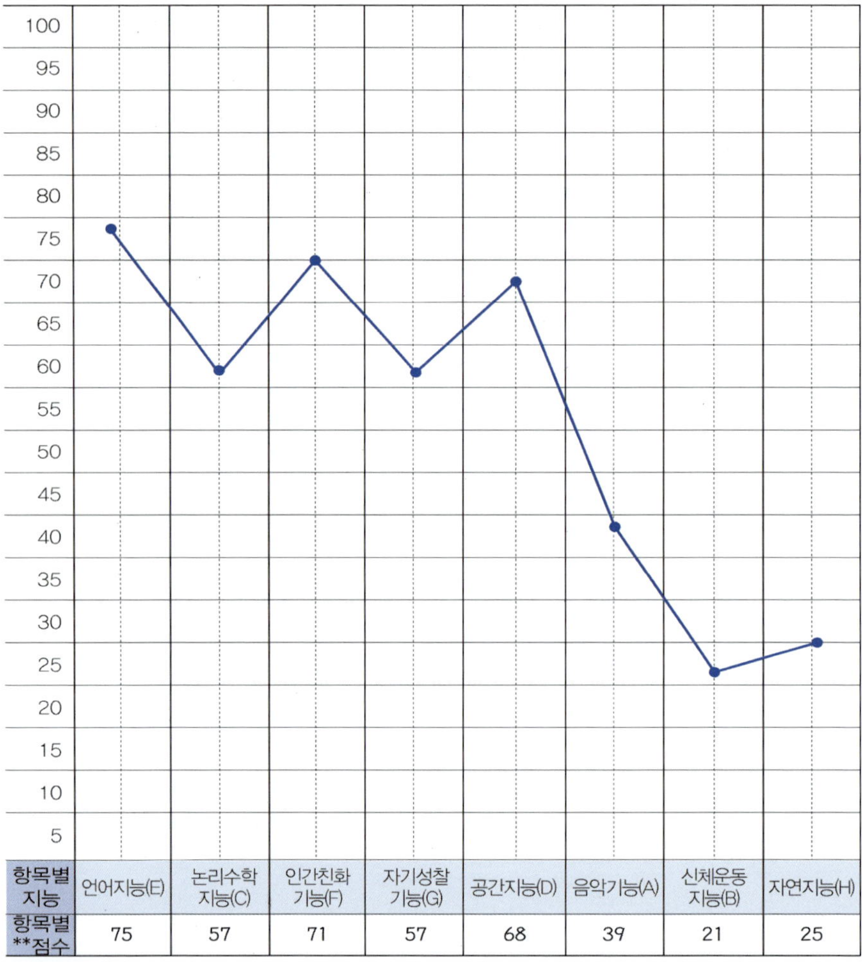

항목별 지능	언어지능(E)	논리수학 지능(C)	인간친화 기능(F)	자기성찰 기능(G)	공간지능(D)	음악기능(A)	신체운동 지능(B)	자연지능(H)
항목별 **점수	75	57	71	57	68	39	21	25

검사결과	강점지능	언어지능, 인간친화지능, 공간지능
	약점지능	신체운동지능, 자연지능
	평가	언어지능, 인간친화지능의 점수가 가장 높으며, 신체운동지능과 자연지능 점수가 가장 낮게 나타남. 평소 보습으로 항상 책들을 가지고 다니며 읽고, 사람들과 함께 있는 것을 좋아함. 신체운동을 즐기지 않고, 자연을 감상하고 동물을 돌보는 것은 싫어함.

3. 홀랜드검사 활용한 활동(11월 8일 실시)

홀랜드유형	R	I	A	S	E	C
검사 전 내담자 예상 순위	5	4	1	2	3	6
검사 후 내담자 결과 순위	3	4	1	2	5	6
검사결과점수	34	30	51	36	21	14

검사전 진로코드	나	ASE	아버지		어머니	

희망 직업	진로코드	희망 전공학과	진로코드
기계공학과		기계공학과	
소설작가			
경찰			

영역		R	I	A	S	E	C	진로코드
성격 적성(24)		6	17	19	20	11	3	SA
능력 적성(24)		11	10	18	15	7	5	AS
직업 가치(8)		6	0	4	0	0	3	RA
직업 적성(18)		8	2	5	0	1	1	RA
효능감 평점	A(3)	3	1	2	0	0	2	R(AC)
	B(3)	0	0	2	1	1	0	A(SE)
	C(3)	0	0	1	0	1	0	(AE)
합계 점수(83)		34	30	51	36	21	14	AS

위의 합계점수에서 30점 이상의 RIASEC 척도를 점수가 높은 순으로 진로코드를 다음에 기입하세요.

나의 진로코드	ASRI

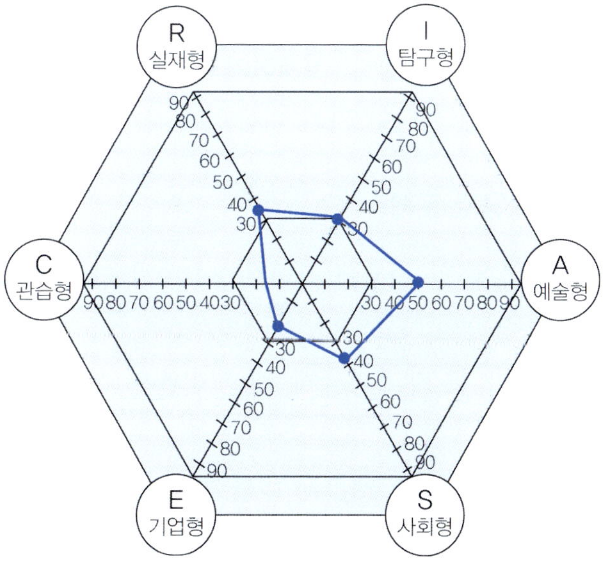

검사결과	성격적성	예술형, 사회형, 실재형이 높은 점수를 보임
	능력적성	예술형과 사회형: 높게 나옴
	직업적성	예술형: 가장 높게 나옴
	상위 3코드와 하위 영역 간 비교분석	상위 코드 3개에 비해 탐구형을 제외한 나머지 두 가지 유형(관습형, 기업형)은 상위 코드와 상당히 큰 차이를 보임

4. 내담자 종합평가

1) 내담자의 강점

홀랜드검사결과 내담자는 예술형(A), 사회형(S), 실재형(R)이 상위코드로 나타나고 있으며, 특히 예술형(A)이 가장 높은 점수로 우세하다. 호기심이 많아 항상 새로운 걸 추구하며 사람들과 잘 어울리고, 행동으로 옮겨보는 걸 좋아한다.

잘하는 것과 못하는 것, 좋아하는 것과 싫어하는 것이 분명하고, 좋아하는 것에 집중하는 성향으로 볼 때 자신이 정말 하고 싶어 하는 진로와 직업을 찾게 되면 그 일에 몰두하는 성격으로 보인다.

2) 내담자의 약점

홀랜드검사결과 가장 높은 점수인 예술형(A)과 가장 낮은 점수인 관습형(C)의 점수 차이가 73점이다. 관습형(C)의 성격적 특성인 반복되는 일이나, 규칙적인 일을 많이 힘들어 한다. 체계적이고 꼼꼼한 일 처리에 대한 업무 실수를 하는 것에 대해 지나친 자기 비판으로 자존감이 낮아져 있다.

3) 상담자가 본 내담자 문제

- 근무지에서 실수를 한 직후엔 글래서(Glasser)가 말하는 실패 정체감이 느껴지는 모습을 보인다고 스스로 생각함
- 무력함, 자기비판 등 작은 실수에 대한 비판을 견디지 못하고 스스로를 자책함
- 내담자의 자기 이해와 군 생활에 대한 경험 부족으로 업무 실수를 하는 것에 대해 지나치게 비판적임

5. 내담자 진로유형

자기 이해와 경험의 부족으로 자신의 재능과 적성, 흥미를 알지 못해 진로를 정하지 못하고 있고, 진로와 직업에 대한 이해와 정보의 부족으로 직업의 종류에 대해서도 잘 모르고 있다(진로 미성숙, 진로 미결정).

6. 진로 장벽 및 방해요인

진로 장벽으로는 자기이해가 부족하고, 진로 및 직업에 대한 이해와 정보가 없어 자기에게 맞는 진로와 직업 선택을 못 하고 있다.

성격적인 면에서는 자신이 좋아하는 것에만 몰두하고 싫어하는 것은 쉽게 포기하고 관심이 있는 직업이 생겼을 때도 그 직업이 마음에 안 드는 점이 보이면 그만두는 등 끈기가 부족한 점이 진로 방해 요인이다.

Ⅲ. 진로상담 목표 및 전략

1. 상담목표

1) 내담자의 상담목표

- 자신의 장점과 재능을 알고 자신에게 맞는 진로를 찾기 원함

2) 상담자의 상담목표

- 내담자의 자기이해와 진로에 대한 이해를 기반으로 내담자에게 맞는 진로선택을 모색함

3) 내담자와 합의목표

- 내담자의 자기 이해
- 내담자에게 맞는 진로 탐색 및 진로 찾기

2. 상담전략

1) 초기 상담전략

내담자와 신뢰관계(라포형성)를 형성하고 생애진로 사정을 통해 진로 미결정에 대한 문제점을 파악하여, 그에 따른 해결안을 모색한다.

2) 중기 상담전략

다중지능검사, 홀랜드 적성검사 등으로 내담자의 자기 이해를 돕고, 홀랜드 적성검사의 분석을 통해 진로와 직업에 대한 이해 및 내담자에게 맞는 진로를 찾도록 한다.

3) 후기 상담전략

내담자의 좋고 싫음이 분명한 성격으로 내담자에게 맞는 직업군 선택의 폭을 좁혀 내담자에게 맞는 진로를 선택하도록 한다.

Ⅳ. 적용한(일반) 진로상담이론

구분	이론명	적용근거
일반상담이론	내담자(인간) 중심이론	• 비지시적, 내담자 중심, 인간중심적 상담이론 - 자기 이해와 경험 간의 불일치를 제거하여 내담자 스스로 충분히 기능하도록 돕고, 자신감을 찾을 수 있도록 함
진로상담이론	글래서의 현실요법 홀랜드 이론	• 인간은 누구나 자신이 인생의 주인이기에 환경을 통제할 수 있다는 선택이론(Choice theory) 또는 통제이론(Control behavior) - 내담자가 평소에 느끼는 부정적인 생각에 접근하여 자신의 행동을 파악하고 스스로 통제할 수 있는 능력을 기르도록 함 • 인간은 환경적으로 형성된 성격유형에 따라 직업적 흥미를 보이고 직업 선택을 하며, 성격유형과 일치하는 직업을 선택할 때 직업 만족도가 높다는 것을 강조하는 진로이론 - 인간은 다른 특성, 행동, 흥미를 가지고 있다는 가정하에 내담자의 홀랜드 코드에 나타나는 성격과 일치하는 직업을 찾도록 함

Ⅴ. 회기요약

1회기: 생애진로사정(20**년 11월 6일)

• 상담 내용 요약
- 라포형성을 위해 간단히 상담자 소개를 하고, 상담 진행에 대한 안내를 함
- 내담자의 진로 사정을 통해 자신이 자라온 환경과 경험한 직업 세계에 대한 탐색을 통해 자기 이해를 함
- 현재 자신의 모습에서 자신감이 결여되어 있는 것에 대해 원인을 분석함

• 과제 제시
- 과거 경험 속에서 성공했던 것을 기록해 보고, 그에 대한 느낀 점도 작성해서 가져 올 것
- 주변 동료들(7명 이상 10명 정도)에게 부탁하여 내담자가 잘하는 것을 3가지 이상 물어보고 또는 내담자에게 맞는 직업으로 동료들이 말한 것을 표로 만들어 다음 상담에 가져올 것

• 차시예고
- 다중지능검사를 통해 자신의 우세지능을 확인하고, 우세지능에 관련된 재능이 내담자에게 있는지 분석함.
- 과거 직업적 경험에서 우세지능과 연관성이 있는지 탐색함.

2회기: 다중지능검사(20**년 11월 11일)

• 상담 내용 요약
- 다중지능검사를 통해 자신의 강점과 약점을 파악하여 내담자의 자기 이해를 높임
- 다중지능검사 결과 언어지능(75), 인간친화지능(71), 공간지능(68)은 높은 점수를 보였고, 그에 비해 자연지능(25)과 신체운동지능(21)은 가장 낮은 점수를 보임. 특징적인 것은 가장 우세한 언어지능(75)과 가장 낮은 점수를 보인 신체운동지능(21)의 점수 차이는 무려 54점이나 됨.

- 다중지능검사 결과와 과제로 제시한 과거 경험 속에서 성공한 것과 연결하여 봄으로써 자신이 식당 서빙을 통해 많은 급여를 받았고, 식당사장님과 손님들에게도 유능함을 인정받았음이 언어지능과 인간친화지능이 우세지능인 것과 관계가 있음을 알게 됨. 과거 직업에서의 성공적인 모습에서 느낀 점은 즐거움과 자신감이 있었다고 과제로 작성한 내용에 대해 다시금 이야기함
- 주변 동료들에게 알아보라고 제시한 과제에서 자신이 잘 하는 일에 대해 표를 작성하여 온 것을 가지고, 내담자의 자기 이해와 진로 방향에 대해 검토함

※ 동료들이 내담자에게 제일 잘 하는 것 또는 내담자에게 적합한 직업 분야에 대해 작성해 온 것을 정리하면 다음과 같다.

- ▸내담자가 제일 잘 하는 것: 1위 말을 잘함, 2위 사람에게 친절하게 대함, 3위 사람들의 마음을 잘 파악함, 4위 예술적 감각과 아이디어가 좋음으로 나타났는데 3위와 4위는 말해 준 사람의 수가 같았음
- ▸내담자에게 적합한 직업 분야: 1위 서비스 분야, 2위 복지나 봉사 분야 3위 문화나 예술분야 등으로 나타남

- 다중지능검사 결과와 군 동료들의 의견을 함께 분석함으로써 내담자가 자기의 강점을 이해하고, 진로선택에 대한 긍정적인 마음을 가짐

• 과제 제시

- 홀랜드 적성검사에 대해 인터넷에서 검색해 보고, 진로와 직업에 대해 알아볼 것
- 2회기 상담에서 다중지능검사 결과와 군 동료들의 의견을 종합하여 자신이 이해하고 있는 자기에 대해 생각해 볼 것

• 차시예고

- 홀랜드검사를 통해 성격적 자기이해와 진로 및 직업선택에 대한 이해를 돕고 내담자의 진로 적성과 흥미에 맞는 직업군을 알아보고 그에 따른 직업 선택을 도모함

3회기: 홀랜드 적성검사(20**년 11월 18일)

• 상담 내용 요약

- 과제 제시에 따른 홀랜드검사의 이해를 바탕으로 홀랜드 적성검사를 실시함
- 홀랜드 적성검사의 결과는 예술형(A) 코드 51점, 사회형(S) 코드 36점, 실재형(R) 코드 34점으로 나타남
- 검사결과 가장 낮은 점수를 보인 관습형(C) 코드 14점, 기업형(E) 코드 21점으로 예술형(A)코드와 관습형(C) 코드의 점수 차이는 37점이나 보이고 있음
- 홀랜드 적성검사의 결과로 내담자의 적성에 맞는 진로 및 직업분야는 ASR형임
- 예술형(A)의 직업분야: 문화 및 예술 분야, 창작활동 등
  ▸ 성격적 특징: 독립적이고 창의적이며 관습을 따르지 않고, 구조화된 상황이나 정해진 규칙에 맞추는 것을 싫어함
  ▸ 직업 세계: 광고 기획자, 미술관장, 미술교사, 예술가, 기자, 변호사, 사서 등
- 사회형(S)의 직업분야: 교육 및 서비스 분야, 봉사활동
  ▸ 성격적 특성: 원만하고 편안한 대인관계를 원하고 사교적이며, 자신의 생각과 정서를 잘 표현하고 친절하고 이해심이 많음
  ▸ 직업 세계: 간호사, 보육교사, 지역봉사 단체 책임자, 사회복지사, 상담가, 교사, 심리치료사, 복지시설지도사 등
- 실재형(R)의 직업분야: 기계 및 건설분야, 신체활동
  ▸ 성격적 특성: 정서가 안정되고 신뢰를 중요하게 생각하며, 신체적 위험을 감수하고 실용적이고 전통적인 것을 준수함
  ▸ 직업 세계: 자동차 기술자, 지도 제작자, 원예업자, 경찰관, 목축업자 등
- ASR코드의 직업 세계: 국어 교사, 음악 교사, 조경사, 조각가, 사회 사업가, 건축 디자인, 토목 설계, 웹 디자인, 실내 인테리어 등
- 생애진로사정, 다중지능, 홀랜드 적성 검사를 토대로 내담자의 진로와

직업군을 탐색함으로써 내담자의 자기 이해를 높이고, 내담자의 진로 적성과 흥미에 맞는 진로선택에 대해 구체화하는 시간을 가짐

• 과제 제시

- 상담을 통해 알게된 자신의 진로 적성과 흥미에 맞추어 직업 선택을 할 수 있도록 군 휴가 시 직업 체험을 반드시 해 보도록 할 것
- 직업 선택에 따른 진로 준비를 위해 구체적인 계획을 세워 실천할 것
  - ▸내담자는 진로상담을 통해 자신이 아버지의 영향을 받아 전기과에 진학한 것과 전기과가 자신의 성격이나 진로 적성과 흥미에 맞지 않아 휴학을 하게 된 점을 알게 되어 지금의 학과에서 전과를 할 생각을 함
  - ▸내담자가 자신에게 맞는 진로 적성 및 직업군으로 찾은 것은 건축디자인과 토목 설계 분야이나 확신하는 것은 아님
  - ▸내담자가 찾은 직업군이 내담자의 희망 직업군과는 달랐음(직업 체험을 과제로 제시함)
  - ▸실수로 인한 자신감 결여에 대해 자신의 성격적 특성과 군 생활이 맞지 않는다는 것을 이해하여 군생활에 적응하는 노력을 하기로 함
  - ▸짧은 회기의 상담을 요약 정리하고 상담 종료함

• 차시예고

- 군인의 특성상 추수 상담을 확보할 수 없지만 추수 상담을 하게 된다면 진로와 직업 선택에 대해 확인하고 그에 따른 진로 준비에 대한 구체적인 계획을 세워 실천하도록 도움

Ⅵ. 진로상담에 대한 종합평가

1. 진로상담 목표달성 여부

목표달성 정도: 달성 ○, 50% 달성 ◑, 변경/재검토 ◈, 미달성 ×

구분	달성	근거(이유)
내담자	○	• 내담자의 자기 이해를 높이고, 휴학 중인 전기과가 자신에게 맞지 않는 전공이라는 것을 알게 된 점, 진로 탐색을 통해 내담자의 진로적성과 흥미에 맞는 진로를 찾게 되어 새로운 진로에 대한 기대감을 갖게 된 점 등 진로 상담에 대해 처음 기대한 것보다 더 만족함
상담자	◑	• 내담자의 직업군을 최종 선택할 수 있도록 상담의 회기를 더 진행할 수 없어 아쉬움이 남지만 내담자가 상담을 통해 자기 이해를 높이고 자기의 진로 적성과 흥미를 알게 되므로 지금의 전공이 맞지 않아 진로에 대한 고민과 어려움이 많아 힘들어 한점이 해소된 점, 자신의 진로 적성과 흥미에 맞는 직업군 탐색을 통해 새로운 진로 분야를 찾게 된 것은 살된 짐으로 보임 확실한 직업군 선택을 한 것이 아니기에 아쉬움이 남음
합의된 목표	○	• 내담자의 주 호소 문제인 진로 미결정에 대한 고민과 어려움을 해결할 수 있었음 • 내담자의 진로 적성과 흥미에 맞는 진로 분야를 찾게 됨

2. 내담자의 변화

- 군생활을 하면서 실수를 자주하여 초기 상담에서는 자신감이 결여되어 있었지만 상담을 통해 내담자가 자기 이해를 높임으로, 긍정적인 생각으로 바뀜
- 전공하고 있는 전기과가 자신과 맞지 않아 휴학을 하게 된 것과 전기과를 선택하게 된 것이 아버지의 영향이라는 것을 알게 되어 내담자 자신의 진로에 대한 어려움의 원인을 파악하므로 고민을 해결하게 됨으로 표정이 밝아짐
- 상담 회기마다 주어진 과제를 적극적으로 해오는 등 자기 이해와 자신의 진로 적성과 흥미를 이해하고자 구체적으로 노력함
- 다중지능검사와 홀랜드 진로적성검사를 통해 내담자에게 맞는 진로를 찾게 되어 새로운 진로선택에 대한 기대감이 높아짐

- 상담 종료 시 제시한 과제(휴가 시 새로 찾은 건축 디자인과 토목 설계 직업에 대해 체험) 수행에 대해 적극적으로 실천할 것을 다짐함

3. 진로상담에 대한 종합평가

1) 내담자 자기평가

- 제대 후 휴학 중인 전기과에 복학을 해야 할지에 대한 고민으로 어려움이 있었는데 상담을 통해 자신을 이해하게 되어 내담자에게 맞는 새로운 직업군을 찾게 된 점이 너무 좋았고, 자신감도 높혀 갈 수 있을 것으로 기대된다.

2) 상담자 평가

잘된 점	• 자기 이해를 통해 자신감을 높혀 갈 수 있게 된 점 • 진로상담을 통해 전기과가 내담자의 적성에 맞지 않음을 알게 된 점 • 내담자의 진로 적성과 흥미에 맞는 직업군을 찾게 된 점
부족한 점	• 내담자가 찾은 진로 및 직업군에 대해 직업 선택을 하게 되는 부분까지 상담을 진행하지 못한 점

가설세우기(양식)

상담자: ○○○ 20**년 11월 8일

<table>
<tr><td>내담자 성명</td><td>김○○</td><td>내방경위</td><td colspan="2">스스로</td></tr>
<tr><td>나 이, 성 별</td><td>21세, 남성</td><td>종 교</td><td colspan="2">기독교</td></tr>
<tr><td>학 력</td><td>전문대 1학년 휴학</td><td>부모 직업</td><td colspan="2">철도 전기기술자</td></tr>
<tr><td>직 업</td><td>군 인</td><td>희망직업(3개)</td><td colspan="2">작가, 기계공학자, 경찰</td></tr>
<tr><td>출생순서</td><td>(1)남 (1)녀 중 (1)째</td><td>취미 · 성격</td><td colspan="2">당구, 탁구, 책 읽기</td></tr>
<tr><td colspan="5">문제증상 진단 및 평가(사례개념화 요소기준)
※ 생애진로사정결과: 진로장벽, 강점, 약점 등 ※(　　) O표</td></tr>
<tr><td>주 호소 문제</td><td colspan="4">자신이 전공하고 있는 전기 관련 직업에 확신을 잃고 방황하는 중임.</td></tr>
<tr><td>생애진로사정 결과</td><td colspan="4">독립성이 강하고 성격이 명확하며 안정적임을 선호</td></tr>
<tr><td>진로유형 분류</td><td colspan="4">진로결정자( ) 진로미결정자 (○) 우유부단(○)</td></tr>
<tr><td>문제증상 촉발요인</td><td colspan="4">전공하는 전기과와 적성이 맞지 않다고 느낌.</td></tr>
<tr><td>문제증상 유지요인</td><td colspan="4">자기이해 및 진로에 대한 정보와 직업 체험의 경험 부족.</td></tr>
<tr><td>문제증상 유발요인</td><td colspan="4">익숙하지 않은 군생활과 근무 중에 잦은 실수를 함으로써 자신감 결여.</td></tr>
<tr><td>상담에 대한 기대수준</td><td colspan="4">자신에게 맞는 진로를 찾고, 진로에 대한 방향을 정하고 싶어함.</td></tr>
<tr><td>특이사항</td><td colspan="4">자신에 대해 비판적임. 자신의 장점과 재능을 파악하지 못함.</td></tr>
<tr><td>종합 평가</td><td colspan="4">자기이해와 진로와 직업에 대해 알고 내담자의 적성과 흥미에 맞는 직업을 찾는다면 자신의 진로에 대해 열정을 가지고 확실하게 준비해 갈 것으로 보임.</td></tr>
<tr><td colspan="5">가설 명제 적기</td></tr>
<tr><td colspan="5">• 자기이해와 자신의 진로 적성과 흥미 이해를 바탕으로 전기과가 내담자에게 맞지 않는 직업군 인이어서 고민을 하게 된 것을 알아 자신에게 맞는 직업군을 찾을 것으로 보임.
• 자기 이해를 통해 군생활에서의 실수가 성격적으로 군체계에 맞지 않아 실수가 잦은 것을 알게 된다면 군생활의 적응에 대해 구체적으로 노력할 것임.</td></tr>
<tr><td rowspan="2">적용 이론</td><td>일반 상담이론</td><td colspan="3">인간 중심 이론</td></tr>
<tr><td>진로상담이론</td><td colspan="3">글래서의 현실요법. 홀랜드 진로상담이론</td></tr>
<tr><td colspan="2">상담 목표</td><td colspan="3">자기이해를 통해 자신에게 맞는 진로를 찾는 것.</td></tr>
<tr><td colspan="2">상담전략</td><td colspan="3">• 주 호소 문제 해결을 위해 상담 구조화를 한 대로 내담자와 합의한 상담 목표를 달성할 수 있도록 체계적으로 진행함.</td></tr>
</table>

2 미래의 진로가 걱정됩니다

Ⅰ. 내담자 기본정보

1. 내담자 신상정보

이 름	성 별	나 이	학 력	종 교
조 인 성(가명)	남	22세	ㅇㅇ고등학교(졸)	불교

2. 주 호소 문제

"미래에 대한 진로가 걱정되어요", "초기 대인관계가 부족해요"

3. 상담의 맥락

1) 상담장소: ****부대 병영 상담실
2) 상담시간: 1회기당 50분
3) 상담기간: 20**. 4. 16일부터 현재까지, 총 5회 중 5회 완료
   ☞ 상담 종료 1달 후 추수 상담(종합플랜실천 확인) / 6월 1일(금)
4) 내방경위: 진로 선택에 대한 조언을 받고 싶고, 초기 대인관계 어려움을 해결하기 위해 상담을 신청하게 되었음
5) 이전 상담경험: 없음

4. 인상 및 행동관찰

- 175cm 정도의 키에 건장한 체구이며, 얼굴표정에는 웃음과 수줍음이 함께 있음
- 첫 회기 만남이었는데도 친숙함이 느껴졌으며, 상담 진행하는 동안 얼굴에는 웃음기가 있고, 묻는 말에 적극적으로 대답은 하지만 표현력이 부족하여 자신의 생각을 일관성 있게 논리적으로 설명하는 데는 다소

부족한 점이 보임

- 진로상담 접수 면접지와 비밀보장 동의서 작성 시 적극적으로 임하는 모습임
- 가족관계: 아버지와의 관계에는 어색함이 있지만, 교류 및 가족관계 등에는 특별한 문제점은 없어 보임

5. 생애진로사정과 직업가계도(1회기)

1) 생애 진로 사정표

생애 진로 사정표

상담자 성명: ○○○ 사정년월일시: 20**년 4월 16일

<table>
<tr><td rowspan="4">내담자</td><td>성 명</td><td>조 인 성(가명)</td><td>성 별</td><td>남</td></tr>
<tr><td>나 이</td><td>22</td><td>출생순서</td><td>1남 1녀 중 첫째</td></tr>
<tr><td>학교명(학년)</td><td>○○ ○○고등학교(졸)</td><td>직 업 명</td><td>군 복무 중</td></tr>
<tr><td>종 교</td><td>불교</td><td>취 미</td><td>그림 그리기/낙서/축구</td></tr>
</table>

<table>
<tr><th>단계</th><th>구분</th><th>진단요소</th><th>이유 및 내용</th><th>비고</th></tr>
<tr><td rowspan="18">진로
사정</td><td rowspan="4">일의 경험
(시간제, 정규직,
유급, 무급 등)</td><td>◎마지막 직업</td><td>- 고깃집 알바 3년</td><td></td></tr>
<tr><td>• 가장 좋았던 점</td><td>- 알바비를 받아 본인에게 필요한 물품구매</td><td></td></tr>
<tr><td>• 가장 싫었던 점</td><td>- 알바생들과의 기득권 다툼, 업무 서로 미루기</td><td></td></tr>
<tr><td>◎다른 직업 경험</td><td>- 고교졸업 후 생산직 3개월 경험</td><td></td></tr>
<tr><td rowspan="7">교육, 훈련과정,
관심사
(학교, 학습)</td><td>◎교육훈련명칭</td><td>- 사장에 의한 예절교육</td><td></td></tr>
<tr><td>• 가장 좋았던 점</td><td>- 고객의 칭찬과 매너팁</td><td></td></tr>
<tr><td>• 가장 싫었던 점</td><td>- 손님의 무리한 요구</td><td></td></tr>
<tr><td>• 지식 · 기술 · 기능 수준</td><td>- 딱히 요구되지 않음</td><td></td></tr>
<tr><td>◎초 · 중 · 고별 학습</td><td>- 전 학년 성적 하위권 고교 시절 가출 3회</td><td></td></tr>
<tr><td>• 가장 좋았던 점</td><td>- 교우들과 놀러 다니며 한 생활 미술, 역사, 체육 시간 좋음</td><td></td></tr>
<tr><td>• 가장 싫었던 점</td><td>- 수학 시간/흥미 없으며 기초 실력 부족</td><td></td></tr>
<tr><td rowspan="4">오락(여가)</td><td>• 여가 시간</td><td>- 컴퓨터게임(6~7시간) ⇨ 피파, 롤 게임
- 친구들과 음주, 가무</td><td></td></tr>
<tr><td>• 사회활동 내용</td><td>- 특별한 활동 없음</td><td></td></tr>
<tr><td>• 친구 관계</td><td>- 폭넓은 교우관계(게임, 술친구)
(어려움을 나눌 수 있는 친구는 3명 정도)</td><td></td></tr>
<tr><td>• 주말, 저녁, 여가시간 사용내용</td><td>- 알바, 컴퓨터 게임 등 평일과 대동소이함.
20세 이후 부모님과 캠핑</td><td></td></tr>
<tr><td rowspan="4">전형
적인
하루</td><td rowspan="2">의존적 · 독립적
성격 차원</td><td>• 타인에 의존</td><td>- 혼자 결정을 하는 편이나 한계 시 어머니 의존</td><td></td></tr>
<tr><td>• 스스로 의사결정</td><td>- 본인 판단 후 행동</td><td></td></tr>
<tr><td rowspan="2">자발적 · 체계적
성격 차원</td><td>• 안정한 일 여부</td><td>- 주어진 일에 성실하게 행동함.</td><td></td></tr>
<tr><td>• 영속적, 빈틈 없음</td><td>- 게으르고 계획적이지 못하며 즉흥적으로 판단하고 행동화하는 경향이 많음</td><td></td></tr>
<tr><td rowspan="2">강점과
장애</td><td>주요강점</td><td>• 처분자원 탐구</td><td>- 밝은 표정, 상대방 배려하는 자세, 성실성</td><td></td></tr>
<tr><td>주요장애</td><td>• 요구되는 자원탐구</td><td>- 초기 대인관계, 끈기 부족, 무시당하는 경우 있음</td><td></td></tr>
<tr><td rowspan="3">요약</td><td>내담자 소감</td><td colspan="3">※ 자신의 가슴속에 담고 있는 이야기를 표현하지 못하였는데 허심탄회하게 이야기하고 나니 상담에 대한 기대감이 크다고 함.</td></tr>
<tr><td>얻은 정보
재강조 · 반복
확인</td><td colspan="3">※ 소심하며 초기 대인관계에 대한 어려움이 있고, 끈기가 부족하여 계획한 일을 끝까지 마무리하지 못함.
※ 미래 불확실한 진로에 대한 불안한 심리를 갖고 있음.</td></tr>
<tr><td>요약</td><td colspan="3">※ 밝은 표정을 하고 있지만 소심한 성격으로 생각을 표현하지 않으며 불확실한 진로에 대한 걱정과 고민을 갖고 있음.</td></tr>
</table>

2) 직업 가계도

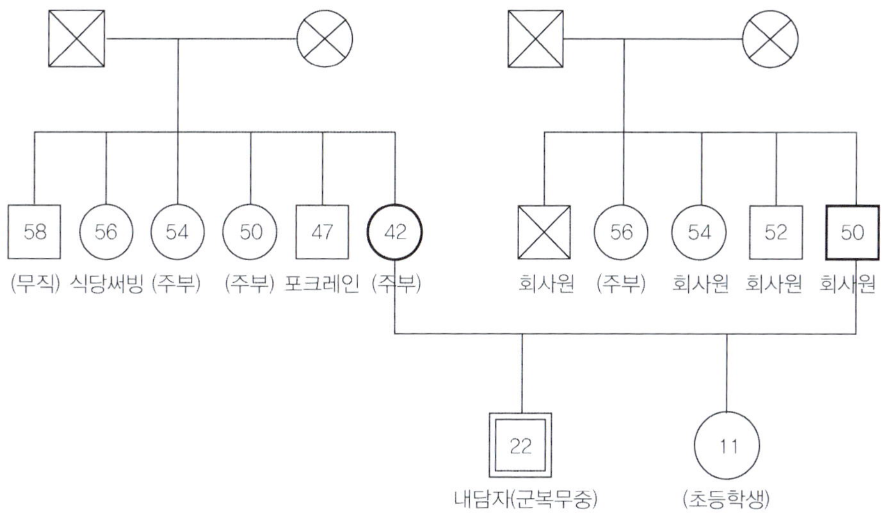

6. 발달배경 및 가족관계

1) 내담자(22세)

- 유년기 시절은 잘 기억나지 않고 엄격한 아버지 밑에서 구타 및 가혹행위 등을 겪으며 고등학교 시절까지 성장하였음
- 여동생이 태어나 자라면서 또 고등학교 졸업한 후부터 아버지와 관계가 조금씩 원만해짐
- 여동생이 장애를 가지고 태어나, 여동생이 친구들에게 부끄러워 좋아하지 않았으나 현재는 어머니의 노력으로 정상적인 학교생활을 하고 있어 여동생을 좋아하게 되었고, 휴가 시 인형이나 장난감, 맛있는 음식 등을 사주며 친밀하게 지냄
- 중학교 시절 그림 그리기를 좋아하여 미술 관련 고등학교 진학을 의논하였으나 부모님의 경제적인 상황을 이유로 원하지 않은 실업계 고등학교를 진학하게 됨
- 고교진학 후 친구들과 어울리는 것을 좋아하여 공부보다는 술과 게임에 빠져 방과 후 PC방에서 롤 및 피파 게임을 6~7시간씩 즐기며 무절제한 생활을 함

• 고교시절 친구들과 3번의 가출 경험이 있는데 처음에는 1주일 정도 친구 집에 거주하며 생활하였고, 두 번째는 2주일가량 가출하여 친구들과 여행 등을 즐기었고, 세 번째는 1달가량 거제도에 사는 친구 집에서 생활하며 지냄

※ 가출할 때마다 부모님이 찾아와 집으로 귀가하였음

• 그림 그리는 것을 좋아하여 ○○ ○○고 재학 시 학교 마스코트를 만든 경험이 있음

• 고교 졸업 후 학교 추천 산업체 생산직에서 3개월가량 근무 후 힘들고 적성에 맞지 않아 퇴사하고 고깃집에서 아르바이트 생활을 하며, 용돈을 벌어 유흥비 및 옷 구매하는 등에 사용함

• 11월경 전역이 다가오면서 미래 불확실한 진로에 대한 불안감과 막연함이 있으며, 전역 전까지 용접 관련 산업기사나 기사 자격증에 응시 예정에 있음

• 군 생활 간 동료들과 큰 마찰 없이 생활하고 있고, 최근 체중이 갑자기 많이 늘어나 운동 및 음식조절 중에 있음

2) 아버지(50세)

• 세탁기, 냉장고 등을 제작하여 대기업에 납품하는 넷째 이모부가 경영하는 회사에서 근무하고 있음

• 성격은 무뚝뚝하고 엄격하며 내담자를 고등학교 졸업할 때까지 구타 및 학대행위 등을 함

• 이모부 회사의 직원으로 근무하는 것에 대해 한탄스러움과 스트레스가 있음

• 잦은 음주 및 어머니와의 다툼이 있었으나 ○○군과 11년이 차이나는 여동생이 태어난 이후부터 많이 자제하면서 현재는 가족들과 캠핑하는 취미생활을 함

3) 어머니(42세)

- 이모부 회사에서 (아버지와 같이) 근무하던 중 20세에 아버지를 만나 내담자를 출산하면서 회사생활을 마무리하고 가정주부로 지냄
- 어머니는 내담자와 비슷하게 소심하고 내향적인 성향으로 겉으로 드러내어 이야기를 하지 않으시고, 여동생이 태어나기 전까지는 아버지와 잦은 말 다툼으로 가슴앓이를 많이 함
- 아버지는 여동생을 장애인 전문학교에 보내기를 원했으나 어머니의 반대로 일반학교에 진학시켜 여동생을 전적으로 돌보며 생활하고 있고, 현재 상태가 호전되어 여동생은 정상아의 수준을 보이고 있음
- 최근에는 배드민턴 동호회에 가입하여 운동을 시작 함

4) 여동생(11세)

- 늦둥이 여동생이 있으나 태어날 당시부터 장애를 가지고 태어나 학창시절에는 친구들에게 부끄럽고 창피해서 이야기를 잘 하지 않았으나 초등학교에 입학하고부터 핏줄의 정이 느껴지면서 많이 좋아함

Ⅱ. 내담자 문제의 개념화

1. 회기별 주제 및 개요

구분	실시 회기	결과(분석)
생애진로 사정	1	• 주어진 일은 성실하게 처리하나 초기 대인관계형성에 대한 어려움이 있고 대화와 행동이 체계적이거나 논리적이지 못하고 즉흥적임 • 자신의 삶에 대한 성취감이 낮으며, 열정과 끈기의 부족으로 자존감이 낮음
다중지능검사	2	• 강점지능: 인간친화지능, 공간지능, 자기성찰지능 • 약점지능: 논리수학지능, 자연지능, 언어지능
홀랜드검사	3	• 희망직업: AR • 검사유형: ASR
직업카드	4	• 선호직업: 웹 및 멀티미디어 디자이너, 만화 및 만화영화작가, 실내장식 디자이너 • 비선호직업: 세무사, 화학공학기술자, 조사전문가
종합플랜 짜기	5	• 상담 및 검사의 전체 회기를 통해 내담자의 의견을 고려하여 실천 가능한 계획을 수립

1) 생애 진로 사정

- 진로사정을 통해 강점과 약점 등을 분석하여 상담계획을 수립함
- 기본적으로 성실하나, 우유부단하여 결정력이 부족하고 논리적이지 못하며 초기 대인관계형성을 어려워함

2) 다중지능검사

<table>
<tr><td>구 분</td><td>언 어</td><td>논리수학</td><td>인간친화</td><td>자기성찰</td><td>공 간</td><td>음 악</td><td>신체운동</td><td>자연친화</td></tr>
<tr><td>점 수</td><td>18</td><td>29</td><td>71</td><td>50</td><td>54</td><td>43</td><td>46</td><td>29</td></tr>
<tr><td>검사결과순위</td><td>8</td><td>6</td><td>1</td><td>3</td><td>2</td><td>5</td><td>4</td><td>6</td></tr>
<tr><td>검사
프로파일</td><td colspan="8">
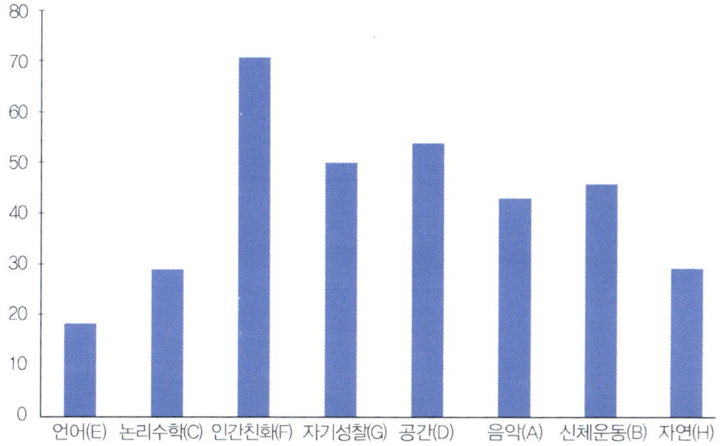

</td></tr>
<tr><td>검사결과
평가</td><td colspan="8">• 내담자의 강점지능은 인간친화지능(F), 공간지능(D), 자기성찰지능(G)이 높은 점수를 나타내고 있는데, 평소 교류 및 친구관계를 중시하고 있는 점과 그림에 대한 흥미와 자신의 약점이 무엇인지를 알고 있는 점 등을 고려하여 보았을 때 다중지능검사 결과와 일치하고 있는 점을 확인할 수 있다
• 내담자가 그림에 대한 흥미와 재능이 있어, 현재 용접분야에 대한 진로보다는 화가로서의 진로가 맞으나 현실적인 어려움이 있기에 내담자의 적성과 연관된 다자이너(인테리어, 게임, 컴퓨터 그래픽 분야), 설계사, 코디네이터 등이 부합한다고 볼 수 있다.
• 약점지능으로는 언어지능(E), 논리수학지능(C), 자연지능(H)이다. LCA(Life Career Assessment: 생애주기 사정) 정보수집 시 표현력이 부족하고 과학과 수학 과목을 싫어하고 게으르며 계획적이지 못하다고 한 점이 지능검사결과의 약점과 연결됨</td></tr>
</table>

3) 홀랜드검사 활용한 활동

<table>
<tr><td>나는 어떤 사람?</td><td colspan="2">1.인간 친화적, 2.공간, 3.자기성찰, 4.논리수학, 5.자연, 6. 언어지능 순</td></tr>
<tr><td colspan="2">희망직업 적어보세요!</td><td>나의 유형은?</td></tr>
<tr><td>미술관련 업종</td><td>A</td><td rowspan="2">ASR</td></tr>
<tr><td>용 접 사</td><td>R</td></tr>
</table>

『프로파일분석: 기본3코드(ASR)』

영 역	R (실제형)	I (탐구형)	A (예술형)	S (사회형)	E (기업형)	C (관습형)	진로 코드
점수합계	31	25	41	40	31	25	ASR
순 위	3	5	1	2	4	6	

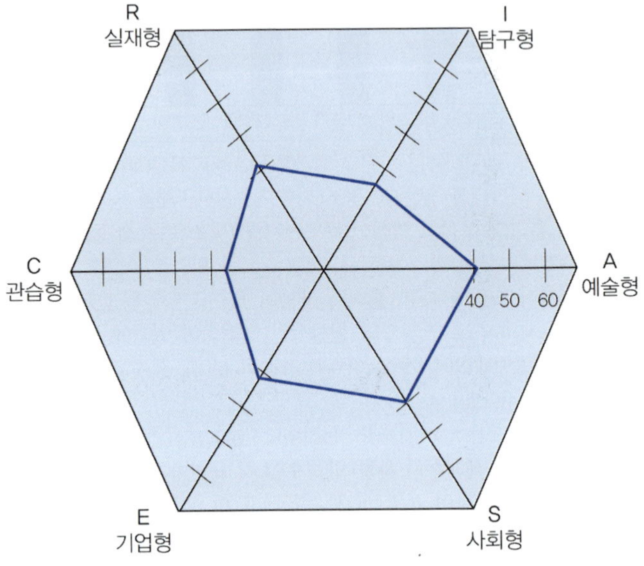

■ 홀랜드검사결과 내담자 진로코드는 ASR

- 검사 전 희망직업으로 직업군을 3가지 표현토록 하였으나 미술과 용접 관련 2가지밖에 생각나지 않는다며 A와 R형을 선택함
- RIASEC의 영역 적성 분석결과 A(예술형)에서 가장 높게 나타났고, S(사회형)도 A(예술형)와 비슷한 점수로 높게 나타났으며, R(실제형)과 E(기업형)의 점수가 같았으나 내담자 선호도에서 R형을 우선시함
  반면, 하위코드로는 I(탐구형), C(관습형)형을 나타내고 있음
- 육각형의 유형에 최상위 코드와 최하위 코드간의 점수를 보면 진로성숙도가 뚜렷한 적성이 없어 직업군에 대한 이해도와 성찰이 필요함
- 그러나 다중지능에서 인간친화적 지능과 공간지능이 높고, 홀랜드검사에서도 예술형과 사회형이 상위 코드로 분포된 점을 보아 사람들과 어울리면서 미술 관련 분야에 대한 직업을 선택하는 것이 바람직하다고 보임

  ※ 직업군에 대한 인식이 부족한 것으로 판단되어 다음 회기 상담에 필요한 직업군 탐색 과제를 제시해 줌

  ☞ 커리어넷, 워크넷, 큐-넷 등을 소개하고 활용방법을 설명하여 진로적성검사를 하도록 함
  다음 회기에는 직업의 종류를 알아보고 직업카드를 활용한 내담자의 진로 및 직업 정보를 탐색하도록 함

4) 직업카드를 활용한 활동

• 직업선택 이유 분석표

<table>
<tr><th>카드분류</th><th>좋아하는 직업</th><th colspan="2">모르는 직업</th><th>싫어하는 직업</th></tr>
<tr><td>1차 개수</td><td>34</td><td colspan="2">13</td><td>43</td></tr>
<tr><td>2차 개수</td><td>18</td><td colspan="2"></td><td>16</td></tr>
<tr><td rowspan="4">선호 및
비선호직업</td><td colspan="2">좋아하는 직업 이유</td><td colspan="2">싫어하는 직업 이유</td></tr>
<tr><td colspan="2">생각한 것을 창의적으로 표현하는 것에 흥미가 있고, 새로운 것을 추구하고 만들어 자유롭게 표현하는 것이 좋아서임</td><td colspan="2">법을 공부해야 하고, 분석하는 것이 매우 싫음</td></tr>
<tr><td colspan="2">만화 등 그리는 것을 좋아하고 나의 능력을 개발해 보고 싶음</td><td colspan="2">화학과 수학을 싫어하고 적성이 맞지 않음</td></tr>
<tr><td colspan="2">실내 인테리어에 대한 관심도가 높고, 직접 꾸미는 것을 좋아함</td><td colspan="2">분석하는 것과 체계화하는 것을 못 함</td></tr>
<tr><td>좋아하는 순위</td><td>웹 및 멀티미디어
디자이너</td><td colspan="2">만화 및 만화영화 작가</td><td>실내장식 디자이너</td></tr>
<tr><td>싫어하는 순위</td><td>세무사</td><td colspan="2">화학공학 기술자</td><td>조사원</td></tr>
<tr><td rowspan="2">작업 활동 결과</td><td colspan="4">상위 3 코드</td></tr>
<tr><td>A</td><td colspan="2">S</td><td>R</td></tr>
<tr><td>희망직업 순위
및 진로코드</td><td>웹 및 멀티미디어
디자이너</td><td colspan="2">실내장식 디자이너</td><td>만화 및 만화영화 작가</td></tr>
<tr><td>검사결과 평가</td><td colspan="4">• 내담자는 좋아하는 직업을 1차에 34개, 2차에 16개가 감소한 18개를 선택하였으며, 이중 선호하는 직업 10개를 최종적으로 분류함. 홀랜드 진로적성검사에서 보여준 ASR의 최상위 코드와 직업코드가 일치함.
• 직업카드 선택결과와 희망직업 진로코드가 예술형에 집중되어 있어 예술형 분야에 관심을 두고 구체적인 탐색을 진행함.
※ 선택한 직업 진로코드에 대한 상세한 직업 정보를 찾아보고 작성해보는 것을 과제로 제시함.</td></tr>
</table>

5) 종합플랜 짜기

• 직업카드를 통해 선택한 직업에 대한 정보 찾아보기 과제물 확인 및 구체화(선택한 직업: 웹 및 멀티미디어 디자이너, 실내장식 디자이너)

• 상담에서 실시한 다양한 검사를 통해 자신의 직업적성, 흥미, 가치 등을 종합적으로 분석하여 내담자와 구체적인 실천계획을 수립하고, 행복한 삶을 추구하기 위한 미래 생애진로 플랜을 완성함

※ 1달 후 추수상담을 통해 실천 여부 확인 및 계획보완 예정

2. 내담자 종합평가

1) 내담자의 강점

- 인간친화 지능이 매우 높고 공간지능과 자기성찰지능이 높음(다중지능검사)
- 소박하고 자신에게 주어진 임무와 역할에 성실하게 임함
- 자신이 좋아하는 그림 그리기를 할 때 집중력이 높고 흥미가 있으므로 미술분야에 집중하는 강점이 있음
- 내담자가 상담에 대해 적극적으로 임하며, 성실하게 상담회기에 참여함.
- 생애진로 사정에서 학창시절 아버지와의 갈등으로 인해 부모의 사랑을 받지 못한 결핍으로 친구와의 관계를 중요시함
  오랜 기간 아르바이트 등을 통해 용돈을 벌어 필요를 해결한 점은 독립적으로 보임

2) 내담자의 약점

- 가족 간에 정서적 교감이나 의사소통의 단절 등으로 친구들에게 의존적임
- 하고 싶은 것은 많으나 배움 부족에 따른 열등감을 가짐
- 검사를 통해 적성과 흥미를 탐색하는 동안 적극적인 관심을 보이나 가치관적으로 관념이나 사고의 기준이 모호함. ☞ 『이상과 현실에 대한 이해 부족』
- 언어, 논리 및 수리 능력에 대한 약점을 갖고 있고, 특히 논리적 사고능력이 필요하며, 수학적으로 계산하는 것을 매우 싫어함
- 소심하고 끈기가 부족하며, 초기 대인관계형성에 대한 어려움을 가짐

3) 상담자가 본 내담자 문제

- 내담자가 검사 등을 통해 적성이나 흥미 등의 직업코드가 일치됨을 나타내고 있으나, 진로 및 직업 가치관에 대하여 이상과 현실에 대한 명확한 이해가 부족함
- 언어적 지능이 낮음으로 의사소통 능력이 부족할 수 있고 이로 인해 초기 대인관계형성에 어려움이 있는 것으로 보임
- 내담자가 진로 탐색 및 직업군 선택에 따른 목표를 세우고 실천할 것을 약속하였으나 추진력이 부족하여 계획한 목표에 다소 도달하지 못한 점이 있음
  ☞ 구체적인 목표를 달성하도록 단계적으로 세부적인 계획을 세워 내적 동기부여와 지속적인 상담을 통해 목표달성에 대한 확인이 필요함

3. 내담자 진로유형

- 내담자의 초기 진로 유형은 굴삭기 기사 및 용접사 등 현장중심의 근무형태를 갖고 있었으나 상담과 적성, 흥미검사 등을 통해 진로 코드 중 A코드(예술형)가 우세하므로 예술형의 직업 및 진로에 대한 탐색을 하는 것이 적절할 것으로 보임

4. 진로장벽 및 방해요인

- 내담자가 진로 코드를 A코드(예술형)로 결정하였으나 부모님이 안정적이고, 고소득인 건설현장 직업군으로 용접, 굴삭기 운전기사 등을 강요하여 최종 선택에 어려움이 예상됨
- 끈기가 부족하고 즉흥적이며 친구들과 비행하는 것들이 내담자의 진로 목표를 달성함에 있어 방해요인으로 작용할 것으로 보임

Ⅲ. 진로상담 목표 및 전략

1. 상담목표

1) 내담자의 상담목표

- 전역 후 미래 진로와 초기 대인관계의 어려움을 해결하고자 한다.
- 흥미를 가지고 있는 분야는 그림 그리기 등 미술분야이지만 현실적으로 진로 준비를 하고 있는 것은 용접분야이기 때문에 직업에 대한 이해와 자신에게 맞는 진로 적성, 흥미를 알아 보고 그에 따른 진로 준비에 대해 구체적으로 알아본다.

2) 상담자의 상담목표

- 내담자가 준비하는 용접분야와 흥미를 가지고 있는 그림 그리기 등 미술 분야에 대한 진로 및 직업에 대해 다중지능검사를 실시하여 우세지능을 알아보고 홀랜드검사와 직업카드 활동을 통해 내담자에게 적합한 직업을 탐색하므로 내담자에게 맞는 진로분야를 찾은 후 구체적인 진로 준비에 대한 방법을 함께 논의하고 찾아간다.
- 초기 대인관계형성에 대한 어려움을 상담을 통해 개선한다.

3) 내담자와 합의목표

- 내담자에게 맞는 진로를 찾기위해 먼저 다중지능검사를 통해 자신의 재능을 확인하고 홀랜드검사와 직업카드활동에서 자신에게 맞는 진로 및 직업군을 찾은 후 진로 준비에 대한 구체적인 방법을 체계적으로 계획을 세워 실천하도록 한다.
- 초기 대인관계형성의 어려움을 개선한다.

2. 상담전략

1) 초기 상담전략

- 면접상담을 통해 내담자와 상호 신뢰관계(라포형성)를 형성하고 내담자의 주 호소 문제를 확인하여 상담구조화 및 LCA(Life Career Assessment: 생애주기 사정)를 통해 내담자의 자기이해를 돕고, 이를 바탕으로 내담자의 진로이해와 진로준비에 대해 알아본다.
- 내담자의 자기이해를 토대로 초기 대인관계의 어려움을 분석한다.

2) 중기 상담전략

- 다중지능검사를 통해 내담자의 강점과 약점을 확인하여 내담자의 우세지능을 알아보고, 홀랜드검사를 바탕으로 내담자의 진로 적성, 진로 흥미, 가치관을 탐색하여 내담자가 준비하고 있는 직업분야(용접관련)와 흥미를 가지고 있는 직업분야(그림 그리기 등 미술분야) 중 자신에게 맞는 직업군이 어떤 것인지 탐색한다.
- 다중지능에서의 자기 탐색을 기반으로 언어지능을 보완하고, 홀랜드검사에서 성격성향을 이해하여 초기 대인관계형성의 어려움을 개선한다.

3) 후기 상담전략

- 검사와 상담을 통해 내담자의 종합적인 특성을 분석 및 고려하여 내담자에게 맞는 직업군을 확인하고 내담자의 상담 목적에 부합하는 종합적인 플랜을 작성하여 내담자에게 맞는 진로 및 직업 준비를 스스로 실천해 가도록 한다.
- 초기 대인관계형성에 대한 어려움의 개선 정도를 확인하여 보완한다.
  ※ 추수상담을 통해 내담자의 진로 및 직업준비를 위해 종합플랜이 잘 실천되고 있는지 확인하고 그에 따른 지지와 보완 및 도움을 주도록 한다.

Ⅳ. 적용한(일반) 진로상담이론

구분	이론명	적용근거
일반상담이론	로저스(Carl Rogers) 인간중심적 상담이론	• 비지시적 치료 및 내담자 중심의 치료를 바탕으로 인간중심의 상담이론 및 상담기법 • 정신분석, 행동주의 상담을 반대하고 비지시적 상담을 중심으로 상담기법과 기술적인 측면을 거부함 • 긍정적인 인간관을 유지하며 인본주의 현상학적 이론 적용
진로상담이론	파슨스 특성이론을 배경으로 한 인지적 정보처리이론(CIP)	• 진로의 결정이나 진로문제해결이 기본적으로 학습되고 연습될 수 있는 기술 • 진로 문제해결과 의사결정을 할 때, 어떻게 정보를 이용하는지 설명 • 내담자가 진로결정 문제를 해결하기 위해 자신의 계획을 세우고 실천해 보고 실천한 결과를 토대로 새로운 목표와 계획을 세우도록 방향 제시

Ⅴ. 회기요약

1회기: 20**. 4. 16.(월)

• 상담자의 소견

- 내담자는 올해 11월 전역을 앞두고 있는 육군 용사이며, 첫 회기 만남에서 웃음기 가득한 표정으로 상담에 대한 기대감이 높은 상태였다.
- 내담자와 신뢰로운 라포형성을 위해 상담자 소개를 하고, 접수 면접지 작성 및 생애진로사정표 작성, 진로 가계도를 통하여 내담자의 생애 진로 사정에 대한 정보수집과 가족 구성원들과 관계 및 성장 과정 등 정보를 탐색하였다.
- 미래 진로에 대한 불안과 자신의 관심분야(그림 그리기 등 미술분야)에 대한 미래 직업 전망과 부모님의 강요로 준비하고 있는 직업군(용접관련)이 자신의 적성과 맞는지와 초기 대인관계형성에 대한 어려움에 대한 주 호소 문제를 확인하였다.
- 면접상담과 주 호소 문제를 바탕으로 상담구조화를 하였고 생애주기 사정을 통해 내담자를 이해할 수 있었다.

• 2차시 상담 예고
- 다음 회기에는 다중지능검사를 통해 강점과 약점 등을 탐색하여 내담자의 자기효능감을 알아보기로 함
- 총 상담회기는 5회기이며, 내담자가 원할시 전역할 때까지 멘토 역할을 할 것을 약속함

2회기: 20**. 4. 18.

• 상담 내용
- 부모님의 강요로 내담자가 준비하고 있는 직업군(용접분야)과 내담자가 흥미를 가지고 있는 그림 그리기(미술분야)에 대해 우세지능을 확인하여, 내담자에게 맞는 진로와 직업군을 탐색하고자 다중지능검사를 실시하였다.
- 다중지능검사를 통해 강점기능과 약점기능을 확인한 결과는 다음과 같다.
  ▸ 내담자의 장점지능은 인간친화지능(F), 공간지능(D), 자기성찰지능(G)이며, 약점지능으로는 논리수학지능(C), 자연지능(H), 언어지능(E)으로 검사결과가 나왔다.
  ▸ 내담자는 상위지능인 인간친화지능과 하위지능인 언어지능의 점수는 17점의 큰 차이를 보이고 있다.
  ▸ 강점지능을 분석해 보았을 때 공간지능분야 직업에 잘 부합된다고 볼 수 있다
- 언어지능(E) 점수의 낮음으로 내담자가 초기 대인관계형성의 어려움의 원인을 이해할 수 있었다.

• 3차시 상담 예고
- 다음 회기에는 홀랜드검사를 통한 내담자의 직업 적성과 흥미 및 가치관에 대하여 알아보기로 함

3회기: 20**. 4. 23.

• 상담 내용
- 2차시 다중지능검사에서 알게 된 내담자의 약점(언어지능)을 개선하기

위해 소리내어 책 읽기와 낯선 전우에게 먼저 다가가 인사하기 등 언어표현력을 높이기 위한 역할놀이를 함께 하였다.

- 약점 극복을 위한 노력으로 "재미있게 말하는 사람이 성공한다"는 책을 일과 후 1일 20~30페이지 정도 낭독하여 읽고 있으며, 후임병 4명과 아침 인사말 하기 및 전입 병사에게 충성마트의 음료 및 과자를 제공하며(자신의 과거 전입 시점을 떠올리며), 자대에 전입 온 느낌, 현재의 기분, 고민 사항 등을 주제로 이야기를 시도하는 등 꾸준히 노력하고 있다.
  - ▸처음에는 너무 어색하고 대화를 이어가는 데 어려움이 있었으나 대화를 진행하면서 자신감과 친밀감을 형성할 수 있었음에 뿌듯해지는 느낌을 가졌다고 함
  - ▸일과시간에 근무하는 공장지역에서 아침에 출근한 간부들에게 "주말 잘보내시고, 편안히 쉬셨습니까?"라고 아침인사를 번서 하자 웃으면서 "○○아 오늘 무슨 좋은 일 있니?" 하면서 "○○도 좋은 하루되고" 등 대화를 이어가 소통의 중요성을 느낄 수 있었고 기분이 아주 좋았다고 함

    ※ 자신의 약점을 극복하기 위해 노력하는 도전 정신과 열정에 대해 칭찬하고 격려함
- 홀랜드검사에 대한 이해를 바탕으로 검사를 실시한 후 검사결과 분석을 통해 내담자의 홀랜드 진로적성에 맞는 직업군으로 희망직업을 선정하였다.
  - ▸다중지능검사에서의 진로 코드와 홀랜드검사에서의 진로 코드가 유사한 것에 무척 신기해하고 놀라워하며, 자신이 좋아하고 잠재되어 있는 예술형과 사회형이 높은 점 등을 확인하고 자신의 약점 극복을 위해 구체적인 계획을 세워 실천해 갈 것을 이야기함
  - ▸내담자가 자신의 진로 분야를 부모님이 원하는 용접, 굴삭기 운전 등 기술 분야에 대한 생각을 갖고 있었는데 자신의 재능과 관심이 있는 예술형과 사회형의 점수가 높은 것을 알고 만족스러워함
- 내담자의 진로적성과 흥미, 가치관에 맞는 예술형과 사회형 직업군에 대해 알아 볼 것을 과제로 제시하였다.

- 4차시 상담 예고
  - 다음 회기에서는 직업카드를 통해 좋아하는 직업과 싫어하는 직업을 선택하고 그 이유를 탐색해 봄으로써 직업에 대한 이해와 직업 선택을 구체화하기로 함

4회기: 20**. 4. 30

- 상담 내용
  - 인사를 나누고 나자 자신의 노트와 요약 메모 수첩을 보여주고 수줍은 듯한 웃음을 보이며 자신이 그간 노력한 내용에 대한 자랑을 먼저 이야기하였다.
    - ▸ 노트에는 만화 캐릭터 그림 및 인물, 사물 등에 대한 그림 등이 그려져 있었고 메모 수첩에는 일일 4~5명과 인사를 나눈 대상과 간략한 내용들, 그리고 책을 읽으며 좋은 내용들이나 명상이 되는 간략한 글귀들이 적혀 있었다. 그리고 컴퓨터 검색을 통해 예술형의 직업군에 대해 알아본 것에 대해서도 이야기하는 등 상담에 따른 내담자의 노력과 긍정적인 변화를 보여주기 위해 애씀을 이야기함
    - ▸ 감탄의 표현과 감사함을 전하고 내담자가 진심을 가지고 상담에 임하고 있으며, 자신에게 맞는 진로 찾기와 변화의 필요성을 다시 확인함
  - 직업카드 활동을 하기에 앞서 내담자가 알고 있는 직업 쓰기에서 40가지의 직업명을 작성하였고, 자신이 작성한 각 직업에 대해서는 전반적으로 잘 알고 있었다.
    - ▸ 아는 직업에 대해서는 정보탐색을 해 보았다고 함
    - ▸ 40가지 이외에도 다양한 직업을 알아보고 4차 산업혁명 시대에 필요한 직업에 대해서도 알아봄
    - ▸ 직업카드 분류와 분석표 작성을 통해 우선순위별 선호 직업활동 상위 10가지를 종합했을 때 직업코드는 A코드(8개), SR코드(각 1개) 직업 흥미분야는 웹 및 멀티미디어 디자이너, 만화가 및 만화영화 작가, 미술가 등임

▸ 부모님이 원하는 직업 분야는 안정적이면서 고소득인 직업으로 굴삭기 운전기사, 용접 등의 기술직임

▸ 내담자는 웹 및 멀티미디어 디자이너, 실내장식 디자이너 중 웹 및 멀티미디어 디자이너 직업을 최종 선택하였다. 홀랜드 직업코드는 A코드(예술형)임

- 내담자는 직업카드 활동을 통해 다양한 직업의 세계와 직업군을 알게 되었으며, 자신의 진로 적성과 흥미, 가치관 등을 정확히 알 수 있었고 내담자가 직업 선택에 있어서 확신을 갖게 되었다고 하였다.
- 내담자에게 상담자가 상담 전 고용노동부 고용센터를 방문하여 자료를 수집한 청년을 위한 취업지원제도, 취업패키지, 내일배움카드 제도, 직업 교육을 하는 학원 및 학교 등에 대한 정보를 알려주고, 상담자에게 제공되고 있는 진로 정보레터 소식지에 있는 정부에서 진행하는 진로 직업 사업계획인 미래 미술분야의 연소득 6,000만 원대 시장으로 키우고 있는 것과 그에 따른 신규 일자리도 1,000개를 만들고 있는 것을 알려주었다.

※ 1회기 때보다 진로 및 직업 선택에 자신감이 생겼고 상담에도 더 적극적으로 임함. 선택한 직업군에 대해 구체적인 정보 찾아보기를 과제로 제시하고 직업군에 대한 다양한 웹 사이트를 알려줌

• 5차시 상담 예고

- 다음 회기가 마지막 상담임을 알려주고 전역 후 내담자에게 맞는 진로와 직업 선택을 위해 상담에서 제시한 계획들을 점검하고 구체적인 종합플랜을 수립하기로 함

5회기: 20**. 5. 9.

• 상담 내용

- 마지막 상담임을 알려주고, 내담자의 주 호소 문제에 기반한 진로와 직업 선택에 대한 그동안의 상담 과정을 요약 및 정리하였다.
- 마지막 회기임을 아쉬워하며 한 주간의 일상을 이야기하였다.

▸ 일과 후 또는 주말에 같은 부대 동료들과 풋살운동하고, 1일 줄넘기

1,000개를 목표로 하며 체중조절을 위해 노력하고 있다고 함

- 그동안 읽고 있던 책을 다 읽어서 새로운 책인 '일상의 디자인'이라는 책을 읽고 있다고 함
- 책의 내용은 내담자의 흥미, 적성 분야로 우리 주변 일상 속에서 얻어지는 영감과 아이디어를 통하여 사물의 다양함과 디자인 감각을 익힐 수 있도록 도움이 되는 책이라고 소개함
- 초기 인간관계형성을 위해서는 자신의 주변 인물에서 벗어나 인접부대 용사들과도 교류하며 자신의 어려움 극복을 위해 계속적으로 노력함

- 내담자에게 맞는 직업 선택을 위해 상담에서 세웠던 계획들을 다시 점검하여 구체적이고, 현실적이며 실천 가능한 계획으로 종합플랜을 수립하였다.
  - 홀랜드 A(예술형)코드 분야의 직업인 웹 및 멀티미디어 디자이너, 실내장식 디자이너로의 진로와 직업 선택을 위해 구체적인 계획을 세움

〈진로와 직업선택을 위한 실천 계획〉

1. 웹 및 멀티미디어 디자이너, 실내장식디자이너의 직업분야에 대한 정보 탐색을 통해 이론적 지식을 함양하고 제대 후 선택한 직업으로 취업할 수 있도록 다가오는 휴가 기간에 고용센터 및 직업전문학교와 학원을 탐방하여 직업체험과 목표를 구체화하기로 한다.
2. 남아 있는 군복무 기간 동안 웹 및 멀티미디어 디자이너로서 필요한 자격증의 종류와 자격증 취득에 관한 정보를 알아보고, 자격증 취득을 위해 필요한 비용과 소요되는 비용을 준비하는 방법, 공부 방법 등을 알아보고 준비한다.
3. 자격증 취득 등 취업 준비가 되면 워크넷에 구직등록을 하고, 취업이 될 때까지 계속적으로 준비한다.
4. 부모님께서 원하시는 직업이 진로장벽으로 존재하므로 차츰 해결해 간다(내담자가 선택한 직업 선택을 위해 스스로 준비하고, 자신의 진로 적성과 흥미를 토대로 논리적 언어표현 능력을 키워 부모님을 대화로 설득하여 진로 장벽을 제거한다).
5. 초기 대인관계형성을 잘 하기 위해 인간관계 관련 책을 꾸준히 읽고 적용하여, 만나는 사람들에게 다가가 표현하는 능력을 계속적으로 키운다.
6. 일일 생활계획표를 시간에 맞춰 규칙적이고 체계적으로 작성하여 실천하므로 성격의 단점을 보완하고 자주적이고 부지런하게 생활한다.

※ 목표에 대한 실천 여부를 11월 제대 전까지 1회기 추수 상담을 통해 확인하기로 함

- 최종 선택한 직업군에 대한 구체적인 정보 찾아보기 과제 2개, 직업군에 대해 1개, 직업군당 A4 한 장씩, 두 장 분량을 정보탐색을 통하여 하는 일, 교육, 자격, 훈련, 임금, 직업만족도 등 13개 분류에 대한 내용을 조사하면서 직업에 대한 확신과 이를 통해 능력 향상을 위한 거주지 주변 고용촉진센터, 전문학교, 직업학원 등을 추가로 조사하여 전역 후 진로 목표 달성을 위한 준비를 하였다.
- 마무리를 하면서 가장 기억에 남는 활동으로는 직업카드 활동이며, 이를 통해 내담자가 모르던 직업들도 알게 되었으며, 카드를 분류하면서 진짜로 자신이 하고 싶은 직업이 무엇인지를 알게 되었다.
- 5회기의 상담을 통해서 가장 깊이 깨닫고 얻은 것은 무엇인지를 묻자 내담자에게는 강점과 단점들이 있는데, 지금까지는 단점들을 극복하기보다는 열등감과 진로에 대한 불안과 혼란 속에 살아왔으나, 상담을 하면서 각종 검사들을 통해 적성, 흥미, 가치관 등을 바탕으로 자신의 단점을 줄이고 강점은 더욱 커지게 만드는 방법을 깨달았음을 표현하였다.
- 앞으로의 목표와 계획에 대한 의지를 확인한 결과 한 달 동안 내담자를 위해 노력하고 자신을 알게 해 준 상담사를 실망시키지 않도록 다음과 같이 약속하였다.
  1) 자신의 게으르고 우유부단한 성격을 고치기 위해 계획성 있는 일과 추진
     ※ 아침 기상 시 타 전우보다 5분 먼저 기상하여 아침 인사하기와 자신에게 주어진 임무에 대하여 피동적이지 않도록 자신의 멘토와 약속하여 1일 피드백하기
  2) 초기 대인관계형성의 어려움을 극복하기 위해 지속적으로 타인에게 다가가 인사 나누기 및 대화하기
  3) 자신의 약점인 언어적, 논리적인 부족함을 극복하기 위해 지속적인 독서와 서평 작성해 보기

4) 자신이 선택한 직업군인 웹 및 멀티미디어 디자이너, 실내장식가 직업분야에 대한 정보탐색과 검색을 통해 이론적 지식을 함양하고 전역 후 직업군과 바로 연계될 수 있도록 휴가 시 고용센터 및 직업분야 학교/학원을 탐방하여 목표를 구체화하기로 약속함

※ 목표에 대한 실천 여부를 11월말 전역 전까지 월 1회 추수 상담을 통해 확인하기로 함

- 최종 선택한 A코드(예술형)의 직업군에 대한 구체적인 정보 찾아보기 과제를 제시하고, 정보탐색을 통하여 하는 일, 교육, 자격증, 훈련, 임금, 직업만족도 등 13개 분류에 대한 내용을 조사하여, 직업에 대한 확신과 이를 통해 능력 향상을 위한 거주지 주변 고용촉진센터, 직업전문학교, 직업학원 등을 추가로 조사하여 제대 후 종합플랜에 있는 계획대로 실천할 것을 분명히 하였다.
- 상담을 마무리하면서 가장 기억에 남는 활동으로는 직업카드 활동이며, 이를 통해 내담자가 모르던 직업들도 알게 되었으며, 카드를 분류하면서 실제적으로 내담자에게 맞는 직업이 무엇인지를 알게 된 것에 대해 내담자의 만족도가 높음을 확인하였다.
- 그동안의 상담에 대한 소감으로 부모님이 원하는 용접, 굴삭기 운전사 등의 기술분야의 직업준비를 하면서도 내담자가 흥미를 가지고 있는 미술분야의 직업 선택에 대한 혼란이 있었는데, 진로상담을 통해 자신에 대해 알게 되었고, 자신에게 맞는 진로 및 직업선택을 하게 되어 진로상담이 많은 도움이 되었다고 하였다.
- 초기 대인관계형성에 대한 어려움이 많이 개선되어 인접 부대원들과도 교류하게 되어 군생활에 즐거움이 생기고 있다고 이야기하여 상담자로서 보람을 느꼈다.

• 6차시 상담(추수 상담) 예고

- 추수 상담에서는 종합플랜의 실천에 대한 과정적 평가 결과에 따라 내담자를 지지하고 격려하며, 부족한 부분은 조정 및 보완하여 다시 실천하도록 도움을 주고 동기부여하고자 함

Ⅵ. 진로상담에 대한 종합평가

1. 진로상담 목표달성 여부

목표달성 정도: 달성 ○, 50% 달성 ◑, 변경/재검토 ◈, 미달성 ×

구분	달성	근거(이유)
내담자	○	• 그림 그리기에 흥미가 있고 평소 즐겨하면서도, 부모님의 바람대로 굴삭기 운전기사와 용접이라는 직업 선택의 혼란과 걱정이 많았는데 상담을 하는 동안 점차적으로 자신에게 맞는 진로와 직업군을 알게 되어 새로운 진로와 직업선택에 많은 도움이 됨. • 여러 가지 진로선택을 위한 검사와 상담을 통해 자신의 재능 및 적성과 흥미, 가치관과 언어지능이 낮은 것을 알게 되어 자신에게 맞는 진로선택을 하게 되고, 초기 대인관계의 어려움을 이해하고 개선하게 됨. • 언어적 표현 능력을 키워 자신의 진로 적성과 흥미에 기반하여 대화를 통해 부모님을 설득하여 진로 장벽(부모님이 원하시는 직업군)을 제거하고자 함. • 진로선택을 위한 종합플랜을 성실히 실천하여 선택한 직업에 취업할 수 있도록 노력할 것을 다짐함.
상담자	○	• 내담자의 주 호소 문제인 미래 진로 및 직업선택과 초기 인간 관계형성의 어려움에 대해 상담을 구조화하여 잘 진행됨 • 다중지능검사, 홀랜드검사, 직업카드를 활용하여 내담자의 재능과 강점 및 약점을 분석하여 내담자에게 맞는 진로와 직업선택을 하도록 상담함. • 내담자 자신과 진로 및 직업에 대한 이해를 바탕으로 새로운 직업을 찾았으며 더 나아가 홀랜드 A(예술형)코드와 관련이 있는 웹 및 멀티미디어 디자이너로의 진로와 직업을 함께 찾음. • 내담자의 약점이었던 언어지능, 논리 및 수학능력지능의 낮음을 검토하여 언어 표현능력을 향상하는 방법을 내담자가 실천하므로 초기 대인관계 어려움 등을 개선함. • 부모님께서 바라는 직업군과 내담자의 최종직업선택의 직업군이 달라 진로 장벽으로 존재하는 부모님과 대화를 통해 진로 장벽을 제거할 것을 모색함.
합의된 목표	○	• 상담을 통해 내담자의 성격, 진로 적성, 흥미 등을 파악하여 내담자가 자신을 이해하고, 자신에게 맞는 진로 및 직업 선택을 찾음. • 내담자의 진로 및 직업 선택에 따라 자신이 개발해야 하는 분야를 탐색하여 구체적인 목표를 세워 실천하도록 함. • 초기 대인관계형성에 따른 어려움을 극복하기 위해 구체적으로 타인과 대인관계형성 방법들을 실천하므로 개선함

2. 내담자의 변화

1) 초기 상담에서는 내담자가 자신의 문제해결과 진로상담의 필요성에 대해 인식이 부족하고 미래 진로에 대해 혼란스러워하였다. 그러나 상담을 통해 진로 문제와 초기 대인관계 형성의 어려움을 해결하고자 하는 의지는 강했다.
2) 내담자의 주 호소 문제에 대해 상담구조화하여 진행하는 상담과정에 성실히 임하였고, 실제적으로 실천해야 할 과제들 또한 잘 실천하였다.
3) 검사를 통해 내담자의 진로 적성과 흥미, 가치관 등을 파악하여 자신을 이해하고 그에 따른 진로와 직업적 선택에 대해 더욱 적극적인 모습을 보였다. 초기 대인관계형성에 대한 어려움 개선을 위해 구체적인 노력을 하면서 군생활에 대한 만족도도 좋아진 모습을 보였다. 실제적으로 처음 만나는 군인과도 직접적으로 대화와 관계를 시도하고 관계를 형성해 가는 등 개선된 부분이 확인되었다.
4) 직업 코드와 내담자의 진로 적성 흥미가 일치한다는 것을 알고 진로 및 직업 선택에 자신감을 가지게 되었고, 선택한 직업으로의 진로를 위해 준비해야 하는 부분들을 탐색하고 실천하기 위한 구체적인 계획을 세우고 실천하는 등 노력하는 모습을 보였다.
5) 상담회기의 진행에 따라 자기를 이해하고 자신에게 맞는 진로를 선택하고 노력하는 모습을 통해 진로상담이 내담자에게 실제적인 도움이 되었다는 것에 상담자로서 보람을 느꼈다.
6) 종합플랜에서 세운 6가지 계획을 잘 실천할 것을 내담자 스스로 약속하였다.

3. 진로상담에 대한 종합평가

1) 내담자 자기평가

- 상담을 통하여 초기 대인관계형성의 어려움이 개선되어 동료들과의 관계가 편해졌고, 진로상담에서 자신의 진로적성과 흥미, 가치관들을 알아보고 자신에게 맞는 진로와 직업을 찾을 수 있어서 상담이 유익하였

음. 또한 여러 가지 진로를 위한 정보를 제공해 주고, 구체적인 진로 계획까지 세울 수 있도록 도움을 주신 상담자에게 감사함.

2) 상담자 평가

잘된 점	내담자가 호소한 초기 대인관계의 어려움이 상담을 통해(과제 주기, 역할극하기 등) 실제 관계에서 실천해 봄으로써 초기 대인관계의 어려움이 개선된 점과 상담 구조화에 맞춰 회기별 진로상담에 성실히 임한 점, 그 과정을 통해 내담자가 자신의 진로와 직업군을 찾게 된 점
부족한 점	진로 장애로 분석된 부모님이 권유하는 직업군보다 내담자의 진로 적성과 흥미, 가치관에 맞는 직업군을 찾은 것에 대해 부모님을 설득하는 부분과 새로운 진로를 위해 세운 종합플랜을 실천하는 과정을 함께 체크하고 지지할 수 있는 진로상담회기가 충분하지 못한 부분에 대해 아쉬움이 남음

Ⅶ. 축어록

순서	상담내용
상1	어서오세요~. 그간 잘 지냈나요?
내1	네. 안녕하세요? 음…. 뭐…. 그냥 일상적인 일과들 이랄까요.(히히)
상2	그 일상적일 일과들이 뭔지 이야기해 줄 수 있을까요?
내2	일과 중에 주어진 일들과 동료들과 풋살경기, 아… 그리고 상담을 통해서 알게 된 소리 내어 책읽기, 인사나누기 등 이랄까요.
상3	아~ 그랬군요… 의미 있는 일상들을 보냈군요. 인사 나누기는 처음 보는 군인이었나요?
내3	네… 인사 나누기가 어색했었는데… 동료들이 아무렇지 않게 받아 주어서 잘 넘어 간 것 같아요. (미소) 참! 저… 요즘 피부관리를 좀 하고 있어요.
상4	인사나누기를 잘 실천했네요.(미소) 계속적으로 해 보면 좋겠어요. 피부 관리요? 어떤 ….
내4	P · X에서 파는 마스크 팩과 달팽이 영양크림을 구매해서 관리하고 있고요, 썬 크림 바르고 있어요….(하하)
상5	그래요, 그래서인지 저번 만났을 때보다 인상이 아주 훤하고 밝아 보여 보기 좋습니다. 아주 보기 좋아 보이네요. 사실 나도 달팽이 팩은 피곤할 때 일주일에 한두 번씩 하고 있거든요. 부지런하지 못해 자주 하지는 못하고 있습니다. 피부관리는 어떤 계기로 하게 되었나요?

내5	감사합니다. 선생님도 인상이 아주 편안하고 좋아 보여요.(미소) 그냥요. 그냥… 피부가 밝아 보이면 좋을 것 같아서요.
상6	그래 보여요? ㅇㅇ이가 그렇게 이야기해 주니 아주 기분 좋은데요. (준비해 간 커피 한 잔씩 하면서 서로 웃음) 왜 피부가 밝아 보이면 좋을 것 같다는 생각을 하게 됐나요?
내6	그게. 그냥…. 사람에게 인사를 하려니까. 인상이 좀 좋아야 할 것 같기도 하고…. 그냥요.
상7	그렇군요. 훨씬 얼굴표정이 밝아 보이네요.(미소) 참, ㅇㅇ이가 어려워했던 초기 대인관계 극복방법과 언어력 표현을 위한 노력을 하기로 했는데 어떻게 하고 있어요? 밝은 표정도 그렇고. 처음 만났을 때보다 말하는 표현력이나 자신감들이 붙어있는 것 같은데….
내7	아. 네, 그거요, 선생님 지도에 따라 해 보았는데… 처음에는 쑥스럽고 어색해서 접근하기 힘들었는데 해 보니 좋은 것 같아요…
상8	어떠한 점들이….
내8	저기 보이는(손짓을 하며) 산을 배경으로 조용한 벤치에 앉아 "재미있게 말하는 사람이 성공한다"라는 책을 1일 20~30페이지 읽고 있어요, 음, 그리고 아침인사는 3~4명에게 먼저 다가가 말을 하니 처음에는 좀 이상하게 보더니 요즘은 밝은 표정으로 대해줘서 좋아요.(하하)
상9	그래요~ 소리 내어 책을 읽어보니 어떤가요?
내9	제가 그거 있잖아요. 말 표현이 좀 부족하고 조리 있게 얘기 못하는거…. 그런데 이런 방법을 통해 해 보니까 기분도 좋아지고 책에 나오는 말을 몇 가지 머릿 속에 넣고 이야기하니 마음이 편안해지는 것 같아요.(얼굴이 붉어짐) 그리고 먼저 다가가 인사를 해 보니까 사람들이 호응해 주고, 간부님들은 "ㅇㅇ이 뭐 좋은 일 있어? 기분 좋아 보이네!" 하면서 칭찬을 해 줘요.(미소)
상10	처음이 어색하고 힘들어서 그렇지 마음의 문을 열고 다가가면 인간은 감정의 동물이니까 반응하고 좋아하게 돼요. 명산인 불곡산을 배경으로 자연 친화적인 곳에서 책을 읽으니 얼마나 기분이 좋았겠어요.
내10	지속적으로 하다 보면 나의 약점들이 개선될 것 같아요.(자신감 있게)
상11	그럼요, 용기 있게 도전하는 사람이 성공적인 삶을 살게 되지요.
내11	저, 선생님! 저… 또 하는 게 있어요.(수줍게 웃음)
상12	또 어떤?
내12	저 매일 줄넘기 1,000개씩을 목표로 하고 있어요.
상13	와~ 줄넘기 좋지요. 줄넘기, 2단, 3단 뛰기도 가능한가요?
내13	그 단계는 아니고요, 한단 뛰기만요.
상14	그래도 너무 좋습니다. 줄넘기를 하는 이유를 알 수 있을까요?
내14	제가 체중이 좀 그렇잖아요, 그래서 체중을 줄여보려고 하고 있어요.

상15	축구에 풋살 경기, 줄넘기까지 몇 달 뒤에는 ㅇㅇ이 핸썸 가이로 변하겠는데, 아주 긍정적인 시도이고 좋아요.(미소) 체력은 모든 것의 원동력이 되니까요.
내15	ㅋㅋㅋ 해 보는 데까지 해 볼게요.(수줍어함)
상16	그럼요. 부모님께는 자주 전화는 드리나요?
내16	하긴 하는데 자주는 못 해요. 주로 친구들에게 많이 하는 편이죠.
상17	주 몇 회 정도? 아버지와는 통화는 하나요? 어머니께서는 배드민턴 동아리 활동은 잘 하고 계시는지….
내17	많이 못 하는데, 주 2회 정도요. 주로 어머니하고 통화하는데 옆에 아버지가 계시면 바꿔주셔서 안부를 전하는 수준으로 이야기를 해요. 어머니는 배드민턴을 한 달 정도 하셨는데 너무 힘들어서 그만두셨대요.
상18	ㅇㅇ이도 이제 성인이니 아버지에게도 다가가는 방법을 지금보다 더 자주 시도해가야지요. 여동생 근황은 어떤가요?
내18	그래도 군대 입대하고 많이 좋아지고 있어요. 특히 여동생이 학교 생활을 하면서 아버지가 캠핑 장비를 구매해 가족과 많은 시간을 가지려고 하고 있어요. 그러면서 자연스럽게 대화하는 기회가 늘어나는 것 같아요. 여동생은 학교생활 잘하고 있고, 괴롭히는 친구들도 없데요. 미술, 피아노 학원을 다니며 잘 지내고 있는 것 같아요.
상19	그렇군요. 아버지도 나이가 들어보니 가족의 소중함을 우선시하시는 것 같네요! 전역하면 ㅇㅇ이가 옆에서 말동무하며 함께 하면 많이 행복해질 것 같은데요. 여동생도 긍정적으로 잘 성장해가고 있는 것 같고, 어머니의 희생이 크시겠어요.
내19	네, 어머니가 많이 고생하시고 계시죠.
상20	ㅇㅇ이가 진로를 잘 선택해서 성공적인 삶을 살아가며 효도 많이 하면 좋겠네요!
내20	그래야겠죠.
상21	ㅇㅇ이는 스트레스 받는 요인은 없나요?
내21	(많은 고민은 한후) 그런 건 없는 것 같아요.
상22	없는 것 같은 건 뭐지요?
내22	(묵묵무답) …. (침묵) ….
상23	이야기하기 힘든 부분이 있는 모양이군요. 그럼 이 부분은 다음에 기회가 되면 대화하기로 하지요.
내23	심각한 건 아니구요, 제가 표현력이 좀 부족하고 화를 잘 내지 않고 좋은 게 좋은 거구나 하고 지나다 보니, 제 스스로 느끼기에 상대방이 저를 좀 무시하는 것이 아닌가 하는 생각이 들 때가 있어요.
상24	그런 생각들이 들 땐 어떻게 행동을 했나요?
내24	그냥 조용히 지나쳐요. 후임병 시절에는 많이 힘들기도 했는데 고참이 된 현재는 많이 좋아져서 크게 어려움은 없어요.
상25	ㅇㅇ이가 너무 소심하고 자기 표현과 논리적으로 이야기하는 부분에 자신감이 결여되어서 그런 것 같은데, 지금 상담을 통해서 이러한 부분 극복을 위한 노력과 실천을 하고 있으니 좀 더 좋아질 거라고 생각이 되네요.

내25	네, 그래서 하루도 거르지 않고 실천하려고 노력하고 있어요. 먼저 다가가 말도 걸어보고, 마트에 가서 냉동식품도 같이 먹으면서 친화력도 생기고 하다 보니 이런 부분은 좀 줄어 가는 것 같다는 생각이 들어요.
상26	그럼요. 사소하고 작은 것 같지만 진심이 담긴 행동은 성공하는 법이거든요. ㅇㅇㅇ 화이팅!!!
내26	다, 선생님 덕분이죠. (밝은 표정) 처음에는 상담에 대해 반신반의하였는데 참 잘했다는 생각과 저를 위해 준비해 주시고 케어해 주시기 위해 노력하는 부분이 많으셔서 감사드려요. (하하)
상27	정말요! 아, 힘이 불끈 생기는데…. 열심히 상담해야겠어요!(하하)
내27	(하하) 네!
상28	우리가 그간 상담을 통해서 나 자신의 강점과 약점에 대해 알아보았는데 ㅇㅇ이의 강점과 약점은 뭐라고 생각하지요?
내28	네…. 어, 음…. 강점은요. 친구들과 친화력이 있는 것 같고 예술적인 부분에 소질이 있는 것 같고요, 주어진 일에는 성실하게 임하는 것, 약점은 초기 대인관계부족, 언어적 표현력 부족, 논리/수학적인 부분이죠.
상29	그럼 상담을 통해서 알게 된 부분들은 뭐가 있었나요?
내29	제가 좀 소심하고 내향적이어서…. 친화력은 높아 한번 사귀게 되면 잘 관계하는 것 같은데 초기 대인관계의 어려움이 있었는데…. 개선 방법을 실천하면서 "아! 이런게 있었구나!" 생각이 들었고…. 음…. 친화력이 좋으니까 초기 대인관계만 잘 하면 되는 것이라고 알게 되어 도움이 되어 좋았어요! (미소)
상30	정말! 자신에 대해 잘 이해했네요. 또 도움이 되어서 좋구요.
내30	네, 도움됐어요.
상31	그러면 오늘 검사하기로 했던 홀랜드검사를 해 보고, ㅇㅇ이의 진로 적성과 흥미에 대해서 알아보고, 직업분야에 대해 탐색해 보기로 하지요.
내31	네, 검사들을 하면서 참 신기하다는 생각이 들어요.
상32	어떠한 부분들이 신기하지요?
내32	어떻게 내가 생각하고 있는 부분들이 일관되게 분석되어 나오는지, 제 속에 있었던 것들이 제가 생각했던 것과 일치하는지 등요.
상33	심리학자들이 계속적인 연구를 통해 학문적으로 정리하고 이를 배우고 실천하는 상담사들의 노력으로 이러한 결실들이 나타나는 것이겠지요.(미소)
내33	네, 재미있어요. 신기하고요.(하하)
상34	자, 그럼 먼저 검사를 실시할까요?
내34	네!

이하 생략~

가설세우기

상담자: ○○○ 20**년 4월 17일

내담자 성명	조 인 성(가명)	내방 경위	타인 소개, 스스로
나이, 성별	22세, 남자	종 교	불 교
학 력	ㅇㅇ ㅇㅇ고등학교(졸)	부모 직업	회 사 원
직 업	군 복무중	희망직업(3개)	웹 및 멀티미디어 디자이너 실내장식 디자이너 만화 및 만화영화 작가
출생순서	(1)남 (1)녀 중 첫째	취미・성격	그림그리기, 풋살 / 내성적

문제증상 진단 및 평가(사례개념화 요소기준)	
주 호소문제	미래 진로에 대한 불안과 초기 대인관계의 어려움.
생애진로사정 결과	끈기가 부족하고 우유부단함, 사교적이나 초기 대인관계형성이 약함
진로유형 분류	진로결정자( ) 진로미결정자(ㅇ) 우유부단(ㅇ)
문제증상 촉발요인	어려서부터 부모님의 사랑과 소통 부족, 엄격한 아버지의 폭력적인 훈육 등으로 내성적인 성향이 성격으로 발현되어 초기 대인관계형성의 어려움이 생겼을 것으로 예측됨. 부모님의 진로 강요와 자신의 재능과 흥미 분야가 다름에서의 진로 및 직업 선택의 혼란 등
문제증상 유지요인	부모님의 직업관으로 진로 교육을 받아 온 것이 진로선택의 혼란을 야기하는 잠재적 요인으로 작용. 자기 이해와 진로, 직업에 대한 이해 및 지식 부족.
문제증상 유발요인	부모님의 강요한 직업군과 자신의 흥미와 재능에 맞는 직업군이 다름으로 직업 선택에 대한 혼란이 생김. 군 제대를 앞두고 구체적인 진로와 직업 선택이 중요시 됨.
상담에 대한 기대수준	부모님의 지지 직업군과 자신의 흥미와 재능이 있는 진로 분야에서 자신의 진로와 직업군 찾기를 희망.
특이사항	소심하고 끈기가 없으며 자신감 결여, 논리/수학적인 부분에 대한 콤플렉스가 있음.
종합 평가	언어적 표현 능력과 수리적인 약점을 극복하고 계획적이며 체계적인 생활 습관을 키우고 진로 진도를 통해 자신에게 맞는 직업 선택을 하므로 미래 진로 불안 극복함.

가설 명제 적기

- 아버지와 신뢰를 구축하고 여동생에 대한 콤플렉스를 극복하며, 초기 대인관계 어려움을 개선한다면 자신감 있게 의사표현을 할 수 있게 되고, 또한 내재된 약점도 극복할 수 있다.
- 부모님의 강요 직업군과 자신의 흥미와 관심 분야의 직업군의 다름에 대해 구체적인 진로상담을 통해 자신에게 맞는 진로 및 직업 선택을 한다면 미래 진로에 대한 불안은 없어질 것이다.

※ 부모님의 직업군(용접, 굴삭기 기사)과 자신이 원하는 예술분야 직업군 등

적용 이론	일반 상담이론	칼 로저스(Carl Rogers) 인간중심적 상담이론
	진로상담이론	인지적 정보처리이론(CIP)
상담 목표		자기이해를 통해 자신에게 맞는 진로와 직업군을 선택함, 초기 인간관계 어려움 개선.
상담전략		다중지능, 홀랜드검사, 직업카드를 활용한 강/약점 분석을 통한 자기 이해 및 내담자에게 맞는 진로와 직업 선택

제6절 경력단절 여성

1 박사과정과 일 중 무엇을 먼저 해야 할까요?

Ⅰ. 내담자 기본정보

1. 내담자 신상정보

이름은 김구름(가명)으로 29세의 여자이며 무교이다.

○○대학원 사회복지학과에서 다문화를 전공하고 있으며, 논문이 통과되어 올 3월에 졸업 예정이다. 현재 교수님 아래에서 인턴으로 일하는 것을 잠시 보류하고 졸업 논문의 마지막 작업을 하는 동시에 1급 사회복지사 시험을 준비하고 있으며, 상담 2주 전부터 커피숍 아르바이트를 하고 있다.

2. 주 호소 문제

"박사는 언젠가는 할 거 같은데 그 시점이 지금인지, 아니면 일을 하고 나중에 해야 할지 잘 모르겠어요."

3. 상담의 맥락

1) 상담 장소, 일시, 회기내용

장소	일시	회기내용
한국진로상담연구원	20**.01.04	상담 구조화/라포형성
한국진로상담연구원	20**.01.07	의사결정/다중지능/HTP
한국진로상담연구원	20**.01.09	검사결과해석/홀랜드/직업카드검사
한국진로상담연구원	20**.01.14	검사결과해석/마무리

2) 경위

지인 소개로 상담을 전화로 권유하고 내담자가 수락에 의하여 상담을 하게 되었다.

3) 이전 상담경험

개인 상담경험은 없으나, 9년 전에 민간 심리자격증을 취득할 때 집단상담을 두 번 정도 한 적이 있다. 상담의 주제로는 '가족', '학업'을 했다고 한다.

4. 인상 및 행동 관찰

165cm 정도에 보기 좋은 외형으로 얼굴은 조금 둥글며 눈은 크고, 입술은 작고 약간 두툼해 보이며, 전체적으로 볼 때 조금 차가운 느낌이 드는 편이다.

대체로 질문을 많이 하지 않아도 알아서 이런저런 얘기를 많이 한다. 말을 할 때 전문용어나 이론적 내용이 자주 나오고 언급되지만, 본인은 이를 인식하지 못 하는 듯하다.

최근 졸업 논문에 의한 스트레스로 인해 이마와 양 볼에 붉은 기운과 함께 약간의 피부 트러블이 보이나 화장한 기색은 없다. 아르바이트가 끝나고 상담을 하기에 편안한 복장(운동화에 청바지, 후드티나 스웨터)을 주로 입고 있으며, 눈썹 아래 정도 오는 일자 앞머리에 허리 정도 오는 머리카락을 포니테일로 묶고 있다.

학교에서 상담 관련 공부(개론)를 하고 본인이 흥미가 있어서인지 상담에 대한 부담감이 전혀 느껴지지 않으며, 심리검사에 큰 호기심과 적극적인 태도를 보이고 있다.

5. 직업가계도(만의 나이)

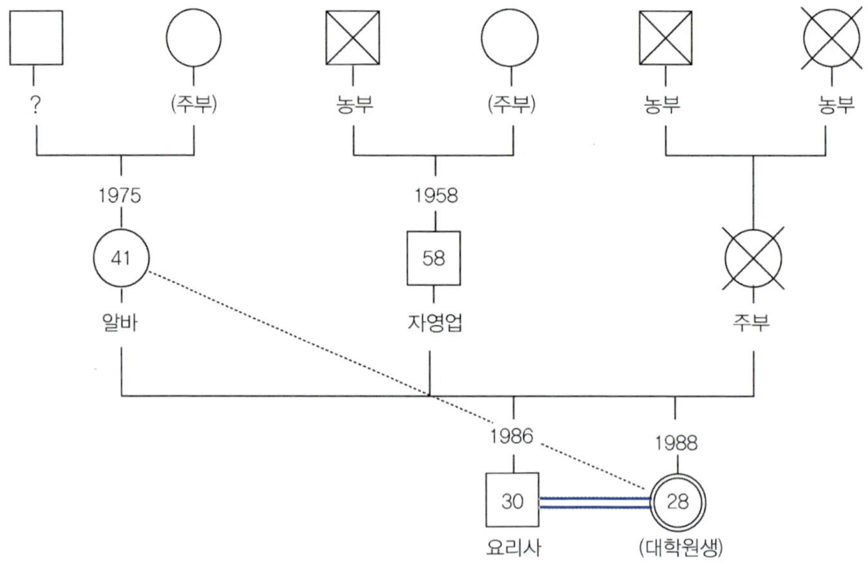

6. 발달배경 및 가족관계

1) 내담자(29세, 대학원생)

애착 관계가 깊었던 어머니의 사망과 좋지 못한 건강상태로 인해 원하는 대학에 들어갈 수 없었고, 아버지의 반대로 글과 그림을 포기했으며, 서울에 있는 전문대에 지원하였다. 이때 복지학과와 요리학과를 지원하였고 가족복지학과에 합격하여 공부를 하다 보니 재미도 있었다고 한다. 기회가 생겨 보육교사 자격증을 취득하고 어린이집에 취업했지만, 근무환경이 열악하여 그만두고 급여가 더 많은 빵집에서 아르바이트를 했다. 그 후에도 공부에 대한 생각이 있었고, 열망이 있어서 친구를 통해 평생교육원에 입학하였다. 상담과 미술치료에 관심이 있었지만 우연하게 복지학과로 일반대학원에 들어갈 기회가 생겨 지금의 대학원에 들어갔다고 한다.

대학원에선 자신의 부족한 공부를 하고 분야를 찾을 수 있을 거라고 생각했지만, 일반대학원은 연구자의 길이 아니어서 잠시 방황했는데 지금의 지도 교수님의 밑에서 프로젝트와 연구를 하며 연구자의 길도 나쁘지 않다 생각하게 되었다고 한다.

이젠 졸업할 때가 되고 자신의 나이와 학력 등을 보면 일을 해야 할 거 같기는 한데 전공(다문화)을 살리기는 힘들었다. 더군다나 다른 분야(아동, 여성, 노인, 가족)와 다문화를 중복해야 하는데 무엇을 해야 할지 모르겠다. 그렇다고 박사 코스로 가자니 지금 학교에서 하는 것은 싫고 다른 학교로 가자니 변수가 너무 많았다. 나중에 자신이 정말 교수가 될 수 있을지도 잘 모르겠다. 그렇다고 연구원을 하려면 세종시로 가야 하는데 이 또한 집에서도 그렇고 본인도 내키지 않기 때문에, 지금 일을 해야 하는지 박사과정을 해야 하는지 모르겠다고 한다.

2) 어머니(死, 당시 42세)

내담자가 17세 겨울에 돌아가셨다(12년 전).

내담자가 가장 의지했던 사람인 동시에 "꼭 하루에 1~2시간씩 이야기를 나누었다."라고 말할 정도로 가족 중 내담자와 가장 친밀했던 것으로 보인다.

"살아계실 때 아버지와 싸우는 것을 한 번도 본 적이 없다."고 단언할 정도로 내담자에겐 이상적인 어머니이자 배우자의 모습을 많이 보아 온 거 같다.

내담자와의 대화를 생각해 볼 때 내담자가 정확히 의식하는 것 같진 않았지만 어머니의 죽음이 내담자로 하여금 사회복지학과를 지원하는 데 영향을 미친 것으로 보인다.

3) 아버지(59세)

집과 붙어 있는 가게를 운영하신다. 보통은 혼자서 가게를 보시고 10~12월에는 가장 바쁜 시기여서 그때만 잠깐 일을 도와드린다고 한다.

내담자가 생각하길 딸아이라서 자신에게 조심하는 면이 있으며, 내담자 또한 집안의 어른이라는 자각은 갖고 있으나 고민 상담은 오빠와 하고 통보나 결정적인 일에 대해서만 말한다고 한다. 가부장적인 면이 있으나 지금껏 내담자가 그림이나 글 쓰는 일을 하는 것에 반대하신 것 외엔 큰 제재가 없었다고 한다.

4) 어머니(중국인, 42세, 주부/아르바이트)

내담자 본인은 원만하게 지낸다고 했지만, 어머니에 대한 첫마디가 "별로다."라는 말과 "지금 자신의 진로에 영향을 줄 수 있는 사람이 아니다."라는 말을 했으며 내담자와의 대화에서 서로에게 소원한 느낌이 짙게 느껴졌다.

내담자가 20세 때 결혼을 해 같이 살았지만, 내담자가 대학생이 되고 과대표와 아르바이트로 인해 집에 있는 시간이 거의 없었다고 한다. (9년 동안 함께 살면서) 친해지려는 시도를 해 보았느냐는 물음에 "외국분이어서 대화를 해도 깊이 있게 할 수 없고, 얼마나 이해를 하는지 몰라 관계를 깊게 맺기 쉽지 않다. 하지만 일상적인 대화는 한다."라고 답했다.

현재 외할머니와 이모가 아프셔서 중국을 자주 왕래하는 것은 이해한다고 말을 했지만 "나에게 엄마로서 무언가를 해 주기보다 아빠의 배우자로서의 역할에 충실해 해 주었으면 좋겠다."는 말을 하는 것으로 볼 때 가게가 바쁨에도 불구하고 중국에 가신 어머니에 대해 불만이 있는 것으로 보인다.

5) 오빠(31세, 요리사)

대학생 때 취미로 쓴 글이 출판사의 눈에 띄어 책을 출판했지만, 자신의 길이 아닌 거 같아 전공(영양학)을 살려 요리 공부를 위해 뉴질랜드에 있다.

어머니가 돌아가신 뒤, 내담자에게 어머니와 비슷한 역할을 해 주고 있는 사람으로 '보호자', '조언자', '지지자', '응원자', '내편', '기댈 수 있는 사람'이라는 표현들이 대화 중 많이 나왔다.

내담자와 나이 차이가 크지 않기에 내담자보다 '먼저 해 본 사람'으로써 공감이나 실질적인 조언을 해주기에 고민이 있으면 가장 먼저 찾는 사람이다.

진지한 대화(가족 이야기, 내면 이야기)는 내담자가 성인이 된 후부터 하기 시작했다고 하며, 오빠가 자신에게 기대지 않는 것에 대해 조금은 속상한 거 같지만, 오빠가 자신을 애로 보며, 자신보다 더 생각이 깊고, 오빠와 달리 자신은 오빠의 고민을 시원하게 해결해 줄 수 없기에 지금의 상태에 대해 큰 불만은 없어 보인다.

Ⅱ. 내담자 문제의 개념화

1. 회기별 주제 및 개요

검사	실시 회기	결과
의사결정유형검사	2	합리적 유형: 10, 직관적 유형: 4, 의존적 유형: 5
다중지능검사	2	자기성찰(68) > 언어(57) = 인간친화(57) > 공간(54) > 논리수학(29) > 자연친화(14) > 신체운동(11) > 음악(5)
HTP검사	2	미숙함과 오빠에 대한 의존, 낮은 자존감이 자주 보임.
홀랜드검사	3	SIA
직업카드검사	3	R(2), I(2), A(2), S(4), E(0), C(0)

• 아버지의 재혼에 따른 가족 문제가 있어 보이나 내담자가 이에 대한 상담을 요청하지 않았으며, 이번 상담은 어디까지나 '진로'에 대한 내담자의 호소 문제를 돕는 것이 목적이다. 내담자가 자신의 진로선택하는 데 큰 문제가 없다고 사료된다. 추후 내담자가 가족 문제로 상담을 원한다면 이에 대해 더 깊이 살펴보고 상담하는 것으로 하고 내담자의 진로문제에 초점을 맞추었다.

2. 활동 및 결과 해석

1. 의사결정유형검사 활용한 활동(1월 7일 실시)		
합리적 유형	직관적 유형	의존적 유형
10 / 10	10 / 4	10/ 5

• 대화를 나누면서 내담자가 스스로 무언가를 선택(결정)하기보다는 주변 사람들의 말이나 오빠에게 의존하는 경향이 높아 보여 의존적 유형이 높게 나올 거라 예상했으나, 의외로 위와 같이 합리적> 의존적> 직관적으로 순서로 나왔다.

9번(나는 내가 하고 싶은 것보다 다른 사람이 어떻게 생각하느냐에 영향을 받아 의사결정을 한다.)의 문항을 체크하는데 망설임이 보였고, 29번(대개의 경우 나는 주위 사람들이 바라는 방향으로 의사결정을 한다.) 문항 끝에 물음표가 있어 검사 후 물으니 "대체로 중요하지 않은 일은 다른 사람들의 의견을 따르지만 중요한 일은 여러 가지를 알아보고 결정해서 그랬다."라고 답하였다.

이후 검사결과에 대해서는 대체로 수긍했으나 "타인에 대한 의견은 듣지만 최종결정은 내가 한다."라며 의존적 유형의 설명 중에 있는 '책임 전가'와 '복종'에 대해선 부정했지만, 수동적인 면은 있는 거 같다고 했다. 더불어 진로를 선택하는 데 '어느 유형인 것 같냐?'는 질문에 잠시 생각한 뒤 '의존적 유형'인 것 같다고 말하였다.

2. 다중지능검사 활용한 활동(1월 7일 실시)								
구 분	언 어	논리수학	인간친화	자기성찰	공 간	음 악	신체운동	자연친화
점 수	57	29	57	68	54	5	11	14
순 위	2	5	2	1	4	8	7	6

검사 프로파일

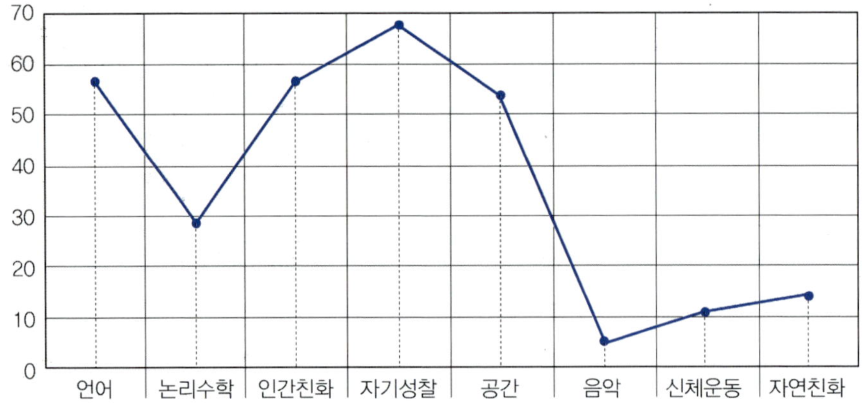

강점지능	• 자기성찰지능: 자신의 장단점 및 기분, 욕구 등을 잘 알고 있다. • 인간친화지능: 다른 사람들의 변화, 의도 등을 잘 알아차린다. • 공간지능: 시공간적 지각능력이 좋다.
약점지능	• 음악지능: 음악과 관련된 지각, 변별, 변형 능력이 많이 부족하다. • 신체운동지능: 몸을 사용하거나 표현하는 능력이 부족하다. • 자연친화지능: 동물과 식물에 대한 관심이 부족하다.

• 자신뿐만 아니라 주위 사람들에 대해서도 민감하며 변화나 감정을 잘 알 수 있다.
다소 논리적이진 않을 수 있으나 말로 기분을 풀어 줄 수 있는 능력을 갖고 있을 수 있다.
동물과 식물에 대해 큰 흥미가 없으며, 음악과 관련된 활동을 싫어할 가능성이 매우 높아 보인다. 그렇다고 몸을 움직이는 활동을 좋아하는 거 같아 보이진 않는다.
대신, 그림 그리는 것을 좋아하거나 미술품을 보는 것을 좋아할 수는 있어 보인다.
또한 휴식을 취할 때는 자신만의 시간을 갖거나 사람들을 만나 이야기를 하는 것으로 스트레스를 풀 가능성이 높아 보인다.

3. HTP 활용한 활동(1월 7일 실시)	
그림	설명(특이사항)
	• 이전(5년 전)에는 초가집을 그렸지만, 현재는 2층 집(미래에 살고 싶은 집)을 그렸다. 1층 한쪽 벽면이 유리로 되어 있으며, 이곳은 가족들의 공간으로 편안한 가정집 구조라고 했다. 2층 또한 한쪽 벽면이 유리로 되어 있고 다른 벽면은 책장(책)으로 되어 있으며 이곳은 자신만의 공간이며, 내부에는 서재와 공부할 수 있는 공간이 있었으면 좋겠다고 했다. 옥상에는 나무가 많았으면 좋겠으며, 정원과 텃밭이 있지만 밖에서는 내부가 보이지 않으며, 이곳 또한 자신의 공간이지만 가족도 올 수 있으며 편안한 분위기의 쉴 수 있는 공간이었으면 좋겠다고 했다.
	• 여름의 사과나무로 오래된 뿌리 깊고 잎이 많은 건강하고 큰 나무라고 했다. 이 나무는 동산의 완만한 언덕 위 가장 높은 곳에 위치해 있다. 좀 떨어져 있는 곳에 다른 나무들이 있지만, 그 나무들보다 내담자가 그린 나무가 크다고 했다. 집에 대한 물음에 대비해서 나무에 대한 물음에는 생각을 한 뒤 대답하는 경우가 많았다.
	• 본인을 그렸으며, 그릴 때는 '현재의 나'를 그렸는데 보충 질문과정을 통해 '고등학생 시절의 나' 같다고 했다. '가방에는 책이 있지만, 학교는 가기 싫다. 놀러(산) 가고 싶지만 학교에 갔다.'라고 했다. 기분은 좋아 보이지만(웃고 있지만) 갔다 와서 힘든 느낌이라고 했다. (웃음=가면) 가방은 항상 자신이 매고 있었기 때문에 그렸으며, 곰은 그냥 좋아해서 그렸다고 했다. 대화하며 '고등학교시절 딱 한 번 친구랑 놀러가기 위해 학원을 땡땡이 칠 때가 생각났다.'고 했다. * 질문을 잘 못 함. (어딜 갔다 왔나요?)

	• 아빠가 아닌 오빠로 그린 이유는 '오빠가 자신과 연령이 비슷해서'라고 했다. 기분은 본인이 볼 때 항상 해피하고 자유로운 사람이며, 자신이 하고 싶은 것을 할 것이라고 했다. 현재 친구들이랑 있으며, 속으로는 자신이 하고 싶은 것을 계획하고 있을 것이라 했다. 4번(男)이 3번(女)을 볼 때 불안함, 어림, 보호가 필요하고 세상 물정 모름이란 말들을 했으며, 3번(女)이 4번(男)을 볼 때 긍정적, 조언자, 결단력이 빠른, 부럽다, 반대성향이란 말들을 했지만 불편하지 않다고 했다. 그림의 남자에 대해서 묻자 현실의 오빠에 더 치중되어 말하는 것이 느껴졌다.
종합 평가	• 과거에 돌아가신 어머니로부터 많이 벗어났지만, 그 시절의 그리움이 보인다. 이를 보상하려는 것인지는 알 수 없다. 남들보다 성공(위에 서려는 또는 많이 배우려는)하려는 욕구가 보이고 '그들이 자신을 어떻게 생각할지'에 대해서도 생각하고 있는 것(긴장한 모습과, 큰 눈)으로도 보인다. 오빠에겐 의존 성향이 매우 강하게 보이며, 양가감정(의지하는, 의지해 주었으면)도 조금 보이나 이를 해결할 의지가 없어 보인다.

4. 홀랜드검사 활용한 활동(1월 9일 실시)

검사 전 내담자 예상 순위	S	I	A	E	R	C
검사결과	S	I	A	E	C	R
검사 점수	62	53	42	42	40	5

홀랜드검사결과 표

영역		R	I	A	S	E	C
성격적성		5	21	9	20	18	19
능력적성		0	20	19	18	19	18
직업가치		0	8	7	8	5	3
직업적성		0	2	4	12	0	0
효능감 평정	A	0	0	1	2	0	0
	B	0	0	0	2	0	0
	C	0	0	2	0	0	0
합계 점수		5	53	42	62	42	40

홀랜드검사결과 모형

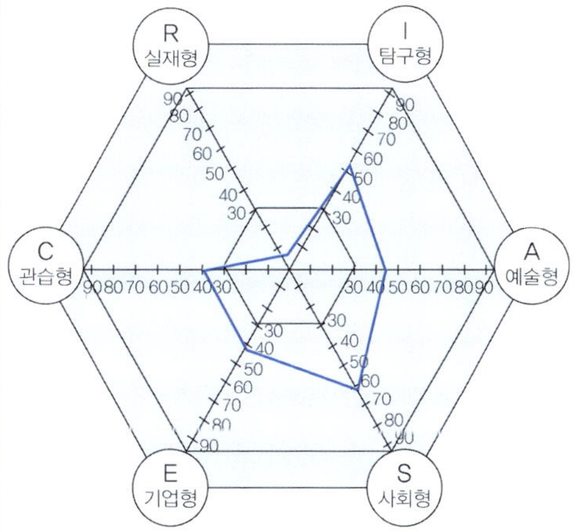

검사 해석

- 내담자는 자신을 SIA형으로 보았고 검사결과도 SIA형으로 나왔다. 상위 4가지 유형이 같다는 점에서 본인에 대한 이해와 성찰이 높다 할 수 있겠으나, 검사결과 다른 유형에 대비하여 매우 낮은 결과로 나온 R형을 제외한 나머지의 일관성은 비교적 고르게 분포되어 있으며, 그중 S형의 분포도가 높게 나타났다.
  검사결과로 볼 때 내담자에게 사회복지(S형)는 여러 면으로 볼 때 맞는 것으로 보인다. 또한 희망 직업의 1・2위인 교수(IS)와 연구자(IC) 역시 두 번째로 높은 I형에 해당하므로 내담자와 비교적 잘 맞는다 할 수 있다고 사려가 된다. 다만, C형보다 S형이 더 높음으로 연구자보다 교수가 더 잘 맞을 것으로 보인다.
  개인적으로 일치도를 보면 성격 적성과 능력 적성만 보면 I형이 더 높으나 종합적으로 보면 S형이 더 높은데, I형의 직업 적성과 효능감 평점이 대학원 생활에서 비롯된 (한시적으로 나타난) 낮은 결과인지는 내담자와의 대화를 통해 깊이 알아볼 필요가 있어 보인다.

3. 결론

1) 내담자의 장점

의존적인 성향이 보이나 (다소 자기중심적인 마인드로 느껴질 수 있으나) "복지는 본인부터!"라거나 "자신이 중심이어야(=생각이 확고해야) 무엇을 결정하는 데 편하다."라는 말들로 볼 때 기본적으론 본인의 의견과 생각을 확실히 표현하는 것으로 보이며, 좋고 싫음에 대한 호불호가 뚜렷한 편으로 보인다.

여러 검사에서도 나타나듯 자신에 대한 이해가 상당히 높은 편이고, 그 생각을 언어로 표현하는 능력 또한 높다 여겨진다.

공부에 대한 욕구가 매우 강하며, 이에 대한 것을 본인도 잘 알고 있다.

2) 내담자의 약점

본인은 크게 의식하는 거 같지 않지만, 전문용어를 많이 사용하는 편이고, 예를 들 때면 항상 오빠 이야기가 나오며, 대화 중에도 여러 번 오빠가 등장하며, 자신이 힘들면 당연히 도와줄 것이며, 부탁하면 당연히 해 줄 사람이라고 생각하고 있다. 실제로 두 살밖에 차이가 나지 않지만 큰 차이가 나는 어른쯤으로 생각하고 있는 것으로 볼 때 오빠에 대한 의존이 상당히 강한 것으로 보인다.

많이 강한 건 아니지만 자신이 옳다고 생각되면 상대방을 설득하거나 수긍할 때까지 물고 늘어지는 경향이 있는 것으로 보인다.

지도교수 아래에서 일하며 안 좋은 소리를 듣고 '자신은 당근을 주어야 잘 하는데 그 사람은 채찍만 주었다.'라는 말을 많이 하는 것으로 보아 자존감이 많이 떨어져 있는 상태로 보인다.

3) 상담자가 본 내담자 문제

사회복지과를 선택하는데 뚜렷한 계기나 동기가 없이 지금껏 기회가 생기면 잡고 보자는 생각으로 대학원까지 다니게 된 것으로 보이기에 이에 대한 점검이 필요해 보인다.

대학원에서의 공부와 지도교수 아래에서 일한 경험들로 인해 교수와 연구자에 대한 흥미를 갖게 되었지만, 자신이 얼마만큼 할 수 있을지도 모르고, 정말 될 수 있을지에 대한 의문을 가지고 있다.

대학과 대학원에서 사회복지만을 전공하여 이에 대한 지식은 매우 풍부하나 세부 전공인 다문화만을 고집할 수 없는 시대와 자신의 환경으로 인해 분야(아동, 여성, 노인, 가족)를 정해야 하는데, 이에 대한 경험이 없어서 자신에게 어떠한 분야가 맞는지 모르며, 이로 인해 자신의 진로에 대한 고민이 생긴 것으로 보인다.

Ⅲ. 진로상담 목표 및 전략

1. 진로상담 목표

1) 내담자의 상담목표

상담이 끝나면 무엇(일이나 학업)을 해야 할지 명확히 결정할 수 있었으면 좋겠다.

2) 상담자의 상담목표

현실 이론에 따르면 이 내담자는 기본적으로 자신에 대한 이해가 높은 편이며, 직업에 대한 이해 또한 상당히 높은 것으로 여겨진다. 그러나 어떤 것이 자신에게 맞고, 어떤 선택을 해야 할지 고민하고 있는 것으로 볼 때 내담자가 선택 문제가 있는 것으로 여겨진다.

이에 내담자의 자기 이해를 점검함과 동시에 사회복지가 내담자에게 맞는지 알아보고, 세세한 분야(아동, 여성, 노인, 가족)들 중에서 내담자에게 맞는 것을 찾고, 일과 학업 중 어떤 것을 우선시할 것인지 정할 수 있도록 돕는다.

3) 내담자와 합의목표

여러 검사를 통해 자신에 대한 이해와 점검을 동시에 재확인하고, 내담자가 가지고 있는 직업에 대한 정보와 생각들을 재정비하여 진로에 대한 우선순위를 정할 수 있도록 선택할 수 있는 자신감을 기른다.

2. 상담전략

1) 초기 상담전략

여러 검사를 실시하고 그 결과를 듣고 생각을 나누며 자존감을 향상함과 동시에 생각을 점검하고 재확인하는 시간을 갖는다. 더불어 직업을 선택하고 나아가는 추진력을 기른다.

2) 중기 상담전략

일을 할 때와 학업을 했을 때의 장단점과 준비과정을 알아보고, 한 가지를 정할수 있도록 돕는다. 그 후 세부 분야(아동, 여성, 노인, 가족)에 대한 생각과 경험들을 바탕으로 우선순위를 정하고, 이를 실행할 수 있는 곳(일을 택했을 때 -○○센터, 학업을 택했을 때- ○○대학원)에 대한 정보를 같이 물색해 볼 수 있게 한다.

3) 후기 상담전략

현실적인 실행계획을 할 수 있도록 본인이 원하는 가치와 그것을 행동할 수 있는 것을 확인하여 행동할 수 있도록 힘을 실어준다.

Ⅳ. 회기요약

1회기: 1월 4일

전화로 상담을 권유하고 이를 내담자가 수락하여 상담을 시작하였다.

대략적인 주 호소(진로) 문제와 부 호소(가족) 문제에 대한 이야기를 들었으며, 다음 회기부터는 면대면 상담을 하기로 하고 상담할 시간과 장소를 잡았다.

2회기: 1월 7일

비밀 보장 및 정보제공 동의서를 작성한 후 본격적인 상담을 시작하였다.

내담자의 생육사와 주 호소 문제를 자세히 듣고, 1회기의 이야기로 내담자에게 필요하다고 생각되는 의사결정검사와 다중지능검사를 했고, 결과는 다음 회기에 알려주기로 하고 마지막으로 HTP검사를 했다. HTP검사 후 보충적인 질문들을 통해 내담자의 가족 문제와 현재 내담자의 기분(쓸쓸함), 그리고 오빠에 대한 의존도가 높다는 것을 알게 되었다.

내담자는 세부 분야를 선택한다면 다문화 속에 여성 > 가족 > 아동 > 노인의 순서가 좋다 하였다. 하지만 이 중 어떤 게 자신과 맞는지는 모르겠다고 하였다.

3회기: 1월 9일

내담자가 종합복지관을 알아보고 있다고 했다. 이유는 모든 분야를 맛볼 수 있기 때문이라고 했다(개인적으로 2회기 때의 상담의 영향이 있는 것으로 보인다).

2회기에 했던 의사결정검사와 다중지능검사의 결과를 설명해 주었다. 내담자는 검사결과에 동의했으나 의사결정검사에서 의존적 유형을 설명하는 말 중 '책임전가', '복종', '제안된 선택'이란 말들은 부정했다. 하지만 수동적인 면에 대해선 동의했다.

또한 다중지능검사에서는 언어지능과 자기성찰 지능은 높게 나올 것이라 예상했지만 공간지능이 높은 것은 의외이며, 낮은 지능들을 높일 생각이 없냐는 질문에 "사는데 문제없기에 그럴 생각이 전혀 없다."고 답하였다. 이후 홀랜드검사와 직업카드를 실시하였다.

종료 전 "이번 회기까지는 탐색을 하고 다음 회기부터 직접적인 문제를 탐색할 것을 생각해 보고 정리하자."고 말한 후 다음 회기에 대한 약속을 잡고 상담을 종료했다.

4회기: 1월 14일

11일이 예정이었으나 내담자의 사정으로 14일에 했다.

내담자가 이전과 달리 표정이 밝아보며 이유를 물으니 지도교수님이 아는 다문화센터에 추천서를 써주셔서 면접을 보았는데(예정을 변경한 이유) 취직되었다고 했다.

원래 계획했던 진로문제에 대한 상담 대신 간단히 지금까지의 검사결과들과 상담 내용을 정리했고, 추수 지도 단계로 넘어가려 했으나 내담자가 취직한 곳에서 정확히 무슨 일을 하는지 모르고 있었으며, 추천서로 진로선택(일하는 것)을 했지만, 여전히 옳게 선택했느냐에 대한 불안감을 가지고 있었다. 그러나 내담자는 막연한 자신감과 해방감으로 인해 자신의 선택을 합리화하려는 모습과 함께 더 이상의 진로상담은 바라지 않아 보였다. 이후 설문지와 소감문을 작성하고 종결을 하려는데 내담자는 "만약 기회가 된다면 3년 후에 다시 한번 상담해 주세요."라고 했고 "기다리고 있겠습니다."라는 대답과 함께 검사지들은 그때를 위해 내가 보관하는 것으로 하고 상담을 종결하였다.

〈 상담 후 설문지 〉	〈 개인 상담 소감문 〉
1. 상담에서 깨달은 점은 무엇인가? - 나의 성향이나 성격이나 진로선택에 있어서 어떤 유형인지 확인할 수 있었고, 상담을 통해서 진로를 선택하는데 나의 성향이나 성격 유형들도 참고할 수 있어서 진로선택에 도움이 되었던 거 같다. 나를 돌아볼 수 있었던 시간이었다. 2. 상담에서 좋았던 점은 무엇인가? - 답답한 부분을 이야기할 수 있어서 좋았고, 그런 부분도 정리해서 풀어가는 느낌으로 상담이 좋았습니다. 3. 불편했던 점은 무엇인가? - 없음, 만족했음 4. 그 외 하고 싶은 말은? - 수고하셨습니다. 도움이 많이 됐습니다.	1. 상담받고 싶었던 점은 어느 정도 도움이 되었습니까? - 직업을 선택하는 데 성찰을 할 수 있어서 진로선택에 많이 도움이 되었습니다. 2. 지금 이 순간 느낌은 어떠하세요? - '처음보다 마음이 편해졌습니다. 처음에는 좀 답답했어요.' '방향성이라고 해야 하나?' '그런 것이 좀 정리가 된 느낌입니다.' 3. 기타 추가로 하고 싶은 말씀이 있으세요? - 없음.

Ⅴ. 상담이론

구분	이론명	적용근거
일반상담이론	로저스(C. Rogers) 인간중심상담이론	인간은 스스로 성장할 수 있는 잠재능력이 있다는 기본 가정으로, 상담자는 상호 신뢰적인 분위기를 조성해 내담자가 자신을 공개하여 내담자 자신이 자기 문제를 스스로 파악하고 도울 수 있도록 하였다.
진로상담이론	글래서(William Glasser) 현실치료상담이론	인간은 5가지 욕구를 가지고 있으며 생존, 힘, 사랑과 소속감, 자유, 즐거움이며 사람들 각각의 욕구 강도가 다르며 인간의 행동을 자신의 욕구를 알고 충족시키는 방향으로 선택할 수 있다는 이론이다.

Ⅵ. 진로상담에 대한 평가

1. 진로상담 목표달성 여부

목표달성 정도: 달성 ○, 50% 달성 ◑, 변경/재검토 ◈, 미달성 ×

구분	달성	근거(이유)
내담자	○	일과 학업 중 하나를 선택했고, ㅇㅇ다문화센터에 취직하였다.
상담자	◑	진로문제가 해결되었지만, 내담자가 스스로 선택했다기보다 환경(주어진 기회)에 의해 결정되었다.
합의된 목표	○	자신의 이해와 점검을 함과 동시에 직업에 대한 정보를 재정비하고 진로(일과 학업)를 결정한다.

2. 내담자의 변화

일과 학업 중 어느 것을 선택해야 할지 고민하고 있었을 뿐이었으며, 자존감이 매우 낮은 상태였다. 하지만 상담을 하며 (직접 말하지는 않았지만) 스스로 취직할 곳을 알아보는 행동을 취했으며, 비록 타의에 의해 직장을 선택했지만, 본인이 서류를 지원하고 면접을 보았고 취직이라는 결과를 얻었으며 자존감도 회복된 것으로 보였다.

3. 진로상담에 대한 평가

잘된 점	진로선택에 대한 재점검을 통해 내담자 스스로 되돌아볼 수 있도록 했으며 진로에 대한 목표의식을 다잡아 주었다. 검사지와 상담으로 인해 떨어진 자존감을 올려주는 동시에 자기 이해를 하는 계기를 마련해 주었다. 나아가 주 호소문제였던 진로문제가 해결되었다.
부족한 점	시간 조절에 실패했으며, 내담자의 타인에 대한 의존성이 높음을 알면서도 이에 대한 조치를 취하지 않았다. 상담할 때 내담자가 대답을 못 할 때(묵언) 기다리지 않고 예시를 제시하는 일이 많았다.

2 일의 전환이 필요한데 어떻게 할까요?

Ⅰ. 내담자 기본정보

1. 내담자 신상정보

이름: 신선정(가명) / 성별: 여 50세 / 직업: 수학 과외교사
학력: 대학 졸업 / 종교 : 가톨릭

2. 주 호소 문제

"내가 하고 있는 일을 오래 해서 전환이 필요하다는 생각이 들어요. 어떻게 하면 좋을까요?"

3. 상담의 맥락

1) 상담장소: 한국상담진로연구원
2) 상담기간: 20**년 10월 10일 ~ 11월 1일
3) 내방경위: 검사를 통해 본인의 적성을 확인하고 지금 하는 일을 어떻게 개선시킬 수 있는지 연구해 보고 싶어서 내방했음
4) 이전 상담경험: 없다.
5) 회기 구성

날짜	시간	회기내용
20**.10.10	오후 5시~6시	상담 구조화/라포형성
20**.10.17	오후 1시~2시	홀랜드검사와 해석
20**.10.22	오후 1시~2시	다중지능검사와 해석
20**.10.29	오후 1시~2시	직업카드실시와 해석
20**.11.01	오후 2시~3시	• 홀랜드/다중지능/직업카드 종합해석 • 마무리 상담

4. 인상 및 행동 관찰

키 155cm 정도의 아담한 체구의 다부져 보이는 동안의 소유자로 숏커트 헤어의 보이쉬한 스타일로 스포티한 복장을 좋아한다.

자기 의사 표현이 명확하고 적극적이며 밝고 또렷한 음성을 가진 활발한 성격이다. 아이들을 가르치는 일을 좋아하고 제자들의 마음을 잘 어루만져주는 선생님이다. 주어진 질문에 많은 관심을 보이고 시행될 검사에 흥미를 보였다.

5. 직업가계도

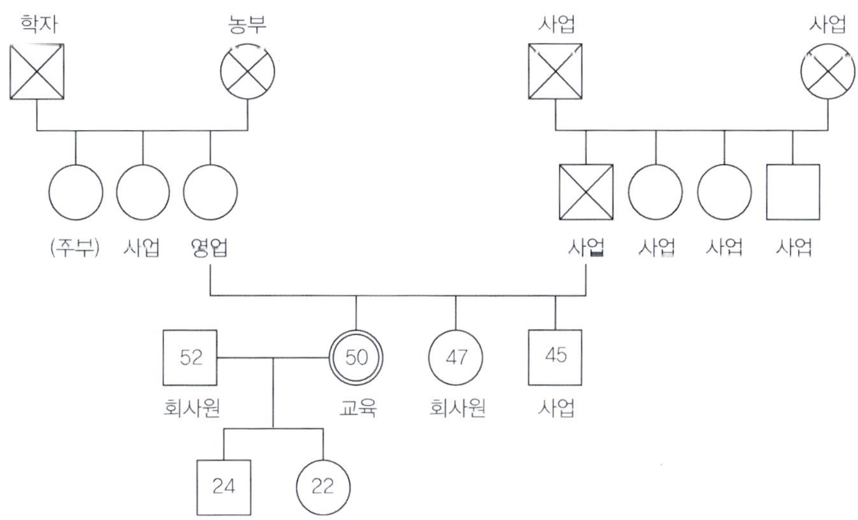

6. 발달배경 및 가족관계

1) 내담자(50세)

내담자가 15세 때 비닐봉투 도소매업을 하시는 아버지께서 돌아가셨고 어머니께서 그 일을 맡아서 하시다가 보험영업을 하며 내담자와 두 동생을 교육시켰다.

내담자는 대학에서 수학을 전공하고 캠퍼스 커플인 남편과 결혼하여 현재 대학생인 남매를 두고 있다. 맏딸로 책임감이 강하여 노모와 동생들에게 많은 도움을 주고 있으며 성당에서 성경봉사자 활동도 열심히 하고 있다.

2) 남편(52세, 회사원)

공대 출신의 남편은 중소기업에서 일하다가 글로벌 금융위기 때에 사퇴한 후 다른 사무실을 열었으나 수입이 저조해서 내담자가 생계를 맡아오다가 최근 남편의 재취업으로 냉랭했던 가정 분위기도 다시 화목해지고 있다.

3) 여동생(47세, 회사원)

근면 성실한 성격으로 회사에 다니며 틈틈이 부업도 하며 가정을 꾸려나가는 모습이 언니인 내담자와 닮은 듯하다. 언니를 따라 가톨릭에 입문하는 등 사이가 아주 좋은 자매 사이이다.

4) 남동생(45세, 사업)

결혼하여 노모를 모시고 살며 최근 어려웠던 사업을 열심히 하여 힘들 때 도움을 준 누나들에게 물심양면 고마움을 표시하며 잘 지내고 있다.

Ⅱ. 내담자 문제의 개념화

검사	실시 회기	결과
홀랜드검사	2회기	SE(사회형, 기업형)
다중지능검사	3회기	강점: 인간친화, 음악지능 약점: 언어지능, 자연지능
직업카드 검사	4회기	1. 교사 2. 상담전문가 3. 학예사

1. 직업카드를 활용한 활동(10월 29일 실시)

1) 선호/비선호 직업 10가지

순위	선호하는 직업	유형	비선호 직업	유형
1	교사	SI	의사	SI
2	상담전문가	SI	사업가	EC
3	학예사	IA	회사원	CS
4	가수	AE	변호사	SC
5	사진작가	AI	약사	SC
6	유치원교사	SA	공학자	IR
7	사서	CS	컴퓨터프로그래머	IR
8	영양사	CS	기계공학기술자	RI
9	경찰공무원	SE	치과의사	RS
10	동물사육사	SI		

* 내담자는 선호하는 직업 중에 교사에 해당되며 수학과외 교사를 하고 있다.

2) 직업선택 이유 분석표

<table>
<tr><th>카드분류</th><th>좋아하는 직업</th><th>모르는 직업</th><th>싫어하는 직업</th></tr>
<tr><td>1차 개수</td><td>8</td><td>0</td><td>92</td></tr>
<tr><td>2차 개수</td><td>8</td><td>0</td><td>92</td></tr>
<tr><th colspan="2">선호하는 이유</th><th colspan="2">비선호하는 이유</th></tr>
<tr><td colspan="2">아이들이 좋아서
맛있는 것 만들며 행복하므로
말하기 좋아해서
학창시절 못해 본 거라서
재미있는 소설이 좋아서
노래 부르기를 좋아해서
멋있어서
주부라서</td><td colspan="2">관심이 없어서
약 냄새 싫어서
슬퍼서
어두운 모습 싫어서
내가 알지 못해서
골치 아파서
딱딱한 것 같아서
어려울 것 같아서</td></tr>
<tr><th></th><th>순위별 선호직업</th><th>자신감 있는 직업</th><th>부모님 선호 직업</th></tr>
<tr><td>1순위</td><td>교사</td><td>교사</td><td></td></tr>
<tr><td>2순위</td><td>상담전문가</td><td>상담전문가</td><td></td></tr>
<tr><td>3순위</td><td>학예사</td><td>가수</td><td></td></tr>
<tr><td colspan="2">최종선택한 직업</td><td colspan="2">교사(SI), 상담전문가(SI), 가수(AE)</td></tr>
</table>

2. 다중지능검사 활용한 활동(10월 25일 실시)								
구 분	언 어	논리수학	인간친화	자기성찰	공 간	음 악	신체운동	자연친화
점 수	18	25	71	32	39	61	43	25
순 위	8	6	1	5	4	2	3	6

1) 검사 프로파일

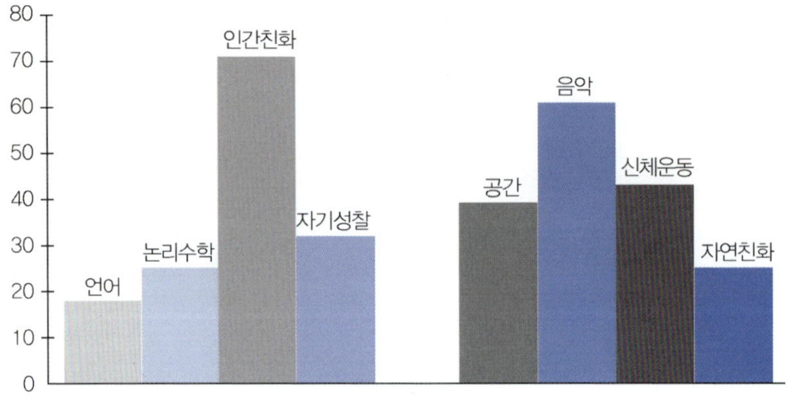

2) 강점지능	3)약점지능
다중지능검사 결과 지능의 높낮이가 차이가 있고, 인간친화지능이 가장 높고 음악 기능이 그 다음이었다. 내담자는 강점지능에 맞춰 현재 수학 공부방 교사를 하고 있다. 명랑한 성격이므로 제자들과 친화적이다. 적합한 직업군으로 교사, 교육 사업가, 컨설턴트, 학습지 교사, 유치원 교사 등이 있어 내담자와 맞는 부분이 많다.	다중지능검사 결과 언어와 논리수학, 자연 친화 지능이 가장 낮게 나왔다. 수학 공부방 교사인데 논리수학이 약점지능인 부분은 의외였다. 내담자는 언어지능을 높이는 방법으로 성경 모임 공부를 하며 나누기를 하고 있다.

3. 홀랜드검사 활용한 활동(10월 17일 실시)						
검사 전 내담자 예상 순위	C	S	E	I	A	R
검사결과	S	E	C	I	R	A
검사 점수	52	39	33	22	21	5

검사 해석

홀랜드검사에서 가장 높은 수치가 나타난 사회형(S)으로 볼 때 내담자는 현재 학생을 가르치는 일이 어울린다고 본다. 두 번째는 기업형(E)으로 진취적이고 지도력이 있는 내담자를 학생들이 잘 따르는 편이다.

홀랜드검사결과 모형

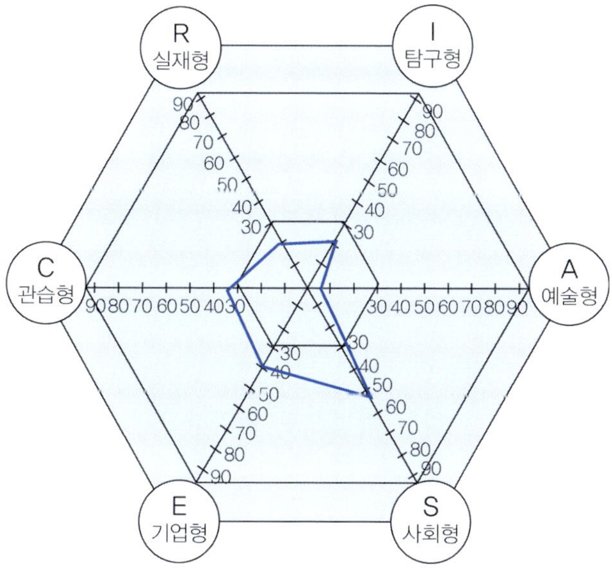

2. 결론

1) 내담자의 장점

다중지능검사 결과 인간친화지능이 높게 나온 내담자는 활발한 성격으로 홀랜드검사에서의 강점인 사회형(S)과도 일맥상통하여 현재하고 있는 공부방 교사 일이 적합하다고 본다. 두 번째는 기업형(E)으로 공부방을 운영하는 내담자가 진취적이며 지도력 있는 밝은 성격으로 학생들을 잘 이끌어가는 모습에서 장점을 보여준다.

2) 내담자의 약점

다중지능검사에서는 내담자의 음악 지능이 높게 나온 반면, 홀랜드검사에서는 예술형(A)이 현저히 낮게 나왔다. 이는 장기간 수학 선생님으로 일하다 보니 예술적 지능은 떨어진 것이라고 생각된다. 또 수학을 가르치고 있으나 논리수학 지능이 낮은 점은 지금 하고 있는 일의 재점검을 하게 된 이유인 것 같다. 다중지능검사에서 낮은 언어지능은 현재 그룹으로 성경공부하며 묵상 나누기를 하는 방법으로 보완하고 있다.

3) 상담자가 본 내담자 문제

슈퍼의 진로발달 이론에 의하면 확립기에 있는 내담자는 오랫동안 한가지 일을 계속하며 피로도가 쌓인 상황으로 홀랜드와 다중지능검사에서 차이가 나는 부분이 있는 것으로 보아 약간의 혼동도 느끼고 있는 이유인 것 같다. 학생들을 많이 대하다 보니 자신이 늘 옳다고 생각해 학생 외에 다른 사람들에게 상처를 주는듯하여 고민하며 고치고 싶어 했다.

Ⅲ. 진로상담 목표 및 전략

1. 진로상담 목표

1) 내담자의 상담 목표

오랫동안 해온 수학 공부방을 어떻게 더 효율적으로 운영할 수 있고, 50세 이후에도 행복함을 느끼며 일 할 수 있는지 확고한 비전을 알고 싶다.

2) 상담자의 상담 목표

100세 시대를 맞아 전 생애를 걸쳐 진로를 수정해 나가야 하는 사회에서 현재 내담자가 좀 더 나은 환경과 방향으로 하던 일을 발전시켜 나갈 수 있게 검사결과로 내담자가 직업탐색을 스스로 하여 자신의 나아갈 바를 알 수 있게 도움을 준다.

3) 내담자와 합의 목표

자신의 강점지능을 탐색해 본 결과 다른 직업을 찾기보다 현재 하는 일을 자신의 연륜에 맞게 다듬어가며 계속해 나가기로 했다.

2. 상담전략

1) 초기 상담전략

면접지를 통해 내담자의 생각을 알고 라포형성을 하고 문제점 파악과 상담전략을 결정한다.

2) 중기 상담전략

홀랜드검사, 다중지능검사, 직업카드를 통해 내담자가 의문점을 해소하며 목표를 구체화하고 스스로 결정하게 한다.

3) 후기 상담전략

시작은 내담자가 고민하는 성격 문제 등이 있으나 중기에 여러 검사를 통해 강점 약점을 알고 보완하며 현재 하는 일을 안정적으로 지속시키는 방법을 찾게 되었다.

3. 상담이론

구분	이론명	적용근거
일반상담이론	로저스(C. Rogers) 인간중심상담이론	비지시적인 상담이론으로 내담자의 이야기를 비판 없이 들어주며, 내담자가 수용을 경험해 보면서 내담자에게 마음의 힘을 기르고 자신감을 북돋아 준다.
진로상담이론	슈퍼(Super) 진로발달이론	일련의 발달과업에 직면하여 자신이 되고자 하는 사람이 되는 방식으로 그 발달과정을 이행하는 생애과정으로서, 전 생애를 거쳐 크고 작은 일련의 의사결정과 관련된 발달과정을 나타냈다.

Ⅳ. 회기 요약

1회기: 10월 10일 오후 5시~6시

내담자의 호소 문제 및 가정환경 탐색

현재 내담자가 하는 일에 대한 확신이 나이가 들어감에 점점 사라지고 어떤 전환이 필요하다고 느꼈으며 자신의 독단적인 성격도 고치고 싶어했다. 적극적이며 밝은 성격으로 가정환경에 대해서도 솔직히 얘기해 주고 앞으로 하게 될 검사에 대해 처음하는 거라며 기대감을 나타냈다.

2회기: 10월 17일 오후 1시~2시

내담자가 운영하는 수학교실에서 홀랜드검사를 시행했으며 내담자의 유형을 알아보았다.

검사결과로 내담자는 현재 하는 일이 역시 천직 같다며 좋아했고 나이가 들어감에 따라 조절해가며 수업을 해야겠다고 확신을 가지는 듯했다.

3회기: 10월 22일 오후 1시~2시

다중지능검사를 했다. 자신의 강점과 약점 지능을 알게 되어 행복하다며 좋아했고 향후 약점지능을 강화를 시키는 방법으로 주 1회 하고 있는 성경공부를 통해 읽고 묵상 나누기를 하며 언어지능을 높이는 데 노력하고 싶다고 했다.

4회기: 10월 29일 오후 1시~2시

성격이 확실하고 좋고 싫음이 분명한 내담자는 직업카드를 실행하면서 좋아하는 직업을 10개 이하로 1차와 2차에서도 같은 개수를 추렸으며, 현재 하는 일과 일치한 결과를 보고 앞의 두 가지 검사와 연결시켜 매우 흥미로워했다. 자신이 좋아하는 직업에 대해서도 찾아보기로 했다.

5회기: 11월 1일 오후 2시~3시

홀랜드검사, 다중지능검사, 직업카드 작업을 통해서 알아본 결과에 만족한다는 내담자는 오랫동안 해온 일에 지금도 감사하지만, "나이가 들면서 수학적 역량이 부족하다는 생각이 들어서 고등학생 대상의 수업은 줄여가고 초등학생과 중학생 위주의 수업을 하며 단순한 지식의 전달자이기보다 멘토로서의 역할도 하고 싶다."는 말도 했다. 또한 여기시간도 좀 더 내서 가족과의 시간도 자주 가지면 행복할 것 같다고 했다.

Ⅴ. 진로상담에 대한 평가

1. 진로상담 목표달성 여부

목표달성 정도: 달성 ○, 50% 달성 ◑, 변경/재검토 ◈, 미달성 ×

구분	달성	근거(이유)
내담자	○	진로설계를 위한 내담자의 진로적성, 강점 분야와 약점 분야를 이해하면서 보다 더 확신감을 갖게 되었고, 진로선택문제 있어서 구체적이고 친밀하게 자기의 실천계획을 스스로 작성하게 되었다. 이번 상담을 통하여 여러 가지 검사 및 심도 있는 분석 등을 통하여 강점을 극대화시키고 약점과 장애 요인을 보완 및 보충함으로써 자신감을 가질 수 있다.
상담자	○	내담자가 상담을 통하여 자신의 성격, 흥미, 적성, 강점 분야와 약점 분야를 확인하였으며, 이러한 내용을 바탕으로 하여 자신의 진로설계에 대하여, 내담자와의 홀랜드검사, 직업카드, 다중지능검사와 같은 다양한 검사를 활용 및 확인한 결과를 토대로 자기 스스로 진로를 결정하고 이를 자신이 개발할 수 있다.
합의된 목표	○	전 생애를 거쳐 크고 작은 일련의 의사결정과 관련된 발달과정과 함께 내담자의 성격, 흥미, 적성, 강점 분야와 약점 분야를 확인하였으며, 이를 통해 확실한 진로선택과 자신이 개발해야 하는 분야를 알고 구체적인 목표를 설정하여 실천하였다.

2. 내담자의 변화

처음으로 이런 종류의 검사를 경험해 본 내담자는 단순히 성격 문제에 대한 조언을 받을 수 있을 것이란 생각만 했는데, 자신이 하고 있는 일에 대한 수정이 필요한 차에 검사 활동을 통해서 좀 더 자신감을 가질 수 있게 되었고, 단순히 수학 과목만 가르치기보다는 아이들의 마음을 어루만져 주는 멘토의 역할도 할 수 있기를 기대하게 되었다.

3. 진로상담에 대한 평가

잘된 점	내담자가 현재 하고 있는 일이 자신의 적성과 잘 맞고 나이가 많아서 지도가 부족한 부분은 정리하기로 결정하면서 자신의 일과 관련된 불안감을 해소할 수 있었다.
부족한 점	검사 실시 후 내담자에게 충분한 설명을 해 주지 못한 부분도 있었고 내담자가 걱정하는 성격에 대한 부분까지는 수용하지 못한 점이 아쉽다.

Ⅵ. 축어록

session 5회기(20년 11월 5일 오후 2시~3시 종합)**

순서	상담내용	상담기법
상1	안녕하세요, 잘 지냈죠?	
내1	네 저야 늘 잘 지내죠.	
상2	식사는 맛있게 잘 하시고요?	
내2	네. 같이 성경 공부하는 사람들과 했어요.	
상3	바쁘신데 시간 내주셔서 감사해요. 공부방도 쓸 수 있게 해 주시고요.	수용
내3	별말씀을요. 제가 오히려 감사하답니다. 제 일에 대한 확신을 가지고 앞으로 어찌해야 할지 계획 세울 수 있어서요.	
상4	정말 다행이네요. 혹시 직업탐색은 해 보셨나요?	상담 전 질문
내4	아니오. 제가 시간이 계속 없어서 검색을 못 했어요. 죄송해요.	
상5	그랬군요~. 학생들 가르치다 보니 시간도 없고 피곤한가 봐요.	내담자의 상황에 공감하기
내5	아니오. 전 아이들과 함께 있으면 정말 행복해요. 수업이 끝나고 집에 가면 여력이 없어서 그런 거지요.	

상6	정말 아이들을 사랑하시네요. 그러니까 이 일이 적성에 잘 맞는거죠.	공감
내6	맞아요. 그런데 나이 들어 상담을 해 보니 내가 할 수 있는 것보다 할 수 없는 게 더 많은 것 같아요.	
상7	그래도 지금 좋아하는 일을 하시니까 행복할 것 같아요.	
내7	그렇죠. 참 좋죠. 그런데 오늘은 무엇을 할 건가요?	
상8	네. 검사 활동은 다 한 거고요. 오늘은 다 함께 종합적인 얘기를 나누고 싶어요.	
내8	그래요. 나이 어린 학생을 해야 하는 건데 저를 해서 괜찮았는지요?	
상9	그럼요. 진로는 전 생애를 걸쳐 계속 고민하고 결정 선택해야 하는 거라고 들었어요. 100세 시대잖아요? (웃음)	슈퍼의 발달이론
내9	그럼 참 다행이에요. 은근히 걱정했거든요.	
상10	우리가 홀랜드검사를 했을 때 선생님은 역시 사회형이 높게 나오고 두 번째가 기업형이었죠?	
내10	네 그렇게 알고 있어요. 그때 설명도 해 주셨어요.	
상11	그래서 지금 하시는 일과 유형이 일치하니까 적성에 대한 걱정은 접으셔도 될 것 같아요.	
내11	그래도 나이 들어서 상담하니 내가 할 수 있는 것보다 할 수 없는 게 더 많다는 생각이 들어요.	
상12	그런 생각을 하셨군요.	
내12	지금도 간단하게 일하고 있지만 나이 들어도 일하며 즐길 수 있는 게 뭘까 생각하게 돼요.	
상13	그렇군요. 그럼 구체적으로 어떤 계획이 있나요?	
내13	내가 간단히 할 수 있고 하고 싶은 일은 아무래도 아이들을 좋아하니까 계속 가르치고 싶은데 나이가 들어서 고등학생을 가르치기는 좀 어려워요.	
상14	아무래도 고난도 수업을 해야 하니 그런 건가요?	
내14	맞아요. 그래서 초등학생과 중학생 중심으로 수업하려고요. 공부방도 다른 지역으로 옮겨서 지금과는 좀 다른 방식으로 해 보고 싶어요.	
상15	어떤 식으로요?	
내15	단순히 수학적 지식만 전달하기보다는 감성적인 면도 다루어주면서 가능성 있는 아이들에게 꿈과 긍정적 사고를 심어주는 선생님이고 싶어요.	
상16	훌륭한 멘토가 되실 것 같은데요?	칭찬
내16	워낙 제가 긍정적 성격이라 그 부분은 자신 있어요. 학생 시절 주변에서 못하는 게 뭐냐고 듣고 살았어요. 호호	
상17	이런 점은 다중지능에서 볼 때 인간친화지능이 월등히 높은 강점이라 아주 잘 맞을 것 같아요.	강점인정
내17	그러네요. 잘 맞는다니 좋아요.	

상18	홀랜드검사에서의 사회형과 비교했을 때도 연결되는 강점인 것 같아요.	
내18	공부방을 조금 넓혀서 1대1 수업만 아니라 여러 명을 두고도 1대1의 느낌으로 접근해서 아이들을 매일 오라고 해서 멘토 역할을 잘하고 싶네요. 욕심을 내자면….	
상19	홀랜드에서 기업형도 두 번째로 나온 유형이니까 좋을 것 같아요. 아이들을 잘 다루실 수 있으시고요.	
내19	그렇죠? 희망적이에요~ 제가 못 하는 게 없잖아요?(웃음)	
상20	다중지능에서 보면 논리수학 지능과 언어지능이 약점으로 나오는데 어떻게 생각하나요?	
내20	난 별 고민없어요. 나 말은 참 잘하는데요? 애들이 절 못 이기겠다고 그래요. 말로는….	
상21	긍정적 마인드와 자신감 정말 좋아요~.	공감
내21	제가 성경공부하면서 읽고 묵상 나누기하면서 언어적 부분은 도움이 되는 것 같아요. 그 시간이 행복하구요.	
상22	참 좋은 방법인 것 같아요. 그럼 이제로부터 목표하신 대로 잘 해나가시기만 하면 되는 건가요?	
내22	네. 50세 이후 할 수 있는 일, 하면서 행복할 수 있는 일 그게 목표인데요.	
상23	꼭 잘 해나가실 거라 믿어요. 저랑 함께한 시간이 많은 도움이 되셨기를 바라요.	수용
내23	그럼요. 앞으론 어려운 아이들, 북한 이주민이나 다문화가정 아이들에게도 도움주고 싶어요. 꼭 수학보다도 마음에 힘이 되도록.	
상24	정말 훌륭한 생각이에요. 많이 배우네요 제가. 오늘 마지막인데 협조해 주셔서 감사드리구요. 다음에 식사 한번 해요. 오늘은 깎아온 과일 드시구요.	
내24	네~ 제가 오히려 고맙죠. 길을 다시 재정비하는 데 많은 도움 됐어요. 감사해요. 다음에 또 봐요~. 전 이제 수업이 있어서요. 좀 쉬다가 움직여야겠어요.	

제 7절 성인

1 직장이나 대학은 가고 싶지 않아요

Ⅰ. 내담자 기본정보

1. 내담자 신상정보

1) 이름: 이 별(가명)
2) 성별: 여
3) 나이: 21세
4) 학력: 고졸(검정고시)
5) 직업: 무
6) 종교: 무

2. 주 호소 문제

"진로가 궁금하고 한 번쯤 받아보고 싶고 내가 가고 싶은 길이 어떤 길인지 모르겠다."

3. 상담의 맥락

1) 상담장소: ○○○ 대안학교 교실
2) 상담기간 및 시간: 20**년 7월 30일~8월 27일 주 1회/총 5회기 /1회기당 60분
3) 내방경위: 직장이나 대학을 다니고 싶은 마음은 없으나 앞으로 내가 무엇을 해야 할지 내가 지금 하는 공부가 적성에 맞는 건지 어떤지 궁금해서 상담받고자 하였다.

4) 이전 상담경험:전혀 없음

5) 이전 심리검사 경험: 전혀 없음

4. 인상 및 행동관찰

- 신장은 165cm 정도이며 어깨 정도 길이의 머리카락은 밝은 노랑이며 통통한 체형에 안경을 착용하였고, 동글한 형태의 얼굴에 눈이 크며 눈빛이 생기가 있어 보였다. 입은 작지만 야무져 보였고, 어떤 상황에서도 본인의 의사를 분명하게 전달하고자 하는 성격으로 느껴졌다.
- 첫 상담시간 동안 호기심 어린 눈빛으로 질문에 정확한 발음으로 대답을 했으며 상담 내내 미소를 띠었고, 작성해야 하는 것이 많다고 웃으면서 솔직하게 말하면서도 꼼꼼하게 작성하였다.
- 질문지에 궁금한 것이 있으면 바로 질문을 하였고, 매 회기를 통해 자신의 진로가 어떻게 변화되어 가는지 적극적으로 상담에 임하는 모습을 보였다.
- 마지막 회기가 되니 아쉬워했으며 진로상담을 통해 본인의 성격과 일치하는 부분이 많음에 놀라워했고 신기해했다.

5. 생애진로사정 및 직업가계도

1) 직업가계도

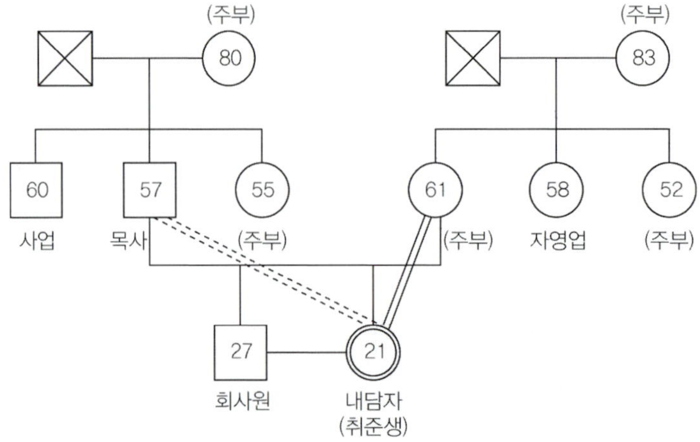

6. 발달배경 및 가족관계

1) 내담자(21세)

부가 목사라는 특수 직업으로 인해 어렸을 때부터 참을성과 배려와 성실성 등이 몸에 배어 있다.

이런 환경적 배경으로 인해 어렸을 때 부와의 갈등이 있었으며 모가 중간 역할을 하면서 오늘까지 잘 견디어 왔다.

부가 목사이지만 본인은 종교가 없다고 말하면서 명상을 할 기회가 생겨 명상을 한 후 종교를 갖고 싶으면 불교가 본인한테 맞는 것 같다고 이야기하였다.

오빠가 중학교 때부터 대안학교에 다녔고, 그 모습을 보고 자연히 초등학교 졸업 후 대안학교를 선택하였으며 중고등학교를 대안학교로 다니면서 중등・고등 검정고시를 쳤다. 대안학교 중학교 과정에서 친구들과의 관계에 어려움을 느꼈으며 대인관계가 잘 안 된다.

2) 아버지(57세)

직업이 목사로 개척교회를 운영하고 계시며 평상시는 다정다감한 것 같으나 자녀들에게는 완고한 편이다. 특히 오빠에게 매우 완고하고 오빠가 잘못한 것에 대해 회초리를 들어 아버지를 두려운 존재로 느끼고 있다.

3) 어머니(61세)

외할아버지가 화가이셨기에 외할아버지를 닮아 다재다능하고 손재주가 뛰어나 여러 가지 친환경 관련 제작물을 만들어 사회적 기업에 교육 및 봉사를 많이 하셨다.

현재는 주부로 계시면서 사모로 목사인 아버지를 보필해야 하는 것에 대해 많은 부담감을 갖고 있으며, 본래 엄마의 외향적이고 감성적인 성격을 억누르고 있는 모습에 안타까움과 답답함을 느끼고 있으나 엄마를 위해 본인이 해 줄 게 없다.

4) 오빠(27세)

생산직에 근무하고 있으며 초등학교 때부터 말썽을 많이 피워 중학교 때 대안학교에 들어가서 중·고등과정을 이수하고 검정고시 시험을 쳤다.

오빠와는 6살 차이로 오빠가 부모님께 말썽을 피우는 일이 많아 오빠와 사이가 좋지 않았으나 요즘은 인사 정도 하고 있으며 말을 하면 수긍하는 정도이며 가끔 오빠한테 용돈을 받는다고 한다.

Ⅱ. 내담자 문제의 개념화

1. 회기별 주제 및 개요

실시 회기	주제	결과(개요)
1	생애진로사정	태어날 때 특수 환경에서 본인의 의지와 상관없이 책임감과 정확성과 빈틈없이 살아야 했음
2	홀랜드직업적성검사	CAS
3	다중지능검사, 직업카드	강점지능: 언어지능, 자기성찰지능, 음악지능 약점지능: 신체운동지능, 자연친화지능 직업카드: 선호 – 감독 연출자, 바텐더 및 바리스타, 출판물 전문가 비선호 – 산업안전 및 위험관리원, 항공기 조종사, 안경사
4	SCT	별첨 내용 첨부
5	성격강점검사	용서, 영성, 심미안, 호기심, 학구열

2. 직업카드를 활용한 활동

직업선택 이유 분석표

<table>
<tr><td>카드분류</td><td colspan="2">좋아하는 직업</td><td colspan="2">모르는 직업</td><td colspan="2">싫어하는 직업</td></tr>
<tr><td>1차 개수</td><td colspan="2">34</td><td colspan="2">6</td><td colspan="2">50</td></tr>
<tr><td>2차 개수</td><td colspan="2">35</td><td colspan="2"></td><td colspan="2">55</td></tr>
<tr><td rowspan="4">선호/비선호직업</td><td colspan="3">좋아하는 직업 이유</td><td colspan="3">싫어하는 직업 이유</td></tr>
<tr><td colspan="3">동경하고 어릴 때 꿈이었다.
영화 등을 직접 제작해 보고 싶다.
그와 관련된 일을 보고 싶다.</td><td colspan="3">시끄러워서
머리 복잡한 게 싫어서</td></tr>
<tr><td colspan="3">친근하고 익숙해서 잘 할 수 있을 것 같다.</td><td colspan="3">재미없고 지루할 것 같다.</td></tr>
<tr><td colspan="3">환경적인 것을 고려하니까 좋은 일도 할 수 있어 보여서</td><td colspan="3">내 가치관과 다르고 거짓말을 해야해서</td></tr>
<tr><td>좋아하는 이유 · 순위</td><td colspan="2">꿈이기 때문에</td><td colspan="2">친근해 보여서</td><td colspan="2">환경적인 것을 고려해서</td></tr>
<tr><td>싫어하는 이유 · 순위</td><td colspan="2">머리 복잡한 게 싫어서</td><td colspan="2">가치관과 다르기 때문에</td><td colspan="2">재미없고 지루할 것 같다</td></tr>
<tr><td>희망직업 순위 및 진로코드</td><td colspan="2">바리스타
S</td><td colspan="2">감독 연출가
A</td><td colspan="2">출판사 전문가
A</td></tr>
<tr><td>검사결과 평가</td><td colspan="6">내담자는 1차 좋아하는 직업을 처음 34개 선택하였으며 2차 개수에서 모르는 직업 (관제사)에서 1개를 더 선택하여 35개를 선정하였다. 최종 10개를 좋아하는 카드로 분류하였다. 선택한 카드 중 진로코드 A(6), R, S, E, C로 A가 압도적으로 많았다.
좋아하는 직업 선택 이유는 잘 할 수 있을 것 같고, 꿈이었고, 동경 대상이 되는 직업이라서 선택하였다.
최종 선택한 직업 진로 코드가 예술형(A)으로 이는 홀랜드 진로적성검사에서 CAS의 두 번째 상위코드와 일치한다.
홀랜드에서의 상위코드인 관습형(C)과 일치되는 직업군이 낮은 이유는 내담자의 성장해온 환경과 관련 있는 것으로 보이며, 직업카드 선택은 내담자의 흥미와 좋아하는 직업을 선택했기 때문으로 분석할 수 있다.
최종 선택한 직업은 바리스타(사회형: S)로 내담자 본인도 전혀 예상하지 못한 결과가 나왔다고 의아해했다.
이 결과를 갖고 다중지능검사를 실시하였다.</td></tr>
</table>

3. 다중지능검사 활용한 활동

구 분	언 어	논리수학	인간친화	자기성찰	공 간	음 악	신체운동	자연친화
점 수	86	61	50	64	57	61	46	29
순 위	1	3	6	2	5	3	7	8

1) 검사 프로파일

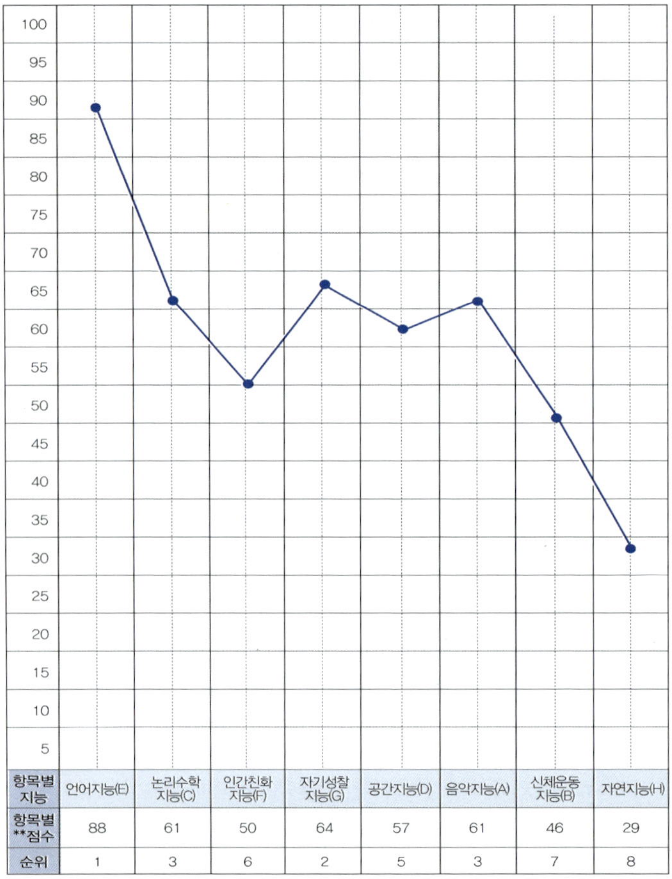

항목별 지능	언어지능(E)	논리수학 지능(C)	인간친화 지능(F)	자기성찰 지능(G)	공간지능(D)	음악지능(A)	신체운동 지능(B)	자연지능(H)
항목별 **점수	88	61	50	64	57	61	46	29
순위	1	3	6	2	5	3	7	8

검사결과		
	강점지능	언어지능, 자기성찰지능
	약점지능	신체운동지능, 자연지능
	평가	내담자의 강점지능은 언어지능, 자기성찰지능이다. 특히 언어지능이 매우 높으며 내담자는 외국어인 영어에 자신감을 가지고 있으며 영어 독해를 즐겨한다. 또한, 영어 통역 쪽으로 공부를 더 하고 싶어 했으며 방송작가가 되고 싶다고도 했다. 내담자의 본인의 강점과 약점을 명확히 인식하고 있으며, 이로 인해 고민을 많이 하고 있는 부분을 보아 자기성찰지능이 강점임을 알 수 있다. 내담자의 약점지능은 신체운동지능, 자연지능이다. 내담자는 몸을 움직이는 것을 별로 좋아하지 않는다고 하였으며 자연에 관심이 없다고 하였다. 본인이 직접 몸으로 움직이는 것보다는 감독을 하거나 기획하는 것을 더 좋아한다고 하였다. 직업카드분류에서도 대체로 이에 해당하는 직업군이 나왔다.

4. 홀랜드검사 활용한 활동

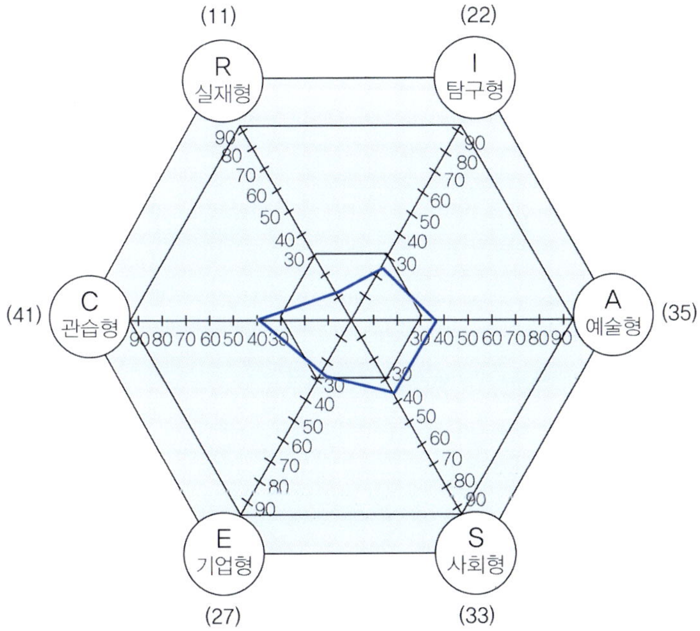

홀랜드유형	R	I	A	S	E	C
검사 전 내담자 예상 순위	5	6	2	4	1	3
검사 후 내담자 결과 순위	6	5	2	3	4	1
검사결과점수	11	22	35	33	27	41

프로파일분석: 기본3코드(CAS)								
영역		R	I	A	S	E	C	진로코드
성격적성(24)		8	11	13	13	13	20	CA
능력적성(24)		1	9	11	14	10	21	CS
직업가치(8)		0	0	6	2	1	0	AS
직업적성(18)		0	1	2	1	1	0	AE
효능감 적성	A(3)	0	0	1	1	0	0	AS
	B(3)	1	0	2	1	0	0	AS
	C(3)	1	1	0	1	2	0	ES
합계점수(83)		11	22	35	33	27	41	CAS
검사결과	성격적성	관습형, 예술형(CA)						
	능력적성	관습형, 사회형(CS)						
	직업적성	AE						
	상위 3코드와 하위 영역 간 비교 분석	• 상위코드는 CSA • 검사 실시 전 희망코드는 EAC로 • 최상위코드가 일치하지는 않지만 상위 3코드 안에 포함되어 있어 일치도가 양호하다고 볼 수 있다. • 하위영역 중 C는 최상위코드로 성격과 능력적성에서 가장 높게 나타났다. • 성격적성은 C(20) A(13), 능력적성은 C(21) S(14)이나 직업적성은 A(2) E(1)로 낮게 나온 이유는 직업에 대해 거의 현실적으로 경험하지 못하고 이해하지 못한 상태에서 문항에 답을 해야 했기 때문에 나온 결과라고 해석된다.						

5. 성격강점검사

성격강점	창의성	호기심	개방성	학구열	지혜	사랑	친절성	사회지능	용감성	끈기	진실성	활력	용서	겸손	신중성	자기조절	시민의식	공정성	리더십	심미안	감사	낙관성	유머	영성
점수	15	20	15	20	13	14	17	12	17	18	17	14	24	16	17	14	17	20	11	21	17	16	19	23
	1	2	3	4	5	6	7	8	9	10	11	12	13	14	15	16	17	18	19	20	21	22	23	24
덕목	지성					인간애			용기				절제				정의			초월				
대표강점	용서, 영성, 심미안, 호기심, 학구열																							

성격강점검사결과, 초월 덕목 중 심미안과 영성이 높은 점수로 나타났음은 최근 명상 프로그램에 참여하면서 자신을 되돌아보고 긍정적인 사고로 변화되었다는 내담자의 말과 일치함을 알 수 있다.

또한 지성 덕목 중 호기심과 학구열이 대표강점으로 파악된 것은 영어를 열심히 해서 세계여행을 하고 싶다는 내담자의 말과 부합한다.

가장 점수가 높은 대표 강점인 용서는 내담자의 가정환경에서 오랫동안 살아오면서 몸에 익힌 결과물이라 해석된다.

2차원 구조상 각 강점의 위치를 본 결과 내담자는 자기지향이 강했다. 대표강점을 이용해 진정한 자기 이해와 자기실현을 생활 속에서 발견해 보고자 한다. 내담자에게 현존하는 환경에 적극적으로 참여할 수 있도록 유도하였으며, 그 속에서 대표강점을 활용해 타인과의 긍정적인 상호작용을 함으로, 즐겁고 의미 있는 삶을 영위할 수 있도록 하였다.

6. 내담자 종합평가

1) 내담자의 강점

내담자의 타고난 기질과 직업 수행에 필요한 직업적 능력인 관습형 영역이 최상위코드로, 관습형 영역의 진로코드가 내담자에게 만족도와 성취도를 줄 수 있다고 해석할 수 있다.

2) 내담자의 약점

직업 적성에 있어서 내담자 자신이 여러 경험 부족으로 인해 (중학교 때부터 대안학교에 다녔음) 직업에 대한 흥미를 느끼고 있지 않다.

3) 상담자가 본 내담자 문제

내담자는 성격이 정확하고 빈틈이 없고 책임감과 완고함, 조심성이 있다. 이러한 관습형 유형의 성격은 내담자의 타고난 기질에 더해 특수한 환경(부: 목사)으로 형성되었으며, 이와 상반되는 성격인 예술형 유형은 외할아버지의 예술적인 감성과 독창성, 개성이 내담자 안에 함께 내재되어 있다.

그로 인해 성장하면서 심리적인 어려움이 있었을 것으로 보인다. 진로코드에서 C와 A 간의 점수 차가 10점 미만이므로 진로코드를 CAS, ACS 중 내담자의 본인의 현재 성격과 흥미에 맞는 직업군을 선택할 수 있도록 하고자 한다.

7. 내담자 진로유형

직업카드분류에서 최종 선택한 직업이 바리스타(S)가 나왔으며, 홀랜드 적성검사에서는 C(41) A(35) S(33)으로 나왔다. 성격적성에서는 C(20) A(13) 능력적성에서는 C(21) S(14) 순이며, 직업적성은 A(2) E(1)로 점수가 낮게 나온 이유는 직업에 대해 거의 현실적으로 경험하지 못하고 이해하지 못한 상태에서 문항에 답을 해야 하기 때문에 나온 결과라고 해석된다. 위 코드가 정확히 일치하지는 않지만 검사결과를 토대로 보면 도출된 유형은 관습형(C)과 예술형(A)이다. 이를 바탕으로 내담자의 직업 및 진로를 보면 다음과 같다.

1) 진로코드

- ACS: 의류 디자이너, 장식원
- CA: 예술품감정사, 음향조정사(E 포함)

2) 학과진로

- AC: 그래픽디자인, 디지털 영상, 디지털조형, 컴퓨터디자인, 디지털 비즈니스와 컴퓨터예술계열학과, 인테리어공예과, 영상그래픽과
- CA: 전자그래픽과, 컴퓨터 예술계열학과, 미디어학과

8. 진로장벽 및 방해요인

내담자에게 보이는 진로장벽은 많은 생각과 망설임이다. 주위 시선에 너무 신경을 쓰고, 결과에 대한 두려움이 진로를 진행하는 데 방해요인으로 작용하고 있다.

Ⅲ. 진로상담 목표 및 전략

1. 상담목표

1) 내담자의 상담목표

자신의 진로에 대해 정확하게 이해한다.

2) 상담자의 상담목표

다양한 심리검사와 내담자의 구술정보를 통해 내담자의 강점 자원을 찾는다.

3) 내담자와 합의목표

자기이해 및 직업세계의 이해를 통해 합리적인 직업 선택을 하도록 돕는다.

2. 상담전략

1) 초기 상담전략

- 내담자와 라포를 형성한다.
- 상담구조화를 통해 상담에 대해 소개하고, 상담 시간 및 장소 비밀보장의 원칙에 대해 서명한다.
- 초기접수면접(생애진로사정표, 진로가계도)을 진행하여 내담자의 직업환경을 이해한다.

2) 중기 상담전략

- 홀랜드 적성검사, 직업적성검사를 통해 흥미 및 적성을 파악하고, 직업카드를 통해 내담자의 직업에 대한 이해 및 직업탐색을 돕는다.
- SCT, 다중지능검사를 통해 내담자의 장・단점을 세밀하게 파악한다.
- 성격강점검사를 통해 내담자의 삶에 긍정 정서를 심어줌으로써 대인관계에 효과가 있도록 한다.

3) 후기 상담전략

내담자가 잠재적으로 희망하는 진로 및 직업의 종합적 특성을 고려하여 비교 분석하는 시간을 가지며, 최종적으로 내담자가 원하는 직업과 내담자의 특성이 부합되는지를 살펴 스스로 선택할 수 있도록 돕고 종결한다.

Ⅳ. 적용한(일반) 진로상담이론

구분	이론명	적용근거
일반상담이론	인간중심이론	비지시적인 상담이론으로 인간중심적 상담이론과 상담기법으로 스스로 직업선택을 할 수 있도록 함
진로상담이론	홀랜드 성격이론	홀랜드 진로코드를 확인하여 본인이 희망하는 직업과 최종 선택하고자 하는 직업을 확인하고 직업카드를 활용하여 구체적인 직업군을 알아, 스스로 최종적인 선택을 하도록 함

Ⅴ. 회기요약

1회기: 생애진로사정(20**년 7월 30일)

- **주요내용**: 생애진로사정표에 따라 진로사정한 결과 내담자의 강점은 꼼꼼함, 약점은 대인관계가 원만하지 못하고 부드럽지 못하다는 점을 알게 되었다.
- **차시예고**: 다음 회기, 홀랜드 직업적성검사
- **상담자 요약**: 내담자는 자신의 진로에 흥미를 갖고 상담을 통해 나온 진로가 자신의 꿈과 부합되는지에 대해 호기심을 갖고 있다.

2회기: 홀랜드검사실시(20**년 8월 6일)

- **주요내용**: 홀랜드검사결과 내담자는 CAS형으로 나타났다. 내담자의 꼼꼼하고 성실하며 정리정돈을 잘하는 책임감을 느끼는 모습이 CAS유형에 부합되는 것으로 확인하였다.
- **차시예고**: 직업카드를 활용한 직업선택

- 상담자 요약: 내담자는 홀랜드검사과정에 매우 흥미를 느끼며 적극적으로 참여하였고, 자신의 이야기를 주도적으로 하기 시작하였다. 내담자는 검사를 통해 진로선택에 있어서 기질과 환경이 매우 중요한 부분을 차지한다는 것을 알게 되었다.

3회기: 다중지능검사, 직업카드(20**년 8월 13일)

- 주요내용: 직업카드를 이용한 상담 결과, 내담자는 전혀 생각지 않은 바리스타 쪽으로 마지막 선택을 하였다. 다중지능검사 결과, 언어지능과 자기성찰지능이 높게 나왔다. 영어에 흥미를 갖고 영어 관련 공부 및 통역, 작가 등이 되고 싶어 했었는데 다중지능검사에서 언어지능이 왜 높게 나왔는지 알 수 있었다. 마지막 선호 직업 외에 10가지 좋아하는 직업에도 부합됨을 알 수 있었다.
- 차시예고: SCT
- 상담자 요약: 다중지능검사와 직업카드 활용을 통해 다양한 직업이 있음을 이해하게 되었으며, 전혀 예상치 못한 직업을 선택하였으나 다중지능검사 결과, 언어지능이 높은 것에 대해 매우 기뻐하였으며 자신감이 생겼다.

4회기: SCT(20**년 8월 20일)

- 주요내용: SCT는 문장완성검사로 부모님과 가족, 미래 가치관까지 알 수 있는 질문지이다. 내담자는 힘든 과거가 있었으나 한 문장 한 문장에 대해 이야기를 하면서 앞으로 잘 헤쳐나갈 수 있는 자신감이 생겼다.
- 차시예고: 성격강점검사
- 상담자 요약: SCT를 통해 가족구성원에 대한 긍정적인 면을 볼 수 있게 되었으며, 미래에 대한 포부도 다짐할 수 있는 계기가 되었다.
  내담자의 강점을 더욱 개발시켜주기 위해 다음 검사는 성격강점검사를 실시하고자 한다.

5회기: 성격강점검사 및 종결(20**년 8월 27일)

- 주요내용: 대표강점: 용서(24), 영성(23), 심미안(21), 호기심(20), 학구열(20) 2차원 구조상 각 강점의 위치를 본 결과 내담자는 자기지향이 강했다.
- 차시예고:
- 상담자 요약: 대표강점을 이용해 진정한 자기 이해와 자기실현을 생활 속에서 발견해 보고자 한다. 내담자에게 현존하는 환경에 적극적으로 참여할 수 있도록 유도하였으며, 그 속에서 대표강점을 활용해 타인과의 긍정적인 상호작용을 함으로, 즐겁고 의미 있는 삶을 영위할 수 있도록 하였다.

Ⅵ. 진로상담에 대한 종합평가

1. 진로상담 목표달성 여부

목표달성 정도: 달성 ○, 50% 달성 ◑, 변경/재검토 ◈, 미달성 ×

구분	달성	근거(이유)
내담자	○	진로가 궁금하고 한 번쯤 받아보고 싶고 내가 가고 싶은 길이 어떤 길인지 몰랐는데 자신의 진로가 꿈과 연결되어 좋았음
상담자	○	적극적인 참여로 본인의 진로가 어느 정도 맞아떨어져 처음보다 확신이 섰음. 내담자의 강점분야를 이해하게 되었고 자신감이 생겼음
합의된 목표	○	내담자의 진로적성, 강점분야를 확인하였으며 이를 바탕으로 구체적인 진로계획을 수립할 수 있도록 진행함

2. 내담자의 변화

처음 회기에는 질문에 대해 대답은 잘하였으나, 자신의 신상에 대해 이야기하기를 꺼려하여 환경에서 오는 문제점 등을 파악하기가 어려웠다. 그러나 점점 회기가 거듭되면서 본인의 이야기를 오픈했으며 굳어 있던 표정이 점점 밝아졌고, 일과 사람과의 관계에 자신감이 생기기 시작하였다.

3. 진로상담에 대한 종합평가

• 내담자 자기평가: 상담을 받으면서 자신의 성격유형과 진로적성을 확인할 수 있었으며 자신에 대해 더 확신이 생겼다. 상담 결과, 진로를 결정하는 데 많은 도움이 되었다.

잘된 점	• 내담자가 확신을 갖지 못한 진로에 대해 홀랜드검사, 직업카드, 다중지능 검사 등을 통해 내담자 강점을 파악하였고, 진로준비에 긍정적이 되었다. • 자신의 문제를 드러내고 많은 이야기를 할 수 있도록 자유로운 환경을 조성하였다.
부족한 점	시간의 한계가 있어 진로문제와 관련된 심리적인 상담을 할 수 없었다.

Ⅶ. 축어록(4회기)

순서	상담내용
내45	엄마는 음, 엄마를 보면 안쓰럽고 안됐지만, 엄마처럼 살고 싶지 않아요. 엄마는 남 앞에서는 조용하세요. 근데 본래는 성격이 불 같은 것 같아요. 목사 사모니깐 그렇게 사는 거지 아니었다면 엄청 크게….
상46	아, 에니지가 많으시군요.
내46	네, 그런 것 같아요. 대개 다정다감하고 챙겨주시는 부분도 있는데, 화가 나면 확 불같이 올라갔다 수그러들고, 감정적인 부분이 많은 것 같아요. 요즘은 나이가 들어서 그런지 별로 못 느끼지만, 옛날 엄마 이야기 들어보면 아주 과하게 놀러 다니는 걸 좋아하고….
상47	그럼 사모로서 그런 감정을 누르고 사신다는 건가요?
내47	제가 보기엔 그런 거 같아요. 엄마 친구들이 다 '니가 목사 사모가 될 줄 몰랐다.' 친구 좋아하고 놀러 다니는 걸 좋아하고….
상48	아 외향적인 성품을 갖고 계셨다는 거네요?
내48	네. 장사도 하고…. 장사를 하고 싶어 하셨는데 접으셨지요. 그거 조금씩 물려받은 것 같아요. 오빠도 놀기 좋아하고, 친구 좋아하고, 춤추고….
상49	그런 것들을 갖고 있는데 그런 것들을 하지 못하고 있는 데에 대한 불만이 있었나요?
내49	엄마가요?
상50	네.
내50	엄마가 있는 것 같아요. 집에만 있을 사람이 아닌데, 나이가 들었다고 받아 주는 데가 없으니깐 지금 그냥 계시는 거죠. 답답하다 떠나고 싶다 이런 얘기를 많이 하죠. 여건이 안 되니깐 못 가시는 거죠.
상51	교회에서 그런 활동을 하시면 되잖나요?

내51	교회에서는 그렇게 활발한 것이 없어요. 교회는 교인이 많은 편도 아니고, 그리고 대부분 나이 드신 분이 많아 가지고…. 교회가 편하진 않으신 것 같아요. 그건 내 역할 엄마의 역할인 거죠. 사모로서 목사님 옆에서 보필해야 하는 게…. 전 그게 못마땅한 거죠. 계속 아빠 밑에서 보필해야 하는 입장이니깐. 조용한 사모님으로 있어야 하니깐.
상52	매우 답답하시겠네요.
내52	그렇죠. 근데 제가 당장 해 줄 수 있는 게 없죠. 아빠한테 화를 내지요. 아빤 영문도 모르고 왜 그러느냐고 하지만. (웃음)
상53	풀 수 있는 것을 하신다면.
내53	네, 나름대로 도예도 하시고, 십자수도 하시고, 나름대로 하시긴 하셨는데, 지금은 모르겠어요. 자기만의 시간을 가져 보려고 나가보시고 하시는데….
상54	춤 테라피는 어떠세요
내54	춤 테라피. 아 맞아요. 엄마가 계속 춤추고 싶다고 하셨어요. 줌바 이런 것을 추고 싶다 하셨어요.
상55	대학 평생교육원 알아보면 있을 거예요. ㅇㅇ대학교나 ㅇㅇ대학교 스포츠 댄스 관련 있을 거예요. 알아보세요.
내55	아, 네 알아볼게요.
상56	몸으로 풀고 나면 맘이 편안해져요. 어머니 이야기가 많아졌네요. (웃음) 아빠에 대해 이야기해 보면요.
내56	아빤 모든 건 자기 역할이 있다 그렇게 말을 하는데 그럼 할 말이 없는 거죠. 이런 말을 들으면 하느님은 공평하지 않다고 생각이 들어요. 여자가 직장도 다니고 아이도 낳고 집안 살림도 해야 하고…. 그리고 어떤 땐 가정 때문에 자기가 하고 싶은 일을 하지 못하잖아요.
상57	그렇지요.
내57	누군가를 먹이고 챙기는 게 힘든데 아빠는 전혀 엄말 도와주는 게 없었어요, 제 눈에는…. 조금이라도 도와주는 게 보이지 않아요. 예를 들면, 물을 마시면 물병을 냉장고에 넣어야 하는데, 식탁에 그대로 두어요. 그럼 엄마가 그것을 냉장고에 넣어야 돼요.
상58	아빠에 대한 불만스러운 게 많네요.
내58	이런 불공평하고 아빠가 믿는 하느님에 대한 부정 때문에 교회를 안 가요.
상59	아. 그래서 무교라고 했나 봐요.
내59	네. 지난번 명상프로그램에 참여하였는데 그쪽이 제가 맞는 것 같아요. (웃음) 마음이 편안해졌어요. 그 이후 오빠한테 짜증을 내거나 하지 않아요.
상60	네. 대부분 집안도 다 문제를 안고 있다고 했는데, 우리 가족은 어떻게 생각해요?
내60	우리 집안은 그냥 평범해요. (웃음) 다른 친구들 보면 겉은 아무렇지 않은데, 나중 보면 다 문제를 하나씩은 갖고 있더라구요. 그래서 우리 집도 그냥 그렇구나 하는 거예요.
상61	네. 미래에 대해서 안개 같은 느낌이 든다고 했네요.
내61	네. 미래는 누구나 모르잖아요. 불안하기도 하고 실패하면 어쩌나 그런 생각도 들고….

상62	야망은 엄청 큰데요?
내62	네. 세계에서 인정받는 사람이 되고 싶어요. 영어를 열심히 해서 세계를 돌아다니고 친구들을 만나고 싶어요.
상63	그럼요. 될 수 있어요. 언어 쪽으로 재능이 있으시니깐 충분히 세계를 돌면서 많은 사람을 사귀게 될 것이고, 인정받는 멋진 분이 될 수 있을 거예요. 회기를 진행하면서 어땠었나요?
내63	나에 대해 안다고 생각했는데 이런 면도 있었구나 놀라기도 하고 또 내가 갖고 있는 꿈이 좀 더 확실해진 것 같아 뿌듯합니다.
상64	네. 저도 진행하면서 ㅇㅇ님의 환해지는 모습을 지켜볼 수 있어 좋았습니다. 다음 회기에는 성격강점검사를 하려고 합니다. 검사결과를 토대로 지금까지 검사한 것과 같이 이야기하도록 하겠습니다.
내64	다음 주도 기대됩니다. 감사합니다.

가설세우기

내담자 성명	이 별(가명)	내방경위	타인소개
나 이, 성 별	21세, 여	종 교	무교
학 력	고졸	부모 직업	부(목사)모(주부)
직 업	무	희망직업(3개)	영어통역, 영상작가
출생순서	(1)남 (1)녀 중 (둘)째	취미 · 성격	영화보기, 자기주장이 강함. 내향적

문제증상 진단 및 평가(사례개념화 요소기준) ※ 생애진로사정결과: 진로장벽, 강점, 약점 등 ※ ( ) O표	
주 호소문제	내가 가고 싶은 길이 어떤 길인지 모르겠다.
생애진로사정 결과	자존감능력 부족. 추진력은 있으나 불안감. 대인관계에 어려움이 있음.
진로유형 분류	진로결정자( ) 진로미결정자(0) 우유부단( )
문제증상 촉발요인	영어 관련된 부분에 흥미유발
문제증상 유지요인	언어지능 탁월
문제증상 유발요인	대인관계문제. 혼자해결
상담에 대한 기대수준	본인의 꿈이 상담을 통해 더 명확
특이사항	학교부적응으로 대안학교
종합 평가	자존감향상 및 계획된 일 추진 및 마무리까지 하기

가설 명제 적기

- 아버지의 특수직업으로 인한 내담자의 잠재되어 있던 성격이 적극적으로 변화된다면 자존감이 더욱 강화될 것이고 대인관계도 원만해질 것이다.
- 홀랜드검사에서 관습형과 예술형이 높게 나왔으므로, 영상과 미디어 관련된 직업이나 학과를 선택한다면 충분히 가능하다.

적용 이론	일반 상담이론	인간중심이론
	진로상담이론	홀랜드 성격 유형이론
상담 목표		자존감향상으로 목표의식수립
상담전략		라포형성과 홀랜드검사 등을 통한 강점과 약점 도출

SCT 평점 기록지

• 어머니에 대한 태도

13. 나의 어머니는…. 내게 안쓰러우면서도 닮고 싶지 않고 그러면서 미안한
26. 어머니와 나는…. 애증, 숙제
39. 대개 어머니들이란… 존경스럽다. 어른이다.
49. 나는 어머니를 좋아했지만… 엄마가 사는 걸 보고 힘들었다.

해석적 요약:

엄마가 살아오신 삶의 무게(교회 사모)가 무거워 내담자가 엄마에 대한 연민과 본인이 해 드릴 수 없는 것에 대해 미안함이 있음

• 아버지에 대한 태도

2. 내 생각에 가끔 아버지는…. 기분이 좋아보인다.
19. 대개 아버지들이란…. 집안일을 안 한다.
29. 내가 바라기에 아버지는… 집안일을 하면 좋겠다.
50. 아버지와 나는…, 아버지와 나이다.

해석적 요약:

아버지가 목사님으로 목회일로 집안일을 전혀 도와주지 못함에 대해 서운함과 여자와 남자가 할 일을 분명하게 선을 그으시는 아버지에 대한 반감이 있으며, 아버지와의 갈등이 있음을 알 수 있음

• 가족에 대한 태도

12. 다른 가정과 비교해서 우리 집안은… 평범하다
24. 우리 가족이 나에 대해서… 똑 부러지지만 까칠하다고 생각할 것이다.
35. 내가 아는 대부분의 집안은… 문제들을 안고 있다.
48. 내가 어렸을 때 우리 가족은… 단출했다.

해석적 요약:

대안학교를 다니면서 주위에 모든 가정이 문제를 안고 살고 있음을 알게 되었으며, 따라서 내담자 자신의 집도 그렇게 불행하거나 절망적이라고 생각하지 않고 있음

• 여성에 바라는 태도

9. 내가 바라는 여인상은… 강하고 세다
25. 내 생각에 여자들이란… 함께해야 한다.

해석적 요약:

여자란 남자들이 생각할 때 연약하게 보이기에 뭉쳐야 하고, 자신감과 힘이 강해야 세상을 살아갈 수 있다고 보고 있음

• 남성에 대한 태도

8. 남자에 대해서 무엇보다 좋지 않게 생각하는 것은… 자기가 가진 권력에 대한 무지, 안일함
20. 내 생각에 남자들이란… 허세가 있다.

해석적 요약:

아버지의 가부장적인 사고와 빈틈이 있지만 목사로서 보여지는 외형들에 의해 내담자가 남자를 보는 선입견이 생긴 것 같음.

• 이성관계 및 결혼생활에 대한 태도

10. 남녀가 같이 있는 것을 볼 때에…. 아무 생각 없다.
23. 결혼 생활에 대한 나의 생각은… 좋은 사람을 만나지 않으면 불가능
37. 내가 성교를 했다면… 떨릴 것 같다. 걱정될 것 같다.
47. 나의 미래의 성생활은… 아직이다.

해석적 요약:

남자에 대한 불안감이 있으나 좋은 사람을 만나면 결혼은 하고 싶어함

• 친구나 친지에 대한 태도(대인 지각)

6. 내 생각에 참다운 친구는… 없다. 그 정도만 있을 뿐이다.
22. 내가 싫어하는 사람은… 내가 싫어하는 나의 모습의 한 부분을 가지고 있다.
32. 내가 제일 좋아하는 사람은… 아직 없다
44. 내가 없을 때 친구들은… 나를 보고 싶어 한다.

해석적 요약:

> 10대에 대인관계가 원만하지 못했으며 친구 문제로 어려움을 많이 겪음으로 친구를 사귀거나 만남에 매우 신중함

• 권위자에 대한 태도

3. 우리 윗사람들은… 지금의 세상을 만들었다
31. 윗사람이 오는 것을 보면 나는… 말이 없어지고 차분해지고 종종 긴장한다.

해석적 요약:

> 인정받고 싶은 욕구가 강함

• 두려움에 대한 태도

5. 어리석게도 내가 두려워하는 것은… 살아 있어서 느끼는 외로움이다.
21. 다른 친구들이 모르는 나만의 두려움은… 내가 쪽팔려하는 것을 알게 되는 것
40. 내가 잊고 싶은 두려움은… 남들 시선
43. 때때로 두려운 생각에 휩싸일 때… 우울해진다. 말수가 적어진다.

해석적 요약:

> 특수한 환경으로 내담자는 본인의 의지와는 상관없이 착하고 성실한 사람으로 살아가야 하는 것에 대한 스트레스가 심했음

• 죄책감에 대한 태도

14. 무슨 일을 해서라도 잊고 싶은 것은… 10대 때 힘들었던 기억들
17. 어렸을 때 잘못했다고 느끼는 것은… 없다. 어렸기 때문에
27. 내가 저지른 큰 잘못은… 친구를 욕한 것
46. 무엇보다 좋지 않게 여기는 것은… 화장실 냄새, 청결상태

해석적 요약:

> 내담자는 어렸을 때부터 정리 정돈에 대한 강박이 있었는데 환경적인 요인이 더 큰 것으로 보이며, 10대 사춘기의 기억은 하고 싶지 않다고 하였는데 대안학교 시절 친구들과의 문제로 갈등이 있음을 알 수 있음

• 자신의 능력에 대한 태도

1. 나에게 이상한 일이 생겼을 때… 무슨 영문인지 알아본다.
15. 내가 믿고 있는 내 능력은… 무엇이든 할 수 있다.
34. 나의 가장 큰 결점은… 생각이 많다
38. 행운이 나를 외면했을 때… 아직 때가 아니구나

해석적 요약:

자존감이 높은 편이며 긍정적인 사고를 가지고 있으나 조심성이 많아 결과에 대한 불안감이 있음을 알 수 있음

• 과거에 대한 태도

7. 내가 어렸을 때에는… 말을 잘 들었다.
33. 내가 다시 젊어진다면… 다시 돌아가고 싶지 않다.
45. 생생한 어린 시절의 기억은… ㅇㅇ동 살 때 거실에서 오빠랑 엄마랑 셋이서 아침 먹는 거

해석적 요약:

특수한 환경으로 인해 본인의 의사를 반영하지 못하고 자란 내담자이기에 과거에 대한 좋은 기억이 없음을 알 수 있음

• 미래에 대한 태도

4. 나의 장래는… 계속 바뀔 것이다.
11. 내가 늘 원하기는… 힘들다
16. 내가 정말 행복할 수 있으려면… '행복하기'에 집착을 버리기
18. 내가 보는 나의 앞날은… 흐릿하다.
28. 언젠가 나는… 자유로워지겠지

해석적 요약:

장래에 대한 불안감을 갖고 있음

• 목표에 대한 태도

4. 나의 장래는… 계속 바뀔 것이다.
11. 내가 늘 원하기는… 힘들다
16. 내가 정말 행복할 수 있으려면… '행복하기'에 집착을 버리기
18. 내가 보는 나의 앞날은… 흐릿하다.
28. 언젠가 나는… 자유로워지겠지
30. 나의 야망은… 세계가 나를 인정하는 것
41. 나의 평생 가장하고 싶은 일은… 세계여행
42. 내가 늙으면… 누구에게든 멋지고 재밌는 말동무가 되어주고 싶다.

해석적 요약:

타인에게서 인정받고 싶은 욕구가 강하며 사람들과의 친화력을 원함을 알 수 있음

2 졸업 후 무엇을 해야 할지 모르겠어요

Ⅰ. 내담자 기본정보

1. 내담자 신상정보

1) 성명: 조유성(가명)
2) 성별: 남자
3) 나이: 25세
4) 학력: 대학 졸
5) 직업: 없음
6) 종교: 없음

2. 주 호소 문제

"○○대학교 항공우주공학과를 졸업했으나 전공은 원하는 것이 아니었고, 전공을 살려서 취업할 수 있는 곳도 마땅히 없다. 현재 웹디자인과 영상 편집과정에 흥미가 있어 학원에 다니면서 관련 분야로 취업을 하고 싶으나 부모님은 전공과 관련된 곳으로 취업하기를 바라셔서 어떤 분야로 가는 것이 좋을지 결정하기 어렵다."

3. 상담의 맥락

1) 상담장소: ○○중학교 진로진학 상담실
2) 상담기간 및 시간: 20**. 8. 12일부터 진행 중이고, 상담은 매주 1회이며, 총 5회기 진행하고 1회기당 50분 실시
3) 내방경위: 고등학교 시절 담임선생님(상담자)에게 상담을 받았던 경험에 본인의 진로를 상담하고자 자발적으로 오게 되었다.
4) 이전 상담경험: 있음(고교 시절)
5) 이전 심리검사경험: 있음(고교 시절)

4. 인상 및 행동관찰

- 175cm 정도의 키에 건강한 모습의 남학생으로 안경을 썼으며, 파마와 염색을 하였으나 옷차림은 단정한 편이다.
- 차분한 말투와 수줍어하는 모습을 보이고, 차분하고 조곤조곤한 말투를 사용한다.
- 자기 생각을 일관성 있게 논리적으로 설명하는 데는 다소 부족하나, 여러 방면에 다양한 관심을 나타내고 있다.
- 상담에 적극적이며, 접수면접지나 생애진로사정표를 작성할 때 어떻게 표현해야 하는지 고민하였다.
- 가족관계에서는 대체로 부정적인 태도를 보이고, 장래의 진로에 대하여 부모의 개입이 크다고 느끼고 있으며, 진로 설정에 자신감이 없어 보인다.

5. 직업가계도 및 생애진로사정

1) 직업가계도

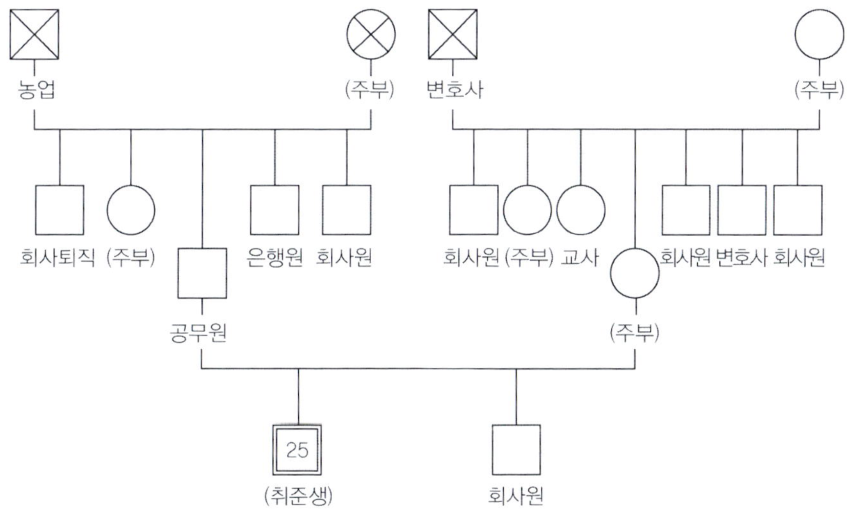

생애진로사정표

<table>
<tr><td rowspan="4">내담자</td><td>성명</td><td>○○○</td><td>성별</td><td>남</td></tr>
<tr><td>나이</td><td>25세</td><td>출생순서</td><td>2 남 중 첫째</td></tr>
<tr><td>학교명(학년)</td><td>대학졸업</td><td>직업명</td><td></td></tr>
<tr><td>종교</td><td></td><td>취미</td><td>댄스, 영상편집</td></tr>
</table>

<table>
<tr><th>단계</th><th>구분</th><th>진단요소</th><th>이유 및 내용</th><th>비고</th></tr>
<tr><td rowspan="19">진로 사정</td><td rowspan="4">일의 경험
(시간제, 정규직, 유급, 무급 등)</td><td>◎마지막 직업</td><td>회사원</td><td></td></tr>
<tr><td>• 가장 좋았던 점</td><td>영상편집하는 방법</td><td></td></tr>
<tr><td>• 가장 싫었던 점</td><td>직원들과 합류하지 못함.</td><td></td></tr>
<tr><td>◎다른 직업 경험</td><td>편의점, 주점, 단기 인턴</td><td></td></tr>
<tr><td rowspan="7">교육, 훈련과정,
관심사(학교, 학습)</td><td>◎교육 훈련 명칭</td><td>웹디자인과 편집</td><td></td></tr>
<tr><td>• 가장 좋았던 점</td><td>새로운 분야를 알게 됨.</td><td></td></tr>
<tr><td>• 가장 싫었던 점</td><td>새롭게 배운 내용을 적용해 보지 못하고 있다는 점.</td><td></td></tr>
<tr><td>• 지식 · 기술 · 기능 수준</td><td>중간수준</td><td></td></tr>
<tr><td>◎초 · 중 · 고별 학습</td><td>중위권</td><td></td></tr>
<tr><td>• 가장 좋았던 점</td><td>친구들을 고루 사귀게 됨.</td><td></td></tr>
<tr><td>• 가장 싫었던 점</td><td>성별로 차별하고 있음.</td><td></td></tr>
<tr><td rowspan="4">오락(여가)</td><td>• 여가 시간</td><td>영화관람, 모바일 게임</td><td></td></tr>
<tr><td>• 사회 활동 내용</td><td></td><td></td></tr>
<tr><td>• 친구 관계</td><td>두루 친한 편이고 진심을 터놓고 지내는 친구는 2명</td><td></td></tr>
<tr><td>• 주말, 저녁, 여가시간 사용내용</td><td>친구들을 만나거나 영화관람을 함.</td><td></td></tr>
<tr><td rowspan="4">전형적인 하루</td><td rowspan="2">의존적 · 독립적
성격 차원</td><td>• 타인에 의존</td><td>어머니의 영향이 큼.</td><td></td></tr>
<tr><td>• 스스로 의사결정</td><td>스스로 결정</td><td></td></tr>
<tr><td rowspan="2">자발적(임의적) ·
체계적 성격차원</td><td>• 불안정한 일</td><td>즉흥적인 일 처리</td><td></td></tr>
<tr><td>• 영속적, 빈틈 없음</td><td>완벽한 것을 좋아함</td><td></td></tr>
<tr><td rowspan="2">강점과 장애</td><td>주요강점</td><td>처분(강점)자원 탐구</td><td>자신을 자주 돌아봄.
성실하고 책임감이 강함.
타인의 사소한 것까지도 잘 기억하고 있다가 챙겨줌</td><td></td></tr>
<tr><td>주요장애</td><td>요구(부족)자원 탐구</td><td>즉흥적, 감정기복이 심함, 핑계를 많이 대는 편임.</td><td></td></tr>
<tr><td rowspan="2">요약</td><td>얻은 정보
재강조 · 반복 확인</td><td colspan="2">자신의 진로에 대하여 여러 가지 가능성을 가지고 있으나 확신이 부족하고 준비도 미흡하다.</td><td></td></tr>
<tr><td>요약
(상담자, 내담자)</td><td colspan="2">자신의 진로 분야와 성격유형에 따른 진로를 탐색하고 목표를 세워 체계적인 노력을 한다면 좋은 성과가 있을 것으로 기대됨.</td><td></td></tr>
</table>

6. 발달배경 및 가족관계

1) 내담자(25세)

- 중학교 3학년 때 과학에 관심이 많아 과학고를 희망하였으나 어머님이 너무 늦은 감이 있다 하시며 일반 고등학교에 입학하기를 희망하여서 좌절감을 느낀 것 이외에 대학교에 입학 전까지 특별한 어려움 없이 유년 시절을 평탄하게 보낸 편이다.
- 대학에 입학한 이후에 부모의 기대가 큰 만큼 좋은 결과를 얻어야 하는데, 희망하던 전공도 아니고 성적에 맞추어 들어오다 보니 학업성적이 뛰어나지도 않고 장래 진로에 대해서도 명확하게 목표를 설정하지 못하여 늘 방황하다가 댄스에 관심이 생기고 주변에서 소질이 있다 하여 댄스부 동아리 활동을 하였다.
- 군대를 갔다 온 후에 전공과목에 대한 흥미도 점점 떨어지고 대기업에 취업하기 위해 영어 공부에 전념하였으나 이마저 여건이 맞지 않았다.
- 아버지의 지인이 운영하시던 회사에 인턴사원으로 취업은 했으나 주변에 낙하산이라는 이름표가 따라다니면서 회사생활에 힘들어 이식을 하고 공무원 시험준비를 하였다. 그러나 아버지께서 공무원은 하지 않는 것이 좋을 것 같다 하셔서 무엇을 하는 것이 좋을지, 내가 원하는 것이 무엇인지 고민에 빠졌을 때 아버지 친구분의 소개로 회사에 취업하여 웹디자인과 영상편집을 접하게 되었다. 회사 경영난으로 회사를 그만두고 현재 웹디자인과 영상편집을 새롭게 배우고 있는데 잘 할 수 있을지는 모르겠다.

2) 아버지(57세, 공무원)

무뚝뚝하신 편이지만, 대학교 때까지 공부는 "이렇게 해야 한다, 저렇게 해야 한다" 라는 조언을 아끼지 않고 해 주셨다. 일관성없이 일 처리를 하실 때가 많아 예기치 않은 상황을 만들어 당혹스럽게 할 때가 많다. 그러나 늘 가족을 위해 헌신하시는 가장 든든한 후원자이다.

3) 어머니(55세, 주부)

어렸을 때부터 상처가 되는 말을 많이 하시고, 자식을 위한 일이라고 말을 하시면서 자신의 생각과 행동을 더 중요시하는 편이다. 아주 사소한 일까지 알려고 하셔서 때론 부담스러울 때도 있다. 하고자 하는 일이 뜻대로 되지 않을 때, 내담자의 노력을 무시하는 말로 상처를 주시고 어떤 일이든 시작하고자 의견을 물어보면 부정적인 상황만 먼저 나열한 편이라 갈등상황일 때가 많다.

4) 남자 형제(23세, 회사원)

동생과 나이 차이가 크지 않아 친구처럼 지낸다. 어려움에 놓여 있을 때 먼저 의논하고 많은 조언을 해 주는 편이다.

Ⅱ. 내담자 문제의 개념화

1. 회기별 주제 및 개요

실시 회기	주제	결과(개요)
1	생애진로사정 직업가계도	아르바이트 혹은 회사를 다닌 직업 경험이 있다. 그러나 적성에 맞지 않아 이직한 후, 얽매이지 않은 직업을 선호하고 있지만 어떤 목표를 정해서 어떤 방향으로 준비해야 하는지 혼란스러워하고 있다.
2	다중지능검사	강점지능은 음악지능, 자기성찰지능, 인간친화지능으로, 잠재지능은 논리수학지능, 공간지능, 신체운동지능, 언어지능으로, 약점지능은 자연친화지능으로 나타났다.
3	직업카드분류 검사	선호직업은 편집전문가(A), 상담전문가(S), 조리사(R)이고, 비선호 직업은 장례지도사(C), 회계사(C), 변호사(C)이다.
4	홀랜드검사	검사 전 결과는 ASR이다. 검사 후 결과도 ASR로 일치도가 높다고 할 수 있다. 내담자에게 가장 우세하게 나타나는 A유형과 근접해 있는 S유형이 높게 나온 것으로 보아, 일관성이 높다. A유형과 S유형의 적성을 함께 살릴 수 있는 진로선택을 하는 것이 바람직해 보인다. 그러나 A유형과 상관관계가 높은 I유형이 제일 낮은 점수를 보여주고 있으며, 3순위 코드가 I유형이 아닌 R유형으로 R-S가 충돌이 발생할 수 있지 않을까 하는 염려가 생기고, I유형이 왜 낮게 나왔으며, R유형이 왜 높게 나왔는지 탐색이 필요하겠다.
5	CTI 검사	CTI검사결과는 총점이 48점, 백분율 30%로 대체적으로 낮은 편이고, 하위영역으로 의사결정혼란이 13점(46%), 수행불안이 20점(91%), 외적갈등이 5점(34%)으로 나타났다.

2. 다중지능검사 활용한 활동

<table>
<tr><td>구 분</td><td>언 어</td><td>논리수학</td><td>신체운동</td><td>음 악</td><td>공 간</td><td>자연친화</td><td>자기성찰</td><td>인간친화</td></tr>
<tr><td>점 수</td><td>36</td><td>54</td><td>46</td><td>71</td><td>50</td><td>29</td><td>71</td><td>71</td></tr>
<tr><td>순 위</td><td>7</td><td>4</td><td>6</td><td>1</td><td>5</td><td>8</td><td>1</td><td>1</td></tr>
<tr><td rowspan="4">검사결과</td><td>강점지능</td><td colspan="2">음악지능</td><td colspan="2">자기성찰지능</td><td colspan="3">인간친화지능</td></tr>
<tr><td>보통지능</td><td>논리수학지능</td><td>공간지능</td><td colspan="2">신체운동지능</td><td colspan="3">언어지능</td></tr>
<tr><td>약점지능</td><td colspan="7">자연친화지능</td></tr>
<tr><td colspan="8">1. 검사결과 음악 지능, 자기성찰 지능, 인간친화 지능의 점수가 동일하여 3개 지능이 강점 지능이고, 서치라이트형이다.
2. 내담자는 자신의 감정을 이해하고 구분할 줄 알고, 타인과의 친밀한 인간관계를 형성하는 능력이 있으며, 음악적 리듬이나 구조를 결합하여 표현하는 신체운동(댄서)을 좋아한다는 것을 상담을 통하여 알 수 있었고, 이는 다중지능결과와 상당 부분 일치하는 것으로 볼 수 있다. 위와 같은 강점을 토대로 볼 때, 내담자가 희망하는 식업으로 편집진문가기 잘 부합한다고 볼 수 있다.
3. 내담자의 약점지능은 자연친화지능으로 자연과 환경에 관심이 없고, 동식물에 대해 친근함을 느끼거나, 관찰하는 것을 싫어한다고 하며 검사결과에 동의하였다.</td></tr>
</table>

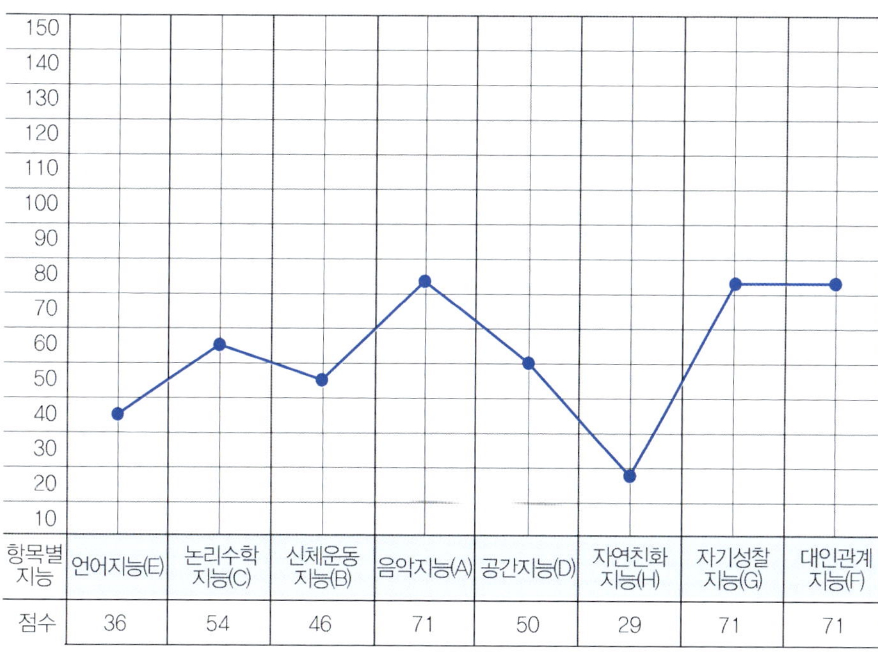

항목별 지능	언어지능(E)	논리수학 지능(C)	신체운동 지능(B)	음악지능(A)	공간지능(D)	자연친화 지능(H)	자기성찰 지능(G)	대인관계 지능(F)
점수	36	54	46	71	50	29	71	71

다중지능검사 프로파일

3. 직업카드를 활용한 활동

직업선택 이유 분석표

<table>
<tr><th>카드분류</th><th colspan="2">좋아하는 직업</th><th colspan="2">모르는 직업</th><th colspan="2">싫어하는 직업</th></tr>
<tr><td>1차 분류 개수</td><td colspan="2">26</td><td colspan="2">13</td><td colspan="2">51</td></tr>
<tr><td>2차 분류 개수</td><td colspan="2">35</td><td colspan="2"></td><td colspan="2">55</td></tr>
<tr><td rowspan="4">선호 비선호직업</td><td colspan="3">좋아하는 직업 이유</td><td colspan="3">싫어하는 직업 이유</td></tr>
<tr><td colspan="3">다른 사람을 서포트해 주니까</td><td colspan="3">흥미가 없어서</td></tr>
<tr><td colspan="3">다른 사람을 행복하게 해 주니까</td><td colspan="3">법조인들이 주변에 많으니까</td></tr>
<tr><td colspan="3">창의적인 사람들이 많아서</td><td colspan="3">개인생활이 없을 것 같아서</td></tr>
<tr><td>좋아하는 이유 · 순위</td><td colspan="2">창의적인 사람이 많아서</td><td colspan="2">다른 사람을
서포트해 주니까</td><td colspan="2">다른 사람을
행복하게 해 주니까</td></tr>
<tr><td>싫어하는 이유 · 순위</td><td colspan="2">흥미가 없다</td><td colspan="2">개인생활이 없을 것
같아서</td><td colspan="2">법조인들이 주변에
많으니까</td></tr>
<tr><td>희망직업 순위 및
진로코드</td><td colspan="2">편집전문가(A)</td><td colspan="2">상담전문가(S)</td><td colspan="2">조리사(R)</td></tr>
<tr><td>검사결과 평가</td><td colspan="6">내담자가 초기에 선호하는 직업군은 다른 사람과 어울려 일하고 정년이 따로 정해져 있지 않은 자유로운 직업군이었다. 이에 본인의 진로코드, 흥미 및 적성, 다중지능검사 결과 등에 의한 강점분야를 탐색한 결과를 토대로 상담을 진행하면서 직업적성점수가 높은 홀랜드 유형을 살려 편집전문가를 최종직업으로 선택하는 것이 가장 적정하다고 평가된다.</td></tr>
</table>

4. 홀랜드검사를 활용한 활동

홀랜드유형	R	I	A	S	E	C
검사 전 내담자 예상 순위	3	4	1	2	5	6
검사 후 내담자 결과 순위	3	6	1	2	5	4
검사결과점수	54	32	78	68	36	38

<table>
<tr><th colspan="9">프로파일분석: 기본3코드 (ASR)</th></tr>
<tr><th colspan="2">영역</th><th>R</th><th>I</th><th>A</th><th>S</th><th>E</th><th>C</th><th>진로코드</th></tr>
<tr><td colspan="2">성격적성(24)</td><td>20</td><td>14</td><td>24</td><td>22</td><td>13</td><td>16</td><td>AS</td></tr>
<tr><td colspan="2">능력적성(24)</td><td>15</td><td>13</td><td>22</td><td>19</td><td>14</td><td>13</td><td>AS</td></tr>
<tr><td colspan="2">직업가치(8)</td><td>6</td><td>2</td><td>8</td><td>7</td><td>4</td><td>4</td><td>AS</td></tr>
<tr><td colspan="2">직업적성(18)</td><td>10</td><td>1</td><td>15</td><td>14</td><td>3</td><td>2</td><td>AS</td></tr>
<tr><td rowspan="3">효능감 적성</td><td>A(3)</td><td>1</td><td>1</td><td>3</td><td>2</td><td>0</td><td>1</td><td>AS</td></tr>
<tr><td>B(3)</td><td>1</td><td>0</td><td>3</td><td>2</td><td>1</td><td>0</td><td>AS</td></tr>
<tr><td>C(3)</td><td>1</td><td>1</td><td>3</td><td>2</td><td>1</td><td>2</td><td>AS</td></tr>
<tr><td colspan="2">합계점수(83)</td><td>54</td><td>32</td><td>78</td><td>68</td><td>36</td><td>38</td><td>ASR</td></tr>
<tr><td colspan="2" rowspan="4">검사결과</td><td>성격적성</td><td colspan="6">A(예술형)에서 가장 높게 나타나고, S(사회형)이 그 다음으로 높게 나타나고 있어 진로코드는 AS로 볼 수 있다.</td></tr>
<tr><td>능력적성</td><td colspan="6">A(예술형)에서 가장 높게 나오고, 다음으로 S(사회형)가 나타나고 있어 진로코드는 AS로 볼 수 있다.</td></tr>
<tr><td>직업적성</td><td colspan="6">직업가치나 직업적성에서도 A(예술형)가 가장 높게 나오고 다음으로 S(사회형)가 나타나고 있어 진로코드는 AS로 볼 수 있다.</td></tr>
<tr><td>상위 3코드와 하위 영역 간 비교분석</td><td colspan="6">내담자의 유형은 ASR유형이다. 상위 3코드가 ASR이고 하위영역이 AS이므로 상위 3코드와 하위영역이 일치되어 있다. 성격적성, 능력적성, 직업가치, 직업적성에 흥미가 잘 개발되어 있다.</td></tr>
</table>

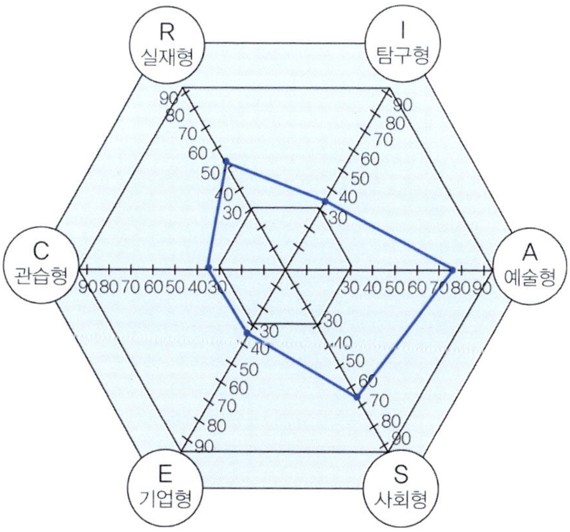

내담자 진로코드: ASR

5. CTI 검사 활용한 활동(대학생)

T점수	총점	백분율	의사결정혼란	수행불안	외적갈등
(45)점	(48~49)점	(30)%	(13)점	(20)점	(5)점
검사결과 해석					
의사결정혼란	백분율 46%(T=49)로 평균에 가까운 편이다. 하지만, 진로문제를 인식하고 그 문제의 특성을 이해하려고 하나 문제에 압도되어 결국 해결하지 못하는, 즉 문제만 인식하게 되는 주기가 반복적으로 나타나고 있다.				
수행불안	백분율 91%(T=61)로 높은 점수를 보이고 있는 것은 시기적으로 진로 고민을 하는 시기라 높게 나왔을 수도 있으나, 2~3가지 진로선택안을 축소할 필요성을 느끼면서도 '최선'의 선택을 하지 못해 결국 해결하지 못하는 미결정의 상황에 봉착된 결과로 볼 수 있겠다.				
외적갈등	백분율 34%(T=46)로 대체적으로 낮은 점수를 보이고는 있지만, 다른 사람을 만족시키는 일과 나 자신이 만족하는 일 사이의 적절한 균형을 지키지 못하고 있는데서 나타나는 혼란이라고 볼 수 있다.				
총평	진로사고검사 총점은 48점이며 백분율은 30%로 대체적으로 낮게 나왔다. CTI 총점은 확신성, 진로정체감, 심리적 안정과 관련된 성격 변인과는 부적상관이 있다. 확신성, 진로정체감, 심리적 안정이 일반적 수준에 있는데, 수행불안의 점수가 높기 때문에 진로 방해요인이 있거나, 미결정성, 신경증적 변인과 연결되어 있는지 확인할 필요가 있다.				

대학생					
T점수	원 점 수				백분율
	총점	의사결정혼란 (DMC)	수행불안 (CA)	외적갈등 (EC)	
≥80	118-140	34-42	29-30	13-15	99
79	116-117				99
78	114-115	33			99
77	112-113	32	28		99
76	110-111				99
75	108-109	31	27	12	99
74	106-107	30			99
73	104-105		26		99
72	102-103	29			99
71	100-101	28	25	11	99
70	98-99				98
69	96-97	27	24		98
68	94-95	26			98
67	92-93		23	10	97
66	90-91	25			96
65	88-89	24	22		95
64	86-87	23			94
63	84-85		21	9	93
62	82-83	22			92
61	80-81	21	20		91
60	78-79				88
59	76-77	20	19		84
58	74-75	19		8	80
57	72-73		18		76
56	70-71	18			72
55	68-69	17			69
54	66-67		17	7	65
53	64-65	16			61
52	62-63	15	16		56
51	60-61				52
50	58-59	14	15	6	50
49	56-57	13			46
48	54-55		14		42
47	52-63	12			38
46	50-51	11	13	5	34
45	48-49				30
44	46-47	10	12		27
43	44-45	9			24
42	42-43		11		22
41	40-41	8		4	19
40	38-39	7	10		16

6. 내담자 종합평가

1) 내담자의 강점

- 다중지능검사에서 음악지능, 자기성찰지능과 인간친화지능이 높다.
- 홀랜드유형 코드가 예술형으로 감정이 풍부하고, 독창적인 면이 있어 직업군을 고려할 때, 이 부분을 고려하여 자신의 목표를 결정하고, 계획하고, 실행하고 있다.
- 내담자 혼자 아이디어를 내고 책임지면서 일을 하는 것을 좋아한다.

2) 내담자의 약점

- 자신에 대한 정확한 모습과 심리내적인 부분(의도, 동기 등)을 이해하고 표현하는 데 서툴다.
- 부모의 의사에 따라 직업을 선택하고 다른 직업에 대한 탐색이 없어 직업세계에 대한 이해가 부족하다.
- 타인과 관계를 맺고 이를 유지하고자 하는 데 흥미와 자신감이 부족하다.

3) 상담자가 본 내담자 문제

- 본인과 주변의 인식 때문에 원하는 진로결정에 장애가 되고 있다.
- 특별한 직업을 목표로 삼고 공부하지 않아 자신의 진로에 대한 충분한 정보가 없다.
- 직업을 선택하고 직업명칭을 말할 수 있으나 자신의 결정에 대한 확신이 부족하다.

7. 내담자 진로유형(진로결정자, 진로미결정자, 우유부단자)

내담자는 심리적으로는 건강한 편이나 아직 진로를 결정하지 못한 진로미결정자이다. 최근에는 자신의 흥미에 따라 "웹디자인과 영상편집"을 공부하고 관련 아르바이트를 하고 있으나 자신이 잘 할 수 있는 일인지에 대한 확신과 해당 직업군에 대한 정보가 부족한 상태이다.

8. 진로장벽 및 방해요인

막연하게 원하는 일은 있으나 이에 대해 얻을 수 있는 정보가 제한적이어서 어떤 직업 준비 행동을 해야 하는지 알지 못한다. 현재 경제적으로 부모님의 도움을 받고 있으며 평소 부모님의 의견에 따라 의사결정을 하는 편으로, 진로결정에 있어서도 부모님의 영향력이 큰 편이다.

Ⅲ. 진로상담의 목표 및 전략

1. 내담자와 합의된 목표

자기 이해와 탐색 및 직업세계 이해를 위해 몇 가지 진로심리검사를 실시하고, 이를 통해 도출된 직업에 대하여 내담자의 욕구가 무엇인지 정확하게 알고 진로 계획을 수립하고 체계적으로 실천한다.

2. 상담자의 상담목표

다양한 심리검사와 정확한 해석을 통해 내담자 자신에 대한 이해를 높이고, 내담자가 생각한 진로가 적성에 맞는지 확인한다. 이를 토대로 진로 선택 관련 사고의 내용을 이해할 수 있도록 도와주며, 내담자에게 적합한 직업을 탐색하여 제시하고, 합리적으로 선택한 직업에 대하여 체계적으로 준비하고 스스로 실천할 수 있도록 돕는다.

3. 상담전략

1) 초기 상담전략

접수면접지, 녹음 및 비밀보장동의서, 상담 사전안내동의서를 받고, 내담자가 자유롭게 자신의 의견이나 생각을 드러낼 수 있도록 라포(Rapport)를 형성한다. 진로상담에 대한 이해를 돕고, 상담자와 내담자의 역할을 설명하여 주기적으로 상담을 할 수 있도록 내담자를 독려한다.

2) 중기 상담전략

다중지능검사, 직업분류카드 검사, 홀랜드검사, CTI 검사 등을 통하여 내담자가 자신의 성격적성, 능력적성, 직업가치, 직업적성을 파악하여 내담자의 강점 분야와 약점 분야에 적합한 구체적인 직업을 선택할 수 있도록 진로 설계와 진로지도에 도움을 주고 진로에 대한 내담자의 욕구를 확인한다.

3) 종결기 상담전략

내담자 스스로 진로 계획을 설정하고, 목표달성을 위한 활동 목록을 작성하여 우선순위를 부여한 후 진로 계획을 실행하도록 하고, 목표달성을 위해 어떠한 행동을 하고 있는지 탐색하고, 평가하고 세부 계획을 세울 수 있는 연습을 하여 상담이 끝난 이후에도 스스로 합리적인 진로선택을 할 수 있도록 돕는다.

Ⅳ. 적용한 진로상담이론

구분	이론명	적용근거
일반상담이론	인간중심이론	비지시적인 상담기법으로 스스로 직업선택을 할 수 있도록 함
진로상담이론	인지적 정보처리이론	내담자 스스로 진로결정을 내리고 진로 문제해결 및 의사결정 시 정보를 어떻게 이용하는지 등의 정보처리 이론을 적용하여 내담자가 자신을 이해하고 자신의 욕구를 살펴볼 수 있도록 하고, 이후 직업 세계를 보다 잘 이해함으로써 직업선택을 합리적으로 계획하며 선택하기 위함

Ⅴ. 회기요약

1회기: 20**. 08. 12.

• 개입: 생애진로사정

- **주요내용:** 접수면접지, 녹음 및 비밀보장동의서, 상담 사전 안내 동의서, 생애진로사정, 가계도를 작성하였다. 상담내용이 비밀보장된다는 내용을 재차 강조하여 내담자의 적극성을 독려하였다. 내담자는 지금 계획하고 있는 웹디자인과 영상편집이라는 진로를 선택하는 것이 옳은 일이고, 자신의 적성과 맞는 일인지에 대해 고민하고 있었다. 이에 상담자와 함께 고민해 보도록 하며 이 일 이외에 다른 흥미는 무엇인지, 그리고 그와 관련된 다른 일들이 있는지 찾아보자고 하였다.
- **차시예고:** 내담자의 강점, 약점 지능을 파악하기 위하여 "다중지능검사"를 실시하고, 검사결과를 해석하고 함께 나누기로 합의하였다.
- **상담자의 소견:** 내담자는 본인의 진로상담에 기대감을 가지고 있는 만큼 상담에 적극적이었다. 차분하게 조곤조곤 말도 잘하고, 자신의 고민을 솔직하게 표현하였다. 내담자는 진로미결정자로, 직업 선택이라는 장벽 앞에서 많은 고민을 하고 있다. 내담자는 상담하고자 하는 목표를 분명히 인식하고 있었으며 상담을 통하여 자신의 진로에 확신을 갖고자 하는 의지를 드러냈다.

2회기: 20**. 08. 19.

• 개입: 다중지능검사

- **주요내용:** 다중지능검사 결과, 내담자가 강점을 보인 분야는 음악지능(A), 자기성찰지능(G), 인간친화지능(F)이며, 약점지능은 자연친화지능(H)이다. 평소에 사람들과 이야기하기를 좋아하고 잘 어울려 온 내담자의 성향이 잘 드러난 것으로 보인다. 내담자는 자신의 약점분야에 대해서도 잘 이해하였다.
- **차시예고:** 직업카드를 활용하여 본인이 선택한 직업분야에 대한 흥미도와 적성을 확인하기로 합의하였다.

- **상담자의 소견:** 내담자는 다중지능검사 과정에 매우 흥미를 느끼고 적극적으로 참여하였으며, 주도적으로 자신의 이야기를 전개하는 등 상담에 대해 긍정적으로 접근하고 있다. 내담자가 선택한 직업에 대해 스스로 확신을 가지고 구체적이고 체계적으로 진로설계를 할 수 있도록 도울 필요가 있겠다.

3회기: 20**. 08. 26.

• 개입: 직업카드 분류활동

- **주요내용:** 직업카드 분류활동을 통해 살펴본 결과, 내담자는 웹디자이너나 댄서로 진출하는 것을 희망하고 있었다. 그러나 구체적으로 어느 분야의 직업을 가지고 싶은지 아직 결정하지 못한 상태이므로, 홀랜드검사를 실시한 후 그 결과를 토대로 상담을 진행하기로 하였다.
- **차시예고:** 홀랜드검사와 CTI 검사를 실시하고, 검사결과를 해석하고 함께 나누기로 합의하였다.
- **상담자의 소견:** 내담자는 초기에 편집전문가나 웹디자이너 분야의 일을 막연히 하고 싶다고 했었는데 상담과정을 통해 자신의 성격과 적성에 대해 이해한 후, 편집전문가에 확신을 가지게 되었다. 이에 상담이 성공적으로 진행되고 있다고 판단된다. 향후 의사결정 양식을 보다 합리적인 형태로 바꿀 수 있도록 조력하고, 구체적으로 진로설계를 하여 이를 실천할 수 있도록 상담을 진행할 필요가 있겠다.

4 회기: 20**. 09. 02.

• 개입: 홀랜드검사, CTI 검사

- **주요내용:** 홀랜드검사와 CTI 검사를 시간차를 두고 실시하였다. 홀랜드검사를 통해 '어떤 직업을 막연하게 갖고 싶다'라는 생각에서 벗어나 구체적으로 자신의 성격 적성, 능력 적성 및 직업적성을 알게 되었고, 자신의 유형에 맞는 직업군을 살펴본 후 영상편집자라는 직업을 최종결정하게 되었다. 또, CTI 검사에서 총점이 48점(T=45)으로 중간 정도의 점수를 나타냈고, 하위척도에서는 의사결정 혼란이 13점(T=49), 외적 갈등이 5점(T=46)으로 비교적 고른 점수를 보이나, 수

행 불안은 20점(T=61)으로 조금 높은 점수가 나타났다. 내담자의 역기능적인 사고에 대해 논의하고 부정적인 진로사고를 바꾸기 위해 각 문항에 대한 내담자의 생각과 내담자 자신에 대한 생각을 평가한 후 새로운 사고를 정리하였다.

- **차시예고:** 성공적인 진로 목표달성을 위해 구체적인 실천계획을 세우기로 합의하였다.
- **상담자의 소견:** 내담자는 A유형이 가장 높게 나왔으며, 근접해 있는 S유형 또한 높게 나와 일관성이 높은 결과를 보여 주고 있다. A유형과 S유형의 적성을 함께 살릴 수 있는 진로선택을 하는 것이 바람직하다고 보인다. 또, 내담자의 부정적인 사고에 대한 탐색을 하는 과정에서 자신이 원하는 모습과 현재 자신의 모습과의 간극으로 인한 스트레스와 가정환경으로부터 오는 책임감이 진로를 확실히 결정해야만 한다는 부담감으로 작용하고 있다는 것을 인식하였다. 내담자는 장기적인 계획 속에서 자신이 원하는 직업을 찾을 수 있도록 하고, 구체적인 실천계획을 세워 이를 실천할 수 있도록 도움 필요가 있겠다.

5회기: 20**. 09. 09.

- 개입: 구체적인 실천계획 세우기
  - **주요내용:** 내담자는 상담초기에 자신이 선택하고 싶었던 영상편집과 웹디자이너라는 두 개의 직업이 자신의 적성에 맞는지, 이를 잘 수행할 수 있는지, 어떻게 준비해야 하는지에 대해 불안해하며, 불확실성으로 고민하였다. 내담자는 자신이 가지고 있는 부정적인 진로사고에 도전하고 바꾸어봄으로써 영상편집이라는 직업을 선택할 수 있게 되었다.
  - **상담자의 소견:** 진로선택 시 불안감과 불확실성을 경험하는 것은 자연스러운 현상이기 때문에 그러한 상황에 있는 내담자를 그대로 수용해 주었고, 그럼에도 불구하고 그 직업을 선택하고 수행해 보아야 그 직업이 자신과 맞는지 알 수 있고, 추후에도 진로계획을 수정할 수 있음을 알려줌으로써 내담자가 선택을 할 수 있도록 독려하였다.

Ⅵ. 진로상담에 대한 종합평가

1. 진로상담 목표달성 여부

목표달성 정도: 달성 ○, 50% 달성 ◑, 변경/재검토 ◈, 미달성 ×

구분	달성	근거(이유)
내담자	○	막연하게 생각했던 직업선택 문제에 있어서, 상담을 통해 자신의 진로 적성과 강점분야를 이해하면서 자신감을 갖게 되었다. 자신의 욕구가 무엇인지 상담을 통해 확신을 갖게 되었으며, 진로설계를 위한 구체적인 실천계획을 스스로 작성하여 성실하게 이행한다면, 적성에 맞는 직업을 찾고, 또 가질 수 있을 것으로 기대하게 되었다.
상담자	○	내담자가 자신에 대한 이해(흥미, 적성) 없이 웹디자인과 영상편집이라는 직업을 잠정적으로 결정하고, 이에 대한 확신을 갖지 못하고 있는 것에 대해 상담과 다중지능검사, 직업카드 분류검사를 활용하여 내담자의 강점분야를 확인하고, 내담자에게 적합한 직업을 스스로 결정하고, 합리적인 선택을 할 수 있도록 도왔다.

2. 내담자의 변화

내담자는 상담 초기에 자신에 대하여 정확하게 인식하지 못하고 있었다. 자신이 목표로 했던 '웹디자인과 영상편집'이라는 직업이 자신의 적성에 맞는지, 안정적인 직업인지 잘 알지 못했고, 자신이 그 직업을 선택하는 데 있어 충분한 준비가 되어 있지 않은 것에 불안해하고 있다. 상담이 진행되면서 내담자는 스스로 자신의 적성과 흥미를 찾아가기 시작하였고, 상담자와 신뢰관계가 형성되면서 자신의 진로설계를 위한 구체적인 실천계획을 수립하는 데 있어 상담자에게 조언을 구하는 모습을 보이기도 했다. 자신이 선택한 직업에 대해 불확실한 태도를 보이던 상태에서 긍정적인 상태로 변화되었다.

3. 진로상담에 대한 종합평가

1) 내담자 자기평가

자신의 성격유형과 진로적성을 확인할 수 있었으며, 다양한 직업의 세계에 대해 의견을 교환하면서 스스로 자신의 진로설계를 할 수 있었다. 또한, 자신이 선택한 직업의 가지기 위한 실천계획을 세운 것에 대해 매우 만족스럽고 상담자에게 고마운 마음이다.

2) 상담자 평가

잘된 점	내담자가 주도적으로 많은 이야기를 할 수 있도록 자연스럽고 부드러운 분위기와 더불어 신뢰관계를 형성함으로써 상담의 효과를 높일 수 있었고, 내담자와의 합의된 목표를 잃지 않고 이루었다. 상담자의 오랜 공직 경험을 토대로 내담자가 가지고 있는 직업에 대한 선입견이나 왜곡된 형태로 가지고 있던 직업관에 대해 깊은 이야기를 나눌 수 있었다.
부족한 점	심리상담과 진로상담을 구별하는 데 어려움이 있었고, 다양한 심리검사를 해석하며 상담을 하는 데 적절한 조율의 어려움이 있었다. 의사결정 방식이 다소 의존적인 경향이 있었는데, 합리적 방식으로 변경할 수 있도록 상담 중에 개입하지 못했다. 추수상담의 기회가 있다면 나눠보고자 한다.

Ⅶ. 축어록(4회기)

순서	상담내용
상20	아, 알겠습니다. 그럼, 조금 무리가 되겠지만 CTI 검사도 지금 실시해 보았으면 좋겠어요.
내20	네. (진로사고 검사 5분 소요)
상21	자, 그럼 CTI 검사결과 점수를 같이 확인해 보도록 해요. 여기서, CTI 검사 점수는 절대적인 것이 아닙니다. 검사 시기에 따라 검사결과가 달라질 수 있어요. 다시 말하면, 오늘의 검사결과도 내일 다시 해 보면 또다시 달라질 수 있다는 것이에요. 만약에 어떤 척도에서 점수가 높다고 해서 문제가 있는 것은 아니고, 지금 그러한 고민에 직면하고 있는 시기이기 때문에 좀 더 높게 나왔을 수 있다는 것이에요.
내21	네. (CTI 검사 내용을 토대로 점수를 매기고 백분율을 확인해 봄.)
상22	자, 같이 볼게요. 총점이 48점, 30%이고, 하위척도별로 의사결정혼란은 13점, 48%, 수행불안은 20점, 91%, 외적갈등은 5점, 34%나 나왔군요.
내22	아, 그렇네요. 그런데요 여기서 백분율의 의미는 무엇인가요?
상23	네, 질문 잘하셨어요. 여기서 백분율이란 100명을 기준으로 본다면, 내 밑으로 몇 명이 있느냐라고 볼 수 있답니다.

내23	음, 그렇다면 제가 수행불안은 91%가 나왔는데 이것은 높은 점수에 해당되는 것이잖아요?
상24	네. 점수상으로는 100명 중에 9등 정도이기에 높은 점수라고 볼 수 있어요. 그런데 수행불안 점수가 높게 나온 것은 지금 시기적으로 진로 고민을 하는 시기라 점수가 높게 나왔을 수도 있고요.
내24	네. 불안해하던 것이 점수로 보니까 현실로 확 느껴지는데요.
상25	네. 그러니까 어쩌면 ㅇㅇ가 지금 느끼는 불안한 것이 다른 사람들이 느끼는 것보다 조금 더 많을 수 있겠죠.
내25	네. 그럴 수 있을 것 같아요. 제가 좀 더 불안해하는 것 같아요.
상26	자, 그럼 불안한 마음을 조금 해소하고 긍정적인 진로선택을 위해서 부정적인 진로사고에 도전하고 바꾸어보기 위하여 진로사고 개선을 위한 연습을 해 보아요.
내26	네…. 그런데 어떻게 해야 하는 것인가요? 저에게 너무 어려운 일들이 아닐까요? 갑자기 두려운 생각이 듭니다. 꼭 해야 하는 것인가요?
상27	물론, 두렵게 느껴질 수 있지만, 혼자 하는 게 아니니까 두려워하지 마시고, 먼저 "매우 동의한다" 문항에 체크한 것이 5개이고 "어느 정도 동의한다" 문항에 체크한 것이 2개이므로 이 2가지에 대하여 문항을 읽고 과거의 진로 사고를 새로운 진로 사고로 바꾸어보는 것입니다. "매우 동의한다" 문항부터 읽고 시작해 보도록 하죠.
내27	네, "나에게는 하고 싶은 일이 있지만, 항상 그것을 누군가가 방해한다"에서 "나에게는 하고 싶은 일이 있지만, 항상 그것을 좋은 의견을 줄 수 있는 사람에게 도움을 받도록 한다."로 바꾸어 생각하라는 것이죠?
상28	네. 맞아요. 그런 식으로 하시면 됩니다. 누구나 흥미를 느끼는 직업을 갖고자 할 때, 몇 가지 장애물을 만날 수 있어요. 그러한 장애물을 효과적으로 다룰 수 있는 방법을 역시 배울 수 있다는 것이죠.
내28	"나에게 맞는 직업을 몇 가지로 추릴 수는 있지만, 그 중 한 가지를 선택하는 일은 어려울 것 같다"에서 "나에게 맞는 직업을 몇 가지로 추릴 수는 있지만, 최선의 선택을 하기 위해 추가적인 정보가 무엇이며, 실제로 찾아보고, 나, 가족, 사회를 위해 무엇이 바람직한지를 우선순위를 정한 후 최선의 선택을 할 것이다."
상29	네. 훌륭합니다. 일단 정보가 충분히 모아졌다고 생각되면 아마도 최선의 선택을 하는 데 좀 더 편안함을 느끼게 될 거예요.
내29	"나에게 맞는 완벽한 직업을 찾지 못한다면, 나는 만족하지 못할 것이다."에서 "나에게 완벽하게 맞는 교육을 받거나 직업 분야를 찾아낼 수 있다면 좋겠지만, 현실적으로 불가능하므로 여러 가지 가능성을 두고 다른 직업 선택을 고려해 볼 것이다."
상30	네. 완벽한 선택이란 더 불안하게 하므로 진로선택에서는 항상 타협이 필요하고 처음 선택에 완벽하게 만족하는 것은 어려운 일이잖아요.
내30	"다양한 직업 중에서 하나를 정하는 일이 가장 어렵다."에서 "다양한 직업 중에서 내가 좋아하는 일이나 중요하게 생각하는 일들을 고려해서 나만의 길을 만들어 가야겠다."
상31	네. 여러 가지 직업 중 하나를 선택하고 나머지를 포기한다는 것은 용기가 필요한 일이거든요. 또, 사실 일생 동안 여러 번 직업을 바꿀 수도 있고요. 저처럼요.
내31	"나는 내가 선택한 직업에서 성공하지 못할까 봐 걱정이 된다."에서 "나는 내가 선택한 직업이 나의 개인적 특성에 관한 충분한 정보를 가지고 내린 결정이므로 최상의 결

	정이 될 것이다.”
상32	네, 자신이 선택한 직업에서 성공 여부를 안다면 좋겠지만 실제로 알 수 있는 방법이 없으므로 실제로 경험을 얻기 전까지는 완전히 알기란 어려운 일이지요. 일단 한 번 시도를 하고 난 후에 찾게 된 다른 직업에서 성공하였음을 알게 될 거예요.
내32	“거의 모든 직업정보는 그 직업의 좋은 면만을 보여준다.”에서 “직업정보를 얻기 위해서 그 직업에 종사하는 사람을 만나거나, 견학, 인터넷 혹은 주변 인맥을 활용하는 등 여러 방면으로 탐색해 볼 것이다.”
상33	네, 때때로 직업정보가 그 직업의 좋은 면만을 보여주는 것처럼 보이지만 모든 정보가 그런 것은 아니므로 다양한 직업 정보의 질을 판단하는 데 도움을 받아 정보의 출처와 목적이 무엇인지 알아보고 진로의사결정에 얼마나 유용한지를 생각해 보는 것이 필요하지요.
내33	“나는 나에게 맞는 직업을 찾기 위해 여러 번 노력했으나 매번 만족스러운 결정을 할 수가 없었다.”에서 “나는 나에게 맞는 직업을 찾기 위해 만족스럽지 않았던 부분과 어떤 과정을 시도했는지 생각해 보고 내가 원하는 욕구와 현실과의 차이점을 살펴볼 것이다.”
상34	네, 진로선택을 잘 하는 일은 어려운 일이지만 결코 불가능한 일은 아니지요. “나는 결정을 잘 하지 못할 것이다.”라는 생각이 낙담하고 결국에는 바람직하지 않은 성급한 선택을 하게 만듭니다.
내34	어, 다 한 것 같아요. 제가 체크했던 부정적인 진로 사고를 고민하면서 새로운 진로사고로 고치다 보니 한결 불안했던 마음이 조금 과장한다면 많이 수그러드는 것 같아요. (머리 긁적긁적)
상35	그렇지요. 고생 많았습니나. 오늘은 부정적인 진로사고에 도전하고 바꾸기를 해 보았으니 다음 주에는 개인별 실천계획을 작성해 보고 실행에 옮겨보도록 해요.
내35	네, 많은 도움이 된 것 같아요. 다음 주에도 이 시간에 오면 되는 거죠? 감사합니다.

가설세우기

<table>
<tr><td>내담자 성명</td><td>○○○</td><td>내방경위</td><td>본인 스스로</td></tr>
<tr><td>나 이, 성 별</td><td>25세, 남</td><td>종 교</td><td>·</td></tr>
<tr><td>학 력</td><td>대졸</td><td>부모 직업</td><td>부: 공무원, 모: 주부</td></tr>
<tr><td>직 업</td><td>취업 준비중</td><td>희망직업(3개)</td><td>영상편집, 웹디자이너, 이벤트회사</td></tr>
<tr><td>출생순서</td><td>(2)남 중 (첫)째</td><td>취미 · 성격</td><td>영상편집, 내성적</td></tr>
<tr><td colspan="4">문제증상 진단 및 평가(사례개념화 요소기준)
※ 생애진로사정결과: 진로장벽, 강점, 약점 등 ※( ) O표</td></tr>
<tr><td>주 호소문제</td><td colspan="3">영상 편집과정에 흥미가 있어 관련 분야로 취업을 하고 싶으나 부모님은 전공과 관련된 곳으로 취업하기를 바라셔서 어떤 분야로 가는 것이 좋을지 결정하기 어렵다.</td></tr>
<tr><td>생애진로사정 결과</td><td colspan="3">자신의 진로에 대하여 여러 가지 가능성을 가지고 있으나 확신이 부족하고 준비도 미흡하다.</td></tr>
<tr><td>진로유형 분류</td><td colspan="3">진로결정자( ) 진로미결정자(O) 우유부단( )</td></tr>
<tr><td>문제증상 촉발요인</td><td colspan="3">전공과는 무관한 영상편집을 직업으로 선택하고자 함.</td></tr>
<tr><td>문제증상 유지요인</td><td colspan="3">영상편집이라는 직업 선택에 있어 불확실한 마음과 준비 부족</td></tr>
<tr><td>문제증상 유발요인</td><td colspan="3">경제적 독립이 우선이고 확실한 미래를 준비해야 함.</td></tr>
<tr><td>상담에 대한 기대수준</td><td colspan="3">자기 진로에 대한 구체적이고 현실적인 결과를 강하게 기대함.</td></tr>
<tr><td>특이사항</td><td colspan="3">자신의 흥미에 맞춰 영상편집과 웹디자인 관련 취업 준비를 하고 있음.</td></tr>
<tr><td>종합 평가</td><td colspan="3">자신의 진로분야와 성격유형에 따른 진로를 탐색하고 목표를 세워 체계적인 노력을 한다면 좋은 성과가 있을 것임.</td></tr>
<tr><td colspan="4">가설 명제 적기</td></tr>
<tr><td colspan="4">• 다양한 심리도구를 사용하여 흥미, 적성 등을 고려한 합리적인 진로선택을 할 수 있다.
• 의사결정 능력을 키우고, 다양한 진로 정보를 수집하여 자신의 진로를 스스로 선택할 수 있다.
• 자신의 진로 계획을 설정하고, 목표달성을 위한 활동 목록을 작성한 후, 목표달성을 위해 어떠한 행동을 하는지 탐색, 평가하여 스스로 합리적인 진로선택을 할 수 있다.</td></tr>
<tr><td rowspan="2">적용 이론</td><td>일반 상담이론</td><td colspan="2">인간중심 이론</td></tr>
<tr><td>진로상담이론</td><td colspan="2">인지적 정보처리 이론</td></tr>
<tr><td colspan="2">상담 목표</td><td colspan="2">자기 이해와 직업 세계 탐색, 그리고 진로계획을 작성하여 실천할 수 있도록 돕는다.</td></tr>
<tr><td colspan="2">상담전략</td><td colspan="2">라포를 형성하고 다양한 심리검사를 통해 자신의 성격, 능력, 직업가치, 직업적성을 파악하여 강점과 약점에 적합한 구체적인 직업을 선택할 수 있도록 돕는다.</td></tr>
</table>

〈첨부 1〉

다중지능검사 후 하위요소 강점, 약점 분석표

순서	지능유형	점수	하위영역(요소)	해당란에 ○표		
				상	중	하
1	언어		언어표현력		○	
			글쓰기능력		○	
			독서, 독해능력		○	
2	논리수학		논리적추론능력			○
			분석적문제해결능력			○
			계산능력		○	
3	신체운동		손재주(기계조작)		○	
			달리기, 구기운동			○
			체조, 무용 등 신체동작	○		
4	음악		음악감상능력	○		
			악기다루는 능력	○		
			가창력	○		
			지휘자, 작곡능력			○
5	공간		모르는 길찾기(지도활용)능력		○	
			기계, 공작물 다루기능력			○
			회화, 디자인, 설계능력		○	
6	자연친화		자연탐험 및 탐구능력		○	
			여행선호	○		
			동물, 식물, 곤충 등 선호			○
7	자기성찰		특정종교심취 및 관심			○
			철학, 심리학에 관심		○	
			자기반성, 자기독백 사용능력	○		
			일기쓰기능력	○		
8	인간친화		사람 사귀는 능력	○		
			리더십 능력	○		
			봉사정신능력	○		
			타인이해 및 공감능력	○		

〈첨부 2〉

다중지능검사 결과 분석표

Ⅰ. 검사결과 점수

지능	언어지능	논리수학 지능	신체운동 지능	음악지능	공간지능	자연친화 지능	자기성찰 지능	인간친화 지능
점수	36	54	46	71	50	29	71	71

Ⅱ. 검사결과 분석

1. 형태분석(50점 미만 지능이 5개 이상이면 진로상담 필요)

환산점수 50점 이상 지능	음악지능	자기성찰지능	인간친화지능	논리수학지능	공간지능
환산점수 50점 미만 지능	신체운동지능	언어지능	자연친화지능		

2. 강점 · 약점 지능(나머지는 잠재지능)

강점지능(1~4개)				약점지능(1개)
(음악)지능	(자기성찰)지능	(인간친화)지능	(논리수학)지능	(자연친화)지능

3. 시너지 지능 유무(○, ×로 표시)

인간친화지능	자기성찰지능
○	○

Ⅲ. 종합평가

1. 직업카드분류 선호직업(흥미)과의 연관성

창의적인 활동, 여러 사람과 어울려서 협의하에 이루어지는 일들을 좋아하는 성향이 인간친화지능과 연관성이 높다고 할 수 있겠다.

2. 홀랜드 진로적성검사, 상위코드와의 연관성

내담자의 유형은 ASR이다. 상위 3코드가 ASR이고 하위영역이 AS가 많으므로 상위 3코드와 하위영역 간의 일치성이 높다.

3. 종합평가

직업카드분류 검사, 다중지능검사, 홀랜드검사를 통해 나타난 예술적이고 창의적인 성향으로 보아 내담자는 본인이 희망하는 영상편집 직업을 선택하는 것이 적절하다고 볼 수 있다.

제 8절 은퇴자

1 열심히 살았어요

Ⅰ. 내담자 기본정보

1. 내담자 신상정보

1) 이름: 이뚝심(가명)
2) 성별: 남
3) 나이: 70세(만)
4) 학력: 전문대졸
5) 직업: 전기공사업
6) 종교: 불교

2. 주 호소 문제

"46년을 성실히 전기공사 일을 해왔는데, 은퇴 후 미래계획을 세우고 싶어요."

3. 상담의 맥락

1) 상담장소: 서울시 강북구 수유동
2) 상담기간 및 시간: 20**년 6월~8월 5일
3) 내방경위: 46년간 성실히 전기공사 일을 해왔는데, 은퇴 후 미래계획을 세우고 싶다.
4) 이전 상담경험: 없음
5) 이전 심리검사 경험: 없음

4. 인상 및 행동관찰

주머니가 달린 파랗고 얇은 셔츠와 카키색 반바지를 입은 모습이 캐주얼한 차림이다. 체격은 크지 않지만, 피부에 그을린 까무잡잡한 모습에서 내담자가 야외를 활발히 다니는 사람이라는 느낌이 든다. 상담자가 고민을 물었을 때 별다른 고민이 없다고 얘기해서 무던한 성격으로 보였다. 가족관계에 대해 얘기할 때 목소리는 크고 분명하나 상담자를 쳐다보지 않고 반대쪽을 보고 얘기한 것으로 봐서 목소리의 크기보다는 수줍은 성격이거나 마주 앉아 얘기하는 것을 어려워하는 것처럼 보였다.

5. 발달배경 및 가족관계

1) 내담자(70세)

- **초등학교 때:** 초등학교 전 6, 7세 때는 어머니와 떨어져 외가에서 지냈다. 인생에서 제일 행복한 시기로 꼽고 있다. 자연과 어우러져 지냈던 시기이기 때문인 것 같다. 초등학교 때는 서울로 올라와 홀어머니와 누나들과 함께 지냈고 어머니가 하시는 노점에서 일을 도왔다.
- **중, 고등학교 때:** 중학교를 수석으로 들어갔기 때문에 어머니와 주변 사람들에게 기대를 많이 받고 지냈다. 다행인 것은 가난했던 환경에서 아이들을 가르치며 용돈벌이를 할 수 있었다는 것이다.
- **대학교:** 내담자는 5년제 고등학교와 전문대학교가 합쳐진 학교에 다녔다. 이 시기에도 아이들을 가르치면서 생활을 해 나간 것으로 보인다.

2) 아버지(돌아가심)

내담자가 태어나서 돌이 되기 전에 납북되어서 그 뒤 볼 수 없었다. 내담자가 기억하는 아버지의 모습은 없다.

3) 어머니(돌아가심)

남아선호사상이 강해서 외아들인 내담자에게 애정을 많이 가졌고 기대를 많이 했다. 돌아가시기 2년 전까지 내담자가 부양했다.

4) 큰 누나(돌아가심)

함께 살 때까지는 친하게 지냈고 결혼해서도 계속 왕래하며 지냈다.

5) 작은 누나(돌아가심)

함께 살 때까지는 친하게 지냈고 결혼해서도 계속 왕래하며 지냈다.

6) 아내(64세)

사이가 매우 좋은 편이다. 내담자를 챙겨주는 것을 잘한다.

7) 아들(35세)

사이가 괜찮은 편이다. 대학원 석사과정 중이고 농장일을 한다.

8) 딸(32세)

사이가 좋은 편이다. 내담자와 친하게 지내고 대학원 석사과정 중이다.

6. 가계도

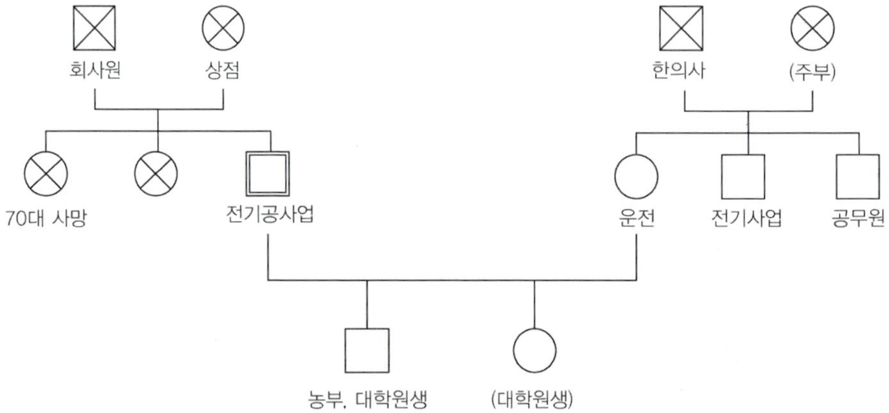

Ⅱ. 내담자 문제의 개념화

1. 회기별 주제 및 개요

실시 회기	주제	결과(개요)
1	가계도 그리기, 생애 탐구	가계도를 그리고, 가족관계를 알아보는 등 내담자의 전반적인 생애에 대해 알아보았다.
2	다중지능검사	점수가 전체적으로 낮다. 자연친화지능이 가장 높았고 자기성찰지능이 2순위이다.
3	홀랜드검사	진로코드가 SIA로 나왔다. 전기공사업을 하는 데 필요하다고 생각되는 R형이나 E형은 그리 높게 나오지 않았다.
4	직업카드 검사	좋아하는 직업이 11개로 적었고 싫어하는 직업이 65개로 많았다.
5	진로사ㄱ검사	한 직업에서 흥미를 느끼며 오랫동안 일을 해와서 그런지 왜곡된 진로시고기 기의 없었다.
6	그림검사	HTP, NLP, 집단만다라 해봄. 사람에 대한 애정이 나타났다.

2. 다중지능검사 활용한 활동(6월 30일 실시)

구분	언 어	논리수학	인간친화	자기성찰	공 간	음 악	신체운동	자연친화
점수	32	25	39	43	25	29	25	46
순위	4	6	3	2	6	5	6	1

1) 검사 프로파일

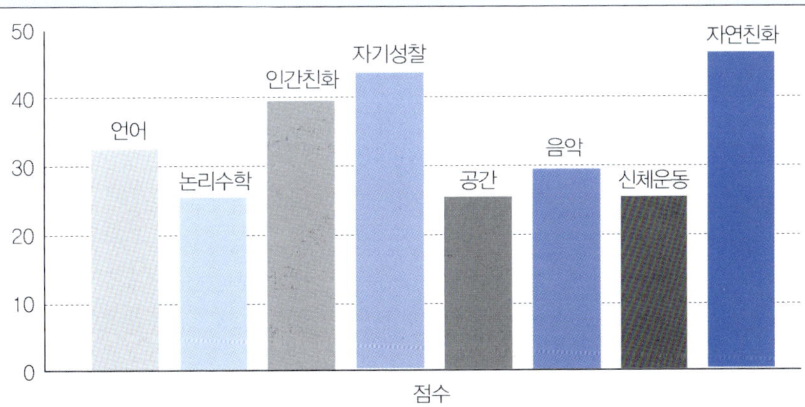

검사결과		
	강점지능	자연지능, 자기성찰지능
	약점지능	논리수학지능, 공간지능, 신체운동지능
	평가	자연친화지능과, 자기성찰지능이 높았다.

3. 홀랜드검사 활용한 활동(7월 6일 실시)

홀랜드유형	R	I	A	S	E	C
검사 전 내담자 예상 순위	1	3	6	2	4	5
검사 후 내담자 결과 순위	4	2	3	1	6	4
검사결과점수	27	33	28	47	23	27

<table>
<tr><th colspan="9">프로파일분석: 기본3코드(SIA)</th></tr>
<tr><th colspan="2">영역</th><th>R</th><th>I</th><th>A</th><th>S</th><th>E</th><th>C</th><th>진로코드</th></tr>
<tr><td colspan="2">성격적성(24)</td><td>18</td><td>16</td><td>12</td><td>21</td><td>11</td><td>14</td><td>SR</td></tr>
<tr><td colspan="2">능력적성(24)</td><td>4</td><td>7</td><td>9</td><td>18</td><td>8</td><td>8</td><td>SA</td></tr>
<tr><td colspan="2">직업가치(8)</td><td>2</td><td>7</td><td>7</td><td>8</td><td>4</td><td>5</td><td>S(A,I)</td></tr>
<tr><td colspan="2">직업적성(18)</td><td>0</td><td>2</td><td>0</td><td>0</td><td>0</td><td>0</td><td>I</td></tr>
<tr><td rowspan="3">효능감
적성</td><td>A(3)</td><td>3</td><td>1</td><td>0</td><td>0</td><td>0</td><td>0</td><td>R</td></tr>
<tr><td>B(3)</td><td>0</td><td>0</td><td>0</td><td>0</td><td>0</td><td>0</td><td></td></tr>
<tr><td>C(3)</td><td>0</td><td>0</td><td>0</td><td>0</td><td>0</td><td>0</td><td></td></tr>
<tr><td colspan="2">합계점수(83)</td><td>27</td><td>33</td><td>28</td><td>47</td><td>23</td><td>27</td><td>SIA</td></tr>
<tr><td colspan="2" rowspan="4">검사결과</td><td colspan="2">성격 적성</td><td colspan="5">사회형, 실재형</td></tr>
<tr><td colspan="2">능력 적성</td><td colspan="5">사회형, 예술형</td></tr>
<tr><td colspan="2">직업적성</td><td colspan="5">사회형 (예술형, 탐구형)</td></tr>
<tr><td colspan="2">상위 3코드와 하위 영역 간 비교분석</td><td colspan="5">전반적으로 사회형이 높게 나왔다. 성격적성과 효능감 평정 A에서는 실재형이 높게 나왔다. 직업적성과 효능감 부분에서는 거의 0점으로 답을 해서 직업에 대해 아주 소수 직업을 제외하고는 자신감이 없다는 것을 알 수 있다.</td></tr>
</table>

4. 직업카드를 활용한 활동

직업선택 이유 분석표

<table>
<tr><th>카드분류</th><th>좋아하는 직업</th><th colspan="2">모르는 직업</th><th>싫어하는 직업</th></tr>
<tr><td>1차 개수</td><td>11개</td><td colspan="2">13개(중간)</td><td>65개</td></tr>
<tr><td>2차 개수</td><td>11개</td><td colspan="2">13개(중간)</td><td>65개</td></tr>
<tr><td rowspan="4">선호 비선호직업</td><td colspan="2">좋아하는 직업 이유</td><td colspan="2">싫어하는 직업 이유</td></tr>
<tr><td colspan="2">흥미가 있다.</td><td colspan="2">관심이 없다.</td></tr>
<tr><td colspan="2">지금 하는 일이랑 비슷해서</td><td colspan="2">잘못할까 불안하다.</td></tr>
<tr><td colspan="2">재밌을 것 같다.</td><td colspan="2">공부를 많이 해야 한다.</td></tr>
<tr><td>좋아하는 이유·순위</td><td>전기 및 전자기기 설치수리원</td><td colspan="2">전자공학기술자</td><td>통신공학기술자</td></tr>
<tr><td>싫어하는 이유·순위</td><td>의사</td><td colspan="2">임상병리사</td><td>주방장 및 조리사</td></tr>
<tr><td>희망직업 순위 및 진로코드</td><td>전기 및 전자기기 설치수리원 R</td><td colspan="2">전자공학기술자 R</td><td>통신공학기술자 I</td></tr>
<tr><td>검사결과 평가</td><td colspan="4">좋아하는 직업과 싫어하는 직업, 모르는 직업을 분류해달라는 말을 듣고 내담자가 좋아하는 직업과 그저 그런 직업, 싫어하는 직업으로 분류하였다. 카드분류결과 내남사는 좋아하는 직업을 매우 적은 수로 선별하였다. 순위도 잘 매겼는데, 1, 2, 3위가 위와 같고, 다음 4위는 조경기술자, 5위는 실내장식디자이너, 6위는 부동산중개인, 7위는 기계공학기술자, 8위는 생명과학연구원, 9위는 여행서비스관련종사자, 10위는 사회복지사였다. R형이 가장 많았고, I형과 E형은 개수가 같았다. 실제로 현장에서 참여하는 일들을 좋아하였고, 자신이 지금 하고 있는 전기공사업과 비슷한 직업들을 선호하는 걸로 봐서 지금 직업에 만족하는 것으로 보인다.</td></tr>
</table>

5. 내담자 종합평가

1) 내담자의 강점

내담자는 자신이 지금 하는 일에 만족하고 있고 업무성과를 내고 있다. 좋아하는 직업을 적은 수를 선별하었는데 자신의 흥미에 대해 잘 알고 있다고 볼 수 있다.

2) 내담자의 약점

반면에 싫어하는 직업과 그저 그런 흥미를 보이는 직업을 매우 많이 꼽았는데, 이것은 조금 폐쇄적인 마음을 반영한다고 볼 수 있다. 한 분야에서 오래 일을 했기 때문에 익숙해졌을 수도 있지만, 전기공사업 외에는 자신의 능력을 좀 낮게 보는 얘기들도 많이 했다.

3) 상담자가 본 내담자 문제

전기분야에서 오랫동안 사업을 해왔음에도 불구하고 효능감이 별로 없고, 다른 직업에 대해서는 폐쇄적이다.

6. 내담자 진로유형

내담자는 전기분야에서 46년 정도 일해 왔고, 전기공사업은 35년을 해왔다. 내담자는 나이가 많으나 퇴직을 할 생각이 없고 계속해서 전기공사업을 할 생각이다. 진로결정자이고, 안정적으로 직업생활을 해오고 있다.

7. 진로장벽 및 방해요인

진로사고검사 결과 왜곡된 진로사고는 별로 나타나지 않았다. 단지 2번 '거의 모든 직업정보는 그 직업의 좋은 면을 보여준다.' 24번 '상담자나 교사들이 나의 진로문제를 더욱 잘 해결할 수 있을 것이다.' 만 점수가 높게 나와서 각각 새로운 진로사고로 바꿔보았다. 2번은 때때로 직업정보가 그 직업의 좋은 면만을 보여주는 것 같으나, 그 직업에 종사하는 사람을 만난다든지, 견학을 가거나 여러 방면으로 직업정보를 탐색하는 것이 필요하다로 바꿨고, 24번은 상담자나 교사가 진로문제에 있어서 유용한 도움을 줄 수 있으나, 자신을 가장 잘 아는 사람은 자신이며, 사람은 자신에게 잘 맞는 직업을 선택하는 방법을 배울 능력도 충분히 가지고 있다고 바꿨다. 다른 방해요인은 내담자가 자신의 능력을 낮게 평가한다는 것이다.

Ⅲ. 상담의 목표 정하기

1. 상담목표

1) 내담자의 상담목표

지금 하는 전기공사업에 오랫동안 일해온 것에 자부심을 갖는다. 은퇴 후 어떻게 지낼지 생각해 본다.

2) 상담자의 상담목표

오랫동안 한 분야에서 직업활동을 해온 자신에게 자부심을 갖는다. 내담자가 은퇴 후 원하는 것을 구체화한다.

3) 내담자와 합의목표

오랫동안 전기공사업에 일해온 것에 자부심을 갖고, 자신의 능력을 적절히 파악한다. 은퇴 후 원하는 삶을 계획해 본다.

2. 상담전략

1) 초기 상담전략

내담자와 라포형성을 하고, 가계도 그리기와 진로사정을 통해 자신의 생애에 대한 이해를 높인다.

2) 중기 상담전략

홀랜드검사, 다중지능검사를 통해 적성과 능력에 대한 이해를 높인다.

3) 후기 상담전략

직업카드 활용하기, CTI 검사를 통해 직업활동에 대한 전반적인 이해를 하고, 자신이 자신의 직업에 얼마나 잘 적응하여 기능하고 있는지 반영하여 준다. 그림검사를 통해 지금 마음상태와 원하는 미래 모습을 구체화해 본다.

Ⅳ. 적용한(일반) 진로상담이론

구분	이론명	적용근거
일반상담이론	에릭슨(Erikson)의 심리사회적 발달 이론	노년기는 '자아통합 대 절망'의 시기다. 인생을 정리하고 돌아보고 이해하려는 노력이 중요하다. 상담을 통해 지난 과거를 돌아보고 자신에 대해 긍정적으로 생각하도록 해 절망 대신 자아통합을 이루도록 한다.
진로상담이론	슈퍼(Super)의 전생애발달이론	진로발달 단계 중 70세는 쇠퇴기 중에서 감속기다. 이 시기에는 일의 수행속도가 느려지고, 직무에 변화가 온다. 내담자가 쇠퇴기임을 인지하게 하고 은퇴를 준비하도록 한다. 은퇴 후 어떻게 지내고 싶은지 계획을 그려본다.

Ⅴ. 회기요약

1회기: 생애진로사정

- **주요내용**: 가계도를 그리면서 내담자의 삼대의 삶이 대략 어떠했는지 살펴보았다. 내담자는 만 한 살이 되기 전에 아버지가 납북되어 어머니와 누나 둘과 살았다. 어렸을 때부터 외아들이라 어머니의 기대를 많이 받았고 중·고등학교 때는 아이들을 가르치면서 용돈을 벌었고, 군대를 다녀와서는 전기 관련 일을 하게 되었다. 46년 가까이 성실히 일을 했고, 자신의 사업을 꾸려온 것은 35년이 되었다. 내담자는 자신의 삶에 대해 세세히 잘 기억하고 매 순간 충실히 살아왔다고 생각하고 있는 것 같았다. 그리고 가족환경에 대해서 탐구하였는데 화목하게 지내는 것으로 보였다.
- **차시예고**: 다음 회기에는 다중지능검사를 실시하도록 합의함
- **상담자 요약**: 내담자는 말을 또박또박 정확히 하고 예전 기억들도 잘 하는 것으로 보인다. 목소리는 분명하나 말을 할 때 상담자의 얼굴을 쳐다보기보다는 다른 쪽을 쳐다보며 눈 맞춤에 어색한 모습을 보인다. 내향적인 성격임을 알 수가 있었다.

2회기

- 주요내용: 다중지능검사를 실시하였다. 내담자의 프로파일은 자연친화지능이 46점으로 가장 높았고, 자기성찰지능이 43점, 인간친화지능이 39점, 언어지능이 32점, 음악지능이 29점, 논리수학지능, 공간지능, 신체운동지능이 25점으로 나왔다. 평소에 건물도면을 그리고, 공사비 단가를 계산하는 등, 공간지능이나 논리수학지능을 많이 사용하는데도 점수가 낮게 나왔다. 그리고 가장 높은 점수도 46점밖에 안 되는 등 낮게 나왔다. 문항에 그렇다고 대답한 것이 3개밖에 없는 등 자신의 능력을 좀 낮추어 보고 있다는 생각이 들었다. 그 부분이 의아하다고 해석해 주었으나 내담자가 깊게 받아들이지는 않는 듯하였다.
- 차시예고: 다음 회기에는 홀랜드 직업적성검사를 실시하도록 합의함
- 상담자 요약: 내담자는 검사지를 받아들고 처음에 어색해하였다. 한 문항 한 문항 처음에는 꼼꼼히 체크하였고, 나중에는 좀 더 속도가 빨라졌다. 다중지능검사가 여자를 대상으로 하는 문항들이 많은 것 같다는 말을 하였다(여자가 피검자면 질문들에 더 빨리 대답을 했을 거라는 뜻). 검사를 해본 적이 적어서 어색한 듯 보였다.

3회기

- 주요내용: 홀랜드 직업적성검사를 하였다. 처음에 자신의 성격유형이 실재형이 우세할 것이라 생각하였으나 검사결과로는 사회형(S), 탐구형(I)이 나왔다. 성격적성에서는 실재형이 2순위로 높게 나오긴 하였으나, 능력적성에서나 직업가치, 직업적성에서는 낮게 나왔다. 효능감 평정은 거의 0점이 나와서 직업 효능감이 매우 낮은 것으로 나타났다. 가장 높은 점수로 나온 사회형도 47점으로 그리 높지 않았고, 탐구형도 33점으로 2순위치고는 점수가 낮게 나왔다. 실재형, 관습형, 예술형, 기업형은 20점대 중후반으로 비슷비슷하였다. 다중지능검사와 비슷하게 자신의 직업적성을 낮게 생각하는 것 같았다. 전기공사업을 하려면 실재형과 기업형이 우세해야 할 것 같은데, 그 부분은 높지 않았으므로 적성에 맞는 직업을 가졌다고는 할 수 없다. 홀랜드 직업적성결과 가장

맞는 직업은 임상심리사였다.

- **차시예고:** 다음 회기에는 직업카드를 활용하기로 하였음
- **상담자 요약:** 문항이 많다고 놀라는 것 같았으나 차분히 검사를 진행하였다. 검사를 끝내고 나서 점수를 매겨보라고 하니, 복잡하다고 상담자가 점수를 내라고 하였다. 상담자가 점수를 내고 직업적성에 가장 알맞은 직업은 임상심리사라고 하니 내담자 자신이 지금 하는 일이 아니니까 검사결과에는 크게 관심이 없었다. 고루 모두 비슷하게 점수가 나왔다고 하니 그 말에 조금 관심을 가졌다.

4회기

- **주요내용:** 직업카드를 활용하여 직업선호를 알아보았다. 내담자는 특이하게 좋아하는 직업과 그저 그런 직업, 그리고 싫어하는 직업으로 세 부분으로 나눴다. 상담자가 제대로 지시를 못 한 것 같았다. 좋아하는 직업은 11개로 적었다. 그저 그런 직업도 13개로 많지 않았다. 싫어하는 직업이 65개로 매우 많았다. 자신의 적성을 정확히 알고 있고, 자신의 흥미도 정확히 알고 있는 것 같았다. 그렇지만 다른 직업이나 적성에 대해 폐쇄적이라고 볼 수도 있다.
- **차시예고:** 진로사고검사를 하기로 하였음
- **상담자 요약:** 카드를 활용한 활동이라고 하자 내담자는 매우 신나했다. 카드를 보고 개수가 많다고 좋아했고 흥이 나서 분류를 하였다. 카드를 빨리 분류하였고, 오랫동안 고민하지 않았다. 내가 할 능력이 없어서 못할 거 같다는 직업들도 있었다. 모델이나 의사 같은 것들이었다.

5회기

- **주요내용:** 진로사고검사를 했다. 진로사고검사 결과 왜곡된 진로사고는 별로 나타나지 않았다. 단지 2번 '거의 모든 직업정보는 그 직업의 좋은 면만을 보여준다.' 24번 '상담자나 교사들이 나의 진로문제를 더욱 잘 해결할 수 있을 것이다.'만 점수가 높게 나와서 각각 새로운 진로사고로 바꿔보았다. 2번은 때때로 직업정보가 그 직업의 좋은 면만을 보여주는 것 같으나, 그 직업에 종사하는 사람을 만난다든지, 견학을 가

거나 여러 방면으로 직업정보를 탐색하는 것이 필요하다로 바꿨고, 24번은 상담자나 교사가 진로문제에 있어서 유용한 도움을 줄 수 있으나, 자신을 가장 잘 아는 사람은 자신이며, 사람은 자신에게 잘 맞는 직업을 선택하는 방법을 배울 능력도 충분히 가지고 있다고 바꿨다.

- **상담자 요약:** 이제 검사지에 익숙해진 것 같았다. 검사를 잘해나갔다. 검사가 어린 사람을 대상으로 한 것 같다고 얘기했다. 내담자는 이미 직업이 정해진 지 오래고 오랫동안 직업활동을 해왔기 때문에 뚜렷이 드러나는 왜곡된 진로사고가 없었다.

6회기

- **주요내용:** HTP, 아내와 집단만다라 그리기를 해보았다. 집 그리기에서는 과거 외할머니, 외할아버지와 살았던 강원도에서의 집을 구체적으로 기억해 세세하게 그렸다. 돼지를 키우던 곳, 집의 구조 등을 자세히 그렸다. 가장 그리운 시기로도 이 집에서의 생활을 꼽았는데, 어쩌면 가계를 책임지지 않고 편하게 지냈던 시기가 그리운 것도 같았다. 그리고 가계도를 보면 알 수 있듯이 과거 소중한 사람들이 이제 거의 돌아가셔서 돌아가신 사람들에 대한 그리움도 언뜻언뜻 나타냈다. 나무 그리기에서는 구체적인 나무이름을 얘기하지는 못했지만 잎이 크고 무성한 나무를 그렸다. 마을 어귀에 있다고 했고, 300년된 건강한 나무라고 했다. 나무를 그린 필압은 적당하였고 뿌리는 땅속에 단단히 박혀 있었다. 자아상이 건강해 보였다. 사람 그리기에서는 먼저 자기 성이 아닌 여성을 그렸다. 필압이 나무보다 조금 흐렸고, 조막손을 쥐고 있고, 사람이 중간에 떠 있어 불안하고 경직되어 보인다. 자신의 부인을 그렸다고 했다. 그 후에는 남자를 그렸는데 30대의 어깨가 듬직한 건장한 남자를 그렸다. 짧은 스포츠 머리에서도 남성성이 두드러진다. 아내분과 집단 만다라 그림 그리기도 했다. 까만 사포 4장을 묶어 원을 그린 후 2장씩 나눠 주었다. 나중에 둘의 그림을 합쳤을 때 둘의 그림의 분위기가 닮아 있었다. 그리고 그림에 부인과 키우던 강아지를 그렸는데 부인보고는 '마귀할멈'이라고 얘기하며 웃었다. 부인에 대해 서

운한 점을 유머로 승화하고 간접적으로 나타내는 것 같았다. 아내와 남편 둘 다 자연에 대한 그림을 많이 그렸다. 내담자의 그림에는 주황색으로 해를 하나 그렸는데 전체 그림에서 그 부분이 가장 강렬하다. 은퇴 후 시골에 내려가서 살고 싶은지를 물었으나 자신은 너무 자연에만 둘러싸여 있으면 심심해서 안 된다고, 도시에서 살고 싶다는 말을 했다.

- NLP선호표상체계검사결과

은퇴 후 원하는 장면을 그리도록 했을 때 내담자는 시기를 궁금해 했다. 5년 후 쯤으로 시기를 정하자 내담자는 신이 나서 그려내려갔다. 왼쪽 아래부터 오른쪽 위쪽으로 그려나갔고, 사람을 9명이나 그렸다. 누군지를 묻자 손자 3명과 아들과 딸 내외, 부인과 자기 자신이었다. 은퇴 후 가장 바라는 것이 자녀들이 가족을 이루고 살고, 그 가족들과 함께 하는 것인데, 내담자가 가족에 매우 높은 가치를 두는 것을 알 수 있었다.

Ⅵ. 진로상담에 대한 종합평가

1. 진로상담 목표달성 여부

목표달성 정도: 달성 ○, 50% 달성 ◑, 변경/재검토 ◈, 미달성 ×

구분	달성	근거(이유)
내담자	○	검사를 통해 자신의 능력과 근거를 알게 되었다. 은퇴 후 자신이 바라는 것을 알게 되었다.
상담자	○	내담자를 통합하여 이해하게 되었다. 내담자가 은퇴 후 어떻게 지내고 싶은지를 떠올리게 했다.
합의된 목표	○	능력과 적성을 확인해 보는 거였는데, 내담자가 자신에 대한 이해를 높였다. 은퇴 후 구체적인 상황을 그려보게 했다.

2. 내담자의 변화

검사를 통해 몰랐던 자신의 적성과 능력을 알게 되어 흥미로워 보였다. 자신이 살아온 것을 이야기를 쭉 하고 나서, 상담자가 열심히 살았단 것을 알아주자 뿌듯해 했다.

3. 진로상담에 대한 종합평가

1) 내담자 자기평가

여러 검사를 해 봐서 신기한 경험이었다. 좀 더 어린 사람들한테 더 필요한 작업인 것 같다. 처음엔 어색했지만 회기가 진행되면서 좀 더 재미있었다. 상담을 통해 자신에 대해 더 잘 알게 된 것 같아 좋다.

2) 상담자 평가

잘된 점	내담자가 스스로에 대해 드문드문 알고 있던 것을 검사와 대화를 통해 통합할 수 있었고 상담자는 내담자를 한 인간으로 바라볼 수 있었다.
부족한 점	내담자가 자녀의 독립문제에 대해 더 얘기해 볼 수 있었는데 더 많이 얘기하지 못한 것 같다.

Ⅶ. 축어록

순서	상담내용
상1	선생님, 선생님은 오랫동안 전기일을 하셨잖아요. (네) 근데, 직업 진로 이제 할려면 가계도부터 작성을 해야 되거든요. 선생님에 대한 설명을 들으려면 (네). 그래서 가계도부터 작성하도록 해요.
내1	가계도가… 뭐죠?
상2	이런거 있잖아요. 어, 이렇게… 삼대를 그려야 돼요.
내2	삼대?
상3	어. 선생님 할머니 할아버지서부터요.
내3	네. 그러면 친가 외가 이렇게 따로?
상4	네, 친가…친가쪽 할아버지는… 일찍 돌아가셨다고 하셨죠? 친가쪽은? 그럼 한 번 그려볼까요?
내4	제가 그릴까요?
상5	제가 그릴게요, 선생님이 얘기를 해 주세요.
내5	네…친가…
상6	잠깐만…친가…친가…친가부터 그릴까요?
내6	친가가 먼저하고 그다음 외가가…
상7	할아버지 할머니 다 돌아가셨지요?
내7	지금은 그렇죠.
상8	친가쪽에서는 아버지, 선생님 아버지가 형제가 몇이었어요?
내8	사남매요.
상9	사남매요?
내9	아니… 오남매요.
상10	아, 오남매요?
내10	네.
상11	어, 그러면 여자형제가 몇이고 남자형제가 몇이에요, 어떻게 돼요?
내11	여자가 둘 남자가 셋이요.
상12	첫째는 그럼?
내12	첫째는 고모요.
상13	고모요?
내13	여자죠.
상14	고모, 돌아가셨어요?(응) 친가 형제 두 분 다 돌아가셨어요?
내14	네.
상15	아, 다 돌아가셨군요. 그럼 둘째는요?

내15	둘째도 돌아가셨지요.
상16	남자예요? 여자예요?
내16	우리 아버지. 제 아버지요….
상17	아, 둘째가 선생님 아버지세요?
내17	응 아버지요.
상18	아버지가 둘째시군요.
내18	응 큰아들이에요.
상19	큰아들이요, 장남이신 거예요?
내19	장남이지요.
상20	아, 그래서 선생님께서 장손 그런거시군요.
내20	그렇죠.
상21	그다음에 세 번째는? 여자예요, 남자예요?
내21	또 아들이에요.
상22	아들이요, 네번째는요?
내22	네 번째도 아들요.
상23	네 번째도 아들. 그 다음에 여자가…막내. 또 외할머니 외할아버지도 돌아가셨죠?
내23	네, 외가. 외할머니 외할아버지 돌아가셨지요.
상24	외할머니 밑에선 자손이 몇이에요?
내24	셋이요.
상25	큰 딸이 선생님 어머니…(네) 그 위에 또 누구있어요?
내25	없어요.
상26	없죠. 그리고?
내26	밑으로 여동생 하나 남동생 하나요.
상27	남동…아저씨…외삼촌도 돌아가셨나요?
내27	아니요 살아 있어요. 외삼촌.
상28	아 살아계셔요?
내28	수원에 살아요.
상29	수원에. 이렇게 그럼 결혼해서 셋을 낳은 거죠?
내29	그렇지요.
상30	선생님이 막내고 위에 누나 두 분은 돌아가셨고.
내30	네.
상31	외삼촌은 몇 세세요?
내31	범띠라 그러던데… 몇 살인지….
상32	그럼 저보다 한 서른 몇 살 많으신가. 마흔 몇 살…
내32	선생님이 범띠인가요?

상33	네.
내33	저보다 나이가 많으니까….
상34	아, 그러면 마흔 몇 살 많으시겠다. 아닌가요? (그렇지요) 마흔여덟 많으신가요?
내34	서른여섯 더하면 어떻게 돼요? 60몇 밖에 안 되지요?
상35	네.
내35	마흔여덟을 더해야 돼요.
상36	그러면….
내36	몇이에요?
상37	82. 그럼 너무 많은데요?
내37	그렇게 되겠지 (그런가요?) 범띠인데… 범띠가 아닌가?
상38	범띠가 아닌가요? 그럼… 그러게요… 서른여섯을 더하면 선생님보다 나이가 어려요.
내38	그럼 안 되지. (그러면) 나보다 열 살 정도 윈데… 그럼 여든둘이라 그러는 게 맞는거 같아요.
상자39	여든 둘이라고 할까요?
내39	범띠에요.
상40	그래도… 외삼촌이 살아계셔서 좋으네요. 어머니가 돌아가셨을 때는 여든일곱이었죠?
내40	네.
상41	선생님 아버님이 돌아가셨을 때가 그때가 이십 대였어요? 삼십 대였어요?
내41	우리 아버지요?
상42	네. 그니까….
내42	납북되셨다니까요. 돌 전에.
상43	납북되셨죠?
내43	저 돌 전에 납북되셨다고요.
상44	그치, 그러면 그때가 몇 세셨어요?
내44	누가, 아버지요? (어) 말띤데…
상45	말띠에요? 그럼 몇 살인지 잘 모르네요… 그냥 납북이라고만 써야겠다.
내45	말띤데… 말띠가 지금 몇 살이냐. 백 세가 넘었어요.
상46	지금 백세가 넘으셨어요?
내46	어, 말띠… 어머니가 살아계셨으면 지금 99에요 올해. (네) 그니깐은….
상47	어, 자. 가계도 잠깐 주세요, 나이를 다 적어야 되나 봐요.
내47	응. 적어야 되는거 같아요.
상48	자영업…. 아, 어머님은 장사하셨죠?
내48	장사했지요.
상49	장사. 그럼, 자영업이라고 적을까요?
내49	자영업.(그렇지요) 다.

상50	다 자영업이요? 87세에 돌아가셨고,(어) 이모할머니가 60세에 돌아가셨다고 했나요?
내50	59.
상51	59? 작은고모랑 큰고모는 몇 세 때 돌아가셨어요? 그냥 안 적어도 될거 같아요. 그거는. 그렇게 자세히 안 적어도 돼요. 아버님은 하시던 일이 뭐라고 해야 될까요?
내51	아버지요? (네) 회사원으로 써 놓으세요.
상52	회사원이요? (네) 선생님은 71세세요? 요새요? (네) 이번에요? (네. 71이요) 만으로 아니고요?
내52	만으로는 70.
상53	만으로는 70. 알겠어요. 전기사업. 선생님 전기사업하시니까 .
내53	전기공사업.
상54	전기공사요?
내54	업.
상55	공사업…. 전기공사업. 아, 선생님 가족에 대해서 이제 써야 돼요. 선생님 자신에 대해서요. 선생님은 몇 살 때부터 일을 하셨죠?
내55	일찍 했지요.
상56	선생님은 머리가 좋았죠? 일단요.
내56	남들이 그랬지요.
상57	중학교를 수석으로 들어갔잖아요. (네) 중동중학교를. (네) 그래서 아버님이 선생님 돌 전에 납북되셔서 어머님 기대를, 선생님이 외아들이라 어머님 기대 많이 받고 살았죠?
내57	당연하지요.
상58	그죠? 선생님이 제일 좋았던 때가 그때라고 했잖아요. 그 외할머니네 살았던 때요.
내58	응 서원이요.
상59	서… 서원?
내59	횡성군 서원면.
상60	회성군 성원면요?
내60	횡성군 서원면요.
상61	서원면! 서원면에서 몇 살 때부터 몇 살 때까지 사신 거예요?
내61	여섯 살 서부터 일곱 살까지요.
상62	아, 그 2년 정도 사신 거예요?
내62	국민학교 들어가기 전까지요.
상63	아, 국민학교는 서울에서 다니고요?
내63	그렇죠 ㅇㅇ국민학교요.
상64	ㅇㅇ국민학교 때까지… 외할머니 외할아버지와 살았다… (네) 외갓집에서 살았다…. 그 때는 외할아버지도 살아계셨죠?
내64	그럼요. (그죠?) 살아계셨죠.
상65	근데 거기가 왜 제일 좋아요? 기억하면?

내65	시골풍경이고 자연 저기니까, 좋죠…. 사람들도 농촌사람들이고요….
상66	자연과 함께고….
내66	지금도 좋지요.
상67	지금도 좋아요? (어) 지금도 기억을 떠올리면 좋은 거예요? 아니면 지금….
내67	지금도 좋아요!
상68	좋아요?
내68	네.
상69	ㅇㅇ중학교가 약간 명문중학교 아니었어요?
내69	그렇게 명문은 아니에요.
상70	그렇게 명문은 아니에요?
내70	이름난 학곤데요.(이름난 학곤데요) 그렇게 명문은 아니에요.(웃음)
상71	아, 그렇구나…. 중학교 때는 그래도 선생님은 공부를 잘 안 했는데 시험을 보면 잘 나왔다고 했죠?
내71	맞아요.
상72	공부를 별로 안 해도….
내72	공부를 공부…안 했죠…시험만….
상73	그래서 선생님 용돈벌이는 노점상에서 어머니 도와드리기도 하고 애들 가리키면서도 많이….
내73	중학교 들어가서는 쌈둑이 가르치면서 돈 받았았죠.
상74	중학교 들어가서부터는…. 사촌동생이라고 해야 되나요?
내74	이종사촌동생. 그때부터 돈 벌었지요.
상75	그때부터요.
내75	저는 용돈 벌었지요. (네) 애들가르치면서요.
상76	그러면 고등학교 때, 고등학교 때는 어땠어요? 고등학교 때도 애들 가르치면서 돈을 벌었어요?
내76	어 저, ㅇㅇ이요.
상77	ㅇㅇ이요? 또 이종사촌동생이에요?
내77	네, ㅇㅇ이 가르치고 다른 애도 조금 가르치고… ㅇㅇ이는 대학 입학할 때, 교수한테 배웠는데 마지막 한 달, 두 달 동안 나하고 했지요. (아) 시험보고 1차시험보고 나서요.
상78	아 1차시험보고 나서요. 대입을 가르쳤네요?
내78	네, 두 달. 문제풀이만 했어요.
상79	그래도. 아, 그렇군요. 그럼 전기공사를 한 거는 선생님 그 전문학교? 어디라 그래야 될까요?
내79	ㅇㅇ공업 고등전문학교. 제가 다닐 때는요.
상80	ㅇㅇ공업 (고등전문학교) 고등전문학교. 여기를 들어가면서 고등학교로 들어간 거예요?
내80	고등학곤데 전문학교로 돼있는 거야. (아) 5년제야.

상81	5년제? 5년제 학교군요.
내81	저 다닐 때는 그거예요.
상82	아, 거기를 들어가서 전기를 배우기 시작한 거예요?
내83	아니 전기는 안 배우고요, (네) 전기는 훈련받고요 73년도부터.
상84	73년도 부터요.
내84	저기… 예비군. 그저, 방위… 훈련받고 나와서 74년도부터 했지요.
상85	74년도부터 하신 거예요? 그때가 몇 세셨어요?
내85	25?
상86	25부터 전기공사 하신 거예요?
내86	네.
상87	아, 지금이 그럼 몇 71 (71) 71니까 몇 년 하신 거예요?
내87	46년했지요.
상88	네. 46년을 전기공사업을 하셨군요.
내88	일을, 일을 한거지요.
상89	일을. (네)
내89	사업한 거는 한 20년 됐나요.
상90	사업한 거는 한 20년… 20년 더 되지 않았어요? 자녀분들 어릴 때부터 했잖아요. (그렇지)한 30년 되지 않았어요?(30년 됐나?) 한 25년은 되지 않았어요?
내90	그런거 같아요.(그죠) 85년도부터 했으니까.
상91	그러면은 35년이 됐어요 선생님. 아드님이 84년생인데 36이잖아요. (네네) 그러니깐요
내91	그때부터 했어요.
상92	아 그러면 사업을 한 35년 했고… 전기공사 일을 46년째 한거고, 사업은 35년. 되었다… 이만큼 썼으면 됐어요. (됐어요?) 많이 썼어요. 잠깐 그리고…선생님…선생님은 그래도 결혼을 하셨으니까 선생님 부인하고(네) 지금 살고 있는 자식에 대해서 쓰면 좋을 거 같아요.
내92	뭐 물어봐야지요….
상93	부인하고는 사이가 어때요?
내93	좋지, 뭘 물어봐요.
상94	아하하하하하하.
내94	아이고 아내하고 저는 사이 엄청 좋아요.
상95	사이가 많이 좋다….
내95	사이 좋아요. 아내도 저 없음 못살고… 저도….
상96	아내분의 건강상태는요?
내96	건강 좋은 편이에요 뭐. (어) 아픈 덴 없어요.
상97	건강 좋은 편. 아내분 성격이 어떻다고 생각해요? 선생님한테요?
내97	저한테 하는 성격 좋지요.

상98	그렇군요.
내98	좋아 잘해 줘요.
상99	잘해 준다…. 근데 또 자식 분들이 걱정되진 않으세요?
내99	뭐가 문제예요? 저는 그렇게 걱정 안 해요.
상100	그렇게 걱정하지 않으세요?
내100	그럼요. 다 뭐.. 건강에 이상 있는 것도 아니고, 공부에 이상있는 것도 아니고, 뭐 하는 데로 허면 다되지. 얼마나 좋은데요, (아)아이들 엄마만 걱정하는 거 같지요. (네)
상101	아드님 하고의 사이는 어떻다고 생각해요, 선생님?
내101	모 사이 그렇게 나쁠 것도 없지요.
상102	그렇게 나쁠 거 없다. 한 1점에서 5점 정도라고 하면 몇 점 정돌까요?
내102	3점요?
상103	3점. 아내분하고는요?
내103	아이엄마 하고는 5점.
상104	아내분하고 5점? 으하하하 알겠어요. 건강이상 있는 것 아니고 ㅇㅇ대 대학원 다니고 농상일하고 있다. 그러면 따님하고는 어떻다고 생각해요. 사이가?
내104	5점?
상105	5점이요….
내105	딸하고 제일 친하지요. 지금….
상106	어허허허허허허. 그래요. 가족 얘기는 이 정도만요.

2 퇴직 후에도 일하고 싶어요

Ⅰ. 내담자 기본정보

1. 내담자 신상정보

이름	성별	나이	직업	혼인여부	최종학력
고ㅇㅇ	남	55	소방공무원	기혼	대졸

2. 주 호소 문제

"퇴직 이후에도 계속해서 일하고 싶어요"

3. 상담의 맥락

1) 상담장소: 내담자 집근처 모임카페
2) 상담기간: 20**년 5월9일~20**년 5월25일
3) 내방경위 :퇴직 이후에도 계속 일을 하고 싶다는 내담자는 현재 소방공무원으로 근무하고 있으며 사이버대학을 졸업하는 등 나름 준비를 하고 있지만 자신의 준비하고 있는 진로에 대해 확신이 부족하여 전문가의 도움을 받고자 내방했다.
4) 이전 상담경험: 없음

4. 인상 및 행동관찰

173cm, 75kg의 마른형체구의 표준말을 사용하고 있었으며, 청바지에 노란 점퍼 차림이었으며, 상담자와 눈 마주침과 상담시간을 준수하였으며, 직업카드분류 시에는 매우 신중하고 진지한 행동이 관찰되었다.

5. 직업가계도

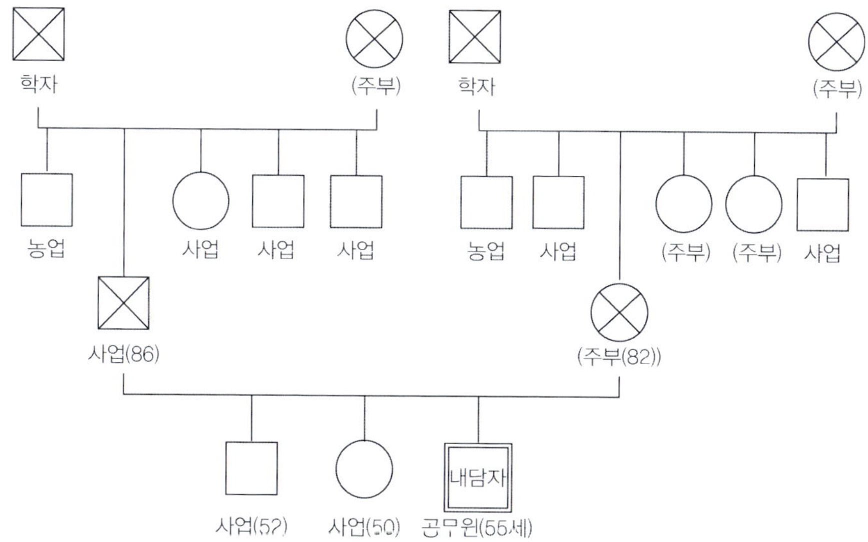

6. 발달배경, 가족관계

1) 내담자(55세)-대졸(공무원)

내담자는 국민학교 재학 중 부의 질병으로 인하여 출생지를 떠나 지방에서의 생활하는 환경의 변화에 어려움을 겪었으며, 이는 청소년기의 생활에 영향을 미쳤다. 또한 아버지보다는 어머니의 기대에 부응하기 위해 학습을 게을리하지 않았다고 진술하고 있으며, 아버지와의 관계에서는 보수적이며 완고한 성격 및 완벽주의를 요구하는 아버지와의 갈등을 겪으며 성장 하였다. 대학을 진학 할 즈음, 사관학교로의 진학 문제로 갈등을 하다 다니던 학교를 중도에 그만두고 군 생활을 시작하였으며, 이후 소방 공무원으로서의 사회 활동을 하며 대학을 졸업하는 등 자신의 진로문제를 고민하였다고 하였다.

2) 아버지(86세)-고졸(사망), 공무원

술을 즐겨 마시며 고집이 세고 완고하며 자존심이 무척 강하며 초등학교 교사로서 생활을 하던 중, 지병으로 인하여 50대에 처가가 있는 지방으로 이주하여 각종 농사일을 하며 생활하였다. 내담자가 기억하는 아버지는 부지런하고 근면하며 활동적이면서도 자신의 부인과 자녀들에게 있어서 무척 권위적이었다고 기억하고 있다.

3) 어머니(82세)-국졸(사망)

주부로서 남편의 지병으로 인하여 친정으로 낙향 후, 내담자에 대한 기대수준이 높았다. 내담자가 군인의 길을 원하여 고교 졸업 후, 사관학교 지원에서 낙방하자 위로를 하며 서울에 있는 K대에 진학할 것을 권유하였지만 내담자는 학교생활을 그만두고 군에 입대하였다. 이러한 점이 늘 어머니에 대한 미안함으로 남아 있다고 진술하고 있는 등 내담자의 기억 속에는 남편에 대한 기대보다는 내담자에 대한 기대 수준이 높았던 어머니로 기억하고 있다.

4) 여동생(52세)-사업

대학을 중퇴 후, 현재의 남편을 만나 슬하에 아들과 딸 2명을 두고 조그마한 산업체를 운영하고 있다. 내담자에 대하여 "오빠가 너무 무섭다."라는 형제에 대한 어려움을 호소한다. 남편의 게으름과 무위도식 하는 성향 때문에 스트레스 및 우울증을 겪고 있다고 한다.

5) 남동생(50세)-사업

남동생은 현재 사업자로서 컨설턴트 등의 업무를 하고 있으면서 왕성한 종교 활동을 하고 있다. 한때, 회사 부도로 인하여 어려움을 겪기도 하였으나, 매우 활동적인 생활 자세로 어려움을 극복하였다. 현재는 종교적인 문제로 인하여 내담자와 갈등을 겪고 있다고 한다.

Ⅱ. 진로상담 사례개념화

1. 심리검사결과 및 해석

■ 총괄

검사	실시회기	결과
직업카드	3회기	선호: 교수, 컨설턴트 비선호: 웹디자이너, 컴퓨터시스템개발
홀랜드검사	2회기	SE(사회형, 기업형)

직업카드를 사용하여 자신의 직업에 대한 가치관과 흥미에 대하여 살펴보고 홀랜드 유형을 알아보았다.

1) 직업카드 활동(선호/비선호직업 10가지)

(1) 검사일시: 20**년 5월 23일 실시

순위	선호 직업	유 형	비선호 직업	유 형
1	교수	I.S	웹 디자이너	A.I
2	C.E.O	E.C	컴퓨터 시스템 개발	I.S
3	공무원	C.R	컴퓨터수리	R.A
4	상담관	S.E	회계사	C.R
5	프리랜서(강사)	S.E	비서	C.R
6	사립탐정	I.S	IT전문기사	R.A
7	군인	R.A	은행원	C.R
8	판사	C.R	세무사	C.R
9	경찰	R.A	수학자	I.S
10	소방	R.A	종교지도자	S.E

(2) 직업선택 이유 분석표

카드분류	좋아하는 직업	모르는직업	싫어하는 직업
1차개수	21	41	26
2차개수	76	1	13
좋아하는 이유		싫어하는 이유	
가르칠 수 있어서		어렵다	
나의 능력을 발휘할 수 있어서		복잡하다	
똑똑해 보이니까		머리를 많이쓰니까	
도움 줄 수 있어서		어려워서	
자유로우니까		자존심 상할까 봐	
누군가를 잘 알 수 있으니까		머리쓰기 싫어서	
멋있으니까		단조롭다	
권력이 있으니까		어렵다	
봉사하니까		계산이 싫다	
봉사		싸우기 싫어서	
	순위별 선호직업	자신감 있는 직업	부모님 선호직업
1순위	대학교수	경찰(소방)	정치
2순위	경영컨설런트	경영컨설런트	법률가
3순위	사회복지(상담)	사회복지(상담)	
최종선택한직업		대학교수(사회복지)	

2) Holland 진로탐색검사

(1) 검사일시: 2016년 5월 16일 실시

검사 전 내담자 예상순위		S	E	A	C	R	I
검사결과	검사후 내담자결과 순위	S	E	C	R	A	I
	홀랜드 유형	R	I	A	S	E	C
	검사결과 점수	50	46	48	71	65	60
	순위				1	2	3

• 검사 전 예상코드는 SEA나 검사 후 코드는 SRA로 내담자는 자신에 대해 중간 정도 진로성숙도를 보이고 있다.

(2) 검사해석

홀랜드검사에 나타난 선호도는 그 분포도가 일관성을 가지고 있으며 가장 높은 수치를 보인 사회형(S)과 두 번째 나타난 기업형(E)은 현재 하고 있는 일과는 다소 상이한 흥미적성이다. 세 번째 코드는 C형으로 현재의 직장환경과 유사한 환경과 같은 직업적 선호도가 나타나고 있음을 알 수 있다.

(3) 홀랜드검사 결과 모형

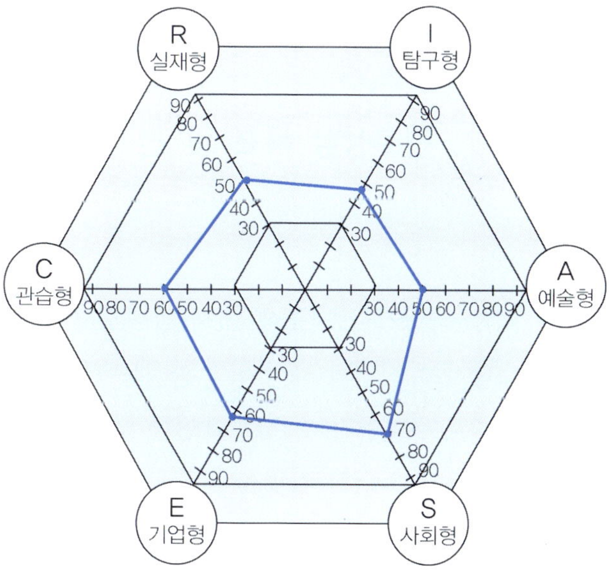

2. 내담자의 강점과 약점

1) 내담자의 강점

홀랜드검사에서 사회형(S)으로 표정이 밝고 대인관계가 좋은편이며, 직업카드검사에서 가장 자신감 있는 직업(적성)은 소방관이라고 하며 현재 소방관으로 재직 중에 있다.

2) 내담자의 약점

홀랜드검사 결과 기업형(E), 예술형(A)이 약점으로 나타났다. 예술형(A)은 사람들의 정서와 창의적인 것에 많은 관심을 가지고 있으며, 기업형(E)

은 타인을 설득하는 능력을 가지고 있으며 자신감이 강하고 사교적인 능력이 있다. 따라서 내담자는 자신의 약점을 보완해야 한다.

3) 상담자가 본 내담자 문제

슈퍼의 진로발달이론에 의하면 유지기에 해당하는 나이에 있으며 내담자는 지금 현재 자신이 하고 있는 일에 대해서는 흥미와 적성이 일치한다. 하지만 퇴직 이후 자신의 진로를 구체화하고는 있으나 자신의 약점을 보완해야 한다. 퇴직 후 진로에 대한 확신을 가지기 위해서 약점기능을 보완해야 하는 상황이다.

Ⅲ. 진로상담 목표 및 전략

1. 진로상담 목표

1) **내담자:** 퇴직 이후 바람직한 진로에 대해 알아보고 싶다.
2) **상담자:** 현재 내담자의 직업과 내담자가 관심을 가지는 직업 중 내담자에게 맞는 직업이 무엇인지 스스로 확인할 수 있도록 도와준다. 직업정보를 제공해 주고 스스로 직업을 탐색할 수 있도록 자료를 제공하여 준다.
3) **합의된 목표:** 자신을 탐색하고 이해함으로써 자신에게 맞는 직업선택을 할 수 있다.

2. 진로상담전략

1) **초기 상담전략:** 비밀보장동의서와 축어록에 대한 동의서를 작성하면서 내담자와 라포를 형성하고 내담자의 생각과 의견을 듣고 공감과 지지를 하여 주면서 내담자의 문제점을 파악하여 구조화하였다.
2) **중기 상담전략:** 직업카드 홀랜드검사 등을 통해 내담자가 원하는 목표를 구체화하여 진로결정에 있어서 내담자가 스스로 결정할 수 있도록 한다.

3) **후기 상담전략**: 심리검사 등을 통한 자기이해 정도 및 진로에 관한 의식변화를 고려하여 종합적인 전략을 세운다.

Ⅳ. 적용한 진로상담이론

구분	이론명	적용근거
일반상담이론	인간중심이론	비지시적인 상담기법으로 스스로 직업선택을 할 수 있도록 한다.
진로상담이론	Holland 성격이론	내담자의 흥미와 성격적 특성을 중심으로 한 자신에 대한 이해(환경의이해, 발달과정, 가치, 효능감 등)를 높일 수 있도록 한다.

Ⅴ. 회기요약

1회기: 20**. 5. 9. 장소: 내담자 집 근처 학습모임 전문카페

"소방공무원으로 재직 중인 내담자를 상담을 의뢰한 동기와 호소 문제를 파악하고 있다."

순서	상담내용
상1	선생님 안녕하세요? 반갑습니다.
내1	네. 안녕하세요? 반갑습니다.
상2	ㅇㅇㅇ선생님이시네요? 저희 기관은 어떻게 알게 되고 이렇게 상담을 신청해 주셨나요?
내2	주변에 얘기를 해가지고, 얼떨결에 이렇게 검사를 하다가…. 알게 돼서 이렇게 무례를 드리게 됐습니다.
상3	얼떨결에 이곳을 알게 되었다는 말씀이네요?
내3	제가 앞으로 한 7~8년, 6~7년 남은 것 같은데, 앞으로 진로의 대해서.. 지금 뭐 100세 인생 시대니 120세 인생 시대니 지금까지 구상한 거는 80세까지는 나름대로 제 계획을 세워 서 준비를 해왔었는데, 6~7년 후에 퇴직해서. 퇴직했을 때의 그때 노후대책부터 해서 내가 어떤 일을 해야 될 것인가? 노인들도 많다고 그러더라구요? 청년실업자도 많고?
상4	선생님 생각을 들어보니까, 현재 소방공무원이시고. 6~7년 후에는 퇴직시고 퇴직을 앞두고, 이후의 진로를 좀 고민을 하고, 어떤 길을 가야 될까? 하는 생각을 말씀하시고 계시는데 맞으신가요?
내4	네.
상5	그렇게 생각하게 된 어떤 결정적인 이유가 무엇인가요?

내5	음. 조금 전에도 말씀드렸지만, 굉장히 노인분들이 많고. 또 그 노인 분들이 노후 대책을 세우지 않아가지고 굉장히 어려워, 생활의 어려움을 느끼는 걸 보구요. 그 이전에 미리 준비하고자, 그래서 상담을 하게 됐습니다.
상6	퇴직 이후의 노인들의 대해서 도움이 되는 그런 일을 하고 싶다는 이야기로 들리는데요?
내6	네. 그렇기도 하고요. 또 퇴직하고 나서, 물론 연금을 받고 생활하겠지만. 제 자신의
상7	소방공무원이니까 연금이….
내7	네네. 제 자신의 발전을 위해서, 좀 뭔가를 좀 해 보고 싶어요. 지금 준비하려고 하고 있습니다.
상8	아~ 발전을 위해서, 뭔가를 해 보고 싶다라는 이런 이야기를 하시는데. 현재까지 선생님께서 준비하신 내용들을 이야기해 주실 수 있나요?
내8	어…. 이제 뭐 특별히 준비한 거는 없지만, 나름대로….
상9	나름대로 준비하신 게 있다면 어떤 것들이 있을까요?
내9	네…. 책은 많이 또 읽어보고. 어떤 자격증이 있을까? 그래서 이제 그런 부분에 관심을 가져 보고, 찾아보고 있는 중입니다.
상10	관심은 있었지만 구체적으로 준비는 하시지 않으셨다는 이야기로 들리는데요.
내10	조금 준비는 했는데요, 너무 미흡하지 않을까…. 요즘 그게. (말끝을 흐리고 머뭇거림)
상11	그래요, 여기 보면(상담신청이유를 가리키며) 진로상담을 받고 싶은 이유가 퇴직 이후에도 계속해서 일하고 싶으며, 또한 자신의 주장이 강하며 자신의 실수에 죄책감이 매진되고 있어 이걸 타파하기 위해 자존심이 강하여 쉽게 굴복, 이를 교정하고자 한다. 그런 말씀인데, 맞으신가요?
내11	네…. 그 어떤 공무원 생활 같은 걸 하게 되면, 자기 자신을 모르게 됩니다. 자기 자신에 대해 모르게 되고, 내가 하는 것만이 최고로 알게 되거든요. 그렇지 않고 내 자신이 잘못될 수도 있다라는 것을 항시 염두에 두어야 하는데, 그렇지 못하다라는 거죠.
상12	그런 생각을 하셨구나. (공감하고 지지함) 이번에 상담을 통해서 얻고 싶은 것이 구체적으로 무엇이 있으세요. 분노조절, 대인관계, 정서행동 이렇게 상세하게 적어주셨어요.
내12	네.
상13	이렇게 작성하고 난 이후 선생님께서 느끼고 있는 감정을 저한테 좀 구체적으로 설명해 줄 수가 있나요?
내13	음…. 첫째적으로. (조금 머뭇거림) 굉장히 자존심이 제가 강한 편이거든요. 자존심이 강하다 보니까, 다른 사람한테 좀 싫은 소리를 듣고 싶지 않아 해요.
상14	다른 사람한테 싫은 소리를 듣고 싶지 않으신 이유는 무엇인가요?
내14	알량한 자존심 같은 거.
상14	자존심?
내14	네. 그러고 때로는 친구들이라든가 진짜 다른 사람들하고. 다른 사람과 대화할 때 의견충돌이 발생하게 되면, 그 사람 입장에서 한 번쯤 생각을 해 봐야 되는데 그렇지를 못하고, 제 의견만 강하게 내세울 경우가 있습니다. 그래서 대인관계 부분에 있어서 조금 조정할 필요성이 있구요. 또 어렸을 때부터 좀 획일적인, 그러니까 좀 뭐라고 표현해야 될까 그것을? 스파르타식 교육을 받다 보니까.

상15	스파르타식?
내15	네, 그게 몸에 뱄던 것 같습니다. 그런 부분에 있어서 좀 교정을 하고, 제가 해야 될 것을 찾아보고 싶습니다.
상16	그래요. 그럼, 선생님께서 여기 오신 이유가 분노조절, 대인관계 중요성, 자신의 일을 찾고 싶다 이런 이야기를 하셨어요. 그런데 오늘은 진로상담 협회에서 진행하는 것이기 때문에 우선적으로 선생님의 진로를 한 번 찾아보고, 다음에 선생님께서 말씀하시는 이런 인간 상담을 효과적으로 하려고 하는데 동의하시나요?
내16	네!
상17	상담자는 진로상담 분야를 먼저 진행을 하자는데. 그래서 합의를 한다면 어떻게 할 수가 있을까요?
내17	저는 그런 부분에 잘 모르니까요, 상담관께서, 그냥 편안하게 그냥 진행했으면 좋겠습니다. 제가 뭐 궁금한 거 있으면 그때그때 여쭤볼 테니까. 편안하게 그냥, 저도 편안하고, 상담하시는 분도 편안하게 이렇게 했으면 좋겠습니다.
상18	네, 좋습니다. 진로상담을 하면서 그 사이에 그 인간적인 상담도 포함을 시키고. 또 회기는 내담자 선생님하고 합의를 해서 연장을 하든지, 포함을 시키든지 하도록 하겠습니다. 비밀보장 동의는 하셨습니까?
내18	네. 했습니다.
상19	가족사항은 딸 아이 하나 있나요? (접수면접지를 바라보며)
내19	아니요. 큰 애들 둘 있는데, 큰 애들은 이제 출가를 했기 때문에. 네 출가했기 때문에 얘기할 필요성이 없어서……
상20	다음 시간에 가계도를 분석을 하게 돼 있어요. 그래서 이제 지금 3대에 걸쳐 부모님, 나, 나의 형제, 나의 자녀, 부모님이나 나와 관련된 형제들의 지도를 이렇게 가계도를 그려보는 시간이 있어요. 이렇게 하다 보면 형제도 거기 지금 나와야 되는데 가능하신가요?
내20	괜찮습니다.
상21	동의하는 말로 들리네요. 현재 적용되는 게 있다면, 약물남용 알코올이라고 얘기를 했는데. 그 어떤 점으로 받아들일까요?
내21	아, 이거는(접수면접지를 가리키며) 어떤 약물이라서 마약이라든가 기타 뭐 대마같은 게 아니라(머리를 글적이며.), 음주 흡연을 너무 즐기기 때문에 그걸 표현한 겁니다.
상22	음, 음주 흡연을 많이 즐기신다는 말씀이시네요?
내22	뭐 딱히 음주라 그래 가지고 제가 다른 사람보다 더 많이 마신다거나 뭐 과하게 마신다 그런 건 아니구요. 하루에 저는 막걸리 한 병이면 딱 족한데, 그 조차도 어.. 이제 자꾸 한 살 한 살 세월이 흐르다 보니까 그것도 좀 절제를 하고 싶고. 또 막걸리 정도는 이제 약으로써 취급을 하고 싶고. 그리고 가장 중요한 거는, 음주 부부에 있어서는 절제가 되는데 흡연 부분에 있어서 담배만큼은 절제가 잘 안 되더라고요. 그래서….
상23	담배는 절제가 잘 안 된다는 말씀이시네요?
내23	네 하루에, 제가 일전에도 담배를 좀 잠시 피우지 않고 참았었는데, 보름 정도 참았었는데 최근에 들어서 다시 보니까. 전에 비해서 더 많이 피우게 되더라. 그래서 이제 그거 부분을 체크한 겁니다.

상24	아~ 그러면 그 이번 상담을 통해서 얻고 싶은 것은 전체적, 포괄적으로 이렇게 작성을 하셨고. 그래서 1차적으로 여기 와서 상담자와 내담자 합의해서 진로상담도 하고 자신의 내면의 문제들에 대해 좀 더 알아보겠다는 의미로 작성했다는 의미로 받아들여지는군요.
내24	네!
상25	그럼 이번 상담을 통해서, 그 꼭 그 이루고 싶은 그런 것들을 상담의 목표라고 이야기를 하는데. 상담의 목표를 어떻게 정하면 될 것 같습니까?
내25	어, 제 성격상 남 앞에 이렇게 나서는 거는 좋아하지 않는데요. 나서는 것은 좋아하지 않지만, 제가 지금까지 30여 년 이상을 일을 하면서 배웠던 것을 남한테 가르쳐주고 싶구요. 그 다음에 또 많은 사람들이 모르던 거를 공유하고 싶은, 그런 부분이 있습니다. 그리고 더불어서 주변에 어려움을 겪고 있는 사람이 있다라고 하면 함께, 손잡고 걸어갈 수 있는 그런 여건을 만드는 사람으로서 역할을 하고 싶어요.
상26	역량이 좀 많으신 선생님같이 보이는데….
내26	못생겨서 죄송합니다~
상27	남들한테 가르쳐주고, 자신이 갖고 있는 것을 공유하고 싶고….
내27	함께 손잡고 걸어가고 싶구요.
상28	이렇게 많은 것을 이번 상담 회기 동안에 다 이룰 수 있다고 생각하시나요?
내28	노력해야죠, 다 이룰 순 없지만 노력을 해야 되고. 또 뭐 일상적으로 제가 이 공무원 생활을 해오면서 느꼈던 거를 우리 옛말에 보면 첫술에 배부를 일 없다고 하잖아요? 마찬가지로 스텝 바이 스텝, 단계 단계를….
상29	네, 이번 그니까 실현 가능한 목표를 정한다면 이렇게 하기 위해서는 어떤 것들이 좀 필요가 있을까요?
내29	어.. 글쎄요? 1차적으로 어.. 말을 잘하는 방법을 터득해야 되겠죠? 말을 잘하는 방법이라는 것이, 남한테 싫은, 싫게 들리지 않는. 남한테 호감을 가질 수 있도록 하는 그런 언변. 그 다음에 어떠한 부분에 대한 지식? 지식. 그 다음에 제가 지금까지 살아오면서 느꼈던 경험. 지혜라고 표현합니까… 그거를? 경험. 경험의 노하우, 지혜. 그리고, 어…. 이제 마음을 마지막으로는 마음을 활짝 열게 할 수 있는 그런 능력이라고 생각합니다.
상30	선생님 그 목표는, 이번 상담 회기를 통해서 실현 가능한 걸 얘기했는데 이 많은 것을 갖기는 어려워요. 실현 가능한 것들을 다시 한번 말씀해 주실 수 있으신가요?
내30	일단, 뭐 1차적인 거는, 말을 다른 사람이 서두에 말씀드렸듯이 말을 잘 하는 방법. 남들이 싫어하지 않고 즐겁게 들을 수 있는 방법. 남의 귀를 즐겁게 해 줄 수 있는 방법, 그거를 찾는 게 가장 먼저 중요한 것 같습니다.
상31	네 그래요. 제가 봤을 때는 퇴직 이후에 어떤 진로를 선택하면 이렇게 말을 잘 할 수도 있고, 또 어르신 분들을 도와줄 수 있느냐 그런 이야기로 들리는 데 선생님의 생각은 어떠신가요?
내31	네. 그렇게 이해를 하셔도 될 것 같습니다.
상32	선생님께서는 타인을 가르쳐주고, 내가 갖고 있는 지식을 공유하고 싶고. 또 어려운 사람들한테 함께하고 싶다는 그런 말씀하셨고. 상담자는 그 이러한 내담자의 어떤 인적 재산을, 퇴직 이후에 어떤 진로를 선택해 주면 자기가 있는 재산을 잘 활용할 수 있는지 진로선택에 도움을 주고 싶다는 이야기를 하고 있어요 그렇다면 상담자와 내담자가 합의해서 이번 상담의 목표를 정하기 위해서 어떤 것을 정하면 좋을까요?

내32	아…. 상담관님하고 저하고요?
상33	네. 그래요.
내33	그니까 상담관님하고 제가 합의를 해서, 저한테 상담관님이 도움을 줄 수 있는 게 무엇이 있는가 그거 말씀하시는 거죠? 근데 상담관님이 말씀을 더 많이 하시면 내가 도움이 될텐데. 상담관님이 말씀 안 하시고, 나한테 자꾸 말을 하라고 하니….
상34	아..그러시군요. 그렇다면 내담자하고 합의한 목표는 그 내담자 진로선택을 돕는다로 정하면 어떤가요?
내34	네!
상35	그다음에, 내담자의 정서적 그 어려움을 돕는다. 이렇게, 이런 목표는 내담자의 진로상담을 돕고 다음은 상담의 목표를 수정하여 정서적 어려움 부분은 추가 진행한다. 이렇게 하면 되겠습니까?
내35	네.
상36	네. 알겠습니다. 그래서 합의한 목표를 달성하기 위한 진로선택을 돕기 위해서는 상담자는 상담전략을 초기에는 직업세계를 이해를 돕고요. 그 내담자의 그 진로 방향을 사정하고, 중기에 가서는 진로심리검사를 실시를 하겠습니다.
내36	네
상37	진로심리검사는 홀랜드, 직업심리검사를 실시하고, 직업카드검사를 실시를 하겠습니다. 현재로 봐서는 상담의 진행상황에 따라서 정서적 문제를 위한 개인상담을 진행하며 심리검사는 MMPI-2와, PAI검사를 실시해서 어떠한 어려움과 문제가 있는지를 내담자와 합의해서 상담의 목표를 구현상담을 진행할까 합니다. 이러한 상담자의 의견에 동의하시나요?
내37	네 동의합니다.
상38	시원시원하게 말씀을 해 주시네요. 자기개성이 뚜fut한 분 같습니다. 지금까지 첫 회기를 진행하고 있는데 선생님 생각은 어떠신가요?
내38	음, 좋습니다. 그렇게 할 것 같으면 제가 좀 더. 어떤 그, 현재 직업에 만족하는 것은 없겠지만, 퇴직 후에는 제가 좀 더 명확한 어떤 목표를 세우고 또 이걸 학습도 하면서, 그렇게 하면 준비를 할 수 있지 않을까 생각합니다.
상39	지금, 공무원 생활 오래 하시고 퇴직 이후에는 좀 쉬셔도 되실텐데 선생님같이 이렇게 준비하고 계시는 분이 주변에 어느 정도 있나요?
내39	주변에서는 이제 명퇴도 하고, 아니면 이제 정년퇴직도 하고. 뭐라고 표현할까요? 그냥 연금만 가지고 생활하겠다, 무위도식 한다고 제가 저기 표현하고 싶어요. 그렇게 해서는 안 된다는 게 제 생각이기 때문에 제가 상담하러 오게 된 겁니다.
상40	그렇군요, 훌륭하신 분인 것 같아요. 공무원 생활도 오래 하시고, 또 퇴직 후에 또 자기가 해야 할 일을 찾아 이렇게 준비하는 거 보니까. 멋지세요.
내40	(잠시 침묵) 그런가요? 상담관님께서 나중에 다른 거는 하나하나 저한테 짚어주실 것 아닙니까?
상41	네. 선생님께서 궁금해하시는 것에 대해 성심껏 도움을 주도록 하겠습니다.
내41	감사합니다.

상42	네~ 음. 그 우선 이 그 지금 활동지가 있어요. 그 직업별 선호 직업 활동이 있는데, 순위가 1부터 60까지 있구요. 이렇게 해서 선호하는 직업을 이렇게 작성을 해 주시고요. 그 다음에 선택을 이렇게 좋아하는 직업, 자신 있는 직업, 부모님이 원하는 직업 이렇게 돼 있는데. 직업을 해 주시면 돼요. (내담자가 말없이 글을 쓴다.) 1순위에는 교수? 선생님으로서 썼네요?
내42	네, 어.. 제가 처음에 말씀드렸었지만 제가 어떤 많은 분들이 직업을 마치고 일반 학교에 가서 강의를 하는 사람들이 많더라고요? 또는 어 민간단체에서 이렇게 강연을 하시는 분도 많고. 그래서 그렇게 표현을 한 겁니다. 다른 건 없구요. 단지 제가 가지고 있는 짧은 지식이지만 많은 분들과 공유하고 싶고. 또 경험했던 것을 가지고 토로하고 싶어서 표현했습니다.
상43	네, 2번에 CEO.
내43	네, CEO.
상44	본인 가능성, 경찰, 소방관을 썼네요? 이거는 음…. 선생님께서 선호하는 직업을 말씀하시건가요? 아니면 퇴직 이후에 선호하는 직업을 말씀하시는 것인지 선생님의 의견을 듣고 싶은데 가능하신가요?
내44	평소 그냥 생각해왔던 거구요. 교수는 아까 말씀드렸던 대로고, CEO는 제가 엄.. 어떤 거를 지금 또 나름대로, 나름대로 조금 공부하면서 연구하고 있는데. 그 부분에 대해서 표현을 했구요. 그 다음에 세 번째 공무원은, 어렸을 때 그냥 막연하게 공무원이 좋더라. 그런 의미라고 보시면 되겠습니다.
상45	네~ 그러시군요. 선생님께서는 이렇게 선호하는 직업 중에 퇴직하고 이렇게 직업으로 이렇게 할 수 있는 것들이 있다면 어떤 것들이 있을까요?
내45	어, 일전에 제가 재난관리사라는 자격증을 취득한 적이 있는데요. 재난관리라는 것은 많은 국민들이, 어린아이부터 노인에 이르기까지 뭐 우리 안전. 안전의 위험도를 따져보고, 그 위험도에 따라서 적극적으로 대처하는….
상46	선생님께서 말씀하시는 재난관리사하고, 퇴직 이후의 진로결정과는 어떤 것들이 차이가 있을까요?
내46	일단 제가 가지고 있는 경험을 가지고, 우리 국민들, 모든 국민들이 거의 불감증에 걸려 있으니까. 이 불감증을 해소하는데….
상47	경험을 살려서, 좀 더 재난안전 주의에 좀 더 관심을 가지게 직업훈련을 하겠다는 말씀으로 들리는군요.
내47	네 안전한 생활을 할 수 있도록 돕는 것이 좋겠다는 생각이 듭니다.
상48	이번 회기 상담진행은 선생님의 호소 문제를 중심으로 진행하였는데 추가로 하고 싶은 말씀 있으시나요?
내48	(한숨) 별로 없구요. 그냥 뭐 상담관님이 도움을 주신다면 어떤 어떠한 부분에 있어서 제가 부족한 부분이 발견됐을 때 도움을 주신다면 열심히 공부해서 누가 되지 않도록 그렇게 해 보겠습니다.
상49	네. 그럼 오늘상담은 여기서 마치고, 다음 시간에는 직업심리검사를 진행하도록 하겠습니다. 수고 많으셨습니다.
내49	네, 감사합니다. 다음에 뵙겠습니다.

2회기: 20**. 5. 16. 장소: 내담자 집근처 학습모임 전문 카페

홀랜드검사를 진행하면서 검사 전 진로코드는 S.E.A였으며 검사 후 진로코드는 S.E.C로 나타났다. 자신이 하고 있는 직업과 하고 싶어 하는 직업 모두가 자신의 적성과 일치한다는 것을 알고 자신의 직업에 대한 확신을 가질 수 있었다. 내담자는 홀랜드검사 활동을 통해 자신에 대해 알아가는 것들을 매우 흥미로워 하고 재미있어 하며 활동했다. 자신이 궁금해하는 직업에 대하여 좀 더 확실하고 자세히 알아오기로 하고 다음 시간은 직업카드검사를 실시할 예정이다.

홀랜드 직업적성검사결과표

소 속	소방 공무원	나이	53	이 름	고ㅇㅇ	남	검사일자	20**.5.7
검 사 전 진로코드	나	S,E,A	아버지	E,A,S	어머니			
희망직업			진로코드	희망 전공학과			진로코드	
교수(강사, 선생님)				경제(경영)				
정치인				정치외교				
사회복지사(상담관)				사회복지(상담)				
영 역		R	I	A	S	E	C	진로코드
성격적성(24)		14	13	13	18	20	17	E
능력적성(24)		15	13	15	20	18	18	S
직업가치(8)		4	4	4	8	8	5	S.E
직업적성(18)		12	12	9	17	10	13	S
효능감 평정	A(3)	1	1	2	3	3	2	S.E
	B(3)	2	1	2	3	3	2	S.E
	C(3)	2	2	3	2	3	3	C
합계점수(83)		50	46	48	71	65	60	

Ⅵ. 진로상담에 대한 평가

1. 진로상담 목표달성

구분	달성	근거 이유
내담자	○	직업의 가치, 흥미, 적성 일치함
상담자	○	직업을 탐색할 수 있도록 사이트 정보를 제공해 주고 직업카드, 홀랜드검사 실시
합의된 목표	○	퇴직 이후 진로설정에 도움을 받고싶음

효과성(목표달성), 유연성(목표 변경), 구체성(목표 명료화)에 대한 평가를 한다.

2. 내담자의 변화

1) 내담자 고○○은 지금 현직에 근무하고 있는 소방공무원으로서 퇴직 이후 자신의 대해 진로 문제에 도움을 받고자 상담소를 찾아왔다. 자발적인 내담자라서 진지하고 적극적인 태도로 상담에 임했고, 이러한 점이 상담관계형성에 긍정적인 역할을 하였다.
2) 대인관계기술과 의사결정기술은 10점 기준 8점 정도의 분포를 나타내나 자신의 진로설정과 관련된 직무기술, 작업습관, 정보탐색기술은 10점 기준 4점 정도에서 7점 정도의 분포를 나타냈다.
3) 자신의 진로결정과 관련된 전반적인 기술과 자기효능감은 매우 높은 것으로 나타났다.
4) 직업정보, 직무경향, 직무를 유지하는 절차 등에 관한 지식은 상담시작 전보다는 향상되었지만 추가 보완이 필요하다.

3. 상담자 평가

1) 진로상담에 대한 완전한 이해가 부족한 상태에서 시작한 첫 번째 사례이었기에 부족함을 느꼈다. 온라인과 집합교육을 통해 나름 교육을 이수하였지만 추가적인 교육과 학습이 필요함을 느꼈다.
2) 상담자는 진로상담에 대한 기본적인 이해가 부족한 상태에서 상담회기

를 진행하였다. 내담자는 자신이 가지고 있는 문제와 진로문제를 혼동하여 상담자는 어떤 문제든 다 해결해 줄 것이라는 막연한 기대를 가지고 상담에 참여했다. 이러한 점에 대해 상담자는 목표를 구체적으로 줄이는 작업을 내담자와 함께했다. 은퇴 후 구체적인 계획을 세우는 상담자의 포괄적인 대처능력이 부족했지만 부분적인 개입은 적절했다.

참고문헌

교육과학기술부(2012). **진로진학상담교사 활동매뉴얼: 중학교**. 교육과학기술부.

교육과학기술부, 노동부, 보건복지가족부(2010). **진로교육 종합 계획**. 교육과학기술부, 노동부, 보건복지가족부.

교육부(2016). **제2차 진로교육 5개년 기본계획(2016~2020)**. 교육부 진로교육정책과.

김계현(1995). **상담심리학**. 서울: 학지사.

김병숙(2011). **직업심리학**. 서울: 시그마프레스.

김병숙, 김봉환, 김완석, 이종목(1999). **직업심리학**. 서울: 박문각.

김봉환(2017). **청소년진로상담**. 한국청소년상담복지개발원.

김봉환, 강은희, 강혜영, 공윤정, 김영빈, 김희수, 선혜연, 손은령, 송재홍, 유현실, 이제경, 임은미, 황매향(2013). **진로상담. 한국상담학회 상담학 총서 06**. 서울: 학지사.

김봉환, 정철영, 김병석(2000). **학교진로상담**. 서울: 학지사.

김봉환, 정철영, 김병석(2006). **학교진로상담**. 서울: 학지사.

김충기(1989). **진로상담의 이론과 실제**. 서울: 성원사.

김충기(2000). **진로교육과 진로상담**. 서울: 동문사.

김충기(2007). **진로교육과 진로상담**. 서울: 동문사.

김충기, 이재창(1999). **상담과 심리치료**. 교육과학사.

김충기, 황인호, 장성화, 김순자, 모종수(2016). **진로상담과 진로교육**. 서울: 동문사.

박미진, 최인화, 이재창(2001). 고등학생의 진로결정유형에 관한 연구. **한국심리학회지:상담 및 심리치료, 13**(1), 125-146.

박재황(2009). 중·고등학생의 상담에 대한 개념. **상담학연구, 10**(1), 159-173.

방혜진(2016). 중·고등학생의 진로의사결정 단계별 주 호소문제 및 상담전략. **진로교육연구, 29**(2), 257-277.

이동혁, 황매향, 임은미 공역(2013). **진로상담 과정과 기법**. 서울: 학지사.

황매향(2005). **사례로 배우는 진로 및 직업상담**. 서울: 학지사.

황매향(2009). 학교상담: 학업문제 유형분류의 탐색. **상담학연구, 10**(1), 561-581.1

Brown, D., Brooks, L., & Associates(1990). *Career Choice and Development: Applying Contemporary Theories to Practice*(2nd ed.). San Francisco:

Jossey-Bass.

Crites, J. O.(1981). *Career Counseling : Models. Methods and Materials*. New York: McGraw-Hill.

Ginzberg, E., Ginsburg, S. W., Axelrad, S. & Herma, J. 1951. Occupational choice: An approach to a general theory. New York: Columbia University Press.

Gysbers, N. C., Heppner, M. J., & Johnston, J. A.(2014). *Career counseling: Holism, Diversity, and Strengths*(4th ed). American Counseling Association.

Holland, J. L., Magoon, T. M., & Spokane, A. R.(1981). Counseling psychology: career interventions, research and theory. *Annual Review of Psychology, 32*, 279-305.

Kivlighan, D. M.(1990). Career group therapy. *The Counseling Psychologist, 18*, 64-79.

Oliver, L. W., & Spokane, A. R.(1988). Career-intervention outcomes : What contributes to client gain. *Journal of Counseling Psychology, 35*, 447-62.

Parsons, F.(1909). *Choosing a vocation*. Garrett Park, MD: Garrett Park Press(Original work published in 1909).

Super, D. E.(1953). A theory of vocational development. *American Psychologist, 8*, 185-190.

Super, D. E.(1990). *A life-span, life-space approach to career development : Applying conte; porary theories to practice*. San Francisco, Jossey-Bass.

Williamson, E. G.(1939). How to counsel students: A manual of techniques for clinical counselors. New York, McGraw-Hill.

저자소개

■ 김순자

건국대학교 대학원 교육학박사(교육심리전공)

현) 건국대학교 교육대학원 겸임교수

사) 진로상담협회 수석부회장

꿈세움심리상담센터 센터장

전) 서울한영대학교 상담심리학과 전임교수

루터대학교 상담실장

자격증: 중등전문상담교사, 직업상담사, 진로상담전문가, 상담학회 1급 전문영역 슈퍼바이저, 인터넷중독상담사, 가족상담전문가

저서: 심리학개론(동문사), 상담심리학(정민사), 생활속의 심리학(동문사)

논문: 현실요법을 적용한 대학생의 진로집단상담 프로그램 개발 및 효과검증

■ 모종수

건국대 부동산학과 석사졸업

서울사이버대학원 상담심리학과 재학중

현) 한국진로상담연구원 원장

자격증: 상담학회 전문상담사 2급, 직업상담사 2급, 청소년상담사 3급, 임상심리사 2급, 사)진로상담협회 진로상담 슈퍼바이저

저서: 진로상담과 진로교육(동문사)

■ 방명숙

칼빈대학교대학원 상담심리치료학 박사

한국상담학회 전문상담사 2급

현) 진로상담협회 이사/전문강사/수련감독

한국교류분석상담연구원 이사/슈퍼바이저

4차산업혁명연구원 공동대표

전) 서울잠동초등학교/서울고척초등학교 교장

논문: 초등교사의 직무스트레스와 교사전문성이 적응유연성을 매개로 직무만족도에 미치는 영향

■ 김선주

연세대학교 일반대학원 상담코칭학 박사수료

전) 연세대학교 상담코칭지원센터 전문상담사

자격증: 한국기독교상담심리치료학회 전문상담사 2급, 진로상담협회 진로상담사 1급

■ 김은주

국제뇌교육종합대학원대학교 뇌교육학 박사수료

현) 한국기질상담심리연구소 소장 www.ktpci.com

사) 진로상담협회 인천부평지부장

사) 진로상담협회 진로상담 슈퍼바이저

빅트리 피해자통합지원 사회적협동조합 인천남부지부장

네이버 익스퍼트 커플심리상담 전문가

인천광역시 재난심리회복지원상담활동가

전) 제17보병사단, 제3군수지원 간부 · 장병 상담 및 기질교육

국군 제601기무부대 심리상담자문위원

자격증 : 전문상담사 2급, 임상심리사 2급, 도형기질 · 성격전문강사, 뇌기능분석전문강사

논문 : 대학생의 가족지지와 진로미결정관계에서 자존감의 매개효과

■ 백은미

한신대학교 대학원 박사과정(발달심리, 발달병리)

현) 경기도 교육청 학교폭력 전문상담사

전) 상현중학교 전문상담교사

자격증 : 전문상담교사 2급, 청소년상담사 2급

■ 유진수

광운대학교 일반대학원 산업심리학과 코칭심리전공 박사 수료

현) 진로상담협회 전문강사, 슈퍼바이저

한국상담학회 전문상담사 2급

전) 대전 지방 경찰청 117학교폭력센터 전임상담원

광운대학교 코칭심리연구소 선임 연구원

■ 이소영

숙명여자대학교 일반대학원 교육학과 상담 및 생활지도 석사 졸업

진로상담협회 진로상담사 1급

■ 정양이

치유상담대학원대학교 석사 졸업(가족상담전공)

현) 진로상담협회 이사

사)진로상담협회 사무국장

고양교육지원청 학생집단상담사

진로상담 전문강사

자격증: 한국상담학회 전문상담사 2급, 청소년상담사 2급, 직업상담사 2급, 진로상담사 1급,
평생교육사 2급, 사회복지사 2급, 노인상담사 1급, 임상심리사 2급

■ **한귀순**
동국대학교 교육대학원 교육상담심리학과(석사 재학)
현) 서울공립방산고등학교 전문상담사
전) 서울공립강일초등학교 · 공립천일중학교 전문상담사
자격증: 한국상담학회 전문상담사 2급, 청소년위기관리코칭, 학교폭력예방상담사, 자살예방강사, 진로상담사 1급

■ **한미라**
치유상담대학원대학교 석사 졸업
현) 꿈세움심리상담센터 상담실장
진로상담협회 이사
전) 한국진로상담연구원 상담사
자격증: 한국상담학회 전문상담사 2급, 사회복지사 2급, 직업상담사 2급, 가족상담전문가 1급, 가정폭력 성폭력 전문상담원, 진로상담전문강사, 생명존중전문강사

진로상담 이론과 사례

초판 1쇄 인쇄 / 2021년 8월 25일
초판 1쇄 발행 / 2021년 8월 30일

•

공저자 / 김순자 · 모종수 · 방명숙
김선주 · 김은주 · 백은미
유진수 · 이소영 · 정양이
한귀순 · 한미라
발행인 / 이 중 수
발행처 / **동 문 사**

•

서울특별시 서대문구 홍제원 1길 12
(홍제동 137-8)
Tel: 02)736-3718(대), 736-3710, 3720
Fax: 02)736-3719
등록번호: 1974.04.27 제9-17호
가격: 22,000원

•

ISBN: 979-11-6328-335-5(93330)
E-mail: dong736@naver.com